U0962888

目 录

CONTENTS

第二部分　张敬富开讲了

2022年注册会计师考试

名师讲义

审　计

（下册）

张敬富　主编

东奥会计在线　编

北京科学技术出版社

第四编　对特殊事项的考虑

本编内容涉及对舞弊和法律法规的考虑、审计沟通、注册会计师利用他人的工作、对集团财务报表审计的特殊考虑，以及其他特殊项目的审计。

本编难度一般，但知识点较多。考试时可以结合各种题型进行考核，经常以客观题及简答题形式进行考核，甚至在综合题中也有所体现。

第十三章　对舞弊和法律法规的考虑

CHAPTER-13

五项须知小剧场

- **近5年考情分析**
  - 平均分值5分/年
  - 2021年考核了单选题和多选题
- **教材主要变化**——修订了“针对舞弊导致的认定层次重大错报风险实施的审计程序”相关内容，其他内容无实质性变化
- **建议学习时长**——5小时
- **学习方法提示**——本章内容比较重要，尤其关于舞弊的相关内容。考试时可以客观题形式进行考核，也经常以简答题和综合题形式进行考核
- **本章基本框架（一）**
  - 第一节　财务报表审计中与舞弊相关的责任
    - 舞弊的概念和种类　考点1
    - 治理层、管理层的责任与注册会计师的责任　考点2
    - 风险评估程序和相关活动　考点3
    - 识别和评估由于舞弊导致的重大错报风险　考点4
    - 应对舞弊导致的重大错报风险　考点5
    - 评价审计证据　考点6
    - 无法继续执行审计业务　考点7
    - 书面声明　考点8
    - 与管理层、治理层及被审计单位之外的适当机构的沟通　考点9

本章基本框架（二）——第二节　财务报表审计中对法律法规的考虑
- 违反法律法规的含义　考点1
- 管理层遵守法律法规的责任　考点2
- 注册会计师的责任　考点3
- 对被审计单位遵守法律法规的考虑　考点4
- 识别出或怀疑存在违反法律法规行为时实施的审计程序　考点5
- 对识别出的或怀疑存在的违反法律法规行为的沟通和报告　考点6

核心考点精讲专场

第一节　财务报表审计中与舞弊相关的责任

查看本节视频，快速GET知识点
使用“会计云课堂”App或“微信”扫码

01　舞弊的概念和种类

（一）舞弊的概念

舞弊是指被审计单位的管理层、治理层、员工或第三方使用欺骗手段获取不当或非法利益的故意行为。

例题精讲

【例题1·多选题】 被审计单位进行会计处理时存在下列情形，其中属于舞弊行为的有（　　）。

A. 人为不恰当地调整会计估计所依据的假设及改变原先作出的判断

B. 由于疏忽和误解有关事实而作出不恰当的会计估计

C. 故意推迟确认报告期内发生的交易或事项

D. 滥用或随意变更会计政策

【解析】 舞弊是指使用欺骗的手段获取不当或非法利益的故意行为。选项B属于疏忽和误解，并不属于故意行为，所以不属于舞弊。

【答案】 ACD

（二）舞弊的种类

与财务报表审计相关的故意错报，包括编制虚假财务报告导致的错报和侵占资产导致的错报。

种类	编制虚假财务报告导致的错报	侵占资产导致的错报（内控不好）
涉及主体	管理层通过操纵利润来影响财务报表使用者对被审计单位业绩和盈利能力的看法	1. 员工盗窃金额相对较小且不重要的资产 2. 侵占资产也可能涉及管理层（手段难以发现）
舞弊方式	★★★注意主体：管理层 1. 对编制财务报表所依据的会计记录或支持性文件进行操纵、弄虚作假（包括伪造）或篡改 2. 在财务报表中错误表达或故意漏记事项、交易或其他重要信息（如或有事项的披露） 3. 故意地错误使用与金额、分类、列报或披露相关的会计原则	1. 贪污收到的款项——公款入私户 2. 盗窃实物资产或无形资产 3. 使被审计单位对未收到的商品或未接受的劳务付款——回扣 4. 将被审计单位资产挪为私用

富富有提示

（1）压力和动机可能使某些行为上升到编制虚假财务报告的程度。

（2）在某些被审计单位，管理层可能有动机大幅降低利润以降低税负，或虚增利润以向银行融资。

02 治理层、管理层的责任与注册会计师的责任

（一）双方责任

责任主体	相关责任
治理层和管理层	1. 被审计单位治理层和管理层对防止或发现舞弊负有主要责任 2. 管理层在治理层的监督下，高度重视对舞弊的防范和遏制是非常重要的 3. 治理层的监督包括考虑管理层凌驾于控制之上或对财务报告过程施加其他不当影响的可能性
注册会计师	注册会计师对于发现舞弊的责任： 1. 注册会计师有责任按照审计准则的规定执行审计工作，获取财务报表在整体上是否不存在由于舞弊或错误导致的重大错报的合理保证 2. 由于审计的固有限制，即使按照审计准则的规定恰当地计划和执行了审计工作，注册会计师也不能对财务报表整体不存在重大错报获取绝对保证

（二）相关说明

风险方面	基本情况	舞弊导致的重大错报未被发现的风险大于错误导致的重大错报未被发现的风险
	主要原因	1. 舞弊可能涉及精心策划和蓄意实施以进行隐瞒（如伪造证明或故意漏记交易），或者故意向注册会计师提供虚假陈述 2. 如果涉及串通舞弊，注册会计师可能更加难以发现蓄意隐瞒的企图 3. 串通舞弊可能导致原本虚假的审计证据被注册会计师误认为具有说服力

其他方面	1. 注册会计师应当在整个审计过程中保持职业怀疑，认识到存在由于舞弊导致的重大错报的可能性，而不应受到以前对管理层、治理层正直和诚信形成的判断的影响，并应当意识到，对发现错误有效的审计程序未必适用于发现舞弊 2. 在舞弊导致错报的情况下，固有限制的潜在影响尤其重大 3. 如果在完成审计工作后发现舞弊导致的财务报表重大错报，特别是串通舞弊或伪造文件或记录导致的重大错报，并不必然表明注册会计师没有遵守审计准则（不一定承担责任）
评价标准	注册会计师是否按照审计准则的规定实施了审计工作，取决于：（3方面） 1. 是否根据具体情况实施了审计程序 2. 是否获取了充分、适当的审计证据 3. 是否根据证据评价结果出具了恰当的审计报告

例题精讲

【例题2·2021年多选题】下列各项中，用于判断注册会计师是否按照审计准则的规定执行了审计工作的有（　　）。

A. 注册会计师在具体情况下实施的审计程序的恰当性

B. 注册会计师获取的审计证据的充分性和适当性

C. 注册会计师是否识别出财务报表中存在的所有重大错报

D. 注册会计师出具的审计报告的恰当性

【解析】注册会计师是否按照审计准则的规定实施了审计工作，取决于其是否根据具体情况实施了审计程序（选项A正确），是否获取了充分、适当的审计证据（选项B正确），以及是否根据证据评价结果出具了恰当的审计报告（选项D正确）。审计准则要求注册会计师合理保证财务报表不存在重大错报，并不要求其识别财务报表中存在的所有重大错报（选项C错误）。

【答案】ABD

03 风险评估程序和相关活动

风险评估程序和相关活动（5个方面）

- 1. 询问
- 2. 评价舞弊风险因素
- 3. 实施分析程序（注意区分：实质性分析程序）
- 4. 考虑其他信息
- 5. 组织项目组讨论

例题精讲

【例题3·2015年单选题】下列程序中，通常不用于评估舞弊风险的是（　　）。

A. 考虑在客户接受或保持过程中获取的信息

B. 实施实质性分析程序

C. 组织项目组内部讨论

D. 询问治理层、管理层和内部审计人员

【解析】实质性分析程序适用于应对舞弊风险，不适用于风险评估程序以识别和评估舞弊风险。

【答案】B

（一）询问

询问对象	询问内容
1. 管理层	可以获取有关员工舞弊导致的财务报表重大错报风险的有用信息 在了解被审计单位及其环境时，注册会计师应当向管理层询问下列事项：（★★★共4点） （1）管理层对财务报表可能存在由于舞弊导致的重大错报风险的评估，包括评估的性质、范围和频率等 （2）管理层对舞弊风险的识别和应对过程，包括管理层识别出的或注意到的特定舞弊风险，或可能存在舞弊风险的各类交易、账户余额或披露 （3）管理层就其对舞弊风险的识别和应对过程向治理层的通报（和治理层说） （4）管理层就其经营理念和道德观念向员工的通报（和员工说）
2. 治理层	除非治理层全部成员参与管理被审计单位，注册会计师应当： （1）了解治理层如何监督管理层对舞弊风险的识别和应对过程，以及为降低舞弊风险而建立的内部控制 （2）询问治理层，以确定其是否知悉任何影响被审计单位的舞弊事实、舞弊嫌疑或舞弊指控
3. 内部审计人员	如果被审计单位设有内部审计，注册会计师应当： （1）询问内部审计人员，以确定其是否知悉任何影响被审计单位的舞弊事实、舞弊嫌疑或舞弊指控 （2）获取这些人员对舞弊风险的看法
4. 其他相关人员	注册会计师应当考虑向被审计单位内部（★★）的下列人员询问：（原来不太询问的人员） （1）不直接参与财务报告过程的业务人员 （2）拥有不同级别权限的人员 （3）参与生成、处理或记录复杂或异常交易的人员及对其进行监督的人员 （4）内部法律顾问 （5）负责道德事务的主管人员或承担类似职责的人员 （6）负责处理舞弊指控的人员

（二）评价舞弊风险因素（婚外情）

舞弊风险因素	相关内容
实施舞弊的动机或压力	发生舞弊的首要条件，如：薪酬业绩、融资压力
实施舞弊的机会	一般源于内部控制在设计和运行上的缺陷，如：公司对资产管理的松懈、管理层凌驾于内部控制之上
为舞弊行为寻找借口的能力	借口：指存在某种态度、性格或价值观念，使得管理层或员工能够作出不诚实的行为，或者管理层或员工所处的环境促使其能够将舞弊行为予以合理化
上述风险因素也被称为“舞弊三角”，这三个风险因素在两类舞弊行为中有不同的体现（重点掌握，尤其动机或压力、机会的区分）	

富富有提示

存在舞弊风险因素并不必然表明发生了舞弊，但在舞弊发生时通常存在舞弊风险因素，因此，舞弊风险因素可能表明存在由于舞弊导致的重大错报风险。

例题精讲

【例题 4 · 2017 年单选题】下列各项中，属于舞弊发生的首要条件的是（　　）。

A. 实施舞弊的动机或压力

B. 治理层和管理层对舞弊行为的态度

C. 实施舞弊的机会

D. 为舞弊行为寻找借口的能力

【答案】A

教材表 13-1　与编制虚假财务报告导致的错报相关的舞弊风险因素

第一部分：动机或压力

舞弊风险因素细类	具体示例
1. 财务稳定性或盈利能力受到经济环境、行业状况或被审计单位经营情况的威胁	（1）竞争激烈或市场饱和，且伴随着利润率的下降 （2）难以应对技术变革、产品过时、利率调整等因素的急剧变化 （3）客户需求大幅下降，所在行业或总体经济环境中经营失败的情况增多 （4）经营亏损使被审计单位可能破产、丧失抵押品赎回权或遭恶意收购 （5）在财务报表显示盈利或利润增长的情况下，经营活动产生的现金流量经常出现负数，或经营活动不能产生现金流入 （6）高速增长或具有异常的盈利能力，特别是在与同行业其他企业相比时 （7）新发布的会计准则、法律法规或监管要求
2. 管理层为满足第三方要求或预期而承受过度的压力	（1）投资分析师、机构投资者、重要债权人或其他外部人士对盈利能力或增长趋势存在预期（特别是过分激进的或不切实际的预期），包括管理层在新闻报道和年报信息中作出过于乐观的预期 （2）需要进行额外的举债或权益融资以保持竞争力，包括为重大研发项目或资本性支出融资 （3）满足交易所的上市要求、偿债要求或其他债务合同要求的能力较弱 （4）报告较差财务成果将对正在进行的重大交易（如企业合并或签订合同）产生可察觉的或实际的不利影响
3. 管理层或治理层的个人财务状况受到被审计单位财务业绩的影响	（1）在被审计单位中拥有重大经济利益 （2）其报酬中有相当一部分（如奖金、股票期权、基于盈利能力的支付计划）取决于被审计单位能否实现激进的目标（如在股价、经营成果、财务状况或现金流量方面） （3）个人为被审计单位的债务提供了担保
4. 管理层或经营者受到更高级管理层或治理层对财务或经营指标过高要求的压力	治理层为管理层设定了过高的销售业绩或盈利能力等激励指标

第二部分：机会

舞弊风险因素细类	具体示例
1. 被审计单位所在行业或其业务的性质为编制虚假财务报告提供了机会	(1) 从事超出正常经营过程的重大关联方交易，或者与未经审计或由其他会计师事务所审计的关联企业进行重大交易 (2) 被审计单位具有强大的财务实力或能力，使其在特定行业中处于主导地位，能够对与供应商或客户签订的条款或条件作出强制规定，从而可能导致不适当或不公允的交易 (3) 资产、负债、收入或费用建立在重大估计的基础上，这些估计涉及主观判断或不确定性，难以印证 (4) 从事重大，异常或高度复杂的交易（特别是临近期末发生的复杂交易，对该交易是否按照“实质重于形式”原则处理存在疑问） (5) 在经济环境及文化背景不同的国家或地区从事重大经营或重大跨境经营 (6) 利用商业中介，而此项安排似乎不具有明确的商业理由 (7) 在属于“避税天堂”的国家或地区开立重要银行账户或者设立子公司或分公司进行经营，而此类安排似乎不具有明确的商业理由
2. 组织结构复杂或不稳定	(1) 难以确定对被审计单位持有控制性权益的组织或个人 (2) 组织结构过于复杂，存在异常的法律实体或管理层级 (3) 高级管理人员、法律顾问或治理层频繁更换
3. 对管理层的监督失效	(1) 管理层由一人或少数人控制（在非业主管理的实体中），且缺乏补偿性控制 (2) 治理层对财务报告过程和内部控制实施的监督无效
4. 内部控制要素存在缺陷	(1) 对控制的监督不充分，包括自动控制以及针对中期财务报告（如要求对外报告）的控制 (2) 由于会计人员、内部审计人员或信息技术人员不能胜任而频繁更换 (3) 会计系统和信息系统无效，包括内部控制存在值得关注的缺陷的情况

第三部分：态度或借口

舞弊风险因素细类	具体示例
1. 管理层态度不端或缺乏诚信	(1) 管理层未能有效地传递、执行、支持或贯彻被审计单位的价值观或道德标准，或传递了不适当的价值观或道德标准 (2) 非财务管理人员过度参与或过于关注会计政策的选择或重大会计估计的确定 (3) 被审计单位、高级管理人员或治理层存在违反证券法或其他法律法规的历史记录，或由于舞弊或违反法律法规而被指控 (4) 管理层过于关注保持或提高被审计单位的股票价格或利润趋势 (5) 管理层向分析师、债权人或其他第三方承诺实现激进的或不切实际的预期 (6) 管理层未能及时纠正发现的值得关注的内部控制缺陷 (7) 为了避税的目的，管理层表现出有意通过使用不适当的方法使报告利润最小化 (8) 高级管理人员缺乏士气 (9) 业主兼经理未对个人事务与公司业务进行区分 (10) 股东人数有限的被审计单位股东之间存在争议 (11) 管理层总是试图基于重要性原则解释处于临界水平的或不适当的会计处理

舞弊风险因素细类	具体示例
2. 管理层与现任或前任注册会计师之间的关系紧张	(1) 在会计、审计或报告事项上经常与现任或前任注册会计师产生争议 (2) 对注册会计师提出不合理的要求，如对完成审计工作或出具审计报告提出不合理的时间限制 (3) 对注册会计师接触某些人员、信息或与治理层进行有效沟通施加不适当的限制 (4) 管理层对注册会计师表现出盛气凌人的态度，特别是试图影响注册会计师的工作范围，或者影响对执行审计业务的人员或被咨询人员的选择和保持

教材表 13-2　与侵占资产导致的错报相关的舞弊风险因素

第一部分：动机或压力

舞弊风险因素细类	具体示例
1. 个人的生活方式或财务状况问题	接触现金或其他易被侵占（通过盗窃）资产的管理层或员工负有个人债务，可能会产生侵占这些资产的压力
2. 接触现金或其他易被盗窃资产的员工与被审计单位之间存在的紧张关系	(1) 已知或预期会发生裁员 (2) 近期或预期员工报酬或福利计划会发生变动 (3) 晋升、报酬或其他奖励与预期不符

第二部分：机会

舞弊风险因素细类	具体示例
1. 资产的某些特性或特定情形可能增加其被侵占的可能性	(1) 持有或处理大额现金 (2) 体积小、价值高或需求较大的存货 (3) 易于转手的资产，如无记名债券、钻石或计算机芯片 (4) 体积小、易于销售或不易识别所有权归属的固定资产
2. 与资产相关的不恰当的内部控制可能增加资产被侵占的可能性	(1) 职责分离或独立审核不充分 (2) 对高级管理人员的支出（如差旅费及其他报销费用）的监督不足 (3) 管理层对负责保管资产的员工的监管不足（如对保管处于偏远地区的资产的员工监管不足） (4) 对接触资产的员工选聘不严格 (5) 对资产的记录不充分 (6) 对交易（如采购）的授权及批准制度不健全 (7) 对现金、投资、存货或固定资产等的实物保管措施不充分 (8) 未对资产作出完整、及时的核对调节 (9) 未对交易作出及时、适当的记录（如销货退回未作冲销处理） (10) 对处于关键控制岗位的员工未实行强制休假制度 (11) 管理层对信息技术缺乏了解，从而使信息技术人员有机会侵占资产 (12) 对自动生成的记录的访问控制（包括对计算机系统日志的控制和复核）不充分

第三部分：态度或借口

舞弊风险因素细类	具体示例
1. 管理层或员工不重视相关控制	（1）忽视监控或降低与侵占资产相关的风险的必要性 （2）忽视与侵占资产相关的内部控制，如凌驾于现有的控制之上或未对已知的内部控制缺陷采取适当的补救措施 （3）被审计单位人员在行为或生活方式方面发生的变化可能表明资产已被侵占 （4）容忍小额盗窃资产的行为
2. 对被审计单位存在不满甚至敌对情绪	被审计单位人员的行为表明其对被审计单位感到不满，或对被审计单位对待员工的态度感到不满

例题精讲

【例题 5 · 2020 年单选题】下列情形中，可能表明被审计单位存在编制虚假财务报告的机会的是（　　）。

A. 被审计单位在经济环境和文化背景不同的国家或地区从事重大经营

B. 管理层对信息技术缺乏了解

C. 控股股东为被审计单位的债务提供担保

D. 对管理层的费用支出监督不足

【解析】被审计单位在经济环境和文化背景不同的国家或地区从事重大经营可能表明被审计单位存在编制虚假财务报告的机会，选项 A 正确。

【答案】A

【例题 6 · 2015 年多选题】下列舞弊风险因素中，与编制虚假财务报告相关的有（　　）。

A. 利用商业中介进行交易，但缺乏明显的商业理由

B. 在非所有者管理的主体中，管理层由一人或少数人控制，且缺乏补偿性控制

C. 会计系统和信息系统无效

D. 对高级管理人员支出的监督不足

【解析】选项 D 属于与侵占资产导致的错报相关的舞弊风险因素（机会）。

【答案】ABC

（三）实施分析程序（★★★不是实质性分析程序，不属于进一步审计程序）

在实施分析程序以了解被审计单位及其环境时，注册会计师应当评价识别出的异常关系或偏离预期的关系（包括与收入账户有关的关系），是否表明存在由于舞弊导致的重大错报风险。（买车摇号）

（四）考虑其他信息（可能源于：项目组讨论、客户关系和具体业务的接受与保持过程以及向被审计单位提供其他服务获取的经验）

（五）组织项目组讨论

1. 项目组讨论的目的

（1）使经验较丰富的项目组成员有机会与其他成员分享关于财务报表易于发生由于舞弊导致的重大错报的方式和领域的见解；（分享见解、交流信息）

（2）针对财务报表易于发生由于舞弊导致的重大错报的方式和领域考虑适当的应对措施，并确定分派哪些项目组成员实施特定的审计程序；

（3）确定如何在项目组成员中共享实施审计程序的结果，以及如何处理可能引起注册会计师注意的舞弊指控。

2. 项目组可能讨论的内容（共 12 点）

（1）项目组成员认为财务报表易于发生由于舞弊导致的重大错报的方式和领域、管理层可能编制和隐瞒虚假财务报告的方式以及侵占资产的方式等；

（2）可能表明管理层操纵利润的迹象，以及管理层可能采取的导致虚假财务报告的利润操纵手段；

（3）管理层企图通过晦涩难懂的披露使披露事项无法得到正确理解的风险（例如，包含太多不重要的信息或使用不明晰或模糊的语言）；

（4）已知悉的对被审计单位产生影响的外部和内部因素，这些因素可能产生动机或压力使管理层或其他人员实施舞弊，可能提供实施舞弊的机会，可能表明存在为舞弊行为寻找借口的文化或环境；

（5）对接触现金或其他易被侵占资产的员工，管理层对其实施监督的情况；

（6）关注到的管理层或员工在行为或生活方式上出现的异常或无法解释的变化；

（7）强调在整个审计过程中对由于舞弊导致重大错报的可能性保持适当关注的重要性；

（8）遇到的哪些情形可能表明存在舞弊；

（9）如何在拟实施审计程序的性质、时间安排和范围中增加不可预见性；

（10）为应对由于舞弊导致财务报表发生重大错报的可能性而选择实施的审计程序，以及特定类型的审计程序是否比其他审计程序更为有效；

（11）注册会计师关注到的舞弊指控；

（12）管理层凌驾于控制之上的风险。

04 识别和评估由于舞弊导致的重大错报风险

（1）舞弊导致的重大错报风险属于需要注册会计师特别考虑的重大错报风险，即特别风险。

（2）在识别和评估财务报表层次以及各类交易、账户余额、披露的认定层次的重大错报风险时，注册会计师应当识别和评估由于舞弊导致的重大错报风险。（2 个层次）

（3）审计准则规定，在识别和评估由于舞弊导致的重大错报风险时，注册会计师应当基于收入确认存在舞弊风险的假定，评价哪些类型的收入、收入交易或认定导致舞弊风险。

富富有提示

如果认为收入确认存在舞弊风险的假定不适用于业务的具体情况，从而未将收入确认作为

由于舞弊导致的重大错报风险领域，注册会计师应当在审计工作底稿中记录得出该结论的理由。（如：停产 3 年，无收入）

例题精讲

【例题 7 · 2012 年单选题】 在识别和评估重大错报风险时，下列各项中，注册会计师应当假定存在舞弊风险的是（　　）。

A. 复杂衍生金融工具的计价　　B. 存货的可变现净值

C. 收入确认　　D. 应付账款的完整性

【解析】 在识别和评估由于舞弊导致的重大错报风险时，注册会计师应当基于收入确认存在舞弊风险的假定，评价哪些类型的收入、收入交易或认定导致舞弊风险，所以选项 C 正确。

【答案】 C

05 应对舞弊导致的重大错报风险

风险应对	注册会计师通常从三个方面应对此类风险： 1. 总体应对措施（财务报表层次） 2. 针对舞弊导致的认定层次重大错报风险实施的审计程序 3. 针对管理层凌驾于控制之上的风险实施的程序

（一）总体应对措施

在针对评估的由于舞弊导致的财务报表层次重大错报风险确定总体应对措施时，注册会计师应当：（共 3 点）

（1）在分派和督导项目组成员时，考虑承担重要业务职责的项目组成员所具备的知识、技能和能力，并考虑由于舞弊导致的重大错报风险的评估结果；（胜任能力）

（2）评价被审计单位对会计政策（特别是涉及主观计量和复杂交易的会计政策）的选择和运用，是否可能表明管理层通过操纵利润对财务信息作出虚假报告；

（3）在选择审计程序的性质、时间安排和范围时，增加审计程序的不可预见性。

例题精讲

【例题 8 · 2021 年多选题】 针对评估的由于舞弊导致的财务报表层次重大错报风险，下列各项中，属于注册会计师应当采取的总体应对措施的有（　　）。

A. 在分派和督导项目组成员时，考虑担任重要业务职责的项目组成员所具备的知识、技能和能力

B. 扩大细节测试的样本规模

C. 在选择审计程序的性质、时间安排和范围时，增加审计程序的不可预见性

D. 评价被审计单位对会计政策的选择和运用，是否可能表明管理层通过操纵利润对财务信息作出虚假报告

【解析】 在针对评估的由于舞弊导致的财务报表层次重大错报风险确定总体应对措施时，

注册会计师应当:

(1) 在分派和督导项目组成员时，考虑承担重要业务职责的项目组成员所具备的知识、技能和能力，并考虑由于舞弊导致的重大错报风险的评估结果（选项A正确）;

(2) 评价被审计单位对会计政策（特别是涉及主观计量和复杂交易的会计政策）的选择和运用，是否可能表明管理层通过操纵利润对财务信息作出虚假报告（选项D正确）;

(3) 在选择审计程序的性质、时间安排和范围时，增加审计程序的不可预见性（选项C正确）。

【答案】 ACD

(二) 针对舞弊导致的认定层次重大错报风险实施的审计程序

1. 基本原则

为应对评估的由于舞弊导致的认定层次重大错报风险，注册会计师采取的具体措施可能包括通过下列方式改变审计程序的性质、时间安排和范围:（共3点）

改变的内容	举例
性质	(1) 对特定资产进行实地观察或检查 (2) 设计询证函时，增加交易日期、退货权、交货条款等销售协议的细节 (3) 向被审计单位的非财务人员询问销售协议和交货条款的变化，以对函证获取的信息进行补充
时间	(1) 在期末或接近期末(★★★) 实施实质性程序 (2) 针对本期较早期间发生的交易或整个报告期内的交易实施实质性程序
范围	(1) 扩大样本规模 (2) 在更详细的层次上实施分析程序 (3) 利用计算机辅助审计技术对电子交易和会计文档实施更广泛的测试

例题精讲

【例题9·2020年单选题改编】 下列做法中，通常无法应对舞弊导致的认定层次重大错报风险的是（　　）。

A. 改变控制测试的时间

B. 调整实施实质性程序的时间

C. 调整实施审计程序的范围

D. 改变审计程序的性质

【解析】 为应对评估的由于舞弊导致的认定层次重大错报风险，注册会计师采取的具体措施可能包括通过下列方式改变审计程序的性质、时间安排和范围:(1) 改变拟实施审计程序的性质，以获取更可靠、相关的审计证据，或获取额外的佐证信息。例如，对特定资产进行实地观察或检查；设计询证函时，增加交易日期、退货权、交货条款等销售协议的细节；向被审计单位的非财务人员询问销售协议和交货条款的变化，以对函证获取的信息进行补充（选项D)。(2) 调整实施审计程序的时间安排。例如，在期末或接近期末实施实质性程序，以更好地应对由于舞弊导致的重大错报风险；由于涉及不恰当收入确认的舞弊可能已在期中发生，针对本期较早期间发生的交易或整个报告期内的交易实施实质性程序（选项B)。(3) 调整实施审计程序的范围，以应对评估的由于舞弊导致的重大错报风险。例如，扩大样本规模；在更详细的层次上实施分析程序；利用计算机辅助审计技术对电子交易和会计文档实施更广泛的测试（选项C）。

【答案】 A

2. 具体应对措施

教材表13-3　具体应对措施——由于编制虚假财务报告导致的错报

特定方面	应对程序
收入确认	（1）针对收入项目，使用分解的数据实施实质性分析程序
	（2）向被审计单位的客户函证相关的特定合同条款、条件以及是否存在背后协议
	（3）向被审计单位的销售人员或内部法律顾问询问临近期末的销售或发货情况，及其所了解的与这些交易相关的异常条款或条件
	（4）期末在被审计单位的一处或多处发货现场实地观察发货情况或准备发出的货物情况（或待处理的退货），并实施其他适当的销售及存货截止测试
	（5）对于通过电子方式自动生成、处理、记录的销售交易实施控制测试
存货数量	（1）检查被审计单位的存货记录
	（2）在不预先通知的情况下对特定存放地点的存货实施监盘，或在同一天对所有存放地点实施存货监盘（2015年涉及）
	（3）要求被审计单位在报告期末或临近期末的时点实施存货盘点（2015年涉及）
	（4）在观察存货盘点的过程中实施额外的程序
	（5）按照存货的等级或类别、存放地点或其他分类标准，将本期存货数量与前期进行比较，或将盘点数量与永续盘存记录进行比较
	（6）利用计算机辅助审计技术进一步测试存货实物盘点目录的编制
管理层估计	（1）聘用专家作出独立估计，并与管理层的估计进行比较
	（2）将询问范围延伸至管理层和会计部门以外的人员，以印证管理层完成与作出会计估计相关的计划的能力和意图

教材表13-4　具体应对措施——由于侵占资产导致的错报

特定方面	应对程序
（1）货币资金、有价证券	①在期末或临近期末对现金或有价证券进行监盘 ②直接向被审计单位的客户询证所审计期间的交易活动 ③分析已注销账户的恢复使用情况
（2）存货	①按照存货存放地点或产品类型分析存货短缺情况 ②将关键存货指标与行业平均水平进行比较 ③对于发生减计的永续盘存记录，复核其支持性文件
（3）采购活动	利用计算机技术将供货商名单与被审计单位员工名单进行对比，以识别地址或电话号码相同的数据

续表

特定方面	应对程序
(4) 劳务(包括应付工资、相关费用等)	①利用计算机技术检查工资单记录中是否存在重复的地址、员工身份证明、纳税识别编号或银行账号 ②检查人事档案中是否存在只有很少记录或缺乏记录的档案，如缺少绩效考评的档案
(5) 销售活动	①分析销售折扣和销售退回等 ②向第三方函证合同的具体条款或条件 ③获取合同是否按照规定的条款或条件得以执行的审计证据
(6) 费用开支	①复核大额和异常的费用开支是否适当 ②复核高级管理人员提交的费用报告的金额及适当性
(7) 向员工提供资金或担保	复核被审计单位向高级管理人员和关联方提供的贷款的授权及其账面价值

例题精讲

【例题10·2015年单选题】如果注册会计师认为存货数量存在舞弊导致的重大错报风险，下列做法中，通常不能应对该风险的是（　　）。

A. 要求被审计单位在报告期末或邻近期末的时点实施存货盘点

B. 在不预先通知的情况下对特定存放地点的存货实施监盘

C. 利用专家的工作对特殊类型的存货实施更严格的检查

D. 扩大与存货相关的内部控制测试的样本规模

【解析】如果注册会计师认为存货数量存在舞弊导致的重大错报风险，说明与存货相关的内部控制没有得到有效执行，此时应当多做实质性程序，而不是多做控制测试，选项D错误。

【答案】D

【例题11·2014年多选题】下列各项做法中，可以应对舞弊导致的重大错报风险的有（　　）。

A. 在同一天对所有存放在不同地点的存货实施监盘

B. 选取以前年度未寄发询证函的客户的应收账款余额实施函证

C. 扩大营业收入细节测试的样本规模

D. 通过实地走访，核实供应商和客户真实存在

【答案】ABCD

(三) 针对管理层凌驾于控制之上的风险实施的程序

1. 舞弊手段

舞弊手段	管理层通过凌驾于控制之上实施舞弊的手段主要包括故意：(“故意”) (1) 作出虚假会计分录，特别是在临近会计期末时，从而操纵经营成果或实现其他目的 (2) 不恰当地调整对账户余额作出估计时使用的假设和判断 (3) 在财务报表中漏记、提前或推迟确认报告期内发生的事项和交易 (4) 遗漏、掩盖或歪曲适用的财务报告编制基础要求的披露或为实现公允反映所需的披露 (5) 隐瞒可能影响财务报表金额的事实 (6) 构造复杂交易，以歪曲财务状况或经营成果 (7) 篡改与重大和异常交易相关的记录和条款

相关说明	(1) 由于管理层在被审计单位的地位较高，管理层凌驾于控制之上的风险在所有被审计单位中都可能存在(★★) (2) 管理层凌驾于控制之上的风险属于特别风险(★★)

例题精讲

【例题 12 · 2015 年多选题改编】 下列各项中，属于管理层通过凌驾于控制之上实施舞弊的手段的有（　　）。

A. 不恰当地调整对账户余额作出估计时使用的假设和判断

B. 隐瞒可能影响财务报表金额的事实

C. 篡改与重大交易相关的会计记录和交易条款

D. 构造复杂的交易以歪曲财务状况或经营成果

【答案】 ABCD

2. 应对程序

无论对管理层凌驾于控制之上的风险的评估结果如何，注册会计师都应当设计和实施审计程序，用以：

(1) 测试日常会计核算过程中作出的会计分录以及编制财务报表过程中作出的其他调整是否适当。

注册会计师应当：(共 3 点)

①向参与财务报告过程的人员(★★★注意：询问对象，不是管理层) 询问与处理会计分录和其他调整相关的不恰当或异常的活动；

②选择在报告期末作出的会计分录和其他调整；

③考虑是否有必要(★★★注意：不是必须) 测试整个会计期间的会计分录和其他调整。

(2) 复核会计估计是否存在偏向，并评价产生这种偏向的环境是否表明存在由于舞弊导致的重大错报风险。

在复核会计估计是否存在偏向时，注册会计师应当：

①评价管理层在作出会计估计时所作的判断和决策是否反映出管理层的某种偏向(即使判断和决策单独看起来是合理的)，从而可能表明存在由于舞弊导致的重大错报风险。如果存在偏向，注册会计师应当从整体上重新评价会计估计；

②追溯复核与以前年度财务报表反映的重大会计估计相关的管理层判断和假设。

(3) 对于超出被审计单位正常经营过程的重大交易，或基于对被审计单位及其环境的了解以及在审计过程中获取的其他信息而显得异常的重大交易，评价其商业理由(★★) (或缺乏商业理由) 是否表明被审计单位从事交易的目的是为了对财务信息作出虚假报告或掩盖侵占资产的行为。

例题精讲

【例题 13 · 2018 年多选题】 为应对管理层凌驾于控制之上的风险，下列审计程序中，注册会计师应当在所有审计业务中实施的有（　　）。

A. 复核会计估计是否存在偏向

B. 对报告期末作出的会计分录和其他调整实施测试

C. 对关联方交易及余额实施函证程序

D. 对营业收入实施实质性分析程序

【解析】 无论对管理层凌驾于控制之上的风险的评估结果如何，注册会计师都应当设计和实施审计程序，用以：

（1）测试日常会计核算过程中作出的会计分录以及编制财务报表过程中作出的其他调整是否适当（选项B）；

（2）复核会计估计是否存在偏向，并评价产生这种偏向的环境是否表明存在由于舞弊导致的重大错报风险（选项A）；

（3）对于超出被审计单位正常经营过程的重大交易，或基于对被审计单位及其环境的了解以及在审计过程中获取的其他信息而显得异常的重大交易，评价其商业理由（或缺乏商业理由）是否表明被审计单位从事交易的目的是为了对财务信息作出虚假报告或掩盖侵占资产的行为。

【答案】 AB

【例题14·2014年单选题】 下列有关舞弊导致重大错报风险的说法中，错误的是（　　）。

A. 编制虚假财务报告导致的重大错报风险，大于侵占资产导致的重大错报风险

B. 舞弊导致的重大错报未被发现的风险，大于错误导致的重大错报未被发现的风险

C. 收入确认存在舞弊风险的假定可能不适用于所有审计项目

D. 所有的被审计单位都存在管理层凌驾于控制之上的风险

【解析】 两者没有明显的高低关系，所以选项A不正确。

【答案】 A

【例题15·2014年综合题】 上市公司甲集团公司是ABC会计师事务所的常年审计客户，主要从事化工产品的生产和销售。A注册会计师负责审计甲集团公司2013年度财务报表，确定集团财务报表整体的重要性为200万元。

资料四：

A注册会计师在审计工作底稿中记录了审计程序的执行情况，部分内容摘录如下：

（3）A注册会计师在测试甲集团公司临近2013年末的会计分录和其他调整时，选取了35笔符合预定特征的样本项目，检查这些会计分录和其他调整是否获得管理层批准，入账金额是否准确，未发现错报。

要求：

针对资料四第（3）项，假定不考虑其他条件，指出A注册会计师的处理是否恰当。如不恰当，简要说明理由。

【答案】

事项序号	是否恰当（是/否）	理由
（3）	否	测试报告期末的会计分录和其他调整的目的是应对管理层凌驾于控制之上的风险。仅检查管理层的批准和入账金额是否准确不足以实现测试目标

【例题16·2011年简答题】 注册会计师负责审计被审计单位2010年度财务报表。在审计

过程中，注册会计师遇到下列事项：

（1）被审计单位拥有3家子公司，分别生产不同的饮料产品。被审计单位所处行业整体竞争激烈，市场处于饱和状态，同行业公司的主营业务收入年增长率低于5%，但被审计单位董事会仍要求管理层将2010年度主营业务收入增长率确定为8%。管理层编制的被审计单位2010年度财务报表显示，已按计划实现收入。

（2）被审计单位管理层除领取固定工资外，其奖金金额与当年完成主营业务收入的情况挂钩。

（3）在以前年度审计中，注册会计师没有发现被审计单位收入确认方面存在舞弊行为，因此，在2010年度审计中，注册会计师未将收入确认作为由于舞弊导致的重大错报风险领域。

（4）在对日常会计核算过程中作出的会计分录以及编制财务报表过程中作出的其他调整进行测试时，注册会计师向参与财务报告编制过程的人员询问了与处理会计分录和其他调整相关的不恰当或异常的活动。

要求：

（1）针对事项（1）和（2），分析被审计单位是否存在舞弊风险因素，并简要说明理由。

（2）针对事项（3），分析注册会计师未将收入确认作为由于舞弊导致的重大错报风险领域是否适当，并简要说明理由。

（3）针对事项（4），简要说明注册会计师除实施询问程序外，还应当实施哪些程序。

【答案】

针对要求（1）：存在舞弊风险因素。

因为被审计单位所处行业竞争激烈且市场处于饱和状态，被审计单位主营业务收入增长率超过同行业增长率，管理层受到收入增长期望过高的压力；同时，被审计单位管理层报酬中有相当一部分取决于收入的完成情况。

针对要求（2）：不适当。

理由：注册会计师应当在整个审计过程中保持职业怀疑，不应受到以前对管理层正直和诚信形成判断的影响，并且在识别和评估由于舞弊导致的重大错报风险时，注册会计师应当假定收入确认存在舞弊风险。

针对要求（3）：注册会计师还应当选择在报告期末作出的会计分录和其他调整进行测试，并考虑是否有必要测试整个会计期间的会计分录和其他调整。

06 评价审计证据

基本原则	1. 如果识别出某项错报，注册会计师应当评价该项错报是否表明存在舞弊 2. 如果存在舞弊的迹象，注册会计师应当评价该项错报对审计工作其他方面的影响，特别是对管理层声明可靠性的影响（原因：不太可能孤立发生）

应对措施	如果识别出某项错报，并有理由认为该项错报是或可能是由于舞弊导致的，且涉及管理层，特别是涉及较高层级的管理层，无论该项错报是否重大，注册会计师都应当：（★★★2015 年综合题：3 句话） 1. 重新评价对由于舞弊导致的重大错报风险的评估结果 2. 重新评价该结果对旨在应对评估的风险的审计程序的性质、时间安排和范围的影响 3. 在重新考虑此前获取的审计证据的可靠性时，注册会计师还应当考虑相关的情形是否表明可能存在涉及员工、管理层或第三方的串通舞弊
考虑影响	注册会计师应当评价下列两种情况对审计的影响： 1. 确认财务报表存在由于舞弊导致的重大错报 2. 无法确定财务报表是否存在由于舞弊导致的重大错报

例题精讲

【例题 17 · 2015 年综合题】甲集团公司是 ABC 会计师事务所的常年审计客户，主要从事化妆品的生产、批发和零售。A 注册会计师负责审计甲集团公司 2014 年度财务报表，确定集团财务报表整体的重要性为 600 万元。

资料五：

A 注册会计师在审计工作底稿中记录了处理错报的相关情况，部分内容摘录如下：

（2）A 注册会计师发现甲集团公司销售副总经理挪用客户回款 50 万元，就该事项与总经理和治理层进行了沟通。因管理层已同意调整该错报并对相关内部控制缺陷进行整改，A 注册会计师未再执行其他审计工作。

要求：

针对资料五第（2）项，假定不考虑其他条件，指出 A 注册会计师的做法是否恰当。如不恰当，简要说明理由并提出改进建议。

【答案】

事项序号	是否恰当（是/否）	理由及改进建议	
（2）	否	理由	该错报涉及较高层级的管理层舞弊
		改进建议	注册会计师应当采取下列措施： ①重新评估舞弊导致的重大错报风险 ②考虑重新评估的结果对审计程序的性质、时间安排和范围的影响 ③重新考虑此前获取的审计证据的可靠性

07 无法继续执行审计业务

异常情形	注册会计师可能遇到的对其继续执行审计业务的能力产生怀疑的异常情形包括：（★★★“严重”） 1. 被审计单位没有针对舞弊采取适当的、注册会计师根据具体情况认为必要的措施，即使该舞弊对财务报表并不重大 2. 注册会计师对由于舞弊导致的重大错报风险的考虑以及实施审计测试的结果，表明存在重大且广泛的舞弊风险 3. 注册会计师对管理层或治理层的胜任能力或诚信产生重大疑虑

应对措施	如果由于舞弊或舞弊嫌疑导致出现错报，致使注册会计师遇到对其继续执行审计业务的能力产生怀疑的异常情形，注册会计师应当： 1. 确定适用于具体情况的职业责任和法律责任，包括是否需要（★★★）向审计业务委托人或监管机构报告 2. 在相关法律法规允许的情况下，考虑是否需要解除业务约定	
解除业务约定	基本原则	1. 由于可能出现的情形各不相同，因而难以确切地说明在何时解除业务约定是适当的 2. 影响注册会计师得出结论的因素包括： （1）管理层或治理层成员参与舞弊可能产生的影响（可能会影响到管理层声明的可靠性） （2）与被审计单位之间保持客户关系对注册会计师的影响
	相应措施	如果决定解除业务约定，注册会计师应当采取下列措施： 1. 与适当层级的管理层和治理层讨论解除业务约定的决定和理由 2. 考虑是否存在职业责任或法律责任，需要向审计业务委托人或监管机构报告解除业务约定的决定和理由

08 书面声明

（1）由于舞弊的性质以及注册会计师在发现舞弊导致的财务报表重大错报时遇到的困难，注册会计师向管理层和治理层（如适用）获取书面声明，确认其已向注册会计师披露了下列信息是非常重要的：

①管理层对财务报表可能存在由于舞弊导致的重大错报风险的评估结果；

②对影响被审计单位的舞弊事实、舞弊嫌疑或舞弊指控的了解程度。

（2）注册会计师应当就下列事项向管理层和治理层（如适用）获取书面声明：

①管理层和治理层认可其设计、执行和维护内部控制以防止和发现舞弊的责任；

②管理层和治理层已向注册会计师披露了管理层对由于舞弊导致的财务报表重大错报风险的评估结果；

③管理层和治理层已向注册会计师披露了已知的涉及管理层、在内部控制中承担重要职责的员工以及其他人员（在舞弊行为可能导致财务报表出现重大错报的情况下）的舞弊或舞弊嫌疑；

④管理层和治理层已向注册会计师披露了从现任和前任员工、分析师、监管机构等方面获知的、影响财务报表的舞弊指控或舞弊嫌疑。

09 与管理层、治理层及被审计单位之外的适当机构的沟通

沟通对象	沟通原则
与管理层的沟通	1. 当注册会计师已获取的证据表明存在或可能存在舞弊时，除非法律法规禁止，注册会计师应当及时提请适当层级的管理层关注这一事项，即使该事项可能被认为不重要，注册会计师也应当这样做（注意：法律法规禁止、而非是否重要） 2. 确定拟沟通的适当层级的管理层。通常情况下，适当层级的管理层至少要比涉嫌舞弊的人员高出一个级别（★★★非常重要）

沟通对象	沟通原则
与治理层的沟通	1. 如果确定或怀疑舞弊涉及下列三类人员，注册会计师应当及时（★★★）就此类事项与治理层沟通： （1）管理层 （2）在内部控制中承担重要职责的员工 （3）其舞弊行为可能导致财务报表出现重大错报的其他人员 2. 如果怀疑舞弊涉及管理层，除非法律法规禁止，注册会计师应当将此怀疑向治理层通报，并与其讨论为完成审计工作所必需的审计程序的性质、时间安排和范围 3. 如果根据判断认为还存在与治理层职责相关的、涉及舞弊的其他事项，除非法律法规禁止，注册会计师应当就此与治理层沟通
与被审计单位之外的适当机构的沟通	一般不需要沟通，除非特殊情况 1. 如果识别出舞弊或怀疑存在舞弊，注册会计师应当确定是否有责任（★★注意：不是必须）向被审计单位以外的适当机构报告 2. 如果法律法规或相关职业道德要求规定了相关报告责任，注册会计师应当遵守法律法规或相关职业道德要求的规定

例题精讲

【例题 18 · 2021 年单选题】下列有关注册会计师在财务报表审计中与舞弊相关的责任的说法中，错误的是（　　）。

A. 当已获取的证据表明存在或可能存在舞弊时，除非认为该事项不重要，注册会计师应当及时提请适当层级的管理层关注该事项

B. 如果识别出舞弊或怀疑存在舞弊，注册会计师应当确定是否有责任向被审计单位以外的适当机构报告

C. 注册会计师有责任对财务报表整体是否不存在由于舞弊或错误导致的重大错报获取合理保证

D. 注册会计师应当评价识别出的由于舞弊导致的错报对管理层声明可靠性的影响

【解析】选项 A 错误，当已获取的证据表明存在或可能存在舞弊时，除非法律法规禁止，注册会计师应当及时提请适当层级的管理层关注这一事项。即使该事项（如被审计单位组织结构中处于较低职位的员工挪用小额公款）可能被认为不重要，注册会计师也应当这样做。

【答案】A

【例题 19 · 2020 年综合题】甲公司是 ABC 会计师事务所的常年审计客户，主要从事家电产品的生产、批发和零售。A 注册会计师负责审计甲公司 2019 年度财务报表，确定财务报表整体的重要性为 800 万元，明显微小错报的临界值为 40 万元。

资料五：

A 注册会计师在审计工作底稿中记录了重大事项的处理情况，部分内容摘录如下：

（3）A 注册会计师在审计中发现甲公司采购总监存在受贿行为，立即与总经理沟通了该事项，获悉董事会已收到内部员工举报，正在进行调查。A 注册会计师认为无须再与董事会或股东会沟通。

要求：

针对资料五第（3）项，假定不考虑其他条件，指出 A 注册会计师的做法是否恰当。如不恰当，简要说明理由。

【答案】

事项序号	是否恰当（是/否）	理由
（3）	否	舞弊涉及管理层/在内部控制中承担重要职责的员工，应当与治理层沟通

【例题 20·2020 年综合题】 上市公司甲公司是 ABC 会计师事务所首次接受委托的审计客户，主要从事房地产开发、销售和物业管理业务。A 注册会计师负责审计甲公司2019 年度财务报表，确定财务报表整体的重要性为 2000 万元。

资料五：

A 注册会计师在审计工作底稿中记录了重大事项的处理情况，部分内容摘录如下：

（2）A 注册会计师获悉甲公司营销总监利用职权向购买热销房源的购房者索取好处费，认为该事项系营销总监的个人行为，不涉及侵占公司资产，也不影响财务报表，因此，未与治理层进行沟通。

要求：

针对资料五第（2）项，假定不考虑其他条件，指出 A 注册会计师的做法是否恰当。如不恰当，简要说明理由。

【答案】

事项序号	是否恰当（是/否）	理由
（2）	否	应当与治理层进行沟通

第二节　财务报表审计中对法律法规的考虑

查看本节视频，快速 GET 知识点

使用“会计云课堂”App 或“微信”扫码

01　违反法律法规的含义

含义	违反法律法规：是指被审计单位、治理层、管理层或者为被审计单位工作或受其指导的其他人，有意或无意违背除适用的财务报告编制基础以外的现行法律法规的行为
相关说明	1. 违反法律法规行为一定要与被审计单位经营活动有关，不论谁实施的 2. 违反的不是财务报告编制基础，否则只能叫错误或舞弊（如：劳动合同法、公司法等） 3. 违反法律法规不包括由治理层、管理层或员工实施的、与被审计单位经营活动无关的个人不当行为（个人的贪污） 4. 违反法律法规可能导致被审计单位面临罚款、诉讼或其他对财务报表产生重大影响的后果 5. 在考虑被审计单位的一项行为是否违反法律法规时，注册会计师可以考虑征询法律意见

02 管理层遵守法律法规的责任

管理层的责任：在治理层的监督下确保被审计单位的经营活动符合法律法规的规定。（保证遵纪守法）

03 注册会计师的责任

（1）注册会计师有责任对财务报表整体不存在由于舞弊或错误导致的重大错报获取合理保证。

（2）注册会计师没有责任防止被审计单位违反法律法规行为，也不能期望其发现所有的违反法律法规行为。（“发现”有一定的责任，“防止”没有责任）

（3）注册会计师的责任。

种类	注册会计师的责任
第一类法律法规：通常对决定财务报表中的重大金额和披露有直接影响的法律法规（如：税收、年金等）	就被审计单位遵守这类法律法规获取充分、适当的审计证据
第二类法律法规：对决定财务报表中的金额和披露没有直接影响的其他法律法规（如：遵守经营许可条件、监管机构对偿债能力的规定或环境保护的要求）	仅限于实施特定的审计程序，以有助于识别可能对财务报表产生重大影响的违反这些法律法规的行为

04 对被审计单位遵守法律法规的考虑

（一）对法律法规框架的了解

在了解被审计单位及其环境时，注册会计师应当总体了解下列事项：（★★★手段：询问管理层）

（1）适用于被审计单位及其所处行业或领域的法律法规框架；

（2）被审计单位如何遵守这些法律法规框架。

（二）对决定财务报表中的重大金额和披露有直接影响的法律法规

针对通常对决定财务报表中的重大金额和披露有直接影响的法律法规的规定，注册会计师应当获取被审计单位遵守这些规定的充分、适当的审计证据。（做到合理保证）

（三）识别违反其他法律法规的行为的程序

注册会计师应当实施下列审计程序，以有助于识别可能对财务报表产生重大影响的违反其他法律法规的行为：（共2点）

（1）向管理层和治理层（如适用）询问被审计单位是否遵守了这些法律法规；

（2）检查被审计单位与许可证颁发机构或监管机构的往来函件。

（四）实施其他审计程序使注册会计师关注到违反法律法规行为

为形成审计意见所实施的审计程序，可能使注册会计师关注到识别出的或怀疑存在的违反法律法规行为。这些审计程序可能包括：（★★★共 3 点）

（1）阅读会议纪要；

（2）向被审计单位管理层、内部或外部法律顾问询问诉讼、索赔及评估情况；

（3）对某类交易、账户余额和披露实施细节测试。（营业外支出）

（五）书面声明

书面声明本身并不提供充分、适当的审计证据，因此，不影响注册会计师拟获取的其他审计证据的性质和范围。

例题精讲

【例题 21 · 2015 年单选题】下列审计程序中，通常不能识别被审计单位违反法律法规行为的是（　　）。

A. 阅读董事会和管理层的会议纪要

B. 向管理层、内部或外部法律顾问询问诉讼、索赔及评估情况

C. 对营业外支出中的罚款及滞纳金支出实施细节测试

D. 获取管理层关于被审计单位不存在违反法律法规行为的书面声明

【解析】可能使注册会计师关注到识别出的或怀疑存在的违反法律法规行为的审计程序可能包括：阅读会议纪要；向被审计单位管理层、内部或外部法律顾问询问诉讼、索赔及评估情况；对某类交易、账户余额和披露实施细节测试，所以选项 D 通常不能识别。

【答案】D

05 识别出或怀疑存在违反法律法规行为时实施的审计程序

（一）关注到与识别出的或怀疑存在的违反法律法规行为相关的信息时的审计程序

1. 如果注册会计师发现下列事项或相关信息，可能表明被审计单位存在违反法律法规行为（熟读，11 项内容）

（1）受到监管机构、政府部门的调查，或者支付罚金或受到处罚；

（2）向未指明的服务付款，或向顾问、关联方、员工或政府雇员提供贷款；

（3）与被审计单位或所处行业正常支付水平或实际收到的服务相比，支付过多的销售佣金或代理费用；

（4）采购价格显著高于或低于市场价格；

（5）异常的现金支付，以银行本票向持票人付款的方式采购；

（6）与在“避税天堂”注册的公司存在异常交易；

（7）向货物或服务原产地以外的国家或地区付款；

（8）在没有适当的交易控制记录的情况下付款；

（9）现有的信息系统不能（因系统设计存在问题或因突发性故障）提供适当的审计轨迹

或充分的证据；

（10）交易未经授权或记录不当；

（11）负面的媒体评论。

2. 如果关注到与识别出的或怀疑存在的违反法律法规行为相关的上述信息，注册会计师应当（重点掌握）

（1）了解违反法律法规行为的性质及其发生的环境；

（2）获取进一步的信息，以评价对财务报表可能产生的影响。包括：

①识别出的或怀疑存在的违反法律法规行为对财务报表产生的潜在财务后果，如受到罚款、处分、赔偿、封存财产、强制停业和诉讼等；

②潜在财务后果是否需要披露；

③潜在财务后果是否非常严重，以致对财务报表的公允反映产生怀疑或导致财务报表产生误导。

（二）怀疑被审计单位存在违反法律法规行为时的审计程序

（1）如果怀疑被审计单位存在违反法律法规行为，注册会计师应当就此与适当层级的管理层和治理层（如适用）进行讨论，因其可能能够提供额外的审计证据，除非法律法规禁止。

（2）如果管理层或治理层（如适用）不能向注册会计师提供充分的信息，证明被审计单位遵守了法律法规，注册会计师可以考虑向被审计单位内部或外部的法律顾问咨询有关法律法规在具体情况下的运用，包括舞弊的可能性以及对财务报表的可能影响。

（3）如果认为向被审计单位法律顾问咨询是不适当的或不满意其提供的意见，注册会计师可能认为，在保密基础上向所在会计师事务所的其他人员、网络事务所、职业团体或注册会计师的法律顾问咨询被审计单位是否涉及违反法律法规行为（包括舞弊的可能性、可能导致的法律后果，以及注册会计师可能采取的进一步行动）是适当的。

（三）评价识别出的或怀疑存在的违反法律法规行为的影响

（1）注册会计师应当评价识别出的或怀疑存在的违反法律法规行为对审计的其他方面可能产生的影响，包括对 a. 注册会计师风险评估和 b. 被审计单位书面声明可靠性的影响。

（2）考虑是否有必要解除业务约定。

①在某些情形下，当管理层或治理层没有采取注册会计师认为适合具体情况的补救措施，或者识别出的或怀疑存在的违反法律法规行为导致对管理层或治理层的诚信产生质疑（即使违反法律法规行为对财务报表不重要），注册会计师可能考虑在法律法规允许的情况下解除业务约定。

②在决定是否有必要解除业务约定时，注册会计师可能认为征询法律意见是适当的。

③在特殊情况下，管理层或治理层没有采取注册会计师认为在具体情形下适当的补救行动，并且不可能解除业务约定，在其他事项段中描述识别出的或怀疑存在的违反法律法规行为。

例题精讲

【例题 22 · 2018 年单选题】当怀疑被审计单位存在违反法律法规行为时，下列各项审计程序中，通常不能为注册会计师提供额外审计证据的是（　　）。

A. 获取被审计单位管理层的书面声明

B. 与被审计单位治理层讨论

C. 向被审计单位内部法律顾问咨询

D. 向会计师事务所的法律顾问咨询

【解析】书面声明本身并不为所涉及的任何事项提供充分、适当的审计证据，因此选项 A 不正确。

【答案】A

06 对识别出的或怀疑存在的违反法律法规行为的沟通和报告

（一）与治理层沟通

1. 总体要求

总体要求	除非治理层全部成员参与管理被审计单位，因而知悉注册会计师已沟通的、涉及识别出的或怀疑存在的违反法律法规行为的事项，注册会计师应当与治理层沟通审计过程中注意到的有关违反法律法规的事项（除非法律法规禁止），但不必沟通明显不重要的事项（总体原则：不是沟通全部的违法行为）
沟通形式	（1）沟通通常采用书面形式，注册会计师将沟通文件副本作为审计工作底稿 （2）如果采用口头沟通方式，应形成沟通记录，并作为审计工作底稿保存

例题精讲

【例题 23 · 2015 年多选题】如果识别出被审计单位违反法律法规的行为，下列各项程序中，注册会计师应当实施的有（　　）。

A. 了解违反法律法规行为的性质及其发生的环境

B. 评价识别出的违反法律法规行为对注册会计师风险评估的影响

C. 评价被审计单位书面声明的可靠性

D. 就识别出的所有违反法律法规行为与治理层进行沟通

【解析】注册会计师应当与治理层沟通审计过程中注意到的有关违反法律法规的事项，但不必沟通明显不重要的事项，所以选项 D 不正确。

【答案】ABC

2. 违反法规行为情节严重时的沟通要求（共 2 点）

（1）对故意和重大的违反法律法规行为的沟通要求——尽快与治理层沟通。

（2）怀疑违反法律法规行为涉及管理层或治理层时的沟通要求。

①如果怀疑违反法律法规行为涉及管理层或治理层，注册会计师应当向被审计单位审计委

员会或监事会等更高层级的机构通报。

②注册会计师应当考虑是否需要向外部监管机构（如有）报告或征询法律意见的情形：

a. 不存在更高层级的机构；

b. 注册会计师认为被审计单位可能不会对通报作出反应；

c. 注册会计师不能确定向谁报告。

例题精讲

【例题 24·2017 年综合题】 ABC 会计师事务所首次接受委托，审计上市公司甲公司 2016 年度财务报表，委派 A 注册会计师担任项目合伙人。A 注册会计师确定财务报表整体的重要性为 1200 万元。甲公司主要提供快递物流服务。

资料四：

A 注册会计师在审计工作底稿中记录了实施的进一步审计程序，部分内容摘录如下：

（5）A 注册会计师发现甲公司未与部分快递员签订劳动合同且未缴纳社保金。管理层解释系快递员流动频繁所致。A 注册会计师检查了甲公司人事部门的员工入职和离职记录，认为解释合理，未再实施其他审计程序。

要求：

针对资料四第（5）项，假定不考虑其他条件，指出 A 注册会计师的做法是否恰当。如不恰当，简要说明理由。

【答案】

事项序号	是否恰当（是/否）	理由
（5）	否	注册会计师应当评价违反法律法规行为对财务报表可能产生的影响/与治理层进行沟通

（二）出具审计报告

情形		审计意见
如果认为识别出的或怀疑存在的违反法律法规行为对财务报表具有重大影响（★★★注意：不是所有）	1. 恰当反映	无保留意见
	2. 未恰当反映	保留意见或否定意见
考虑审计范围受到限制	1. 被审计单位的限制	保留意见或无法表示意见
	2. 其他方面的限制	

（三）向被审计单位之外的适当机构报告识别出的或怀疑存在的违反法律法规行为

（1）如果识别出或怀疑存在违反法律法规行为，注册会计师应当考虑是否有责任（★★★）向被审计单位以外的适当机构报告。

（2）注册会计师考虑是否报告的是经注册会计师发现和确定的严重违反法律法规的行为。所谓“严重”主要是指有重大法律后果或涉及社会公众利益。（不能是怀疑的）

（3）如果无法确定是否有相关法律法规要求向被审计单位之外的适当机构报告发现的被

审计单位的违反法律法规行为，或者无法确定某项违反法律法规行为是否应向被审计单位之外的适当机构报告，注册会计师通常可以考虑征询相关的法律意见，以了解注册会计师的可能选择，以及采取任何特定行动的职业及法律后果。

例题精讲

【例题25·2021年单选题】下列有关注册会计师在执行财务报表审计时对法律法规的考虑的说法中，错误的是（　　）。

A. 如果怀疑被审计单位存在违反法律法规行为，除非法律法规禁止，注册会计师应当就此与适当层级的管理层和治理层进行讨论

B. 针对通常对决定财务报表重大金额和披露有直接影响的法律法规，注册会计师的责任是实施特定的审计程序，以识别可能对财务报表产生重大影响的违反这些法律法规的行为

C. 如果识别出或怀疑被审计单位存在违反法律法规行为，注册会计师应当考虑是否有责任向被审计单位以外的适当机构报告

D. 注册会计师没有责任防止被审计单位的违反法律法规行为，也不能期望其发现所有的违反法律法规行为

【解析】选项B错误，针对被审计单位需要遵守的两类不同的法律法规，注册会计师应当承担不同的责任：

（1）针对被审计单位需要遵守的第一类法律法规，注册会计师的责任是，就被审计单位遵守这些法律法规的规定获取充分、适当的审计证据；

（2）针对被审计单位需要遵守的第二类法律法规，注册会计师的责任仅限于实施特定的审计程序，以有助于识别可能对财务报表产生重大影响的违反这些法律法规的行为。

【答案】B

【例题26·2019年多选题改编】下列有关注册会计师在执行财务报表审计时对法律法规的考虑的说法中，正确的有（　　）。

A. 注册会计师没有责任防止被审计单位违反法律法规

B. 对于不直接影响财务报表金额和披露的法律法规，注册会计师应就被审计单位遵守了这些法律法规获取管理层的书面声明

C. 如果识别出被审计单位的违反法律法规行为，注册会计师应当考虑是否有责任向被审计单位以外的适当机构报告

D. 对于直接影响财务报表金额和披露的法律法规，注册会计师应就被审计单位遵守了这些法律法规获取充分、适当的审计证据

【解析】选项B不正确，对于不直接影响财务报表金额和披露的法律法规，注册会计师可以根据需要向被审计单位获取管理层的书面声明。

【答案】ACD

前情回顾小剧场

（1）舞弊的概念和种类；

（2）舞弊的责任（治理层、管理层的责任，注册会计师的责任）；

（3）舞弊三角的含义（区分：动机或压力、机会、态度或借口——表13-1、表13-2）；

（4）识别、评估舞弊导致的重大错报风险（基于收入确认存在舞弊风险的假定）；

（5）应对舞弊导致的重大错报风险（a. 性质、时间、范围；b. 表13-3、表13-4；c. 管理层凌驾于控制之上的应对）；

（6）违反法律法规的含义和种类以及注册会计师的责任；

（7）识别出或怀疑存在违反法律法规行为（a. 实施的审计程序；b. 沟通和报告——与治理层沟通、出具审计报告、向适当机构报告）。

第十四章 审计沟通

CHAPTER-14

五项须知小剧场

- **近5年考情分析**
  - 平均分值4分/年
  - 2021年考核了单选题、多选题和综合题
- **教材主要变化** —— 本章内容无实质性变化
- **建议学习时长** —— 3小时
- **学习方法提示** —— 本章内容难度不大，考试时可以各种题型进行考核，也可以在简答题、综合题中得以体现
- **本章基本框架**
  - 第一节 注册会计师与治理层的沟通
    - 基本概念及双向沟通 考点1
    - 沟通的对象 考点2
    - 沟通的事项 考点3
    - 沟通的过程 考点4
    - 审计工作底稿 考点5
  - 第二节 前任注册会计师和后任注册会计师的沟通
    - 前、后任注册会计师的判断及沟通总体要求 考点1
    - 接受委托前的沟通 考点2
    - 接受委托后的沟通 考点3
    - 发现前任注册会计师审计的财务报表可能存在重大错报时的处理 考点4

核心考点精讲专场

第一节　注册会计师与治理层的沟通

查看本节视频，快速 GET 知识点
使用“会计云课堂”App或“微信”扫码

01 基本概念及双向沟通

基本概念	1. 管理层：主要包括经理（即总经理）、副经理，以及相当于副经理职位的财务总监、总会计师等其他高级管理人员 2. 治理层：是指对被审计单位战略方向以及对管理层履行经营管理责任负有监督责任的人员或组织，治理层的责任还包括对财务报告过程的监督 一般认为董事会（执行董事、独立董事）和监事会（监事）、股东会（股东大会）等属于治理层
相关说明	1. 在董事会中，往往存在着董事兼任高级管理人员的情形，即治理层参与管理 上市公司董事会一般设有若干专门委员会，其中审计委员会的职责中通常包括与注册会计师的沟通 2. 一般不将股东大会（股东会）列为注册会计师应予沟通的治理层（不是常设机构） 在有必要与治理层整体进行沟通的情况下，尤其是在公司章程规定对注册会计师的聘任、解聘由股东大会（股东会）决定时，注册会计师可能也需要与股东大会（股东会）进行沟通
沟通要求	与治理层沟通的总体要求——以适当的方式及时与治理层进行明晰的沟通
沟通目的	注册会计师与治理层沟通的主要目的： 1. 就注册会计师与财务报告审计相关的责任、计划的审计范围和时间安排的总体情况，与治理层进行清晰的沟通 2. 向治理层获取与审计相关的信息 3. 及时向治理层通报审计中发现的与治理层对财务报告过程的监督责任相关的重大事项 4. 推动注册会计师和治理层之间有效的双向沟通

02 沟通的对象

（一）总体要求

一般要求	确定适当的沟通人员（事项不同，沟通的对象可能不同），举例如下： 1. 在上市公司审计中，有关注册会计师独立性问题的沟通，其沟通对象最好是被审计单位治理结构中有权决定聘任、解聘注册会计师的组织或人员 2. 有关管理层的胜任能力和诚信问题方面的事项，就不宜与兼任高级管理职务的治理层成员沟通

注意事项	在确定与哪些适当人员沟通特定事项时，注册会计师应当利用在了解被审计单位及环境时获取的有关治理结构和治理过程的信息
特殊情形	如果由于被审计单位的治理结构没有被清楚地界定，导致注册会计师无法清楚地识别适当的沟通对象，被审计单位也没有指定适当的沟通对象，注册会计师就应当尽早与审计委托人商定沟通对象，并就商定的结果形成备忘录或其他形式的书面记录(需要商定沟通对象)

（二）与治理层的下设组织或个人沟通（★★重点掌握）

相关说明	1. 通常注册会计师没有必要(实际上也不可能）就全部沟通事项与治理层整体进行沟通 2. 适当的沟通对象往往是治理层的下设组织或人员，如：董事会下设的审计委员会、独立董事、监事会或被审计单位特别指定的组织和人员等 3. 在决定是否与治理机构沟通信息时，注册会计师可能受到其对下设组织与治理机构相关信息的有效性和适当性的评估的影响 4. 注册会计师可以在就审计业务约定条款达成一致意见时明确指出，除非法律法规禁止，注册会计师保留与治理机构直接沟通的权利（告御状）
考虑因素	决定与治理层的下设组织或个人沟通时应当考虑的主要因素：（4 个要素，重点） 1. 治理层的下设组织与治理层各自的责任 2. 拟沟通事项的性质(谁负责就找谁） 3. 相关法律法规的要求 4. 下设组织是否有权就沟通的信息采取行动，以及是否能够提供注册会计师可能需要的进一步信息和解释
整体沟通	1. 在某些情况下，治理层全部成员参与管理被审计单位（小型企业：业主兼经理），此时，如果就审计准则要求沟通的事项已与负有管理责任的人员沟通，且这些人员同时负有治理责任，注册会计师无须就这些事项再次与负有治理责任的相同人员沟通（不用进行二次沟通） 2. 注册会计师应当确信与负有管理责任人员的沟通能够向所有负有治理责任的人员充分传递应予沟通的内容

03 沟通的事项（★★重点掌握：5 个事项+补充事项）

（一）注册会计师与财务报表审计相关的责任（五方面之一）

1. 注册会计师应当就其与财务报表审计相关的责任与治理层进行沟通

与财务报表审计相关的责任，包括：（共 2 点）

（1）注册会计师负责对管理层在治理层监督下编制的财务报表形成和发表意见；（审报表）

（2）财务报表审计并不减轻管理层或治理层的责任。

2. 向治理层提供审计业务约定书或其他适当形式的书面协议的副本，可能是与其就下列相关事项进行沟通的适当方式：（共 4 点，简单了解）

（1）注册会计师按照审计准则执行审计工作的责任，主要集中在对财务报表发表意见上。

（2）审计准则并不要求注册会计师设计程序来识别与治理层沟通的补充事项。

（3）当《中国注册会计师审计准则第1504号——在审计报告中沟通关键审计事项》适用时，注册会计师确定并在审计报告中沟通关键审计事项的责任。

（4）依据法律法规的规定、与被审计单位的协议或适用于该业务的其他规定，注册会计师沟通特定事项的责任（如适用）。

例题精讲

【例题1·多选题】在与治理层沟通注册会计师的责任时，下列表述中正确的有（　　）。

A. 注册会计师应当就其责任直接与治理层沟通

B. 注册会计师承担对财务报表审计的责任可以减轻治理层的责任

C. 注册会计师应当和治理层沟通与其履行对财务报告过程监督职责相关的重大事项

D. 注册会计师通常不专门为识别与治理层沟通的补充事项设计程序

【解析】选项B错误，注册会计师承担的责任是其自身的，并不能够减轻或代替治理层的责任。

【答案】ACD

（二）计划的审计范围和时间安排（五方面之二）

基本原则	注册会计师应当与治理层沟通计划的审计范围和时间安排的总体情况，包括识别出的特别风险
沟通事项	沟通的事项可能包括：（共6点） 1. 注册会计师拟如何应对由于舞弊或错误导致的特别风险以及重大错报风险评估水平较高的领域（只说方向，不能说具体方案） 2. 注册会计师对与审计相关的内部控制采取的方案 3. 在审计中对重要性概念的运用（不能说明具体的重要性金额） 4. 实施计划的审计程序或评价审计结果需要的专门技术或知识的性质和程度，包括利用注册会计师的专家的工作 5. 注册会计师对哪些事项可能需要重点关注因而可能构成关键审计事项所作的初步判断 6. 针对适用的财务报告编制基础或者被审计单位所处的环境、财务状况或活动发生的重大变化对单一报表及披露产生的影响，注册会计师拟采取的应对措施
其他事项	可能适合与治理层讨论的计划方面的其他事项包括：（简单了解：5个方面） 1. 如果被审计单位设有内部审计，注册会计师和内部审计人员如何以建设性和互补的方式更好地协调和配合工作，包括拟利用内部审计工作，以及拟利用内部审计人员提供直接协助的性质和范围（1/5） 2. 治理层对相关问题的看法（2/5） 3. 治理层对内部控制及其重要性、舞弊发生的可能性或如何发现舞弊的态度、认识和措施（3/5） 4. 治理层应对会计准则、公司治理实务、交易所上市规则和相关事项变化及这些变化对财务报表的总体列报、结构和内容等方面的影响所采取的措施（4/5） 5. 治理层对以前与注册会计师沟通作出的反应（5/5）

相关说明	1. 与治理层沟通具体审计程序的性质和时间安排、具体的重要性金额等，可能因易于被预见而降低其有效性（高频考点） 2. 在与治理层就计划的审计范围和时间安排进行沟通时，尤其是在治理层部分或全部成员参与管理被审计单位的情况下，注册会计师需要保持职业谨慎，避免损害审计的有效性 3. 尽管与治理层的沟通可以帮助注册会计师计划审计的范围和时间安排，但并不改变注册会计师独自承担制定总体审计策略和具体审计计划（包括获取充分、适当的审计证据所需程序的性质、时间安排和范围）的责任

例题精讲

【例题 2 · 2017 年综合题】 ABC 会计师事务所首次接受委托，审计上市公司甲公司 2016 年度财务报表，委派 A 注册会计师担任项目合伙人。A 注册会计师确定财务报表整体的重要性为 1200 万元。甲公司主要提供快递物流服务。

资料三：

A 注册会计师在审计工作底稿中记录了审计计划，部分内容摘录如下：

（1）A 注册会计师拟与治理层沟通计划的审计范围和时间安排，为避免损害审计的有效性，沟通内容不包括识别出的重大错报风险以及应对措施。

要求：

针对资料三第（1）项，假定不考虑其他条件，指出审计计划的内容是否恰当。如不恰当，简要说明理由。

【答案】

事项序号	是否恰当（是/否）	理由
（1）	否	注册会计师应当与治理层沟通识别的特别风险

【例题 3 · 2014 年综合题】 上市公司甲集团公司是 ABC 会计师事务所的常年审计客户，A 注册会计师负责审计甲集团公司 2013 年度财务报表。

资料二：

A 注册会计师制定了甲集团公司总体审计策略，部分内容摘录如下：

（1）A 注册会计师拟在审计计划阶段与治理层沟通，主要内容为：注册会计师与财务报表审计相关的责任、注册会计师的独立性、计划的审计范围以及具体审计程序的性质和时间安排。

要求：

针对资料二第（1）项，假定不考虑其他条件，指出 A 注册会计师的处理是否恰当。如不恰当，简要说明理由。

【答案】

事项序号	是否恰当（是/否）	理由
（1）	否	与治理层沟通具体审计程序的性质和时间安排，可能因这些程序易于被预见而降低其有效性

【例题 4·单选题】在确定与治理层沟通的事项时，下列各项中，注册会计师通常认为不宜沟通的是（　　）。

A. 被审计单位对财务报表审计产生重大影响的战略决策

B. 被审计单位管理层不愿延长对持续经营能力的评估期间

C. 注册会计师发现管理层的舞弊行为

D. 注册会计师实施的具体审计程序的性质

【解析】在与治理层沟通的时候，注册会计师应做简要沟通，如果就审计范围和时间安排做全面、具体的沟通，就可能导致审计程序易于被治理层，尤其是承担管理层职责的治理层事先预见，从而损害审计工作的有效性，故选项 D 不宜沟通。

【答案】D

（三）审计中发现的重大问题（五方面之三）

注册会计师应当与治理层沟通审计中发现的下列重大问题：

第一方面：注册会计师对被审计单位会计实务(包括会计政策、会计估计和财务报表披露）重大方面的质量的看法
第二方面：审计工作中遇到的重大困难（共 6 点：一般源于“管理层”）
1. 在提供审计所需信息时管理层严重拖延或不愿意提供，或者被审计单位的人员不予配合 2. 不合理地要求缩短完成审计工作的时间 3. 为获取充分、适当的审计证据需要付出的努力远远超过预期 4. 无法获取预期的信息 5. 管理层对注册会计师施加的限制 6. 管理层不愿意按照要求对被审计单位持续经营能力进行评估，或不愿意延长评估期间 在某些情况下，这些困难可能构成对审计范围的限制，导致注册会计师发表非无保留意见
第三方面：已与管理层讨论或需要书面沟通的重大事项，以及注册会计师要求提供的书面声明，除非治理层全部成员参与管理被审计单位
已与管理层讨论或需要书面沟通的重大事项可能包括：（共 5 点） 1. 影响被审计单位的业务环境，以及可能影响重大错报风险的经营计划和战略 2. 对管理层就会计或审计问题向其他专业人士进行咨询的关注 3. 管理层在首次委托或连续委托注册会计师时，就会计实务、审计准则应用、审计或其他服务费用与注册会计师进行的讨论或书面沟通 4. 当年发生的重大事项或交易 5. 与管理层存在意见分歧的重大事项，但因事实不完整或初步信息造成并在随后通过进一步获取相关事实或信息得以解决的初始意见分歧除外
第四方面：影响审计报告形式和内容的情形（如有）

按照相关审计准则的规定，注册会计师应当或可能认为有必要在审计报告中包含更多信息并应当就此与治理层沟通的情形包括： 1. 注册会计师预期在审计报告中发表非无保留意见 2. 报告与持续经营相关的重大不确定性 3. 沟通关键审计事项 4. 注册会计师认为有必要(或应当) 增加强调事项段或其他事项段 在这些情形下，注册会计师可能认为有必要向治理层提供审计报告的草稿，以便于讨论如何在审计报告中处理这些事项
第五方面：审计中出现的、根据职业判断认为对监督财务报告过程相关的所有其他重大事项
两类举例： 1. 审计中出现的、与治理层履行对财务报告过程的监督职责直接相关的其他重大事项，可能包括已更正的其他信息存在的对事实的重大错报或重大不一致 2. 沟通审计中发现的重大问题可能包括要求治理层提供进一步信息以完善获取的审计证据

(四) 值得关注的内部控制缺陷（五方面之四）

1. 概述

相关说明	无论在风险评估过程中，还是在审计工作的其他阶段，注册会计师都有可能识别出内部控制缺陷
含义	(1) 内部控制缺陷：是指在下列任一情况下内部控制存在的缺陷： ①某项控制的设计、执行或运行不能及时防止或发现并纠正财务报表错报（控制无效） ②缺少用以及时防止或发现并纠正财务报表错报的必要控制（没有控制） (2) 值得关注的内部控制缺陷：是指注册会计师根据职业判断，认为足够重要从而值得治理层关注的内部控制的一个缺陷或多个缺陷的组合
相关步骤	(1) 注册会计师应当根据已执行的审计工作，确定是否识别出内部控制缺陷（有吗?） (2) 如果识别出内部控制缺陷，注册会计师应当根据已执行的审计工作，确定该缺陷单独或连同其他缺陷是否构成值得关注的内部控制缺陷（重要吗?）

2. 向治理层和管理层通报内部控制缺陷

向治理层通报	注册会计师应当以书面形式(★★) 及时向治理层通报审计过程中识别出的值得关注的内部控制缺陷
向管理层通报	注册会计师还应当及时向相应层级的管理层(★★) 通报下列内部控制缺陷： (1) 已向或拟向治理层通报的值得关注的内部控制缺陷，除非在具体情况下不适合直接向管理层通报 (2) 在审计过程中识别出的、其他方尚未向管理层通报而注册会计师根据职业判断认为足够重要从而值得管理层关注的内部控制其他缺陷
书面沟通文件	值得关注的内部控制缺陷的书面沟通文件应当包括以下内容： (1) 对缺陷的描述以及对其潜在影响的解释 (2) 使治理层和管理层能够了解沟通背景的充分信息

特别说明事项	在向治理层和管理层提供信息时，注册会计师应当特别说明下列事项： （1）注册会计师执行审计工作的目的是对财务报表发表审计意见 （2）审计工作包括考虑与财务报表编制相关的内部控制，其目的是设计适合具体情况的审计程序，并非对内部控制的有效性发表意见 （3）报告的事项仅限于注册会计师在审计过程中识别出的、认为足够重要从而值得向治理层报告的缺陷
值得关注的内部控制缺陷的迹象	可能表明存在值得关注的内部控制缺陷的迹象：（7 个方面） （1）控制环境无效的证据，例如： ①与管理层经济利益相关的重大交易没有得到治理层适当审查 ②识别出被审计单位内部控制未能防止的管理层舞弊（无论是否重大） ③管理层未能对以前已经沟通的值得关注的内部控制缺陷采取适当的纠正措施 （2）被审计单位内部缺乏通常应当建立的风险评估过程 （3）被审计单位风险评估过程无效的证据 （4）没有有效应对识别出的特别风险的证据 （5）注册会计师实施程序发现的被审计单位的内部控制未能防止或发现并纠正的错报 （6）重述以前公布的财务报表，以更正由于错误或舞弊导致的重大错报 （7）管理层无力监督财务报表编制的证据

例题精讲

【例题 5·2013 年多选题】下列各项中，可能表明被审计单位存在值得关注的内部控制缺陷的有（　　）。

A. 被审计单位内部缺乏通常应当建立的风险评估过程

B. 注册会计师识别出被审计单位内部控制未能防止的管理层舞弊

C. 被审计单位重述以前公布的财务报表，以更正由于错误或舞弊导致的重大错报

D. 管理层未对注册会计师以前已沟通的值得关注的内部控制缺陷采取适当的纠正措施

【解析】值得关注的内部控制缺陷是指注册会计师根据职业判断，认为足够重要从而值得治理层关注的内部控制的一个缺陷或多个缺陷的组合，所以选项 ABCD 正确。

【答案】ABCD

【例题 6·2019 年综合题】甲公司是 ABC 会计师事务所的常年审计客户，主要从事轨道交通车辆配套产品的生产和销售。A 注册会计师负责审计甲公司2018 年度财务报表，确定财务报表整体的重要性为 1000 万元，实际执行的重要性为 500 万元。

资料五：

A 注册会计师在审计工作底稿中记录了重大事项的处理情况，部分内容摘录如下：

（1）A 注册会计师在审计过程中发现，甲公司出纳利用内部控制缺陷挪用公司资金 600 万元。甲公司管理层追回了该款项，并将出纳开除。因该事项未对甲公司造成损失，且管理层已向治理层汇报，A 注册会计师认为无需再与治理层沟通。

要求：

针对资料五第（1）项，假定不考虑其他条件，指出 A 注册会计师的做法是否恰当。如不恰当，简要说明理由。

【答案】

事项序号	是否恰当（是/否）	理由
（1）	否	该事项表明存在值得关注的内部控制缺陷，应当与治理层沟通

（五）注册会计师的独立性（五方面之五）（略）

（六）补充事项

相关概念	1. 注册会计师可能关注到一些补充事项，虽然这些事项不一定与监督财务报告流程有关，但对治理层监督被审计单位的战略方向或与被审计单位受托责任相关的义务很可能是重要的 2. 这些事项可能包括： （1）与治理结构或过程有关的重大问题 （2）缺乏适当授权的高级管理层作出的重大决策或行动
注意事项	在确定是否与治理层沟通补充事项时，注册会计师可能就其注意到的某类事项与适当层级的管理层进行讨论，除非在具体情形下不适合这么做
沟通目的	如果需要沟通补充事项，注册会计师提请治理层关注下列事项可能是适当的：（共 3 点） 1. 识别和沟通这类事项对审计目的（旨在对财务报表形成意见）而言，只是附带的 2. 除对财务报表形成审计意见所需实施的审计程序外，没有专门针对这些事项实施其他程序 3. 没有实施程序来确定是否还存在其他的同类事项

04 沟通的过程

（一）确立沟通过程

<table>
<tr><td>基本要求</td><td colspan="3">清楚的、有效的双向沟通</td></tr>
<tr><td>讨论事项</td><td colspan="3">通常讨论下列事项可能有助于实现有效的双向沟通：（共 6 点，简单了解）
1. 沟通的目的
2. 沟通拟采取的形式
3. 由审计项目组和治理层中的哪些人员就特定事项进行沟通
4. 注册会计师对沟通的期望，包括将进行双向沟通以及治理层就其认为与审计工作相关的事项与注册会计师沟通
5. 对注册会计师沟通的事项采取措施和进行反馈的过程
6. 对治理层沟通的事项采取措施和进行反馈的过程</td></tr>
<tr><td rowspan="3">沟通顺序</td><td rowspan="2">管理层</td><td>基本原则</td><td>在与治理层沟通某些事项前，注册会计师可能就这些事项与管理层讨论，除非这种做法并不适当（★★★一般原则：先管理层、后治理层）</td></tr>
<tr><td>特殊情况</td><td>例如：就管理层的胜任能力或诚信与其讨论可能是不适当的</td></tr>
<tr><td>内部审计</td><td colspan="2">如果被审计单位设有内部审计，注册会计师可以（注意：不是必须）在与治理层沟通前与内部审计人员讨论相关事项</td></tr>
</table>

与第三方的沟通	声明内容	在向第三方提供为治理层编制的书面沟通文件时，在书面沟通文件中声明以下内容，告知第三方这些书面沟通文件不是为其编制，可能是非常重要的：（掌握，共3点） 1. 书面沟通文件仅为治理层的使用而编制，在适当的情况下也可供集团管理层和集团注册会计师使用，但不应被第三方依赖 2. 注册会计师对第三方不承担责任 3. 书面沟通文件向第三方披露或分发的任何限制
	特殊情况	法律法规也可能要求注册会计师：（共3点） 1. 向监管机构或执法机构报告与治理层沟通的特定事项 2. 将为治理层编制的特定报告的副本提交给相关监管机构、出资机构或其他机构 3. 向公众公开为治理层编制的报告
	注意事项	除非法律法规要求向第三方提供注册会计师与治理层的书面沟通文件的副本，否则注册会计师在向第三方提供前可能需要事先征得治理层同意

例题精讲

【例题7·2012年单选题】关于注册会计师与被审计单位治理层的沟通，下列说法中，正确的是（　　）。

A. 对于与治理层沟通的事项，应当事先与管理层讨论

B. 对于涉及舞弊等敏感信息的沟通，应当避免书面记录

C. 与治理层沟通的书面记录是一项审计证据，所有权属于会计师事务所

D. 如果注册会计师应治理层的要求向第三方提供为治理层编制的书面沟通文件的副本，注册会计师有责任向第三方解释其在使用中产生的疑问

【解析】在与治理层沟通某些事项前，注册会计师可能就这些事项与管理层讨论，除非这种做法并不适当。例如，就管理层的胜任能力或诚信与其讨论可能是不适当的，所以选项A不正确；对于涉及舞弊等敏感信息的沟通，应当进行书面记录，所以选项B不正确；如果注册会计师应治理层的要求向第三方提供为治理层编制的书面沟通文件的副本，注册会计师应声明不向第三方负责，所以选项D不正确。

【答案】C

（二）沟通的形式

沟通形式	基本原则	适宜的沟通形式——不是越书面就越有效
	书面沟通	必须以书面形式与治理层沟通（通报）的3种情形： 1. 对于审计中发现的重大问题，如果根据职业判断认为采用口头形式沟通不适当的 2. 注册会计师的独立性 3. 值得关注的内部控制缺陷
	其他事项	除上述事项外，对于其他事项，注册会计师可以采用口头或书面的方式沟通
相关说明	1. 书面沟通不必包括审计过程中的所有事项，书面沟通可能包括向治理层提供审计业务约定书 2. 在审计报告中沟通关键审计事项时，注册会计师可能认为有必要（注意：不是必须）就确定为关键审计事项的事项进行书面沟通	

影响因素	影响沟通形式的因素：（共 10 点：详略？正式？口头？书面？） 1. 特定事项的重要程度 2. 对该事项的讨论是否将包含在审计报告中 3. 特定事项是否已经得到满意的解决（满意：可简单沟通） 4. 管理层是否已事先就该事项进行沟通 5. 被审计单位的规模、经营结构、控制环境和法律结构 6. 在特殊目的财务报表审计中，注册会计师是否还审计该被审计单位的通用目的财务报表。在同时审计时，对于已经在通用目的财务报表审计中充分沟通的事项，就可以仅做简要沟通 7. 法律法规要求 8. 治理层的期望，包括与注册会计师定期会谈或沟通的安排（★★特别注意） 9. 注册会计师与治理层持续接触和对话的次数 10. 治理机构的成员是否发生重大变化

例题精讲

【例题 8 · 2021 年单选题】 下列各项中，注册会计师应当以书面形式与治理层沟通的是（　　）。

A. 注册会计师识别出的值得关注的内部控制缺陷

B. 注册会计师识别出的可能导致对被审计单位持续经营能力产生重大疑虑的事项或情况

C. 被审计单位管理层对注册会计师执行审计工作的范围施加的限制

D. 注册会计师识别出的管理层未向注册会计师披露的重大关联方交易

【解析】 选项 A 正确，注册会计师应当以书面形式向治理层通报值得关注的内部控制缺陷。

【答案】 A

【例题 9 · 2020 年单选题】 下列各项沟通中，注册会计师应当采用书面形式的是（　　）。

A. 在接受委托后，与前任注册会计师进行沟通

B. 在上市公司审计中，与治理层沟通关键审计事项

C. 在上市公司审计中，与治理层沟通注册会计师的独立性

D. 在接受委托前，与前任注册会计师进行沟通

【解析】 对于审计准则要求的注册会计师的独立性，注册会计师应当以书面形式与治理层沟通，选项 C 正确。

【答案】 C

（三）沟通的时间安排

基本原则	注册会计师确定适当的沟通时间应遵循的原则（一般原则：尽早沟通，共 6 点） 1. 对于计划事项的沟通，通常在审计业务的早期阶段进行，如系首次接受委托，沟通可以随同就审计业务约定条款达成一致意见一并进行 2. 对于审计中遇到的重大困难，如果治理层能够协助注册会计师克服这些困难，或者这些困难可能导致发表非无保留意见，可能需要尽快沟通 如果识别出值得关注的内部控制缺陷，注册会计师可能在进行书面沟通前，尽快向治理层口头沟通 3. 注册会计师可以在讨论审计工作的计划范围及时间安排时沟通对关键审计事项的初步看法，注册会计师在沟通重大审计发现时也可以与治理层进行更加频繁的沟通，以进一步讨论此类事项

基本原则	4. 无论何时（如承接一项非审计服务和在总结性讨论中）就对独立性的不利影响和相关防范措施作出了重要判断，就独立性进行沟通都可能是适当的 5. 沟通审计中发现的问题，包括注册会计师对被审计单位实务质量的看法，也可能作为总结性讨论的一部分 6. 当同时审计通用目的和特殊目的财务报表时，注册会计师协调沟通的时间安排可能是适当的
影响因素	影响沟通的时间安排的因素：（5 个因素） 1. 沟通事项的重要程度 2. 被审计单位的规模、经营结构、控制环境和法律结构 3. 在规定的时限内沟通特定事项的法定义务 4. 治理层的期望，包括与注册会计师定期会谈或沟通的安排 5. 注册会计师识别出特定事项的时间

（四）沟通过程的充分性（先评价、后采取措施）

总体要求	1. 注册会计师应当评价其与治理层之间的双向沟通对实现审计目的是否充分 2. 如果认为双方之间的沟通不充分，注册会计师应当评价其对重大错报风险评估以及获取充分、适当的审计证据的能力的影响，并采取适当的措施	
相关说明	注册会计师不需要设计专门程序以支持其对与治理层之间的双向沟通的评价。这种评价可以建立在为其他目的而实施的审计程序所获取的见解的基础上	
沟通不充分	应对措施（注意：客观题）	如果注册会计师与治理层之间的双向沟通不充分，并且这种情况得不到解决，注册会计师可以采取下列措施：（共 4 点） 1. 根据范围受到的限制发表非无保留意见 2. 就采取不同措施的后果征询法律意见 3. 与第三方（如监管机构）、被审计单位外部的在治理结构中拥有更高权力的组织或人员（如企业的业主、股东大会中的股东）或对公共部门负责的政府部门进行沟通 4. 在法律法规允许的情况下解除业务约定
	相关说明	不充分的双向沟通，可能意味着令人不满意的控制环境，影响注册会计师对重大错报风险的评估

例题精讲

【例题 10 · 2013 年单选题】 如果注册会计师与治理层之间的双向沟通不充分，并且这种情况得不到解决，下列有关注册会计师采取的措施中，错误的是（　　）。

A. 根据范围受到限制的情况，发表非无保留意见或增加其他事项段

B. 就采取不同措施的后果征询法律意见

C. 与被审计单位外部的在治理结构中拥有更高权力的组织或人员进行沟通

D. 在法律法规允许的情况下解除业务约定

【解析】 如果注册会计师与治理层之间的双向沟通不充分，并且这种情况得不到解决，可

能根据范围受到的限制发表非无保留意见，无需增加其他事项段，所以选项 A 错误。

【答案】A

05 审计工作底稿

（一）总体原则

注册会计师应当记录与治理层沟通的重大事项，包括记录那些对于表明形成审计报告的合理基础、证明审计工作的执行遵循了审计准则和其他法律法规要求而言很重要的事项。

（二）具体规定

情形	具体规定
口头形式	如果审计准则要求沟通的事项是以口头形式沟通的，注册会计师应当将其包括在审计工作底稿中，并记录沟通的时间和对象
书面形式	如果审计准则要求沟通的事项是以书面形式沟通的，注册会计师应当保存一份沟通文件的副本，作为审计工作底稿的一部分
会议纪要	如果被审计单位编制的会议纪要是沟通的适当记录，注册会计师可以将其副本作为对口头沟通的记录，并作为审计工作底稿的一部分 【特殊情况】如果发现这些记录不能恰当地反映沟通的内容，且有差别的事项比较重大，注册会计师一般会另行编制能恰当记录沟通内容的纪要，将其副本连同被审计单位编制的纪要一起致送治理层，提示两者的差别，以免引起不必要的误解
不容易识别出适当的沟通人员	如果根据业务环境不容易识别出适当的沟通人员，注册会计师还应当记录识别治理结构中的适当沟通人员的过程（★）
治理层全部参与管理	如果治理层全部参与管理，注册会计师还应当记录对沟通的充分性进行考虑的过程，即考虑与负有管理责任人员的沟通能否向所有负有治理责任的人员充分传递应予沟通内容的过程（★）

例题精讲

【例题 11·2021 年综合题】上市公司甲公司是 ABC 会计师事务所的常年审计客户，主要从事医疗器械的生产和销售。A 注册会计师负责审计甲公司 2020 年度财务报表，确定财务报表整体的重要性为 1000 万元。

资料五：

A 注册会计师在审计工作底稿中记录了错报评价及重大事项的处理情况，部分内容摘录如下：

（3）A 注册会计师在出具审计报告前与甲公司审计委员会进行了会议沟通。因甲公司编制的会议纪要与实际情况不符，A 注册会计师另行编制了一份纪要，将其副本连同甲公司编制的纪要一起致送审计委员会。

要求：

针对资料五第（3）项，假定不考虑其他条件，指出 A 注册会计师的做法是否恰当。如不恰当，简要说明理由。

【答案】

事项序号	是否恰当（是/否）	理由
（3）	是	—

【例题 12 · 2014 年单选题】下列有关注册会计师记录与治理层沟通的重大事项的说法中，错误的是（　　）。

A. 对以口头形式沟通的事项，注册会计师应当形成审计工作底稿

B. 注册会计师应当保存沟通文件的副本，作为审计工作底稿的一部分

C. 如果根据业务环境不容易识别出适当的沟通人员，注册会计师应当记录识别治理结构中适当沟通人员的过程

D. 如果被审计单位编制了会议纪要，注册会计师应当将其副本作为对口头沟通的记录

【解析】如果被审计单位编制的会议纪要是沟通的适当记录，注册会计师可以将其副本作为对口头沟通的记录，并作为审计工作底稿的一部分。如果发现这些记录不能恰当地反映沟通的内容，且有差别的事项比较重大，注册会计师一般会另行编制能恰当记录沟通内容的纪要，将其副本连同被审计单位编制的纪要一起致送治理层，提示两者的差别，以免引起不必要的误解。

【答案】D

第二节　前任注册会计师和后任注册会计师的沟通

查看本节视频，快速 GET 知识点

使用"会计云课堂"App 或"微信"扫码

01　前、后任注册会计师的判断及沟通总体要求

前任注册会计师	前任注册会计师（接受委托、不论是否出具报告，2 种情况） 1. 已对被审计单位上期财务报表进行审计（注意字眼：审计），但被现任注册会计师接替的其他会计师事务所的注册会计师 2. 接受委托但未完成审计工作，已经或可能（即还未解除业务约定）与委托人解除业务约定的注册会计师，也视为前任注册会计师 【富富有提示】（★★★）如果上期财务报表仅经过代编或审阅，执行代编或审阅业务的注册会计师不能被视为前任注册会计师
后任注册会计师	后任注册会计师：是指正在考虑接受委托或已经接受委托，接替前任注册会计师对被审计单位本期财务报表进行审计的注册会计师 【富富有提示】如果被审计单位委托注册会计师对已审计财务报表进行重新审计，正在考虑接受委托或已经接受委托的注册会计师也视为后任注册会计师（提供第二次审计意见）

判断原则	1. 前任注册会计师和后任注册会计师是就会计师事务所发生变更时的情况而言的 2. 在未发生会计师事务所变更的情况下，同处于某一会计师事务所中的不同的注册会计师不属于前后任注册会计师的范畴
沟通总体要求（共4点）	1. 前任注册会计师和后任注册会计师的沟通通常由后任注册会计师主动发起，但需征得被审计单位的同意（因为沟通的事项涉及被审计单位的信息，需要保密，所以需要征得其同意） 2. 前后任注册会计师的沟通可以采用书面或口头的方式 3. 后任注册会计师应当将沟通的情况记录于审计工作底稿 4. 前后任注册会计师应当对沟通过程中获知的信息保密。即使未接受委托，后任注册会计师仍应履行保密义务

例题精讲

【例题 13 · 2021 年单选题】 相对于执行本期财务报表审计的注册会计师而言，下列各方中，不属于前任注册会计师的是（　　）。

A. 接受委托对本期财务报表执行审计并已出具审计报告的其他会计师事务所的注册会计师

B. 对上期财务报表执行审阅的其他会计师事务所的注册会计师

C. 接受委托对本期财务报表执行审计但未完成审计工作的其他会计师事务所的注册会计师

D. 对上期财务报表执行审计的其他会计师事务所的注册会计师

【解析】 选项 B 错误，前任注册会计师，是指已对被审计单位上期财务报表进行审计，但被现任注册会计师接替的其他会计师事务所的注册会计师。接受委托但未完成审计工作，已经或可能与委托人解除业务约定的注册会计师，也被视为前任注册会计师。需要特别说明的是，如果上期财务报表仅经过代编或审阅，执行代编或审阅业务的注册会计师不能被视为前任注册会计师。

【答案】 B

【例题 14 · 2019 年简答题】 ABC 会计师事务所首次接受委托审计甲公司2018 年度财务报表，委派 A 注册会计师担任项目合伙人。与首次承接审计业务相关的部分事项如下：

（1）DEF 会计师事务所审计了甲公司2017 年度财务报表。XYZ 会计师事务所接受委托审计甲公司2018 年度财务报表，但未完成审计工作。A 注册会计师将DEF 会计师事务所确定为前任注册会计师，与其进行了沟通。

要求：

针对上述第（1）项，指出 A 注册会计师的做法是否恰当。如不恰当，简要说明理由。

【答案】

事项序号	是否恰当（恰当/不恰当）	理由
（1）	不恰当	前任注册会计师还包括XYZ 会计师事务所/在后任注册会计师之前接受委托对当期财务报表进行审计但未完成审计工作的会计师事务所

02 接受委托前的沟通——是必须做的，目的是决定是否接受委托

沟通的目的	了解被审计单位更换会计师事务所的原因以及是否存在不应接受此项业务委托的情况，以确定是否接受委托
沟通的必要性	接受委托前的沟通是必要的审计程序
评价沟通结果	1. 后任注册会计师应当对沟通结果进行评价，以确定是否接受委托 2. 如果前任注册会计师提供的信息与被审计单位提供的更换会计师事务所的原因不符，特别是当被审计单位与前任注册会计师在重大会计、审计问题上存在意见分歧时，被审计单位可能会试图通过后任注册会计师寻求有利于自己的审计意见，在这种情况下，后任注册会计师应慎重考虑是否接受委托
沟通的前提	1. 后任注册会计师进行主动沟通的前提是征得被审计单位的同意 2. 后任注册会计师应当提请被审计单位以书面方式同意前任注册会计师对其询问作出充分答复 3. 如果被审计单位不同意前任注册会计师作出答复，或限制答复的范围，后任注册会计师应当向被审计单位询问原因，并考虑是否接受委托。当出现这种情况时，后任注册会计师一般需要拒绝接受委托，除非可以通过其他方式获知必要的事实，或有充分的证据表明审计风险水平非常低
沟通的内容 （共4点）	必要沟通过程中通常值得关注和询问的事项包括： 1. 是否发现被审计单位管理层存在诚信方面的问题 2. 前任注册会计师与管理层在重大会计、审计等问题上存在的意见分歧(比如：收入的确认出现分歧) 3. 前任注册会计师向被审计单位治理层通报的管理层舞弊、违反法律法规行为以及值得关注的内部控制缺陷 4. 前任注册会计师认为导致被审计单位变更会计师事务所的原因
前任注册 会计师的答复	1. 总原则 在被审计单位允许前任注册会计师对后任注册会计师的询问作出充分答复的情况下，前任注册会计师应当根据所了解的事实，对后任注册会计师的合理询问及时作出充分答复 2. 多家事务所拟接受委托的处理 当有多家会计师事务所正在考虑是否接受被审计单位的委托时，前任注册会计师应在被审计单位明确选定其中的一家会计师事务所作为后任注册会计师之后，才对该后任注册会计师的询问作出答复（先确定后任的人员、再答复：只需要对中标的会计师事务所作出答复） 3. 前任给予答复不够充分 如果受到被审计单位的限制或存在法律诉讼的顾虑，决定不向后任注册会计师作出充分答复，前任注册会计师应当向后任注册会计师表明其答复是有限的，并说明原因 4. 前任未给予任何答复 （1）如果未得到答复，且没有理由认为变更会计师事务所的原因异常，后任注册会计师需要设法以其他方式与前任注册会计师再次进行沟通 （2）如果仍得不到答复，后任注册会计师可以致函前任注册会计师，说明如果在适当的时间内得不到答复，将假设不存在专业方面的原因使其拒绝接受委托，并表明拟接受此项业务委托

例题精讲

【例题 15 · 2021 年多选题】后任注册会计师应当在接受审计委托前与前任注册会计师进行沟通。下列情形中，通常对后任注册会计师是否接受委托的决策产生影响的有（　　）。

A. 被审计单位变更会计师事务所的原因是不愿意支付合理的审计费用

B. 沟通结果显示前任注册会计师与管理层在收入确认的会计政策上存在重大分歧

C. 沟通结果显示被审计单位限制前任注册会计师接触其重要子公司的管理层

D. 前任注册会计师表示由于存在法律诉讼的顾虑，只能作出有限的答复

【解析】接受委托前，必要沟通过程中通常值得关注和询问的事项包括：

（1）是否发现被审计单位管理层存在诚信方面的问题（选项 C 正确）。

（2）前任注册会计师与管理层在重大会计、审计等问题上存在的意见分歧（选项 B 正确）。

（3）前任注册会计师向被审计单位治理层通报的管理层舞弊、违反法律法规行为以及值得关注的内部控制缺陷。

（4）前任注册会计师认为导致被审计单位变更会计师事务所的原因（选项 A 正确）。

上述事项都属于可能对后任注册会计师执行财务报表审计业务产生重大影响的信息，对后任注册会计师来说，是决定是否接受委托的至关重要的因素。

如果受到被审计单位的限制或存在法律诉讼的顾虑，决定不向后任注册会计师作出充分答复，前任注册会计师应当向后任注册会计师表明其答复是有限的，并说明原因。此时，后任注册会计师需要判断是否存在由被审计单位或潜在法律诉讼引起的答复限制，并考虑对接受委托的影响（选项 D 正确）；如果未得到答复，且没有理由认为变更会计师事务所的原因异常，后任注册会计师需要设法以其他方式与前任注册会计师再次进行沟通。

【答案】ABCD

【例题 16 · 2019 年简答题】ABC 会计师事务所首次接受委托审计甲公司2018 年度财务报表，委派 A 注册会计师担任项目合伙人。与首次承接审计业务相关的部分事项如下：

（2）A 注册会计师在与甲公司签署审计业务约定书并征得管理层同意后，与前任注册会计师进行了口头沟通，沟通内容包括：是否发现甲公司管理层存在诚信方面的问题，前任注册会计师与甲公司管理层在重大会计、审计等问题上存在的意见分歧；向甲公司治理层通报的管理层舞弊、违反法律法规行为以及值得关注的内部控制缺陷；甲公司变更会计师事务所的原因。

要求：

针对上述第（2）项，指出 A 注册会计师的做法是否恰当。如不恰当，简要说明理由。

【答案】

事项序号	是否恰当（恰当/不恰当）	理由
（2）	不恰当	应在接受委托前/签署业务约定书前与前任注册会计师进行沟通

【例题 17 · 2013 年简答题】ABC 会计师事务所首次接受委托，审计甲公司2012 年度报表，委派 A 注册会计师担任项目合伙人。甲公司2011 年度报表由 XYZ 会计师事务所的 X 注册会计师负责审计。相关事项如下：

（1）A 注册会计师在接受委托前与 X 注册会计师进行电话沟通，询问其是否发现甲公司

管理层存在正直诚信方面的问题以及与甲公司管理层在重大会计审计问题上是否存在意见分歧，并在沟通之后告知甲公司管理层。

要求：

针对上述第（1）项，指出 A 注册会计师的处理是否恰当。如不恰当，简要说明理由。

【答案】

事项序号	是否恰当（恰当/不恰当）	理由
（1）	不恰当	①与前任注册会计师的沟通需要事先征得被审计单位同意 ②还应与前任注册会计师沟通：向被审计单位治理层通报的管理层舞弊、违反法律法规行为和值得关注的内部控制缺陷，以及前任注册会计师认为导致被审计单位变更会计师事务所的原因

03 接受委托后的沟通——不是必须做，取决于审计工作的需要

沟通的必要性	接受委托后的沟通与接受委托前有所不同，它不是必要程序，而是由后任注册会计师根据审计工作需要自行决定的
沟通的形式	沟通可以采用电话询问、举行会谈、致送审计问卷等方式，但最有效、最常用的方式是查阅前任注册会计师的工作底稿
查阅工作底稿的前提	1. 接受委托后，如果需要查阅前任注册会计师的工作底稿，后任注册会计师应当征得被审计单位同意，并与前任注册会计师进行沟通 2. 如果上期财务报表由前任注册会计师审计，后任注册会计师可考虑通过查阅前任注册会计师的工作底稿获取有关期初余额的审计证据，并考虑前任注册会计师的独立性和专业胜任能力(注意：德才兼备)
查阅相关工作底稿及其内容	1. 前任注册会计师所在的会计师事务所可根据情况自主决定是否允许后任注册会计师获取工作底稿部分内容，或摘录部分工作底稿 2. 如果前任注册会计师决定向后任注册会计师提供工作底稿，一般可考虑进一步从被审计单位处(前审计客户) 获取一份确认函，以便降低在与后任注册会计师进行沟通时发生误解的可能性 3. 前任注册会计师应当自主决定可供后任注册会计师查阅、复印或摘录的工作底稿的内容
使用工作底稿达成一致意见	1. 在允许查阅工作底稿之前，前任注册会计师应当向后任注册会计师获取确认函，就工作底稿的使用目的、范围和责任等与其达成一致意见 2. 在实务中，如果后任注册会计师在工作底稿的使用方面作出了更高程度的限制性保证，那么前任注册会计师可能会愿意向其提供更多的接触工作底稿的机会
利用工作底稿的责任	1. 查阅前任注册会计师工作底稿获取的信息可能影响后任注册会计师实施审计程序的性质、时间安排和范围，但后任注册会计师应当对自身实施的审计程序和得出的审计结论负责 2. 后任注册会计师不应在审计报告中表明，其审计意见全部或部分地依赖前任注册会计师的审计报告或工作

例题精讲

【例题 18·2019 年简答题】 ABC 会计师事务所首次接受委托审计甲公司2018 年度财务报表，委派 A 注册会计师担任项目合伙人。与首次承接审计业务相关的部分事项如下：

（5）在征得甲公司管理层同意，并向前任注册会计师承诺不对任何人作出关于其是否遵循审计准则的任何评论后，A 注册会计师通过查阅前任注册会计师的审计工作底稿，获取了有关甲公司固定资产期初余额的审计证据，并在审计报告的其他事项段中提及部分依赖了前任注册会计师的工作。

要求：

针对上述第（5）项，指出 A 注册会计师的做法是否恰当。如不恰当，简要说明理由。

【答案】

事项序号	是否恰当（恰当/不恰当）	理由
（5）	不恰当	后任注册会计师应当对自身实施的审计程序/得出的审计结论负责

【例题 19·2017 年综合题】 ABC 会计师事务所首次接受委托，审计上市公司甲公司 2016 年度财务报表，委派 A 注册会计师担任项目合伙人。A 注册会计师确定财务报表整体的重要性为 1200 万元。甲公司主要提供快递物流服务。

资料三：

A 注册会计师在审计工作底稿中记录了审计计划，部分内容摘录如下：

（2）A 注册会计师评价认为前任注册会计师具备专业胜任能力，因此，拟通过查阅其审计工作底稿，获取与非流动资产和非流动负债期初余额相关的审计证据。

要求：

针对资料三第（2）项，假定不考虑其他因素，指出审计计划的内容是否恰当。如不恰当，简要说明理由。

【答案】

事项序号	是否恰当（是/否）	理由
（2）	否	注册会计师应当评价前任注册会计师的独立性

04 发现前任注册会计师审计的财务报表可能存在重大错报时的处理

（一）安排三方会谈

如果发现前任注册会计师审计的财务报表可能存在重大错报，后任注册会计师应当提请被审计单位告知前任注册会计师。必要时，后任注册会计师应当要求被审计单位安排三方会谈。

（二）无法参加三方会谈的处理

基本原则	如果被审计单位拒绝告知前任注册会计师，或前任注册会计师拒绝参加三方会谈，或后任注册会计师对解决问题的方案不满意，后任注册会计师应当考虑对审计意见的影响或解除业务约定

具体做法	后任注册会计师	
	应当考虑	1. 这种情况对当前审计业务的潜在影响，并根据具体情况出具恰当的审计报告 2. 是否退出当前审计业务
	可以考虑	后任注册会计师可考虑向其法律顾问咨询，以便决定如何采取进一步措施

例题精讲

【例题20·2017年单选题】下列有关前任注册会计师与后任注册会计师的沟通的说法中，正确的是（　　）。

A. 后任注册会计师应当在接受委托前和接受委托后与前任注册会计师进行沟通

B. 前任注册会计师和后任注册会计师应当将沟通的情况记录于审计工作底稿

C. 后任注册会计师与前任注册会计师的沟通应当采用书面方式

D. 后任注册会计师应当在取得被审计单位的书面同意后，与前任注册会计师进行沟通

【解析】选项A错误，接受委托后与前任注册会计师的沟通不是必要程序，由后任注册会计师根据审计工作的需要自行决定；选项B错误，后任注册会计师应当将沟通的情况记录于审计工作底稿；选项C错误，后任注册会计师与前任注册会计师的沟通可以采用书面或口头的方式。

【答案】D

【例题21·2015年单选题】下列有关前后任注册会计师沟通的说法中，错误的是（　　）。

A. 接受委托前的沟通是必要的审计程序，接受委托后的沟通不是必要的审计程序

B. 如果被审计单位不同意前任注册会计师对后任注册会计师的询问作出答复，后任注册会计师应当拒绝接受委托

C. 接受委托后，如果需要查阅前任注册会计师的审计工作底稿，后任注册会计师应当征得被审计单位同意

D. 当会计师事务所通过投标方式承接审计业务时，前任注册会计师无须对所有参与投标的会计师事务所的询问进行答复

【解析】选项B错误，应该考虑是否接受委托，而不是一定拒绝接受委托。

【答案】B

【例题22·2014年单选题】下列有关前后任注册会计师沟通的说法中，错误的是（　　）。

A. 在确定向后任注册会计师提供哪些审计工作底稿时，前任注册会计师应当征得被审计单位的同意

B. 在查阅前任注册会计师审计工作底稿前，后任注册会计师应当征得被审计单位的同意

C. 为获取更多接触前任注册会计师审计工作底稿的机会，后任注册会计师可以在工作底稿的使用方面作出较高程度的限制性保证

D. 在允许后任注册会计师查阅审计工作底稿前，前任注册会计师应当向其取得确认函

【解析】前任注册会计师可自主决定可供后任注册会计师查阅、复印或摘录的工作底稿的内容，所以选项A错误。

【答案】A

前情回顾小剧场

（1）对管理层和治理层概念的理解；

（2）与治理层的沟通中，确定沟通对象的原则（先管理层后治理层——诚信和胜任能力）；

（3）与治理层下设组织或个人沟通的考虑因素（4个因素）；

（4）与治理层沟通的事项（5个基本事项+1个补充事项）；

（5）与治理层的沟通中，沟通形式的相关规定；

（6）与治理层沟通不充分的应对措施；

（7）与治理层沟通时对记录工作底稿的相关要求；

（8）前后任注册会计师的含义；

（9）接受委托前的沟通（目的、必要性、前提、沟通的内容、前任答复的几种情形）；

（10）接受委托后的沟通（必要性、沟通的形式、查阅工作底稿、利用工作底稿的责任）；

（11）三方会谈的相关规定。

第十五章　注册会计师利用他人的工作

CHAPTER-15

五项须知小剧场

- 近5年考情分析
  - 平均分值2分/年
  - 2021年考核了单选题
- 教材主要变化
  - 1. 新增了“注册会计师是否在无保留意见的审计报告中提及专家工作”的相关内容
  - 2. 修改部分文字表述
- 建议学习时长——2小时
- 学习方法提示——本章难度不大，主要以客观题形式进行考核，相关内容也可以简答题或综合题形式进行考核
- 本章基本框架
  - 第一节　利用内部审计工作
    - 内部审计的目标　考点1
    - 内部审计和注册会计师的关系　考点2
    - 确定是否利用、在哪些领域利用以及在多大程度上利用内部审计的工作　考点3
    - 利用内部审计工作　考点4
    - 确定是否利用、在哪些领域利用以及在多大程度上利用内部审计人员提供直接协助　考点5
    - 利用内部审计人员提供直接协助　考点6
    - 审计工作底稿　考点7
  - 第二节　利用专家的工作
    - 确定是否利用专家工作　考点1
    - 专家的胜任能力、专业素质和客观性　考点2
    - 了解专家的专长领域　考点3
    - 与专家达成一致意见　考点4
    - 评价专家工作的恰当性　考点5

核心考点精讲专场

查看本节视频，快速 GET 知识点
使用“会计云课堂”App或“微信”扫码

第一节 利用内部审计工作

内部审计	含义	是指被审计单位负责执行鉴证和咨询活动，以评价和改进被审计单位的治理、风险管理和内部控制流程有效性的部门、岗位或人员
	职能	包括检查、评价和监督内部控制的恰当性和有效性等
内部审计人员	含义	是指执行内部审计活动的人员。内部审计人员可能属于内部审计部门或履行内部审计职责的类似部门
利用内部审计工作	原因	1. 注册会计师必须了解被审计单位的内部控制，因为内部审计是内部控制的一个重要组成部分(★★★) 2. 注册会计师考虑内部审计活动有利于其评估财务报表重大错报风险及其对注册会计师审计程序的影响 3. 注册会计师通过了解与评估内部审计工作，利用可信赖的内部审计工作相关部分的成果，或利用内部审计人员提供直接协助，可以减少其不必要的重复劳动，提高审计工作效率

01 内部审计的目标（简单了解）

确定目标	被审计单位内部审计的目标是由其管理层和治理层确定的
相关说明	由于下列原因，内部审计的目标和范围、职责及其在被审计单位中的地位(包括权威性和问责机制）可能有较大差别：(2个方面) 1. 被审计单位的规模、组织结构不同 2. 管理层和治理层（如适用）的要求不同
内部审计目标	内部审计可能包括下列一项或多项活动：(共3条) 1. 与公司治理有关的活动 2. 与风险管理有关的活动 3. 与内部控制有关的活动 (1) 评价内部控制 (2) 检查财务和经营信息 (3) 复核经营活动 (4) 复核遵守法律法规的情况

02 内部审计和注册会计师的关系

（一）内部审计与注册会计师审计的联系

（1）两者用以实现各自目标的某些方式通常是相似的。

（2）内部审计对象与注册会计师审计对象也密切相关，甚至存在部分重叠。

（3）通过了解内部审计工作的情况，注册会计师可以掌握内部审计发现的、可能对被审计单位财务报表和注册会计师审计产生重大影响的事项。

（4）注册会计师在审计中利用内部审计人员的工作包括：（2个方面）

①在获取审计证据的过程中利用内部审计的工作；

②在注册会计师的指导、监督和复核下利用内部审计人员提供直接协助。

（二）利用内部审计工作不能减轻注册会计师的责任

（1）注册会计师必须对与财务报表审计有关的所有重大事项独立作出职业判断，而不应完全依赖内部审计工作。

审计过程中涉及的职业判断，均应当由注册会计师负责执行。如：

①重大错报风险的评估；

②重要性水平的确定；

③样本规模的确定；

④对会计政策和会计估计的评估等。

（2）注册会计师应当对发表的审计意见独立承担责任，其责任不因利用内部审计工作或利用内部审计人员对该项审计业务提供直接协助而减轻。

例题精讲

【例题1·2018年单选题】下列各项中，注册会计师通常可以利用内部审计人员工作的是（　　）。

A. 评估会计政策的恰当性

B. 确定财务报表整体的重要性

C. 实施控制测试

D. 确定细节测试的样本规模

【解析】通常，审计过程中涉及的职业判断，如重大错报风险的评估、重要性水平的确定（选项B）、样本规模的确定（选项D）、对会计政策和会计估计的评估等（选项A），均应当由注册会计师负责执行，而控制测试通常可以利用内部审计人员的工作，选项C正确。

【答案】C

03 确定是否利用、在哪些领域利用以及在多大程度上利用内部审计的工作

基本原则	当被审计单位存在内部审计，并且注册会计师预期将利用其工作以调整注册会计师直接实施的审计程序的性质、时间安排，或缩小审计程序的范围时，注册会计师应当确定：（3个方面） 1. 是否能够利用内部审计的工作 2. 如能利用，在哪些领域利用以及在多大程度上利用 3. 内部审计的工作是否足以实现审计目的

评价内容	注册会计师应当通过评价下列事项，确定是否能够利用内部审计的工作以实现审计目的： 1. 内部审计在被审计单位中的地位，以及相关政策和程序支持内部审计人员客观性的程度 2. 内部审计人员的胜任能力 3. 内部审计是否采用系统、规范化的方法（包括质量管理）
不得利用的情形	如果存在下列情形之一，注册会计师不得利用内部审计的工作： 1. 内部审计在被审计单位的地位以及相关政策和程序不足以支持内部审计人员的客观性 2. 内部审计人员缺乏足够的胜任能力 3. 内部审计没有采用系统、规范化的方法（包括质量管理）
较少利用的情形	1. 注册会计师应当作出审计业务中的所有重大判断，并防止不当利用内部审计工作 2. 当存在下列情况之一时，注册会计师应当计划较少地利用内部审计工作，而更多地直接执行审计工作： （1）当在下列方面涉及较多判断时： ①计划和实施相关的审计程序 ②评价收集的审计证据 （2）当评估的认定层次重大错报风险较高，需要对识别出的特别风险予以特殊考虑时 （3）当内部审计在被审计单位中的地位以及相关政策和程序对内部审计人员客观性的支持程度较弱时 （4）当内部审计人员的胜任能力较低时
相关说明	1. 注册会计师应当考虑内部审计已执行和拟执行工作的性质和范围，以及这些工作与注册会计师总体审计策略和具体审计计划的相关性，以作为确定能够利用内部审计工作的领域和程度的基础 2. 由于注册会计师对发表的审计意见独立承担责任，注册会计师应当评价从总体上而言，在计划的范围内利用内部审计工作是否仍然能够使注册会计师充分地参与审计工作 3. 当注册会计师按照相关规定与治理层沟通计划的审计范围和时间安排的总体情况时，应当包括其计划如何利用内部审计工作

04 利用内部审计工作

基本原则	1. 如果计划利用内部审计工作，注册会计师应当与内部审计人员讨论利用其工作的计划，以作为协调各自工作的基础 2. 注册会计师应当阅读与拟利用的内部审计工作相关的内部审计报告，以了解其实施的审计程序的性质和范围以及相关发现
评价内容	注册会计师应当针对计划利用的全部内部审计工作实施充分的审计程序，以确定其对于实现审计目的是否适当，包括评价下列事项：（3 个事项） 1. 内部审计工作是否经过恰当的计划、实施、监督、复核和记录 2. 内部审计是否获取了充分、适当的证据，以使其能够得出合理的结论 3. 内部审计得出的结论在具体环境下是否适当，编制的报告与执行工作的结果是否一致

注意事项	注册会计师实施审计程序的性质和范围应当与其对以下事项的评价相适应，并应当包括重新执行内部审计的部分工作：（4 个方面） 1. 涉及判断的程度 2. 评估的重大错报风险 3. 内部审计在被审计单位中的地位以及相关政策和程序支持内部审计人员客观性的程度 4. 内部审计人员的胜任能力

05 确定是否利用、在哪些领域利用以及在多大程度上利用内部审计人员提供直接协助

基本原则	当被审计单位存在内部审计，并且注册会计师预期将利用内部审计人员提供直接协助时，注册会计师应当：（3 个方面） 1. 确定是否能够利用内部审计人员提供直接协助 2. 如果能够利用，确定在哪些领域利用以及在多大程度上利用 3. 如果拟利用内部审计人员提供直接协助，适当地指导、监督和复核其工作
评价内容	如果法律法规不禁止利用内部审计人员提供直接协助，并且注册会计师计划利用内部审计人员在审计中提供直接协助，注册会计师应当评价：（2 个方面） 1. 是否存在对内部审计人员客观性的不利影响及其严重程度（包括询问内部审计人员可能对其客观性产生不利影响的利益和关系） 2. 提供直接协助的内部审计人员的胜任能力
不得利用的情形	当存在下列情形之一时，注册会计师不得利用内部审计人员提供直接协助： 1. 存在对内部审计人员客观性的重大不利影响 2. 内部审计人员对拟执行的工作缺乏足够的胜任能力
考虑因素	在确定可能分配给内部审计人员的工作的性质和范围，以及根据具体情况对内部审计人员进行指导、监督和复核的性质、时间安排和范围时，注册会计师应当考虑下列方面：（3 个方面） 1. 在计划和实施相关审计程序以及评价收集的审计证据时，涉及判断的程度 2. 评估的重大错报风险 3. 针对拟提供直接协助的内部审计人员，注册会计师关于是否存在对其客观性的不利影响及其严重程度的评价结果，以及关于其胜任能力的评价结果
不得利用提供直接协助的程序	注册会计师不得利用内部审计人员提供直接协助以实施具有下列特征的程序：（4 个方面） 1. 在审计中涉及作出重大判断 2. 涉及较高的重大错报风险，在实施相关审计程序或评价收集的审计证据时需要作出较多的判断 3. 涉及内部审计人员已经参与并且已经或将要由内部审计向管理层或治理层报告的工作（★★★） 4. 涉及注册会计师按照规定就内部审计，以及利用内部审计工作或利用内部审计人员提供直接协助作出的决策

其他说明	1. 在恰当评价是否利用以及在多大程度上利用内部审计人员在审计中提供直接协助后，注册会计师在按照《中国注册会计师审计准则第 1151 号——与治理层的沟通》的规定与治理层沟通计划的审计范围和时间安排的总体情况时，应当沟通拟利用内部审计人员提供直接协助的性质和范围，以使双方就在业务的具体情形下并未过度利用内部审计人员提供直接协助达成共识 2. 由于注册会计师对发表的审计意见独立承担责任，注册会计师应当评价在计划的范围内利用内部审计人员提供直接协助，连同对内部审计工作的利用，从总体上而言，是否仍然能够使注册会计师充分地参与审计工作

例题精讲

【例题 2 · 2020 年单选题】 下列各项中，注册会计师可以利用被审计单位内部审计人员提供直接协助的是（　　）。

A. 确定控制测试的时间安排

B. 绘制重大业务循环的流程图

C. 确定选取测试项目的方法

D. 对会计估计涉及的各项假设的合理性进行评价

【解析】 尽管内部审计工作的某些部分或利用内部审计人员提供直接协助，可能对注册会计师的工作有所帮助，但注册会计师必须对与财务报表审计有关的所有重大事项独立作出职业判断，而不应完全依赖内部审计工作。通常，审计过程中涉及的职业判断，如重大错报风险的评估、重要性水平的确定、样本规模的确定、对会计政策和会计估计的评估等，均应当由注册会计师负责执行。

【答案】 B

【例题 3 · 2020 年综合题】 甲公司是 ABC 会计师事务所的常年审计客户，主要从事家电产品的生产、批发和零售。A 注册会计师负责审计甲公司 2019 年度财务报表，确定财务报表整体的重要性为 800 万元，明显微小错报的临界值为 40 万元。

资料三：

A 注册会计师在审计工作底稿中记录了审计计划，部分事项如下：

（1）A 注册会计师阅读了甲公司内审部门出具的职工薪酬专项检查报告，拟在职工薪酬的审计中利用参与该专项检查的内部审计人员提供直接协助。

要求：

针对资料三第（1）项，假定不考虑其他条件，指出 A 注册会计师的做法是否恰当。如不恰当，简要说明理由。

【答案】

事项序号	是否恰当（是/否）	理由
（1）	否	涉及内部审计人员已经参与并报告的工作，不得利用内部审计人员提供直接协助

06 利用内部审计人员提供直接协助

基本要求	在利用内部审计人员提供直接协助之前，注册会计师应当：（2个方面） 1. 从拥有相关权限的被审计单位代表人员处获取书面协议，允许内部审计人员遵循注册会计师的指令，并且被审计单位不干涉内部审计人员为注册会计师执行的工作 2. 从内部审计人员处获取书面协议，表明其将按照注册会计师的指令对特定事项保密，并将对其客观性受到的任何不利影响告知注册会计师
指导、监督和复核的基本要求	1. 注册会计师应当按照《中国注册会计师审计准则第1121号——对财务报表审计实施的质量管理》的规定对内部审计人员执行的工作进行指导、监督和复核 在进行指导、监督和复核时：（2个方面） （1）注册会计师在确定指导、监督和复核的性质、时间安排和范围时应当认识到内部审计人员并不独立于被审计单位，并且指导、监督和复核的性质、时间安排和范围应当恰当应对注册会计师对涉及判断的程度、评估的重大错报风险、拟提供直接协助的内部审计人员客观性（包括产生的不利影响及其严重程度）和胜任能力的评价结果 （2）复核程序应当包括由注册会计师检查内部审计人员执行的部分工作所获取的审计证据 2. 注册会计师对内部审计人员执行的工作的指导、监督和复核应当足以使注册会计师对内部审计人员就其执行的工作已获取充分、适当的审计证据以支持相关审计结论感到满意

07 审计工作底稿

情形	应当记录的内容
利用内部审计工作	1. 对下列事项的评价：（3个方面） （1）内部审计在被审计单位中的地位、相关政策和程序是否足以支持内部审计人员的客观性 （2）内部审计人员的胜任能力 （3）内部审计是否采用系统、规范化的方法（包括质量管理） 2. 利用内部审计工作的性质和范围以及作出该决策的基础 3. 注册会计师为评价利用内部审计工作的适当性而实施的审计程序
利用内部审计人员为审计提供直接协助	1. 关于是否存在对内部审计人员客观性的不利影响及其严重程度的评价，以及关于提供直接协助的内部审计人员的胜任能力的评价 2. 就内部审计人员执行工作的性质和范围作出决策的基础 3. 根据《中国注册会计师审计准则第1131号——审计工作底稿》的规定，所执行工作的复核人员及复核的日期和范围 4. 从拥有相关权限的被审计单位代表人员和内部审计人员处获取的书面协议 5. 在审计业务中提供直接协助的内部审计人员编制的审计工作底稿

第二节　利用专家的工作

查看本节视频，快速 GET 知识点
使用“会计云课堂”App或“微信”扫码

专家	含义	专家：即注册会计师的专家，是指在会计或审计以外的某一领域具有专长的个人或组织，并且其工作被注册会计师利用，以协助注册会计师获取充分、适当的审计证据。专家既可能是会计师事务所内部专家，也可能是会计师事务所外部专家
	内容	专家通常可以是工程师、律师、资产评估师、精算师、环境专家、地质专家、IT 专家以及税务专家，也可以是这些个人所从属的组织，如律师事务所、资产评估公司以及各种咨询公司等
注册会计师的目标	1. 确定是否利用专家的工作 2. 如果利用专家的工作，确定专家的工作是否足以实现审计目的	
责任划分	注册会计师对发表的审计意见独立承担责任，这种责任并不因利用专家的工作而减轻	

富富有提示

①注册会计师不应在无保留意见的审计报告中提及专家的工作，除非法律法规另有规定。如果法律法规要求提及专家的工作，注册会计师应当在审计报告中指明，这种提及并不减轻注册会计师对审计意见承担的责任。

②如果注册会计师在审计报告中提及专家的工作，并且这种提及与理解审计报告中的非无保留意见相关，注册会计师仍应在审计报告中指明，这种提及并不减轻注册会计师对审计意见承担的责任。

例题精讲

【例题 4 · 2019 年多选题】下列有关注册会计师的专家的说法中，正确的有（　　）。

A. 注册会计师的专家包括在会计或审计领域具有专长的个人或组织

B. 注册会计师的专家可以是会计师事务所的临时员工

C. 注册会计师的专家包括被审计单位管理层的专家

D. 注册会计师的专家可以是网络事务所的合伙人或员工

【解析】专家，即注册会计师的专家，是指在会计或审计以外的某一领域具有专长的个人或组织（选项 A 错误），并且其工作被注册会计师利用，以协助注册会计师获取充分、适当的审计证据。专家既可能是会计师事务所内部专家（如会计师事务所或其网络事务所的合伙人或员工，包括临时员工）（选项 BD 正确），也可能是会计师事务所外部专家。选项 C 错误，注册会计师的专家不包括被审计单位管理层的专家。

【答案】BD

【例题 5 · 2015 年单选题】下列参与审计业务的人员中，不属于注册会计师的专家的是（　　）。

A. 对保险合同进行精算的会计师事务所精算部门人员

B. 受聘于会计师事务所对投资性房地产进行评估的资产评估师

C. 对与企业重组相关的复杂税务问题进行分析的会计师事务所税务部门人员

D. 就复杂会计问题提供建议的会计师事务所技术部门人员

【解析】 专家，即注册会计师的专家，是指在会计或审计之外（由此可以判断出来，选项 D 不属于注册会计师的专家，注册会计师本身是会计和审计领域的专家）的某一领域中具有专长的个人或组织，并且其工作被注册会计师利用，以协助注册会计师获取充分、适当的审计证据。

【答案】 D

01 确定是否利用专家工作——是否涉及会计审计之外的领域，并且于审计目的有益

需要利用	可能需要利用专家工作的情形：（从头至尾，了解）（5 个方面） 1. 了解被审计单位及其环境 2. 识别和评估重大错报风险 3. 针对评估的财务报表层次风险，确定并实施总体应对措施 4. 针对评估的认定层次风险，设计和实施进一步审计程序，包括控制测试和实质性程序 5. 在对财务报表形成审计意见时，评价已获取的审计证据的充分性和适当性
考虑因素	在确定是否利用专家的工作时，注册会计师可能考虑的因素包括：（共 4 点） 1. 管理层在编制财务报表时是否利用了管理层的专家的工作 （1）管理层的专家：是指在会计、审计以外的某一领域具有专长的个人或组织，其工作被管理层利用以协助编制财务报表 （2）如果管理层在编制财务报表时利用了管理层的专家的工作，可能意味着编制财务报表具有复杂性，重大错报风险可能增加 2. 事项的性质和重要性，包括复杂程度 3. 事项存在的重大错报风险 4. 应对识别出的风险的预期程序的性质，包括注册会计师对与这些事项相关的专家工作的了解和具有的经验，以及是否可以获得替代性的审计证据

例题精讲

【例题 6 · 2021 年单选题】 在确定是否需要利用注册会计师的专家的工作时，下列各项因素中，注册会计师通常无需考虑的是（　　）。

A. 可能对专家的客观性产生不利影响的利益和关系

B. 应对识别出的风险的预期程序的性质

C. 审计事项的性质和重要性

D. 管理层在编制财务报表时是否利用了管理层的专家的工作

【解析】 在确定是否利用专家的工作，以协助获取充分、适当的审计证据时，注册会计师可能考虑的因素包括：

（1）管理层在编制财务报表时是否利用了管理层的专家的工作（选项 D）。

（2）事项的性质和重要性，包括复杂程度（选项 C）。

（3）事项存在的重大错报风险。

（4）应对识别出的风险的预期程序的性质，包括注册会计师对与这些事项相关的专家工作的了解和具有的经验，以及是否可以获得替代性的审计证据（选项 B）。

【答案】A

02 专家的胜任能力、专业素质和客观性

评价内容	注册会计师应当评价专家是否具有实现审计目的所必需的胜任能力、专业素质和客观性（★★★注意：德才兼备）
注意事项	在评价外部专家的客观性时，注册会计师应当询问可能对外部专家客观性产生不利影响的利益和关系

例题精讲

【例题 7 · 2020 年综合题】上市公司甲公司是 ABC 会计师事务所首次接受委托的审计客户，主要从事房地产开发、销售和物业管理业务。A 注册会计师负责审计甲公司 2019 年度财务报表，确定财务报表整体的重要性为 2000 万元。

资料三：

A 注册会计师在审计工作底稿中记录了审计计划，部分内容摘录如下：

（4）2019 年 11 月，甲公司与非关联方丁公司就工程价款产生争议，双方共同委托工程造价专家对项目造价进行了审计，并根据审计结果确定了工程价款。甲公司因此调增项目建造成本 3000 万元。A 注册会计师拟不了解工程造价专家的工作，直接向丁公司寄发询证函。

要求：

针对资料三第（4）项，假定不考虑其他条件，指出 A 注册会计师的做法是否恰当。如不恰当，简要说明理由。

【答案】

事项序号	是否恰当（是/否）	理由
（4）	否	应当了解工程造价专家的工作，并考虑是否有必要利用专家的工作

03 了解专家的专长领域

总体要求	注册会计师应当充分了解专家的专长领域，以能够：（共 2 点） 1. 为了实现审计目的，确定专家工作的性质、范围和目标 2. 评价专家的工作是否足以实现审计目的

了解事项	对专家的专长领域的了解事项可能包括下列方面：（简单了解，共 4 点） 1. 专家的专长领域是否与审计工作相关 2. 职业准则或其他准则以及法律法规是否适用 3. 专家使用哪些假设和方法（包括专家使用的模型，如适用），及其在专家的专长领域是否得到普遍认可，对实现财务报告目的是否适当 4. 专家使用的内外部数据或信息的性质

04 与专家达成一致意见（重点掌握）

（一）总体要求（外部专家要沟通，内部专家也要沟通）

无论是对内部专家还是外部专家，注册会计师都应当就下列事项与其达成一致，并根据需要形成书面协议：（3 个方面）

事项	相关内容
专家工作的性质、范围和目标	当就专家工作的性质、范围和目标达成一致意见时，注册会计师通常需要与专家讨论需要遵守的相关技术标准、其他职业准则或行业要求
注册会计师和专家各自的角色与责任	1. 注册会计师与专家就各自角色和责任达成的一致意见可能包括下列内容：（共 3 点） （1）由注册会计师还是专家对原始数据实施细节测试 （2）同意注册会计师与被审计单位或其他人员讨论专家的工作结果或结论。必要时，包括同意注册会计师将专家的工作结果或结论的细节作为注册会计师在审计报告中发表非无保留意见的基础（★★★注意：特殊情况） （3）将注册会计师对专家工作形成的结论告知专家 2. 注册会计师和专家就各自角色和责任达成的一致意见，可能还包括就各自的工作底稿的使用和保管达成的一致意见（联系第 6 章）（★★★重点掌握） （1）当专家是项目组的成员时，专家的工作底稿是审计工作底稿的一部分 （2）除非协议另作安排，外部专家的工作底稿属于外部专家，不是审计工作底稿的一部分
注册会计师与专家沟通的性质、时间安排和范围	明确与专家保持联系的合伙人或员工，以及专家与被审计单位的沟通程序，有助于及时、有效地沟通，特别是在较大的业务项目中（指定专人）

例题精讲

【例题 8 · 2020 年单选题】 下列各项中，注册会计师无需与其利用的外部专家达成一致意见的是（　　）。

A. 注册会计师和专家各自的角色与责任

B. 注册会计师与专家之间沟通的性质、时间安排和范围

C. 专家工作的性质、范围和目标

D. 对专家遵守会计师事务所质量管理政策和程序的要求

【解析】 专家工作的性质、范围和目标（选项 C）可能会随着情况的变化而发生较大的变

化，相应地，注册会计师和专家各自的角色与责任（选项 A）、注册会计师和专家沟通的性质、时间安排和范围（选项 B）等也可能因情况的变化而发生较大变化。因此，无论是对外部专家还是内部专家，注册会计师应当就这些事项与其达成一致意见，并根据需要形成书面协议。

【答案】 D

（二）对专家遵守保密规定的要求（内部专家、外部专家均应保密）

适用于注册会计师的相关职业道德要求中的保密条款同样也适用于专家。被审计单位也可能要求外部专家同意遵守特定的保密条款。

例题精讲

【例题 9 · 2018 年单选题】 下列有关注册会计师的外部专家的说法中，错误的是（　　）。

A. 外部专家无需遵守注册会计师职业道德守则的要求

B. 外部专家不是审计项目组成员

C. 外部专家不受会计师事务所质量管理政策和程序的约束

D. 外部专家的工作底稿通常不构成审计工作底稿

【解析】 外部专家需要遵守注册会计师职业道德守则中的保密要求，选项 A 错误。

【答案】 A

05 评价专家工作的恰当性

（一）总体要求（★★★重点掌握）

注册会计师应当评价专家的工作是否足以实现审计目的，包括：（3 个方面）

基本内容	具体评价内容
专家的工作结果或结论的相关性和合理性，以及与其他审计证据的一致性	当评价专家的工作结果或结论的相关性和合理性，注册会计师可能需要考虑： 1. 专家提交其工作结果或结论的方式是否符合专家所在的职业或行业标准 2. 专家的工作结果或结论是否得到清楚的表述，包括提及与注册会计师达成一致的目标，执行工作的范围和运用的标准 3. 专家的工作结果或结论是否基于适当的期间，并考虑期后事项（如相关） 4. 专家的工作结果或结论在使用方面是否有任何保留、限制或约束，如果有，是否对注册会计师的工作产生影响 5. 专家的工作结果或结论是否适当考虑了专家遇到的错误或偏差情况
如果专家的工作涉及使用重要的假设和方法，这些假设和方法在具体情况下的相关性和合理性	当专家的工作涉及使用重要的假设和方法时，注册会计师评价这些假设和方法时需要考虑：（关注，共 4 点） 1. 这些假设和方法在专家的专长领域是否得到普遍认可 2. 这些假设和方法是否与适用的财务报告编制基础的要求相一致 3. 这些假设和方法是否依赖某些专用模型的应用 4. 这些假设和方法是否与管理层的假设、方法相一致，如果不一致，差异的原因及影响

基本内容	具体评价内容
如果专家的工作涉及使用重要的原始数据，这些原始数据的相关性、完整性和准确性	当专家的工作涉及使用对专家工作具有重要影响的原始数据时，注册会计师可以实施下列程序测试这些数据：（共2点） 1. 核实数据的来源，包括了解和测试（适用时）针对数据的内部控制，以及向专家传送数据的方式（如相关） 2. 复核数据的完整性和内在一致性

例题精讲

【例题10·2020年简答题】甲公司是ABC会计师事务所的常年审计客户。A注册会计师负责审计甲公司2019年度财务报表，评估认为商誉减值存在特别风险。与商誉减值审计相关的部分事项如下：

（4）A注册会计师聘请评估专家对甲公司某项商誉的减值测试结果进行复核。A注册会计师评价了专家的胜任能力、专业素质、客观性及专长领域，获取了专家的复核报告，并实施特定程序对专家工作的恰当性作出了评价，据此认可了专家的工作。

要求：

针对上述第（4）项，指出A注册会计师的做法是否恰当。如不恰当，简要说明理由。

【答案】

事项序号	是否恰当（恰当/不恰当）	理由
（4）	恰当	—

【例题11·2017年综合题】A注册会计师审计甲公司2016年度财务报表。

资料三：

A注册会计师在审计工作底稿中记录了审计计划，部分内容摘录如下：

（4）A注册会计师拟利用评估专家对甲公司的商誉减值测试进行评估。由专家负责评价其使用的重要原始数据的相关性、准确性和完整性。A注册会计师负责评价：①专家工作涉及使用的重要假设和方法的相关性和合理性；②专家工作结果的相关性和合理性，以及与其他审计证据的一致性。

要求：

针对上述资料三第（4）项，指出审计计划内容是否恰当。如不恰当，简要说明理由。

【答案】

事项序号	是否恰当（恰当/不恰当）	理由
（4）	不恰当	注册会计师应当评价专家的工作涉及使用的重要原始数据的相关性、准确性和完整性

【例题12·2012年单选题】注册会计师在评价专家的工作是否足以实现审计目的时，下列各项中，不需评价的是（　　）。

A. 专家工作结果或结论的合理性和相关性

B. 专家工作涉及使用的所有假设和方法的合理性和相关性

C. 专家工作结果或结论与其他审计证据的一致性

D. 专家工作涉及使用的重要原始数据的相关性、完整性和准确性

【解析】注册会计师应当评价专家的工作涉及使用重要的假设和方法，这些假设和方法在具体情况下的相关性和合理性，而不是所有的假设和方法的合理性和相关性，所以选项 B 不正确。

【答案】B

（二）评价专家工作是否足以实现审计目的所实施的特定程序

评价专家工作是否足以实现审计目的所实施的特定程序可能包括：（共 5 点）

（1）询问专家。

（2）复核专家的工作底稿和报告。

（3）实施用于证实的程序，例如：（共 5 点）

①观察专家的工作；

②检查已公布的数据，如来源于信誉高、权威的渠道的统计报告；

③向第三方询证相关事项；

④执行详细的分析程序；

⑤重新计算。

（4）必要时（如当专家的工作结果或结论与其他审计证据不一致时）与具有相关专长的其他专家讨论。

（5）与管理层讨论专家的报告。

（三）评价结果为不恰当时的措施

应对措施	如果确定专家的工作不足以实现审计目的，注册会计师应当采取下列措施之一： 1. 就专家拟执行的进一步工作的性质和范围，与专家达成一致意见 2. 根据具体情况，实施追加的审计程序
特殊情况	如果注册会计师认为专家的工作不足以实现审计目标，且注册会计师通过实施追加的审计程序（如专家和注册会计师执行进一步工作），或者通过雇用、聘请其他专家仍不能解决问题，注册会计师有必要按照审计准则的规定发表非无保留意见（原因：审计范围受到限制）

（四）利用专家工作的其他考虑

1. 概述

评价内容	在考虑利用专家工作时，注册会计师应当评价下列内容：（★★★重点掌握） （1）专家是否具有实现审计目的所必需的胜任能力、专业素质和客观性 （2）充分了解专家的专长领域 （3）与专家就相关重要事项达成一致意见 （4）评价专家的工作是否足以实现审计目的

考虑因素	在确定相关审计程序的性质、时间安排和范围时，注册会计师应当考虑下列事项： （1）与专家工作相关的事项的性质 （2）与专家工作相关的事项中存在的重大错报风险 （3）专家的工作在审计中的重要程度 （4）注册会计师对专家以前所做工作的了解，以及与之接触的经验 （5）专家是否需要遵守会计师事务所的质量管理体系
特殊情况	下列情况可能表明需要实施与一般情况相比不同的或更广泛的审计程序：（共 4 点） （1）专家的工作与涉及主观和复杂判断的重大事项相关 （2）注册会计师以前没有利用某个专家的工作，也不了解其胜任能力、专业素质和客观性 （3）专家实施的程序构成审计工作必要的组成部分，而不是就某一事项提供建议 （4）专家是会计师事务所外部专家，因此不受会计师事务所质量管理政策和程序的约束

2. 内部专家和外部专家的含义（共 2 点）（★★★重点掌握）

专家分类	人员构成	相关要求
内部专家	（1）可能是会计师事务所的合伙人或员工(包括临时员工) （2）也可能是与会计师事务所共享统一的质量管理政策和程序的网络事务所的合伙人或员工（包括临时员工）	需要遵守所在会计师事务所制定的政策和程序
外部专家	不是项目组成员	不受会计师事务所制定的质量管理政策和程序的约束

例题精讲

【例题 13·2020 年单选题】下列人员中，应当遵守注册会计师所在会计师事务所的质量管理政策和程序的是（　　）。

A. 注册会计师利用的内部专家

B. 来自其他会计师事务所的组成部分注册会计师

C. 其工作被用作审计证据的被审计单位管理层的专家

D. 为财务报表审计提供直接协助的被审计单位内部审计人员

【解析】内部专家可能是会计师事务所的合伙人或员工（包括临时员工），因此需要遵守所在会计师事务所根据《会计师事务所质量管理准则第 5101 号——业务质量管理》制定的政策和程序（选项 A 正确）。

【答案】A

前情回顾小剧场

（1）两个问题：是否利用？多大程度上利用（利用内部审计工作、提供直接协助）？

（2）了解内审是必须的，但利用并非必须；

（3）利用内部审计工作不能减轻注册会计师的责任（注意：涉及职业判断不能完全依赖的情形）；

（4）能否利用内部审计工作以实现审计目的的考虑因素（客观性、胜任能力、方法）、不能利用内部审计工作的情形；

（5）应当较少利用内部审计工作的情形（涉及较多判断时、风险较高时、客观性、胜任能力等）；

（6）利用内部审计工作应当评价的内容（3个方面）；

（7）不得利用内部审计人员提供直接协助的情形（客观性、胜任能力）；

（8）利用内部审计人员提供直接协助应获取书面协议（被审计单位代表人员、内部审计人员）；

（9）审计工作底稿的记录内容（利用内部审计工作、提供直接协助）；

（10）专家的含义；

（11）利用专家时应当评价专家的专业素质、胜任能力和客观性（联系：客观性、工作底稿、保密、是否受质量管理政策或程序的约束）；

（12）内部专家和外部专家的相关规定。

第十六章　对集团财务报表审计的特殊考虑

CHAPTER-16

五项须知小剧场

- **近5年考情分析**
  - 平均分值5分/年
  - 2021年考核了简答题
- **教材主要变化**
  - 1. 新增了期后事项的相关内容
  - 2. 修改部分文字表述
- **建议学习时长** —— 5小时
- **学习方法提示** —— 本章属于非常重要的章节，各种题型均可以进行考核
- **本章基本框架（一）**
  - 第一节　与集团财务报表审计相关的概念
    - 集团　考点1
    - 组成部分　考点2
    - 重要组成部分　考点3
    - 集团财务报表　考点4
    - 集团审计和集团审计意见　考点5
    - 集团项目合伙人和集团项目组　考点6
    - 组成部分注册会计师　考点7
    - 集团管理层和组成部分管理层　考点8
    - 集团层面控制　考点9
    - 合并过程　考点10
  - 第二节　集团审计中的责任设定和注册会计师的目标
    - 集团审计中的责任设定　考点1
    - 注册会计师的目标　考点2
  - 第三节　集团审计业务的接受与保持
    - 在接受与保持阶段获取了解　考点1
    - 审计范围受到限制　考点2
    - 业务约定条款　考点3

本章基本框架（二）

- 第四节　了解集团及其环境、集团组成部分及其环境
  - 集团管理层下达的指令　考点1
  - 舞弊　考点2
  - 集团项目组成员和组成部分注册会计师对集团财务报表重大错报风险（包括舞弊风险）的讨论　考点3
  - 风险评估　考点4
- 第五节　了解组成部分注册会计师
  - 基本原则　考点1
  - 组成部分注册会计师的专业胜任能力　考点2
  - 利用对组成部分注册会计师的了解　考点3
- 第六节　重要性
  - 集团财务报表整体的重要性　考点1
  - 适用于特定类别的交易、账户余额或披露的一个或多个重要性水平　考点2
  - 组成部分重要性　考点3
  - 明显微小错报的临界值　考点4
- 第七节　针对评估的风险采取的应对措施
  - 总体思路　考点1
  - 对重要组成部分、不重要组成部分所需执行的工作　考点2
  - 已执行的工作仍不能提供充分、适当审计证据时的处理　考点3
  - 参与组成部分注册会计师的工作　考点4
- 第八节　合并过程及期后事项
  - 合并过程　考点1
  - 期后事项　考点2
- 第九节　与组成部分注册会计师的沟通
  - 集团项目组向组成部分注册会计师沟通　考点1
  - 组成部分注册会计师向集团项目组沟通　考点2
  - 评价与组成部分注册会计师的沟通　考点3
- 第十节　评价审计证据的充分性和适当性
- 第十一节　与集团管理层和集团治理层的沟通
  - 与集团管理层的沟通　考点1
  - 与集团治理层的沟通　考点2

核心考点精讲专场

第一节　与集团财务报表审计相关的概念

查看本节视频，快速 GET 知识点
使用“会计云课堂”App或“微信”扫码

01 集团

含义	集团：是指由所有组成部分构成的整体，并且所有组成部分的财务信息包括在集团财务报表中
相关说明	集团至少拥有一个以上的组成部分

02 组成部分

含义	组成部分：是指某一实体或某项业务活动，其财务信息由集团或组成部分管理层编制并应包括在集团财务报表中
相关说明	1. 集团结构影响如何识别组成部分（谁编制财务信息或如何组织财务报告系统）（如：合营企业或联营企业、分支机构、职能部门、生产过程、单项产品或劳务、地区等） 2. 集团财务报告系统中可能存在着不同层次的组成部分。在这种情况下，在汇总层次上识别组成部分，可能比逐一识别更为合适

例题精讲

【例题 1·2016 年多选题】下列各项中，可能属于集团财务报表审计中的组成部分的有（　　）。

A. 集团内的母公司

B. 集团职能部门

C. 集团内子公司对外投资的联营企业

D. 集团的分支机构

【解析】母公司、子公司、合营企业以及按权益法或成本法核算的被投资实体，或集团本部、分支机构可被视为组成部分；对于一些集团可能按照职能部门、生产过程、单项产品或劳务或地区分布，为单位编制财务信息并将其包括在集团财务报表中，这些职能部门、生产过程、单项产品或劳务或地区分布也可被视为组成部分。

【答案】ABCD

03 重要组成部分

含义	重要组成部分：是指集团项目组识别出的具有下列特征之一的组成部分： 1. 单个组成部分对集团具有财务重大性 2. 由于单个组成部分的特定性质或情况，可能存在导致集团财务报表发生重大错报的特别风险（例如，某组成部分进行外汇交易）
基本原则	随着单个组成部分对集团具有的财务重大性的增加，集团财务报表的重大错报风险通常也会增加
判断方法	1. 集团项目组可以将选定的基准乘以某一百分比，以协助识别对集团具有财务重大性的单个组成部分 2. 确定基准和应用于该基准的百分比属于职业判断
选择基准	根据集团的性质和具体情况，适当的基准可能包括集团资产、负债、现金流量、利润总额或营业收入（注：可以与确定集团财务报表整体的重要性水平使用的基准不同）
经验百分比	集团项目组可能认为超过选定基准 15% 的组成部分是重要组成部分（也可能更高或更低）

例题精讲

【例题 2 · 2019 年简答题】 ABC 会计师事务所的 A 注册会计师负责审计甲集团公司2018年度财务报表。与集团审计相关的部分事项如下：

（1）A 注册会计师将资产总额、营业收入或利润总额超过设定金额的组成部分识别为重要组成部分，其余作为不重要的组成部分。

要求：

针对上述第（1）项，指出 A 注册会计师的做法是否恰当。如不恰当，简要说明理由。

【答案】

事项序号	是否恰当（恰当/不恰当）	理由
（1）	不恰当	在识别重要组成部分时还要考虑可能存在导致集团财务报表发生重大错报的特别风险的组成部分

04 集团财务报表

含义	集团财务报表：是指包括一个以上组成部分财务信息的财务报表
相关说明	集团财务报表也指没有母公司但处在同一控制下的各组成部分编制的财务信息所汇总生成的财务报表（总分机构、不同地区汇总）

05 集团审计和集团审计意见

集团审计：是指对集团财务报表进行的审计。

集团审计意见：是指对集团财务报表发表的审计意见。

06 集团项目合伙人和集团项目组

含义	1. 集团项目合伙人：是指会计师事务所中负责某项集团审计业务及其执行，并代表会计师事务所在对集团财务报表出具的审计报告上签字的合伙人 2. 集团项目组：是指参与集团审计的，包括集团项目合伙人在内的所有合伙人和员工
工作内容	集团项目组的工作内容：（4个方面） 1. 负责制定集团总体审计策略 2. 与组成部分注册会计师沟通（★★） 3. 针对合并过程执行相关工作（★★） 4. 评价根据审计证据得出的结论，作为形成集团审计意见的基础

07 组成部分注册会计师（总原则：谁审谁就是）

含义	组成部分注册会计师：是指基于集团审计目的，按照集团项目组的要求，对组成部分财务信息执行相关工作的注册会计师
相关说明	基于集团审计目的，集团项目组成员可能按照集团项目组的工作要求，对组成部分财务信息执行相关工作。在这种情况下，该成员也是组成部分注册会计师（即使同一个事务所也应被视为组成部分注册会计师）

08 集团管理层和组成部分管理层

集团管理层：是指负责编制集团财务报表的管理层。

组成部分管理层：是指负责编制组成部分财务信息的管理层。

09 集团层面控制

集团层面控制：是指集团管理层设计、执行和维护的与集团财务报告相关的控制。

10 合并过程

合并过程，是指：

（1）通过合并、比例合并、权益法或成本法，在集团财务报表中对组成部分财务信息进行确认、计量、列报与披露；

（2）对没有母公司但处在同一控制下的各组成部分编制的财务信息进行汇总。

第二节 集团审计中的责任设定和注册会计师的目标

查看本节视频，快速 GET 知识点

使用“会计云课堂”App或“微信”扫码

01 集团审计中的责任设定（掌握）

1. 集团审计责任设定的两种模式

模式	含义	相关内容
第一种模式	（1）集团项目组对整个集团审计工作及审计意见负全部责任，这一责任不因利用组成部分注册会计师的工作而减轻 （2）组成部分注册会计师对组成部分财务信息执行相关工作，并对所有发现的问题、得出的结论或形成的意见负责（★★★）	为保证审计质量，审计准则规定采用第一种模式
第二种模式	集团项目组和组成部分注册会计师就各自执行的审计工作分别负责，集团项目组在执行集团审计时完全基于组成部分注册会计师的工作	

2. 提及组成部分注册会计师的相关规定：无特殊情况不应提及

总体原则	是否提及	注册会计师对集团财务报表出具的审计报告不应提及组成部分注册会计师，除非法律法规另有规定
	具体做法	如果法律法规要求在审计报告中提及组成部分注册会计师，审计报告应当指明，这种提及并不减轻集团项目合伙人及其所在的会计师事务所对集团审计意见承担的责任
特殊情形	如果因未能就组成部分财务信息获取充分、适当的审计证据，导致集团项目组在对集团财务报表出具的审计报告中发表非无保留意见，集团项目组需要在审计报告中“形成保留/否定/无法表示意见的基础”部分说明不能获取充分、适当审计证据的原因，此时不应提及组成部分注册会计师，除非法律法规另有规定，并且这样做对充分说明情况是必要的	

例题精讲

【例题 3·2014 年简答题改编】 ABC 会计师事务所负责审计甲集团公司2013 年度财务报表。集团项目组在审计工作底稿中记录了集团审计总结，部分内容摘录如下：

（6）庚公司为不重要的组成部分。因持续经营能力存在重大不确定性，组成部分注册会计师对庚公司出具了带“与持续经营相关的重大不确定性”段落的无保留意见审计报告。甲集团公司管理层认为该事项不会对集团财务报表产生重大影响。集团项目组同意甲集团公司管理层的判断，拟在无保留意见审计报告中增加其他事项段，提及组成部分注册会计师对庚公司出具的审计报告类型、日期和组成部分注册会计师名称。

要求：

针对上述第（6）项，指出集团项目组的做法是否恰当，并简要说明理由。

【答案】

事项序号	是否恰当（恰当/不恰当）	理由
（6）	不恰当	①不应在审计报告中提及组成部分注册会计师，除非法律法规另有规定 ②如果提及，应指明这种提及并不减轻甲集团公司审计项目合伙人及 ABC 会计师事务所对甲集团公司审计意见承担的责任

02 注册会计师的目标（简单了解）

（1）确定是否担任集团审计的注册会计师；

（2）如果担任集团审计的注册会计师，就组成部分注册会计师对组成部分财务信息执行工作的范围、时间安排和发现的问题，与组成部分注册会计师进行清晰的沟通。（沟通）

针对组成部分财务信息和合并过程，获取充分、适当的审计证据，以对集团财务报表是否在所有重大方面按照适用的财务报告编制基础编制发表审计意见。（获取证据）

第三节　集团审计业务的接受与保持

查看本节视频，快速 GET 知识点

使用“会计云课堂”App或“微信”扫码

01 在接受与保持阶段获取了解

（一）评估接受业务的前提基础（3 个前提基础）

（1）集团项目合伙人应当确定（★★）是否能够合理预期获取与合并过程和组成部分财务信息相关的充分、适当的审计证据，以作为形成集团审计意见的基础。

（2）集团项目组应当了解（★★）集团及其环境、集团组成部分及其环境，以足以识别可能的重要组成部分。

（3）如果组成部分注册会计师对重要组成部分财务信息执行相关工作，集团项目合伙人应当评价（★★）集团项目组参与组成部分注册会计师工作的程度是否足以获取充分、适当的审计证据。

（二）拟接受新业务的相关考虑

1. 了解的途径

如果是新业务，集团项目组可以通过下列途径了解集团及其环境、集团组成部分及其环境：（了解）

（1）集团管理层提供的信息；

（2）与集团管理层的沟通；

（3）如适用，与前任集团项目组、组成部分管理层或组成部分注册会计师的沟通。

2. 集团项目组可能需要对下列事项进行了解（简单了解）

（1）集团结构，包括法律意义上的结构和组织结构（即集团财务报告系统是如何组织的）；

（2）组成部分中对集团重要的业务活动，包括业务活动在何种行业状况、监管环境以及经济和政治环境下发生；

（3）对服务机构的利用，包括共享服务中心；

（4）对集团层面控制的描述；

（5）合并过程的复杂程度；

（6）是集团项目合伙人所在的会计师事务所还是网络以外的组成部分注册会计师对组成部分财务信息执行相关工作，以及集团管理层委托多家会计师事务所的理由；（自己审还是别人审？）

（7）集团项目组是否可以不受限制地接触集团治理层和管理层、组成部分治理层和管理层、组成部分信息和组成部分注册会计师（包括集团项目组需获取的相关审计工作底稿），以及是否可以对组成部分财务信息执行必要的工作。

（三）连续审计业务的相关考虑

如果是连续审计业务，集团项目组获取充分、适当的审计证据的能力可能受某些方面重大变化的影响，例如：（共 6 点）（关注“变化”）

（1）集团组织结构的变化（如发生收购、处置或重组，或集团财务报告系统的组织方式发生变化）；

（2）对集团具有重要影响的组成部分业务活动的变化；

（3）集团治理层、管理层或重要组成部分的关键管理人员在构成上的变化；

（4）对集团或组成部分管理层诚信和胜任能力的疑虑；

（5）集团层面控制的变化；

（6）适用的财务报告编制基础的变化。

02 审计范围受到限制

（1）如果集团项目合伙人认为由于集团管理层施加的限制，使集团项目组不能获取充分、适当的审计证据，由此产生的影响可能导致对集团财务报表发表无法表示意见，集团项目合伙人应当视具体情况采取下列措施：（达到“无法表示意见”的程度）

①如果是新业务，拒绝接受业务委托，如果是连续审计业务，在法律法规允许的情况下，解除业务约定；

②如果法律法规禁止注册会计师拒绝接受业务委托，或者注册会计师不能解除业务约定，在可能的范围内对集团财务报表实施审计，并对集团财务报表发表无法表示意见。

（2）即使接触信息受到限制，集团项目组仍有可能获取充分、适当的审计证据，然而这种可能性随着组成部分对集团重要程度的增加而降低。（共 2 点）

无法获取	如果集团管理层限制集团项目组或组成部分注册会计师接触重要组成部分的信息，则集团项目组将无法获取充分、适当的审计证据（限制重要的组成部分）
仍有可能获取	如果这类限制与不重要的组成部分有关，集团项目组仍有可能获取充分、适当的审计证据，但是受到限制的原因可能影响集团审计意见
教材举例	对于按权益法核算的组成部分，集团项目组无法接触组成部分的治理层、管理层或注册会计师（包括集团项目组需要获取的相关审计工作底稿），在这种情况下：（分 2 种情况） （1）如果该组成部分不是重要组成部分，且集团项目组拥有其整套财务报表和审计报告，并能够接触集团管理层拥有的与该组成部分相关的信息，则集团项目组可能认为这些信息已构成与该组成部分相关的充分、适当的审计证据 （2）如果该组成部分是重要组成部分，集团项目组就无法遵守审计准则中与集团审计相关的要求（例如无法参与组成部分注册会计师的工作），因此集团项目组无法获取与该组成部分相关的充分、适当的审计证据

例题精讲

【例题 4·2016 年简答题】 ABC 会计师事务所的 A 注册会计师负责审计甲集团公司 2015 年度财务报表。与集团审计相关的部分事项如下：

（4）联营公司戊公司为重要组成部分。因无法接触戊公司的管理层和注册会计师，A 注册会计师取得了戊公司 2015 年度财务报表和审计报告，甲集团公司管理层拥有的戊公司财务信息及作出的与戊公司财务信息有关的书面声明，认为这些信息已构成与戊公司相关的充分、适当的审计证据。

要求：

针对上述第（4）项，指出 A 注册会计师的做法是否恰当。如不恰当，简要说明理由。

【答案】

事项序号	是否恰当（恰当/不恰当）	理由
（4）	不恰当	戊公司为重要组成部分，A 注册会计师取得的这些信息不能构成与戊公司相关的充分、适当的审计证据

【例题 5·2014 年综合题】 上市公司甲集团公司是 ABC 会计师事务所的常年审计客户，A 注册会计师负责审计甲集团公司 2013 年度财务报表。

资料一：

甲集团公司拥有一家联营企业，与集团审计相关的部分信息摘录如下：

组成部分	组成部分类型	执行工作的类型	组成部分注册会计师
持有 20%股权的联营企业丙公司	不重要	集团层面分析程序	不适用

资料五：

A 注册会计师在审计工作底稿中记录了评估错报及处理重大事项的情况，部分内容摘录如下：

（1）丙公司的控股股东拒绝 A 注册会计师接触丙公司的治理层、管理层和注册会计师。A 注册会计师获取了甲集团公司管理层拥有的丙公司财务报表、审计报告及与丙公司相关的信息，在集团层面实施了分析程序，未发现异常，决定不再对丙公司财务信息执行进一步工作。

要求：

针对资料五第（1）项，结合资料一，假定不考虑其他条件，指出 A 注册会计师的处理是否恰当。如不恰当，提出改进建议。

【答案】

事项序号	是否恰当（是/否）	改进建议
（1）	是	—

03 业务约定条款（略）

第四节　了解集团及其环境、集团组成部分及其环境

查看本节视频，快速 GET 知识点

使用“会计云课堂”App或“微信”扫码

了解的目的	在集团审计中，集团项目组应当对集团及其环境、集团组成部分及其环境获取充分的了解，以足以： 1. 确认或修正最初识别的重要组成部分 2. 评估由于舞弊或错误导致集团财务报表发生重大错报的风险
集团项目组的相关工作	集团项目组应当： 1. 在业务接受或保持阶段获取信息的基础上，进一步了解集团及其环境、集团组成部分及其环境，包括集团层面控制 2. 了解合并过程，包括集团管理层向组成部分下达的指令

01 集团管理层下达的指令

实现目的	为实现财务信息的一致性和可比性，集团管理层通常对组成部分下达指令
表现形式	这些指令具体说明了对包括在集团财务报表中的组成部分财务信息的要求，通常采用财务报告程序手册和报告文件包的形式

指令内容	集团管理层下达的指令通常包括：（共3点，简单了解） 1. 运用的会计政策 2. 适用于集团财务报表的法定和其他披露要求，包括分部的确定和报告、关联方关系及其交易、集团内部交易、未实现内部交易损益以及集团内部往来余额 3. 报告的时间要求
了解指令	集团项目组对指令的了解可能包括下列方面：（共5点，简单了解） 1. 就完成报告文件包而言，指令是否清晰、实用 2. 指令是否充分说明了适用的财务报告编制基础的特点 3. 指令是否规定了为遵守适用的财务报告编制基础的要求而需要充分披露的事项（如关联方关系及其交易和分部信息的披露） 4. 指令是否规定了如何确定合并调整事项（如集团内部交易、未实现内部交易损益和集团内部往来余额） 5. 指令是否规定了组成部分管理层对财务信息的批准程序

02 舞弊

用以识别由于舞弊导致的集团财务报表重大错报风险所需的信息可能包括：（共5点）

（1）集团管理层对集团财务报表可能存在由于舞弊导致的重大错报风险的评估；

（2）集团管理层对集团舞弊风险的识别和应对过程，包括集团管理层识别出的任何特定舞弊风险，或可能存在舞弊风险的账户余额、某类交易或披露；

（3）是否有特定组成部分可能存在舞弊风险；

（4）集团治理层如何监督集团管理层识别和应对集团舞弊风险的过程，以及集团管理层为降低集团舞弊风险而建立的控制；

（5）就集团项目组对是否知悉任何影响组成部分或集团的舞弊事实、舞弊嫌疑或舞弊指控的询问，集团治理层、管理层和内部审计人员（如适用，还包括组成部分管理层、组成部分注册会计师和其他人员）作出的答复。

03 集团项目组成员和组成部分注册会计师对集团财务报表重大错报风险（包括舞弊风险）的讨论

1. 在集团审计中，参与讨论的成员包括：

应当	项目组关键成员
可能	组成部分注册会计师

2. 集团项目合伙人对参与讨论的项目组成员、讨论的方式、时间和内容的确定，受多项因素的影响

3. 讨论可以提供下列机会（共9条，简单了解）

（1）分享对组成部分及其环境的了解，包括对集团层面控制的了解。

（2）交流有关组成部分或集团的经营风险的信息。

（3）交流对下列有关舞弊问题的看法：

①集团财务报表可能如何以及在何处易于发生由于舞弊或错误导致的重大错报；

②集团管理层和组成部分管理层如何编制并隐瞒虚假财务报告；

③组成部分的资产可能如何被侵占。

（4）识别集团管理层或组成部分管理层可能倾向或有意操纵利润导致虚假财务报告而采取的惯常手段。

（5）考虑已知的、对集团产生影响的外部和内部因素。

（6）考虑集团或组成部分管理层可能凌驾于控制之上的风险。

（7）考虑是否基于集团财务报表编制目的而采用统一的会计政策编制组成部分财务信息，如果未采用统一的会计政策，如何识别和调整会计政策差异。

（8）讨论识别出的组成部分的舞弊，或显示组成部分存在舞弊的信息。

（9）分享可能显示违反法律法规的信息（如有关商业贿赂或不适当的转移定价的信息）。

04 风险评估

（1）集团项目组可以基于下列信息，在集团层面评估集团财务报表重大错报风险（★★★ 2个方面）：

①在了解集团及其环境、集团组成部分及其环境和合并过程时获取的信息，包括在评价集团层面控制以及与合并过程相关的控制的设计和执行时获取的审计证据；

②从组成部分注册会计师获取的信息。

（2）确定接受委托后，集团项目组应当按照审计准则的规定制定集团总体审计策略和具体审计计划。

集团项目合伙人应当复核集团总体审计策略和具体审计计划。

第五节 了解组成部分注册会计师

查看本节视频，快速 GET 知识点

使用“会计云课堂”App或“微信”扫码

01 基本原则

应当了解	1. 只有当基于集团审计目的，计划要求由组成部分注册会计师执行组成部分财务信息的相关工作时，集团项目组才需要了解组成部分注册会计师（★★★不是任何情况都必须了解） 2. 如果计划要求组成部分注册会计师执行组成部分财务信息的相关工作，集团项目组应当了解下列事项：（共4点） （1）组成部分注册会计师是否了解并将遵守与集团审计相关的职业道德要求，特别是独立性要求 （2）组成部分注册会计师是否具备专业胜任能力 （3）集团项目组参与组成部分注册会计师工作的程度是否足以获取充分、适当的审计证据 （4）组成部分注册会计师是否处于积极的监管环境中

例题精讲

【例题6·2021年简答题】 ABC会计师事务所的A注册会计师负责审计甲集团公司2020年度财务报表。与集团审计相关的部分事项如下：

（4）A注册会计师对负责境外重要子公司丙公司审计的组成部分注册会计师进行了了解，认为该组成部分注册会计师了解并能够遵守与集团审计相关的职业道德要求，具有胜任能力，所在地区监管环境严格，据此认为可以利用该组成部分注册会计师的工作。

要求：

针对上述第（4）项，指出A注册会计师的做法是否恰当。如不恰当，简要说明理由。

【答案】

事项序号	是否恰当（恰当/不恰当）	理由
（4）	不恰当	还应了解集团项目组参与组成部分注册会计师工作的程度是否足以获取充分、适当的审计证据

02 组成部分注册会计师的专业胜任能力

集团项目组对组成部分注册会计师的专业胜任能力的了解可能包括下列方面：（3个问题）

3个方面	了解内容
审计准则	组成部分注册会计师是否对适用于集团审计的审计准则和其他职业准则有充分的了解，以足以履行其在集团审计中的责任（了解准则吗？）
专门技能	组成部分注册会计师是否拥有对特定组成部分财务信息执行相关工作所必需的专门技能（如行业专门知识）（有专门技能吗？）
编制基础	如果相关，组成部分注册会计师是否对适用的财务报告编制基础（集团管理层向组成部分下达的指令，通常说明适用的财务报告编制基础的特征）有充分的了解，以足以履行其在集团审计中的责任（了解编制基础吗？）

03 利用对组成部分注册会计师的了解

1. 集团项目组应当就组成部分财务信息亲自获取充分、适当的审计证据，而不应要求组成部分注册会计师对组成部分财务信息执行相关工作的情形（★★亲自出马）

（1）组成部分注册会计师不符合与集团审计相关的独立性要求；

（2）集团项目组对下列事项存有重大疑虑：

①组成部分注册会计师是否了解并将遵守与集团审计相关的职业道德要求；

②组成部分注册会计师是否具备专业胜任能力；

③集团项目组参与组成部分注册会计师工作的程度是否足以获取充分、适当的审计证据。

2. 确定集团项目组能否通过以下工作来消除疑虑：（★★3 个方面）

（1）参与组成部分注册会计师的工作；

（2）实施追加的风险评估程序；

（3）对组成部分财务信息实施进一步审计程序。

其中：

（1）如果组成部分注册会计师不符合与集团审计相关的独立性要求，则不能通过实施上述工作消除影响。

（2）如果对组成部分注册会计师的专业胜任能力并非重大疑虑（★★）或未处于积极有效的监管环境中的影响，则可消除影响。

例题精讲

【例题 7 · 2018 年单选题】 在审计集团财务报表时，下列情形中，导致集团项目组无法利用组成部分注册会计师工作的是（　　）。

A. 组成部分注册会计师未处于积极有效的监管环境中

B. 组成部分注册会计师不符合与集团审计相关的独立性要求

C. 集团项目组对组成部分注册会计师的专业胜任能力存有并非重大的疑虑

D. 组成部分注册会计师无法向集团项目组提供所有审计工作底稿

【解析】 如果组成部分注册会计师不符合与集团审计相关的独立性要求，集团项目组不能通过参与组成部分注册会计师的工作、实施追加的风险评估程序或对组成部分财务信息实施进一步审计程序，以消除组成部分注册会计师不具有独立性的影响（选项 B 属于无法利用组成部分注册会计师的工作）。

【答案】 B

【例题 8 · 2015 年单选题】 在了解组成部分注册会计师后，下列情形中，集团项目组可以采取措施消除其疑虑或影响的是（　　）。

A. 组成部分注册会计师不符合与集团审计相关的独立性要求

B. 集团项目组对组成部分注册会计师的专业胜任能力存有重大疑虑

C. 集团项目组对组成部分注册会计师的职业道德存有重大疑虑

D. 组成部分注册会计师未处于积极有效的监管环境中

【解析】 集团项目组能否通过参与组成部分注册会计师的工作，实施追加的风险评估程序或对组成部分财务信息实施进一步审计程序来消除疑虑？

①如果组成部分的注册会计师不符合与集团审计相关的独立性要求，则不能消除此影响。

②如果对组成部分注册会计师的专业胜任能力并非重大疑虑或未处于积极有效的监管环境中的影响，则可消除此影响。

【答案】 D

查看本节视频，快速GET知识点
使用“会计云课堂”App或“微信”扫码

第六节 重要性

01 集团财务报表整体的重要性

在制定集团总体审计策略时，集团项目组确定集团财务报表整体的重要性。

02 适用于特定类别的交易、账户余额或披露的一个或多个重要性水平

总体要求：低于集团财务报表整体的重要性。

03 组成部分重要性

（1）如果组成部分注册会计师对组成部分财务信息实施审计或审阅，集团项目组（★★）应当基于集团审计目的，为这些组成部分确定组成部分重要性。

（2）为将未更正和未发现错报的汇总数超过集团财务报表整体的重要性的可能性降至适当的低水平，集团项目组（★★）应当将组成部分重要性设定为低于集团财务报表整体的重要性。

（3）针对不同的组成部分确定的重要性可能有所不同。

（4）在确定组成部分重要性时，无须采用将集团财务报表整体重要性按比例分配的方式，因此，对不同组成部分确定的重要性的汇总数，有可能高于集团财务报表整体重要性。

（5）在制定组成部分总体审计策略时，需要使用组成部分的重要性。

（6）在审计组成部分财务信息时，a. 组成部分注册会计师（或b. 集团项目组）需要确定组成部分层面的实际执行的重要性。（★★★★2个都有可能）

（7）如果基于集团审计目的，由组成部分注册会计师对组成部分财务信息执行审计工作，集团项目组应当评价在组成部分层面确定的实际执行的重要性的适当性。

例题精讲

【例题9·2021年简答题】ABC会计师事务所的A注册会计师负责审计甲集团公司2020年度财务报表。与集团审计相关的部分事项如下：

（1）在确定组成部分重要性时，A注册会计师将集团财务报表整体的重要性乘以一定倍数，作为组成部分重要性的汇总数，按照组成部分的规模在各组成部分之间进行分配，并确保单个组成部分重要性不超过集团财务报表整体的重要性。

要求：

针对上述第（1）项，指出A注册会计师的做法是否恰当。如不恰当，简要说明理由。

【答案】

事项序号	是否恰当（恰当/不恰当）	理由
（1）	不恰当	组成部分重要性应低于集团财务报表整体的重要性

【例题 10 · 2020 年单选题】对于集团财务报表审计，下列有关组成部分重要性的说法中，错误的是（　　）。

A. 不同组成部分的组成部分重要性可以相同

B. 集团项目组应当评价组成部分注册会计师确定的组成部分重要性是否适当

C. 并非所有组成部分都需要组成部分重要性

D. 组成部分重要性应当小于集团财务报表整体的重要性

【解析】如果组成部分注册会计师对组成部分财务信息实施审计或审阅，集团项目组应当基于集团审计目的，为这些组成部分确定组成部分重要性（选项 B 错误）。

【答案】B

【例题 11 · 2019 年简答题】ABC 会计师事务所的 A 注册会计师负责审计甲集团公司 2018 年度财务报表。与集团审计相关的部分事项如下：

（4）A 注册会计师评估认为重要组成部分丙公司的组成部分注册会计师具备专业胜任能力，复核后认可了其确定的组成部分重要性和组成部分实际执行的重要性。

要求：

针对上述第（4）项，指出 A 注册会计师的做法是否恰当。如不恰当，简要说明理由。

【答案】

事项序号	是否恰当（恰当/不恰当）	理由
（4）	不恰当	应当由集团项目组确定组成部分重要性

【例题 12 · 2018 年单选题】对于集团财务报表审计，下列有关组成部分重要性的说法中，错误的是（　　）。

A. 组成部分重要性应当由集团项目组确定

B. 组成部分重要性应当小于集团财务报表整体的重要性

C. 不重要的组成部分无需确定组成部分重要性

D. 不同组成部分的组成部分重要性可能不同

【解析】如果对不重要的组成部分实施审计或审阅，集团项目组也需要为这些不重要的组成部分确定重要性，选项 C 错误。

【答案】C

【例题 13 · 2017 年多选题】在审计集团财务报表时，下列有关组成部分重要性的说法中，正确的有（　　）。

A. 组成部分重要性的汇总数不能高于集团财务报表整体的重要性

B. 集团项目组应当将组成部分重要性设定为低于集团财务报表整体的重要性

C. 组成部分重要性应当由集团项目组确定

D. 集团项目组应当为所有组成部分确定组成部分重要性

【解析】在确定组成部分重要性时，无须采用将集团财务报表整体重要性按比例分配的方式，因此，对不同组成部分确定的重要性的汇总数，有可能高于集团财务报表整体重要性，选项 A 不正确；为将未更正和未发现错报的汇总数超过集团财务报表整体的重要性的可能性降至适当的低水平，集团项目组应当将组成部分重要性设定为低于集团财务报表整体的重要性，选项 B 正确；如果组成部分注册会计师对组成部分财务信息实施审计或审阅，集团项目组应当基于集团审计目的，为这些组成部分确定组成部分重要性，选项 C 正确；所有一词过于绝对，如果集团项目组仅计划对不重要的组成部分在集团层面实施分析程序，那么无须为其确定重要性，选项 D 不正确。

【答案】BC

【例题 14 · 2015 年多选题】下列各项中，集团项目组应当确定的有（　　）。

A. 集团财务报表明显微小错报的临界值　　B. 组成部分重要性

C. 组成部分实际执行的重要性　　D. 集团财务报表实际执行的重要性

【解析】组成部分实际执行的重要性应当由集团项目组或组成部分注册会计师确定，选项 C 错误。

【答案】ABD

【例题 15 · 2013 年单选题】下列有关组成部分重要性的说法中，错误的是（　　）。

A. 组成部分重要性的汇总数可以高于集团财务报表整体的重要性

B. 组成部分重要性可以由集团项目组或组成部分注册会计师确定

C. 如果仅计划在集团层面对某组成部分实施分析程序，无需为该组成部分确定重要性

D. 集团财务报表整体的重要性应当高于组成部分重要性

【解析】如果组成部分注册会计师对组成部分财务信息实施审计或审阅，基于集团审计目的，集团项目组为这些组成部分确定组成部分重要性，选项 B 错误。

【答案】B

【例题 16 · 2012 年简答题】甲集团公司拥有乙公司等 6 家全资子公司。ABC 会计师事务所负责审计甲集团公司 2011 年度财务报表，确定甲集团公司合并财务报表整体的重要性为 500 万元。集团项目组在审计工作底稿中记录了集团审计策略，部分内容摘录如下：

组成部分	(1)	(2)	(3)	(4)	
	是否为重要组成部分（是/否）	是否由其他会计师事务所执行相关工作（是/否）	拟执行工作的类型	组成部分重要性	说明
乙公司	是	否	审计	500 万元	确定该组成部分实际执行的重要性为 300 万元
丙公司	是	是	审计	200 万元	该组成部分实际执行的重要性由其他会计师事务所自行确定，无需评价

组成部分	(1)	(2)	(3)	(4)	
	是否为重要组成部分（是/否）	是否由其他会计师事务所执行相关工作（是/否）	拟执行工作的类型	组成部分重要性	说明
丁公司	是	是	审计	100 万元	确定该组成部分实际执行的重要性为 60 万元
戊公司	否	否	审阅	不适用	执行审阅工作，无须确定组成部分重要性
戊公司	否	否	集团层面分析程序	不适用	执行集团层面分析程序，无需确定组成部分重要性
庚公司	否	否	审计	400 万元	确定该组成部分实际执行的重要性为 240 万元

要求：

假定不考虑其他条件，结合上表中第（1）、（2）和（3）列，分别指出第（4）列所列内容是否恰当。如不恰当，简要说明理由。

【答案】

组成部分	是否恰当（是/否）	理由
乙公司	否	组成部分重要性应当低于集团财务报表整体的重要性
丙公司	否	如果实际执行的重要性由组成部分注册会计师确定，集团项目组应当评价其适当性
丁公司	是	—
戊公司	否	如果对组成部分财务信息执行审阅，应当确定组成部分重要性
戊公司	是	—
庚公司	是	—

04 明显微小错报的临界值

（1）注册会计师需要设定临界值，不能将超过该临界值的错报视为对集团财务报表明显微小的错报。

（2）组成部分注册会计师需要将在组成部分财务信息中识别出的超过临界值的错报通报给集团项目组。

【补充内容】集团项目组应当确定的内容：

（1）集团财务报表整体的重要性；（包括：计划、实际执行）

（2）特定类别的交易、账户余额或披露的重要性水平；（包括：计划、实际执行）

（3）组成部分重要性；（计划——应当确定、实际执行——两种可能）

（4）集团财务报表明显微小错报的临界值。

例题精讲

【例题 17 · 2019 年简答题】ABC 会计师事务所的 A 注册会计师负责审计甲集团公司2018年度财务报表。与集团审计相关的部分事项如下：

（5）A 注册会计师要求所有组成部分注册会计师汇报组成部分的控制缺陷和超过组成部分实际执行重要性的未更正错报，将其与集团层面的控制缺陷和未更正错报汇总评估后认为：甲集团公司不存在值得关注的内部控制缺陷，集团财务报表不存在重大错报。

要求：

针对上述第（5）项，指出 A 注册会计师的做法是否恰当。如不恰当，简要说明理由。

【答案】

事项序号	是否恰当（恰当/不恰当）	理由
（5）	不恰当	应当要求组成部分注册会计师汇报超过集团层面明显微小错报临界值的错报

查看本节视频，快速 GET 知识点
使用“会计云课堂”App 或“微信”扫码

第七节　针对评估的风险采取的应对措施

01 总体思路

基本原则	在集团审计中，对于组成部分财务信息，集团项目组应当： （1）确定由其亲自执行还是由组成部分注册会计师代为执行的相关工作类型 （2）确定参与组成部分注册会计师工作的性质、时间安排和范围
影响因素	集团项目组确定对组成部分财务信息拟执行工作的类型以及参与组成部分注册会计师工作的程度，受下列因素影响：（★★重点掌握） （1）组成部分的重要程度（越重要的，越可能亲自执行） （2）识别出的可能导致集团财务报表发生重大错报的特别风险 （3）对集团层面控制的设计的评价，以及其是否得到执行的判断 （4）集团项目组对组成部分注册会计师的了解
控制测试	在确定对合并过程或组成部分财务信息拟执行的工作的性质、时间安排和范围时，如果预期集团层面控制运行有效，或者仅实施实质性程序不能提供认定层次的充分、适当的审计证据，集团项目组应当测试集团层面控制运行的有效性。如果组成部分执行了集团层面控制，集团项目组可以要求组成部分注册会计师代为测试这些控制运行的有效性（必须做控制测试的情形：亲自执行、代为执行）

例题精讲

【例题 18 · 2020 年多选题】对于集团财务报表审计，下列各项因素中，集团项目组在确定对组成部分财务信息拟执行的工作类型以及参与组成部分注册会计师工作的程度时，需要考虑的有（　　）。

A. 是否识别出可能导致集团财务报表发生重大错报的特别风险

B. 对集团层面控制的设计的评价，以及其是否得到执行的判断

C. 集团项目组对组成部分注册会计师的了解

D. 组成部分的重要程度

【解析】集团项目组确定对组成部分财务信息拟执行工作的类型以及参与组成部分注册会计师工作的程度，受下列因素影响：(1) 组成部分的重要程度（选项 D）；(2) 识别出的可能导致集团财务报表发生重大错报的特别风险（选项 A）；(3) 对集团层面控制的设计的评价，以及其是否得到执行的判断（选项 B）；(4) 集团项目组对组成部分注册会计师的了解（选项 C）。

【答案】ABCD

02 对重要组成部分、不重要组成部分所需执行的工作

对重要组成部分需执行的工作	对不重要的组成部分所需执行的工作
1. 基本原则：(2 种情况) (1) 对于具有财务重大性的单个组成部分，集团项目组或代表集团项目组的组成部分注册会计师应当运用该组成部分的重要性，对组成部分财务信息实施审计(财务信息审计) (2) 对由于组成部分财务信息特定性质或情况，可能存在导致集团财务报表发生重大错报的特别风险的重要组成部分，集团项目组或代表集团项目组的组成部分注册会计师应当执行下列一项或多项工作：(共 3 点) ①使用组成部分重要性对组成部分财务信息实施审计（财务信息审计） ②针对与可能导致集团财务报表发生重大错报的特别风险相关的一个或多个账户余额、一类或多类交易或披露事项实施审计（比较好识别、特定项目审计） ③针对可能导致集团财务报表发生重大错报的特别风险实施特定的审计程序(如：存货过时—存货计价测试)（特定审计程序） 2. 如果集团项目组要求组成部分注册会计师仅针对一个或多个账户余额、一类或多类交易或披露实施审计，在与组成部分注册会计师沟通时，集团项目组需要考虑多数财务报表项目是相互关联的这一事实	集团项目组应当在集团层面实施分析程序(集团层面分析程序)

富富有提示

根据业务的具体情况，集团项目组可以将组成部分财务信息在不同层面进行汇总，用以实施分析程序。(如：2015 年考题，40 家零售企业，每一个都不重要，但汇总所占比例大)

实施分析程序的结果，可以佐证集团项目组得出的结论，即汇总的不重要的组成部分的财务信息不存在特别风险。

例题精讲

【例题19·2021年简答题】ABC会计师事务所的A注册会计师负责审计甲集团公司2020年度财务报表。与集团审计相关的部分事项如下：

（2）在对所有不重要组成部分的汇总财务信息实施集团层面分析程序后，A注册会计师从中选取一些组成部分，对这些组成部分的汇总财务信息实施了审阅。

要求：

针对上述第（2）项，指出A注册会计师的做法是否恰当。如不恰当，简要说明理由。

【答案】

事项序号	是否恰当（恰当/不恰当）	理由
（2）	不恰当	应当对各组成部分财务信息单独实施审阅

【例题20·2020年单选题】对于集团财务报表审计，下列工作类型中，不适用于重要组成部分的是（　　）。

A. 使用组成部分重要性对组成部分财务信息实施审阅

B. 对一个或多个账户余额、一类或多类交易或披露实施审计

C. 使用组成部分重要性对组成部分财务信息实施审计

D. 实施特定的审计程序

【解析】对由于其特定性质或情况，可能存在导致集团财务报表发生重大错报的特别风险的重要组成部分，集团项目组或代表集团项目组的组成部分注册会计师应当执行下列一项或多项工作：（1）使用组成部分重要性对组成部分财务信息实施审计（选项C）；（2）针对与可能导致集团财务报表发生重大错报的特别风险相关的一个或多个账户余额、一类或多类交易或披露事项实施审计（选项B）；（3）针对可能导致集团财务报表发生重大错报的特别风险实施特定的审计程序（选项D）。

【答案】A

【例题21·2019年简答题】ABC会计师事务所的A注册会计师负责审计甲集团公司2018年度财务报表。与集团审计相关的部分事项如下：

（2）乙公司为重要组成部分，各项主要财务指标均占集团财务报表相关财务指标的50%以上。A注册会计师亲自担任组成部分注册会计师，选取乙公司财务报表中所有金额超过组成部分重要性的项目执行了审计工作，结果满意。

（3）A注册会计师对不重要组成部分的财务报表执行了集团层面分析程序，并对这些组成部分的年末银行存款、借款和与金融机构往来的其他信息实施了函证程序，结果满意。

要求：

针对上述事项，逐项指出A注册会计师的做法是否恰当。如不恰当，简要说明理由。

【答案】

事项序号	是否恰当（恰当/不恰当）	理由
（2）	不恰当	乙公司是具有财务重大性的重要组成部分，应当对乙公司财务信息执行审计
（3）	恰当	—

【例题22·2017年多选题】在审计集团财务报表时，下列各项工作中，应当由集团项目组执行的有（　　）。

A. 了解合并过程

B. 对重要组成部分实施风险评估程序

C. 对不重要的组成部分在集团层面实施分析程序

D. 确定对组成部分执行的工作类型

【解析】集团项目组应当了解集团层面的控制和合并过程，包括集团管理层向组成部分下达的指令，选项A正确；如果组成部分注册会计师对重要组成部分财务信息执行审计，集团项目组应当参与组成部分注册会计师实施的风险评估程序，以识别可能导致集团财务报表发生重大错报的特别风险，是参与，而非实施，选项B不正确；对于不重要的组成部分，集团项目组应当在集团层面实施分析程序，选项C正确；集团项目组确定对组成部分财务信息拟执行工作的类型以及参与组成部分注册会计师工作的程度，选项D正确。

【答案】ACD

【例题23·2015年综合题】甲集团公司是ABC会计师事务所的常年审计客户，主要从事化妆品生产、批发和零售。A注册会计师负责审计甲集团公司2014年度财务报表，确定集团财务报表整体的重要性为600万元。

资料一：

A注册会计师在审计工作底稿中记录了审计计划，部分内容摘录如下：

（1）子公司乙公司从事新产品研发，2014年度新增无形资产1000万元，为自行研发的产品专利，A注册会计师拟仅针对乙公司的研发支出实施审计程序。

（2）子公司丙公司负责生产，产品全部在集团内销售。A注册会计师认为丙公司的成本核算存在可能导致集团财务报表发生重大错报的特别风险，拟仅针对与成本核算相关的财务报表项目实施审计。

（3）甲集团公司的零售收入来自40家子公司，每家子公司的主要财务报表项目金额占集团的比例均低于1%。A注册会计师认为这些子公司均不重要，拟实施集团层面分析程序。

（4）DEF会计师事务所作为组成部分注册会计师负责审计联营企业丁公司的财务信息，其审计项目组按丁公司利润总额的3%确定组成部分重要性为300万元，实际执行的重要性为150万元。

（5）子公司戊公司负责甲集团公司主要原材料的进口业务，通过外汇掉期交易管理外汇风险，A注册会计师拟使用50万元的组成部分重要性对戊公司财务信息实施审阅。

资料二：

A注册会计师在审计工作底稿中记录了甲集团公司财务数据，部分内容摘录如下：

金额单位：万元

集团/组成部分	2014年（未审数）		
	资产总额	营业收入	利润总额
甲集团公司（合并）	80000	60000 其中：批发收入38000 零售收入20000 其他2000	12000
乙公司	1900	200	(300)
丙公司	60000	40000	8000
丁公司	20000	50000	10000
戊公司	2000	200	50

要求：

针对资料一第（1）至（5）项，结合资料二，假定不考虑其他条件，逐项指出资料一所列审计计划是否恰当。如不恰当，简要说明理由。

【答案】

事项序号	是否恰当（是/否）	理由
(1)	是	—
(2)	否	丙公司是具有财务重大性的重要组成部分，应当对丙公司的财务信息实施审计
(3)	否	零售收入占集团营业收入的三分之一/金额重大，对这40家子公司仅在集团层面实施分析程序不足够
(4)	否	组成部分重要性应当由集团项目组确定
(5)	否	戊公司的业务涉及外汇掉期业务，属于可能存在导致集团财务报表发生重大错报的特别风险的重要组成部分，应当实施审计/审计程序

【例题24·2011年简答题】 ABC会计师事务所负责审计D集团公司2010年度财务报表，并委派A注册会计师担任审计项目合伙人。D集团公司属于家电制造行业，共有4家全资子公司，各子公司的相关资料摘录如下：

公司名称	主营业务	资产总额在集团中所占的份额	营业收入在集团中所占的份额	利润总额在集团中所占的份额	说明
E公司	彩电	80%	50%	78%	(1)
F公司	冰箱	5%	5%	6%	(2)
G公司	洗衣机	5%	40%	5%	(3)

公司名称	主营业务	资产总额在集团中所占的份额	营业收入在集团中所占的份额	利润总额在集团中所占的份额	说明
H 公司	集团产品的出口销售	5%	5%	4%	(4)

说明：
(1) E 公司的业务和财务状况稳定
(2) F 公司从事的业务刚刚开始两年，规模较小，财务状况较为稳定
(3) 为拓展市场，G 公司向部分主要客户提供特殊退货安排
(4) H 公司从事了若干远期外汇合同交易，以管理 2010 年度外汇汇率持续波动的风险

要求：

(1) 假定在确定某子公司对集团而言是否具有财务重大性时，A 注册会计师采用资产总额、营业收入和利润总额为基准，代 A 注册会计师确定哪些子公司为集团审计中重要组成部分，哪些子公司为非重要组成部分，并简要说明理由。

(2) 针对确定的重要组成部分，简要说明 A 注册会计师执行工作的类型。

(3) 针对确定的非重要组成部分，简要说明 A 注册会计师执行工作的类型。

【答案】

(1) 区分重要组成部分和不重要组成部分。

重要组成部分包括：E 公司、G 公司、H 公司。

①E 公司为重要组成部分，是由于其资产总额、利润总额和营业收入在集团中所占比例较大，对集团具有财务重大性；

②G 公司为重要组成部分，这是由于其营业收入在集团中所占份额较大，对集团具有财务重大性，并且由于特殊的退货安排，使得 G 公司在收入确认方面存在着可能导致集团财务报表发生重大错报的特别风险；

③H 公司为重要组成部分，这是由于 2010 年外汇汇率持续变动，H 公司从事的远期外汇合同交易存在可能导致集团财务报表发生重大错报的特别风险。

不重要的组成部分包括：F 公司，这是由于其资产总额、利润总额和营业收入在集团中所占比例均较低，且其财务状况比较稳定。

(2) 对重要组成部分执行的工作类型：

①A 注册会计师应当对 E 公司和 G 公司运用组成部分重要性对组成部分财务信息实施审计；

②A 注册会计师应当针对 H 公司受到远期外汇合同交易影响而存在特别风险的账户余额和披露实施特定审计程序。

(3) 对不重要组成部分执行的工作类型：在集团层面实施分析程序。

03 已执行的工作仍不能提供充分、适当审计证据时的处理

如果已执行的工作仍不能提供充分、适当的审计证据，集团项目组应当选择某些不重要的组成部分（重要的都审计了），并对已选择的组成部分财务信息执行或要求组成部分注册会计

师执行下列一项或多项工作：（共 4 点）

（1）使用组成部分重要性对组成部分财务信息实施审计；（财务信息审计）

（2）对一个或多个账户余额、一类或多类交易或披露实施审计；（特定项目审计）

（3）使用组成部分重要性对组成部分财务信息实施审阅；（财务信息审阅）

（4）实施特定程序。（特定审计程序）

富富有提示

集团项目组应当在一段时间之后更换所选择的组成部分。

04 参与组成部分注册会计师的工作

（1）如果组成部分注册会计师对重要组成部分财务信息执行审计，集团项目组应当参与组成部分注册会计师实施的风险评估程序，以识别可能导致集团财务报表发生重大错报的特别风险。（代为审计，一定要参与风险评估程序，目的：识别特别风险）

（2）集团项目组参与的性质、时间安排和范围受其对组成部分注册会计师所了解情况的影响，但至少应当包括：（共 3 点）（★★必须做）

①与组成部分注册会计师或组成部分管理层讨论对集团而言重要的组成部分业务活动；

②与组成部分注册会计师讨论由于舞弊或错误导致组成部分财务信息发生重大错报的可能性；

③复核组成部分注册会计师对识别出的可能导致集团财务报表发生重大错报的特别风险形成的审计工作底稿。

审计工作底稿可以采用备忘录的形式，反映组成部分注册会计师针对识别出的特别风险得出的结论。

（3）如果在由组成部分注册会计师执行相关工作的组成部分内，识别出可能导致集团财务报表发生重大错报的特别风险，集团项目组：（★★）

应当	应当评价针对识别出的特别风险拟实施的进一步审计程序的恰当性
可以	根据对组成部分注册会计师的了解，集团项目组应当确定是否有必要参与进一步审计程序（★★不是必须参与）

（4）可能影响集团项目组参与组成部分注册会计师的工作的因素主要有：（3 方面）

①组成部分的重要程度。

②识别出的可能导致集团财务报表发生重大错报的特别风险。

③集团项目组对组成部分注册会计师的了解。

（5）如果组成部分是不重要的组成部分，集团项目组参与组成部分注册会计师工作的性质、时间安排和范围，将根据集团项目组对组成部分注册会计师的了解的不同而不同。而该组成部分不是重要组成部分这一事实，成为次要考虑的因素。（首先：了解吗？再考虑：重要吗？）

（6）集团项目组参与组成部分注册会计师工作的方式，可能取决于集团项目组对组成部分注册会计师的了解。

这些方式可能还包括：（★★重点掌握，共6点）

①与组成部分管理层或组成部分注册会计师会谈，获取对组成部分及其环境的了解；

②复核组成部分注册会计师的总体审计策略和具体审计计划；

③实施风险评估程序，识别和评估组成部分层面的重大错报风险。集团项目组可以单独或与组成部分注册会计师共同实施这类程序；（★★★）

④设计和实施进一步审计程序。集团项目组可以单独或与组成部分注册会计师共同设计和实施这类程序；（★★★）

⑤参加组成部分注册会计师与组成部分管理层的总结会议和其他重要会议；

⑥复核组成部分注册会计师的审计工作底稿的其他相关部分。

例题精讲

【例题25·2021年简答题】 ABC会计师事务所的A注册会计师负责审计甲集团公司2020年度财务报表。与集团审计相关的部分事项如下：

（3）子公司乙公司存在可能导致集团财务报表发生重大错报的特别风险。A注册会计师评价后认为，组成部分注册会计师拟实施的进一步审计程序是恰当的。因该组成部分注册会计师具有足够的胜任能力，A注册会计师未参与其实施的进一步审计程序。

要求：

针对上述第（3）项，指出A注册会计师的做法是否恰当。如不恰当，简要说明理由。

【答案】

事项序号	是否恰当（恰当/不恰当）	理由
（3）	恰当	—

【例题26·2020年单选题】 对于集团财务报表审计，下列有关集团项目组参与重要组成部分审计工作的说法中，错误的是（　　）。

A. 集团项目组应当参与组成部分注册会计师实施的风险评估程序

B. 集团项目组应当参与组成部分注册会计师针对导致集团财务报表发生重大错报的特别风险实施的进一步审计程序

C. 集团项目组应当复核组成部分注册会计师对识别出的导致集团财务报表发生重大错报的特别风险形成的审计工作底稿

D. 集团项目组应当与组成部分注册会计师或组成部分管理层讨论对集团而言重要的组成部分业务活动

【解析】 如果在由组成部分注册会计师执行相关工作的组成部分内，识别出可能导致集团财务报表发生重大错报的特别风险，集团项目组应当评价针对识别出的特别风险拟实施的进一步审计程序的恰当性。根据对组成部分注册会计师的了解，集团项目组应当确定是否有必要参与进一步审计程序（选项B错误）。

【答案】 B

【例题27·2014年简答题改编】ABC会计师事务所负责审计甲集团公司2013年度财务报表。集团项目组在审计工作底稿中记录了集团审计总结，部分内容摘录如下：

（1）联营公司乙公司为重要组成部分。组成部分注册会计师拒绝向集团项目组提供审计工作底稿或备忘录，乙公司管理层拒绝集团项目组对乙公司财务信息执行审计工作，向其提供了乙公司审计报告和财务报表。集团项目组就该事项与集团治理层进行了沟通。

（2）丙公司为重要组成部分。集团项目组利用了组成部分注册会计师对丙公司执行法定审计的结果。集团项目组确定该组成部分重要性为300万元，组成部分注册会计师执行法定审计使用的财务报表整体重要性为320万元，实际执行的重要性为240万元。

（3）丁公司为重要组成部分，存在可能导致集团财务报表发生重大错报的特别风险。集团项目组评价了组成部分注册会计师拟对该风险实施的进一步审计程序的恰当性，但根据对组成部分注册会计师的了解，未参与进一步审计程序。

（4）戊公司为不重要的组成部分。其他会计师事务所的注册会计师对戊公司财务报表执行了法定审计。集团项目组对戊公司财务报表执行了集团层面分析程序，未对执行法定审计的注册会计师进行了解。

（5）己公司为不重要的组成部分。集团项目组要求组成部分注册会计师使用集团财务报表整体的重要性对己公司财务信息实施了审阅，结果满意。

要求：

针对上述第（1）至（5）项，逐项指出集团项目组的做法是否恰当，并简要说明理由。

【答案】

事项序号	是否恰当（恰当/不恰当）	理由
（1）	恰当	该事项属于审计过程中遇到的重大困难，应当与治理层进行沟通
（2）	不恰当	①组成部分注册会计师在执行法定审计时应使用300万元作为重要性 ②组成部分注册会计师执行法定审计使用的重要性大于集团项目组确定的该组成部分重要性，集团项目组不能利用法定审计的工作结果
（3）	恰当	集团项目组是否参与进一步审计程序取决于对组成部分注册会计师的了解
（4）	恰当	其他会计师事务所的注册会计师不构成组成部分注册会计师，集团项目组无需对其进行了解。仅实施集团层面分析程序，无需了解其他注册会计师
（5）	不恰当	应使用组成部分重要性实施审阅

查看本节视频，快速 GET 知识点
使用“会计云课堂”App或“微信”扫码

第八节　合并过程及期后事项

01 合并过程

（1）如果对合并过程执行工作的性质、时间安排和范围基于预期集团层面控制有效运行，或者仅实施实质性程序不能提供认定层次的充分、适当的审计证据，集团项目组应当亲自测试或要求组成部分注册会计师代为测试集团层面控制运行的有效性。（做不做控制测试？★★★注意：亲自执行或代为测试）

（2）集团项目组应当针对合并过程设计和实施进一步审计程序，以应对评估的、由合并过程导致的集团财务报表发生重大错报的风险。设计和实施的进一步审计程序应当包括评价所有组成部分是否均已包括在集团财务报表中。

（3）集团项目组应当评价合并调整和重分类事项的适当性、完整性和准确性，并评价是否存在舞弊风险因素或可能存在管理层偏向的迹象。

（4）如果组成部分财务信息没有按照集团财务报表采用的会计政策编制，集团项目组应当评价组成部分财务信息是否已得到适当调整，以满足编制和列报集团财务报表的要求。

集团项目组应当确定，组成部分注册会计师在沟通与集团项目组得出集团审计结论相关的事项时，提及的财务信息是否就是包括在集团财务报表中的财务信息。

例题精讲

【例题 28 · 2015 年单选题】 下列各项工作中，可以由组成部分注册会计师代表集团项目组执行的是（　　）。

A. 测试集团层面控制运行的有效性

B. 对不重要的组成部分实施集团层面分析程序

C. 确定对组成部分财务信息执行工作的类型

D. 了解集团层面的控制和合并过程

【解析】 如果预期集团层面控制运行有效，集团项目组应当测试或者要求组成部分注册会计师测试这些控制运行的有效性，选项 A 正确；选项 BCD 应当由集团项目组执行。

【答案】 A

02 期后事项

（1）如果集团项目组或组成部分注册会计师对组成部分财务信息实施审计，集团项目组或组成部分注册会计师应当实施审计程序，以识别组成部分自组成部分财务信息日至对集团财务报表出具审计报告日之间发生的、可能需要在集团财务报表中调整或披露的事项。

（2）如果组成部分注册会计师执行组成部分财务信息审计以外的工作，集团项目组应当要求组成部分注册会计师告知其注意到的、可能需要在集团财务报表中调整或披露的期后事项。

第九节　与组成部分注册会计师的沟通

查看本节视频，快速GET知识点
使用“会计云课堂”App或“微信”扫码

总原则：建立有效的双向沟通。

01　集团项目组向组成部分注册会计师沟通

1. 集团项目组应当及时向组成部分注册会计师通报工作要求

通报的内容应当明确：（熟悉，共2点）

（1）组成部分注册会计师应执行的工作和集团项目组对其工作的利用。

（2）组成部分注册会计师与集团项目组沟通的形式和内容。

2. 通报的内容还应当包括（共5点）

（1）在组成部分注册会计师知悉集团项目组将利用其工作的前提下，要求组成部分注册会计师确认其将配合集团项目组的工作。

（2）与集团审计相关的职业道德要求，特别是独立性要求。

（3）在对组成部分财务信息实施审计或审阅的情况下，组成部分的重要性和针对特定类别的交易、账户余额或披露采用的一个或多个重要性水平（如适用）以及临界值，超过临界值的错报不能视为对集团财务报表明显微小的错报。

（4）识别出的与组成部分注册会计师工作相关的、由于舞弊或错误导致集团财务报表发生重大错报的特别风险。

（5）集团管理层编制的关联方清单和集团项目组知悉的任何其他关联方。

集团项目组应当确定是否需要（★★★注意：不是必须）将新识别的关联方告知其他组成部分注册会计师。

02　组成部分注册会计师向集团项目组沟通

集团项目组应当要求组成部分注册会计师沟通与集团项目组得出集团审计结论相关的事项。沟通的内容应当包括：（共10项，简单了解）

（1）组成部分注册会计师是否已遵守与集团审计相关的职业道德要求，包括对独立性和专业胜任能力的要求；

（2）组成部分注册会计师是否已遵守集团项目组的要求；

（3）指出作为组成部分注册会计师出具报告对象的组成部分财务信息；

（4）因违反法律法规而可能导致集团财务报表发生重大错报的信息；

（5）组成部分财务信息中未更正错报的清单；（清单不必包括低于集团项目组通报的临界值且明显微小的错报）

（6）表明可能存在管理层偏向的迹象；

（7）描述识别出的组成部分层面值得关注的内部控制缺陷；

（8）组成部分注册会计师向组成部分治理层已通报或拟通报的其他重大事项，包括涉及组成部分管理层、在组成部分层面内部控制中承担重要职责的员工以及其他人员的舞弊或舞弊嫌疑；

（9）可能与集团审计相关或者组成部分注册会计师期望集团项目组加以关注的其他事项，包括在组成部分注册会计师要求组成部分管理层提供的书面声明中指出的例外事项；

（10）组成部分注册会计师的总体发现、得出的结论和形成的意见。

富富有提示（★★）

在配合集团项目组时，如果法律法规未予禁止，组成部分注册会计师可以允许集团项目组接触相关审计工作底稿。

例题精讲

【例题 29 · 2020 年多选题】 对于集团财务报表审计，下列各项中，集团项目组应当要求组成部分注册会计师沟通的有（　　）。

A. 表明可能存在组成部分管理层偏向的迹象

B. 组成部分层面的值得关注的内部控制缺陷

C. 组成部分注册会计师的总体发现、得出的结论和形成的意见

D. 组成部分注册会计师识别出的且已得到更正的重大错报

【解析】 集团项目组应当要求组成部分注册会计师沟通与集团项目组得出集团审计结论相关的事项。沟通的内容应当包括：

（1）组成部分注册会计师是否已遵守与集团审计相关的职业道德要求，包括对独立性和专业胜任能力的要求；

（2）组成部分注册会计师是否已遵守集团项目组的要求；

（3）指出作为组成部分注册会计师出具报告对象的组成部分财务信息；

（4）因违反法律法规而可能导致集团财务报表发生重大错报的信息；

（5）组成部分财务信息中未更正错报的清单（清单不必包括低于集团项目组通报的临界值且明显微小的错报）；

（6）表明可能存在管理层偏向的迹象（选项 A 正确）；

（7）描述识别出的组成部分层面值得关注的内部控制缺陷（选项 B 正确）；

（8）组成部分注册会计师向组成部分治理层已通报或拟通报的其他重大事项，包括涉及组成部分管理层、在组成部分层面内部控制中承担重要职责的员工以及其他人员（在舞弊行为导致组成部分财务信息出现重大错报的情况下）的舞弊或舞弊嫌疑；

（9）可能与集团审计相关或者组成部分注册会计师期望集团项目组加以关注的其他事项，包括在组成部分注册会计师要求组成部分管理层提供的书面声明中指出的例外事项；

（10）组成部分注册会计师的总体发现、得出的结论和形成的意见（选项 C 正确）。

【答案】 ABC

03 评价与组成部分注册会计师的沟通

（1）集团项目组应当评价与组成部分注册会计师的沟通。集团项目组应当：（共 2 点）

①与组成部分注册会计师、组成部分管理层或集团管理层（如适用）讨论在评价过程中发现的重大事项；

②确定是否有必要（★★★注意：不是必须）复核组成部分注册会计师审计工作底稿的相关部分。

（2）集团项目组在复核组成部分注册会计师的工作底稿时，通常关注的是与可能导致集团财务报表发生重大错报的特别风险相关的审计工作底稿。

如果认为组成部分注册会计师的工作不充分，集团项目组应当确定需要实施哪些追加的审计程序，以及这些程序是由组成部分注册会计师还是集团项目组实施。

富富有提示

组成部分注册会计师的审计工作底稿按照组成部分注册会计师所在会计师事务所的复核程序进行复核这一事实，可能将影响集团项目组的复核范围。

第十节 评价审计证据的充分性和适当性

查看本节视频，快速 GET 知识点
使用"会计云课堂"App或"微信"扫码

（1）如果认为未能获取充分、适当的审计证据作为形成集团审计意见的基础，集团项目组可以要求组成部分注册会计师对组成部分财务信息实施追加的程序。如果不可行，集团项目组可以直接对组成部分财务信息实施程序。

（2）集团项目合伙人对错报（无论该错报是由集团项目组识别出还是由组成部分注册会计师告知）的汇总影响的评价，使其能够确定集团财务报表整体是否存在重大错报。

第十一节 与集团管理层和集团治理层的沟通

查看本节视频，快速 GET 知识点
使用"会计云课堂"App或"微信"扫码

01 与集团管理层的沟通

（1）集团项目组应当确定哪些识别出的内部控制缺陷需要向集团治理层和集团管理层通报。在确定通报的内容时，集团项目组应当考虑：（掌握）

①集团项目组识别出的集团层面内部控制缺陷；

②集团项目组识别出的组成部分层面内部控制缺陷；

③组成部分注册会计师提请集团项目组关注的内部控制缺陷。

（2）如果集团项目组识别出舞弊或组成部分注册会计师提请集团项目组关注舞弊，或者有关信息表明可能存在舞弊，集团项目组应当及时向适当层级的集团管理层（注意级别）通报，以便管理层告知对防止和发现舞弊事项承担主要责任的人员。（有舞弊要及时通报）

（3）因法律法规要求或其他原因，组成部分注册会计师可能需要对组成部分财务报表发

表审计意见。（共 3 点）

①集团项目组应当要求集团管理层告知组成部分管理层其尚未知悉的、集团项目组注意到的可能对组成部分财务报表产生重要影响的事项。

②如果集团管理层拒绝向组成部分管理层通报该事项，集团项目组应当与集团治理层进行讨论。

③如果该事项仍未得到解决，集团项目组在遵守法律法规和职业准则有关保密要求的前提下，应当考虑是否建议组成部分注册会计师在该事项得到解决之前，不对组成部分财务报表出具审计报告。

02 与集团治理层的沟通

除《中国注册会计师审计准则第 1151 号——与治理层的沟通》和其他审计准则要求沟通的事项外，集团项目组还应当与集团治理层沟通下列事项：（共 5 点）

（1）对组成部分财务信息拟执行工作的类型的概述；

（2）在组成部分注册会计师对重要组成部分财务信息拟执行的工作中，集团项目组计划参与其工作的性质的概述；

（3）对组成部分注册会计师的工作作出的评价，引起集团项目组对其工作质量产生疑虑的情形；

（4）集团审计受到的限制，如集团项目组接触某些信息受到的限制；

（5）涉及集团管理层、组成部分管理层、在集团层面控制中承担重要职责的员工以及其他人员（在舞弊行为导致集团财务报表出现重大错报的情况下）的舞弊或舞弊嫌疑。（重要人员的舞弊或舞弊嫌疑）

例题精讲

【例题 30 · 2021 年简答题】 ABC 会计师事务所的 A 注册会计师负责审计甲集团公司 2020 年度财务报表。与集团审计相关的部分事项如下：

（5）在确定需要向集团治理层和集团管理层通报的内部控制缺陷时，A 注册会计师从集团项目组识别出的内部控制缺陷和组成部分注册会计师提请集团项目组关注的内部控制缺陷中，选择了通报内容。

要求：

针对上述第（5）项，指出 A 注册会计师的做法是否恰当。如不恰当，简要说明理由。

【答案】

事项序号	是否恰当（恰当/不恰当）	理由
（5）	恰当	—

【例题 31 · 2013 年单选题】 下列有关集团项目组与集团治理层的沟通内容的说法中，错误的是（　　）。

A. 沟通内容应当包括引起集团项目组对组成部分注册会计师工作质量产生疑虑的情形

B. 沟通内容应当包括集团项目组计划参与组成部分注册会计师工作的性质的概述

C. 如果集团项目组认为组成部分管理层的舞弊行为不会导致集团财务报表发生重大错报，无需就该事项进行沟通

D. 沟通内容应当包括集团项目组对组成部分注册会计师工作作出的评价

【解析】如果审计项目组了解到涉及集团管理层、组成部分管理层、在集团层面控制中承担重要职责的员工以及其他人员的舞弊或舞弊嫌疑，应当与集团治理层沟通，选项C错误。

【答案】C

前情回顾小剧场

（1）掌握集团、组成部分、重要组成部分、组成部分注册会计师等相关概念；

（2）集团审计中的责任设定；

（3）审计范围受到限制的处理原则（区分：重要组成部分、不重要组成部分）；

（4）了解组成部分注册会计师（是否需要了解？应当了解的4个事项、能否消除疑虑?）；

（5）组成部分重要性（重点掌握）；

（6）针对评估的风险采取的应对措施（重要组成部分、不重要组成部分、审计证据仍不充分、适当、参与组成部分注册会计师的工作）。

第十七章　其他特殊项目的审计

CHAPTER-17

五项须知小剧场

- **近5年考情分析**
  - 平均分值8分/年
  - 2021年考核了单选题、多选题和综合题
- **教材主要变化**
  - 1. 新增了有关上期会计估计处理的相关内容
  - 2. 修改部分文字表述
- **建议学习时长** — 7小时
- **学习方法提示** — 本章内容难度较大，考试时经常以客观题和简答题形式进行考核，偶尔在综合题中也得以体现。本章至少掌握到简答题的程度
- **本章基本框架（一）**
  - 第一节　审计会计估计
    - 会计估计的性质　考点1
    - 风险评估程序和相关活动　考点2
    - 识别和评估重大错报风险　考点3
    - 应对评估的重大错报风险　考点4
    - 实施进一步实质性程序以应对特别风险　考点5
    - 评价会计估计的合理性并确定错报　考点6
    - 其他相关审计程序　考点7
  - 第二节　关联方的审计
    - 风险评估程序和相关工作　考点1
    - 识别和评估重大错报风险　考点2
    - 针对重大错报风险的应对措施　考点3
    - 其他相关审计程序　考点4
  - 第三节　考虑持续经营假设（一）
    - 管理层的责任和注册会计师的责任　考点1
    - 风险评估程序和相关活动　考点2
    - 评价管理层对持续经营能力作出的评估　考点3
    - 超出管理层评估期间的事项或情况　考点4

本章基本框架（二）

- 第三节　考虑持续经营假设（二）
  - 识别出事项或情况时实施追加的审计程序　考点5
  - 审计结论　考点6
  - 对审计报告的影响　考点7
  - 与治理层的沟通　考点8
- 第四节　首次接受委托时对期初余额的审计
  - 期初余额的概念　考点 1
  - 期初余额的审计目标　考点2
  - 审计程序　考点3
  - 审计结论和审计报告　考点4

核心考点精讲专场

第一节　审计会计估计

查看本节视频，快速 GET 知识点
使用“会计云课堂”App或“微信”扫码

01　会计估计的性质

含义	会计估计：是指在缺乏精确计量手段的情况下，采用的某项金额的近似值	
种类	会计估计一般包括：（共 2 种） 1. 以公允价值计量的金额（简称公允价值会计估计） 2. 其他需要估计的金额（如：坏账准备、存货跌价准备、产品质量保证义务、折旧方法或资产预计使用寿命等）	
双方责任	被审计单位	管理层应当对其作出的包括在财务报表中的会计估计负责
	注册会计师	按照中国注册会计师审计准则的规定，获取充分、适当的审计证据，评价被审计单位作出的会计估计是否合理、披露是否充分
相关说明	1. 作出会计估计的难易程度取决于估计对象的性质 2. 由于会计估计的主观性、复杂性和不确定性，管理层作出的会计估计发生重大错报的可能性较大，注册会计师应当确定会计估计的重大错报风险是否属于特别风险 3. 会计估计的结果与财务报表中原来已确认或披露的金额存在差异，并不必然表明财务报表存在错报，这对于公允价值会计估计而言尤其如此（★★）	

02 风险评估程序和相关活动

在实施风险评估程序和相关活动，以了解被审计单位及其环境时，注册会计师应当了解下列内容，作为识别和评估会计估计重大错报风险的基础：

（一）了解适用的财务报告编制基础的要求（三方面之一）

（1）了解适用的财务报告编制基础的要求，有助于注册会计师确定该编制基础是否：（3点）

①规定了会计估计的确认条件或计量方法；

②明确了某些允许或要求采用公允价值计量的条件；（如与管理层执行与某项资产或负债相关的特定措施的意图挂钩）

③明确了要求作出或允许作出的披露。

（2）了解适用的财务报告编制基础的要求，也为注册会计师就下列方面与管理层进行讨论提供了基础：

①管理层如何运用与会计估计相关的要求；

②注册会计师对这些要求是否得到恰当运用的判断。

（3）管理层的点估计：是指管理层在财务报表中确认或披露一项会计估计而选择的金额。

（二）了解管理层如何识别是否需要作出会计估计（三方面之二）

了解方式	注册会计师主要通过询问管理层，就可以了解管理层如何识别需要作出会计估计的情形
询问内容	询问的内容可能包括：（5点内容，简单了解） 1. 被审计单位是否已从事可能需要作出会计估计的新型交易 2. 需要作出会计估计的交易的条款是否已改变 3. 由于适用的财务报告编制基础的要求或其他规定的变化，与会计估计相关的会计政策是否已经相应变化 4. 可能要求管理层修改或作出新会计估计的外部监管变化或其他不受管理层控制的变化是否已经发生 5. 是否已经发生可能需要作出新估计或修改现有估计的新情况或事项
特殊情形	当管理层作出会计估计的流程更为结构化时（如管理层设有正式的风险管理职责），注册会计师可以针对管理层定期复核导致会计估计的情况及在必要时重新估计会计估计的方法及惯常做法实施风险评估程序
相关说明	会计估计（特别是与负债相关的会计估计）的完整性，通常是注册会计师考虑的重要因素

（三）了解管理层如何作出会计估计（三方面之三）

管理层作出会计估计的方法和依据（6项内容）

1. 用以作出会计估计的方法，包括模型（如适用）（1/6）

富富有提示

如果管理层作出会计估计时采用了内部开发的模型或偏离了某一特定行业或环境中所采用的通用方法，则可能存在更大的重大错报风险。

2. 相关控制（★★★必须了解）（2/6）

在了解相关控制时，注册会计师可能考虑的事项包括：（两部分）

（1）作出会计估计的人员的经验与胜任能力；

（2）与下列情况相关的控制：（共 3 点）

①管理层如何确定作出会计估计所使用的数据的完整性、相关性和准确性；（如何保证数据）

②由适当层级的管理层和治理层（如适用）对会计估计（包括使用的假设或输入数据）进行复核和批准；

③将批准交易的人员和负责作出会计估计的人员进行职责分离。

3. 管理层是否利用管理层的专家的工作（3/6）

可能需要利用管理层的专家工作的情形：（共 3 种）

（1）需要作出会计估计的事项具有特殊性质；（如在采掘行业对矿产或油气储量的测量）

（2）满足适用的财务报告编制基础相关要求的模型具有一定技术含量；（如对某些公允价值计量采用的模型）

（3）需要作出会计估计的情况、交易或事项具有异常性或偶发性。

4. 会计估计所依据的假设（4/6）

在了解构成会计估计基础的假设时，注册会计师可能考虑的事项包括：（共 5 点）

（1）假设（包括重大假设）的性质；

（2）管理层如何评价假设是否相关和完整（即考虑了所有相关变量）；

（3）管理层如何确定所采用假设的内在一致性（如适用）；

（4）假设是否与管理层所能控制的事项相关（如对可能影响资产使用年限的维修计划的假设），以及这些假设是否与被审计单位的经营计划和外部环境相符，或者假设与管理层控制之外的事项相关（如对利率、死亡率、潜在的司法或监管行为或未来现金流量的变动和时间安排的假设）；（假设与实际情况的相关性）

（5）支持假设的文件记录（如存在）的性质和范围。

5. 用以作出会计估计的方法是否已经发生或应当发生不同于上期的变化，以及变化的原因（5/6）

如果管理层改变了用于作出会计估计的方法，则注册会计师需要确定管理层能够证明新方法更加恰当，或者新方法本身就是对变化的应对。

6. 管理层是否评估以及如何评估估计不确定性的影响（6/6）

在了解管理层是否以及如何评估估计不确定性的影响时，注册会计师可能考虑的事项包括：（共 3 点）

（1）管理层是否已经考虑以及如何考虑各种可供选择的假设或结果，如通过敏感性分析确定假设变化对会计估计的影响；

（2）当敏感性分析表明存在多种可能结果时，管理层如何作出会计估计；

（3）管理层是否监控上期作出会计估计的结果，以及管理层是否已恰当应对实施监控程序的结果。

（四）复核上期会计估计（共4点★★★）

复核方法	注册会计师应当复核：（二选一★★★） 1. 上期财务报表中会计估计的结果 2. 管理层在本期财务报表中对上期会计估计作出的后续重新估计（如适用）
考虑因素	在确定复核的性质和范围时，注册会计师应当考虑：（2个方面） 1. 会计估计的性质 2. 复核时获取的信息是否与识别和评估本期财务报表中会计估计的重大错报风险相关
复核目的	注册会计师复核的目的不是质疑上期依据当时可获得的信息而作出的判断（复核上期是为了判断是否与本期的风险相关，不是质疑）（★★★）
相关说明	1. 对上期审计中识别出的具有高度估计不确定性的会计估计，或者自上期以来发生重大变化的会计估计，注册会计师可能认为需要进行更加详细的复核 2. 对因记录常规和重复发生交易而产生的会计估计，注册会计师可能认为运用分析程序作为风险评估程序足以实现复核目的
复核重点	对公允价值会计估计和其他以计量日情况为基础的会计估计，注册会计师在复核时，可将重点放在获取与识别和评估重大错报风险相关的信息上（因为是时点金额，可能变化很大）
注意事项	1. 会计估计的结果与上期财务报表中已确认金额之间的差异，并不必然表明上期财务报表存在错报 2. 由于没有运用或错误运用下列两类信息而产生的差异可能表明上期财务报表存在错报： （1）在上期财务报表编制完成阶段管理层可以获得的信息 （2）合理预期管理层已经获得并在编制和列报财务报表时已予以考虑的信息

例题精讲

【例题1·多选题】在识别和评估与会计估计相关的重大错报风险时，下列各项中，注册会计师认为应当了解的有（ ）。

A. 与会计估计相关的财务报告编制基础的规定

B. 被审计单位管理层如何识别需要作出会计估计的交易、事项和情况

C. 被审计单位管理层如何作出会计估计

D. 上期会计估计

【解析】在实施风险评估程序和相关活动，以了解被审计单位及其环境时，注册会计师应当了解下列内容，作为识别和评估会计估计重大错报风险的基础：

（1）了解适用的财务报告编制基础的要求；

（2）了解管理层如何识别是否需要作出会计估计；

（3）了解管理层如何作出会计估计；

（4）复核上期会计估计。

【答案】ABCD

【例题2·2015年单选题】下列与会计估计审计相关的程序中，注册会计师应当在风险评估阶段实施的是（ ）。

A. 复核上期财务报表中会计估计的结果

B. 确定管理层作出会计估计的方法是否恰当

C. 评价会计估计的合理性

D. 确定管理层是否恰当运用与会计估计相关的财务报告编制基础

【解析】BCD 属于风险应对阶段实施的。评估重大错报风险时，注册会计师应当复核上期财务报表中会计估计的结果，选项 A 正确。

【答案】A

03 识别和评估重大错报风险

在识别和评估重大错报风险时，注册会计师应当评价与会计估计相关的估计不确定性的程度，并根据职业判断确定识别出的具有高度估计不确定性的会计估计是否会导致特别风险。（★★★★注意：并非必然导致）

（一）估计不确定性

影响因素	与会计估计相关的估计不确定性的程度受下列因素的影响：（共 6 点） 1. 会计估计对判断的依赖程度 2. 会计估计对假设变化的敏感性 3. 是否存在可以降低估计不确定性的经认可的计量技术（当然，作为输入数据的假设，其主观程度仍可导致估计不确定性） 4. 预测期的长度和从过去事项得出的数据对预测未来事项的相关性 5. 是否能够从外部来源获得可靠数据 6. 会计估计依据可观察到的或不可观察到的输入数据的程度
相关说明	与会计估计相关的估计不确定性程度，可能影响会计估计对管理层偏向的敏感性
考虑事项	在评估重大错报风险时，注册会计师考虑的事项也可能包括：（共 4 点） 1. 会计估计的实际的或预期的重要程度 2. 会计估计的记录金额（即管理层的点估计）与注册会计师预期应记录金额的差异 3. 管理层在作出会计估计时是否利用管理层的专家的工作 4. 对上期会计估计进行复核的结果

例题精讲

【例题 3·2018 年多选题】下列各项中，影响会计估计的估计不确定性程度的有（　　）。

A. 会计估计涉及的预测期的长度

B. 会计估计依据不可观察到的输入数据的程度

C. 会计估计对假设变化的敏感性

D. 会计估计对判断的依赖程度

【解析】与会计估计相关的估计不确定性的程度受下列因素的影响：（1）会计估计对判断的依赖程度（选项 D）；（2）会计估计对假设变化的敏感性（选项 C）；（3）是否存在可以降低估计不确定性的经认可的计量技术；（4）预测期的长度和从过去事项得出的数据对预测未来事项的相关性（选项 A）；（5）是否能够从外部来源获得可靠数据；（6）会计估计依据可观

察到的或不可观察到的输入数据的程度（选项 B）。

【答案】ABCD

（二）高度估计不确定性和特别风险

相关举例	可能存在高度估计不确定性的会计估计的情形很多，例如：（共 4 点） 1. 高度依赖判断的会计估计（如：未决诉讼，多年后判决） 2. 未采用经认可的计量技术计算的会计估计 3. 注册会计师对上期财务报表中类似会计估计进行复核的结果表明最初会计估计与实际结果之间存在很大差异（★★★），在这种情况下管理层作出的会计估计（一定是“重大的”）（★★★上期估计可变现净值，表明存在很大差异，本期又估计可变现净值） 4. 采用高度专业化的、由被审计单位自主开发的模型，或在缺乏可观察到的输入数据的情况下作出的公允价值会计估计
相关说明	1. 特别风险不仅与会计估计是否应予确认或以公允价值计量相关，而且与披露的充分性相关（金额、披露） 2. 如果认为会计估计导致特别风险，注册会计师需要了解与会计估计相关的控制，包括控制活动（★★）

例题精讲

【例题 4 · 2018 年多选题】下列各项会计估计中，可能具有高度估计不确定性的有（　　）。

A. 未采用经认可的计量技术计算的会计估计

B. 高度依赖管理层判断的会计估计

C. 采用高度专业化的、由被审计单位自主开发的模型作出的公允价值会计估计

D. 在缺乏可观察到的输入数据的情况下作出的公允价值会计估计

【解析】可能存在高度估计不确定性的会计估计的情形很多，例如：（1）高度依赖判断的会计估计，如对未决诉讼的结果或未来现金流量的金额和时间安排的判断，而未决诉讼的结果或未来现金流量的金额和时间安排取决于多年后才能确定结果的不确定事项（选项 B）；（2）未采用经认可的计量技术计算的会计估计（选项 A）；（3）注册会计师对上期财务报表中类似会计估计进行复核的结果表明最初会计估计与实际结果之间存在很大差异，在这种情况下管理层作出的会计估计；（4）采用高度专业化的、由被审计单位自主开发的模型，或在缺乏可观察到的输入数据的情况下作出的公允价值会计估计（选项 C、D）。

【答案】ABCD

04 应对评估的重大错报风险（★★重点掌握）

基于评估的重大错报风险，注册会计师应当确定：（共 2 点）

（1）管理层是否恰当运用与会计估计相关的适用的财务报告编制基础的规定。

（2）作出会计估计的方法是否恰当，并得到一贯运用，以及会计估计或作出会计估计的方法不同于上期的变化是否适合于具体情况。（方法恰当吗？一贯吗？变化了吗？）

在应对评估的重大错报风险时，注册会计师应当考虑会计估计的性质，并实施下列一项或多项程序。（★★重点掌握，客观题，共 4 条）

（一）确定截至审计报告日发生的事项是否提供有关会计估计的审计证据（四方面之一）（如：存货可变现净值的确定）

情形	做法
提供审计证据	可能不必追加程序
未提供审计证据	需要实施审计程序（需要较长时间才有进展）

（二）测试管理层如何作出会计估计以及会计估计所依据的数据（四方面之二）

1. 概述

总体原则	在下列情况下，测试管理层如何作出会计估计和会计估计所依据的数据，可能是恰当的应对措施：（共4点） （1）会计估计是依据模型（使用可观察到的或不可观察到的输入数据）作出的公允价值会计估计 （2）会计估计源于被审计单位会计系统对数据的常规处理 （3）注册会计师对上期财务报表中类似的会计估计的复核表明管理层本期的会计估计流程可能是有效的 （4）会计估计建立在性质相似、单项不重要但数量众多的项目的基础上
评价内容	在进行测试时，注册会计师应当评价：（3个方面） （1）采用的计量方法在具体情况下是否恰当 （2）根据适用的财务报告编制基础确定的计量目标是否合理 （3）管理层使用的假设是否合理
其他方面	测试管理层如何作出会计估计还可能涉及下列方面： （1）测试会计估计所依据的数据的准确性、完整性和相关性，以及管理层是否使用这些数据和假设恰当地作出会计估计 （2）考虑外部数据或信息的来源、相关性和可靠性，包括从管理层聘请的、用以协助其作出会计估计的外部专家那里获取的数据或信息 （3）重新计算会计估计，并复核有关会计估计信息的内在一致性 （4）考虑管理层的复核和批准流程

2. 评价时应当考虑的相关事项

情形	相关考虑事项
评价计量方法	为了评价计量方法是否适用于具体情况，注册会计师可能需要考虑如下事项：（共4点） （1）管理层选择计量方法的理由是否合理 （2）管理层是否充分评价和恰当运用适用的财务报告编制基础提供的、用以支持所选择的计量方法的标准（如存在）（是否用了规定的计量方法的标准？） （3）根据被估计的资产或负债的性质和适用的财务报告编制基础的要求，评价计量方法是否适用于具体情况 （4）计量方法相对于被审计单位开展的业务、所处行业和环境是否恰当（是否适用于被审计单位？）

情形	相关考虑事项
评价模型的使用	根据所处的不同环境，在测试模型时，注册会计师可能需要考虑的事项包括：（5个事项） （1）在使用前是否验证模型，并定期复核以确保其能持续满足预定用途 （2）是否存在针对模型变更的恰当控制政策和程序 （3）是否定期校准和测试模型的有效性，特别是当输入数据具有主观性时 （4）是否对模型输出数据作出调整，包括作出公允价值会计估计时，这些调整是否反映市场参与方在类似环境中所使用的假设 （5）模型是否得到恰当记录，包括模型的预定用途、局限性和关键参数、要求的输入数据和实施验证分析的结果
评价管理层使用的假设	在评价管理层使用的假设的合理性时，注册会计师可能需要考虑：（共4点） （1）单项假设是否显得合理 （2）假设是否相互依赖且具有内在一致性 （3）当将这些假设汇总起来考虑或结合其他假设考虑时，无论是对于特定会计估计还是其他会计估计，这些假设是否显得合理 （4）对于公允价值会计估计，假设是否恰当地反映可观察到的市场假设

【富富有提示】

（1）注册会计师对管理层使用的假设的评价，仅以其在审计时可获得的信息为基础（不能凭空评价）

（2）针对管理层假设而实施审计程序是为了财务报表审计的目的，而不是为了针对假设本身发表意见（不是对“假设本身”发表意见）

（3）在评价支持会计估计的假设的合理性时，注册会计师可能识别出一个或多个重大假设，这可能表明会计估计存在高度估计不确定性并由此可能产生特别风险

（三）测试与管理层如何作出会计估计相关的控制运行的有效性，并实施恰当的实质性程序（控制测试+实质性程序）（四方面之三）

（四）作出注册会计师的点估计或区间估计，以评价管理层的点估计（四方面之四）

相关概念	注册会计师的点估计或区间估计：是指从审计证据中得出的、用于评价管理层点估计的金额或金额区间
处理原则	注册会计师应当针对下列两种情况分别予以处理：（共2点） 1. 如果使用有别于管理层的假设或方法，注册会计师应当充分了解管理层的假设或方法，以确定注册会计师在作出点估计或区间估计时已考虑了相关变量，并评价与管理层的点估计存在的任何重大差异 2. 如果认为使用区间估计是恰当的，注册会计师应当基于可获得的审计证据来缩小区间估计，直至该区间估计范围内的所有结果均可被视为“合理”（不是所有“可能”的结果）

相关说明	1. 注册会计师可以使用有别于管理层的假设或方法 2. 与管理层的点估计存在重大差异，这种差异可能源于： （1）与管理层使用不同但同样有效的假设 （2）管理层造成的事实错误所致 3. 当注册会计师运用区间估计（注册会计师的区间估计）来评价管理层的点估计的合理性是恰当的时，作出的区间估计需要包括所有“合理”的结果而不是所有“可能”的结果 4. 通常情况下，当区间估计的区间已缩小至等于或低于实际执行的重要性时，该区间估计对于评价管理层的点估计是适当的 5. 对于某些特定行业，可能难以将区间缩小至低于某一金额。这并不必然否定管理层对会计估计的确认，但可能意味着与会计估计相关的估计不确定性可能导致特别风险
处理方法	下列方法可以将区间估计的区间缩小至某一区域，使得在该区域内的所有结果视为是合理的： 1. 从区间估计中剔除注册会计师认为不可能发生的极端结果 2. 根据可获得的审计证据，继续缩小区间估计直至注册会计师认为该区间估计内的所有结果均视为是合理的。在极其特殊的情况下，注册会计师可能缩小区间估计直至审计证据指向点估计

例题精讲

【例题5·2019年单选题】下列有关注册会计师作出区间估计以评价管理层的点估计的说法中，错误的是（　　）。

A. 注册会计师作出区间估计时可以使用与管理层不同的假设

B. 注册会计师作出的区间估计需要包括所有可能的结果

C. 如果注册会计师难以将区间估计的区间缩小至低于实际执行的重要性，可能意味着与会计估计相关的估计不确定性可能导致特别风险

D. 在极其特殊的情况下，注册会计师可能缩小区间估计直至审计证据指向点估计

【解析】选项B错误，注册会计师作出的区间估计需要包括所有“合理”的结果，而非所有“可能”的结果。

【答案】B

【例题6·2015年多选题】下列各项审计工作中，可以应对与会计估计相关的重大错报风险的有（　　）。

A. 测试管理层如何作出会计估计以及会计估计所依据的数据

B. 测试与管理层作出会计估计相关的控制运行的有效性

C. 确定截至审计报告日发生的事项是否提供有关会计估计的审计证据

D. 作出注册会计师的点估计或区间估计，以评价管理层的点估计

【解析】在应对评估的重大错报风险时，注册会计师应当考虑会计估计的性质，并实施下列一项或多项程序：

（1）确定截至审计报告日发生的事项是否提供有关会计估计的审计证据；

（2）测试管理层如何作出会计估计以及会计估计所依据的数据；

（3）测试与管理层如何作出会计估计相关的控制运行的有效性，并实施恰当的实质性程序；

(4) 作出注册会计师的点估计或区间估计，以评价管理层的点估计。

所以上述选项均正确。

【答案】ABCD

05 实施进一步实质性程序以应对特别风险

(一) 重点评价的内容 (2 个方面)

在审计导致特别风险的会计估计时，注册会计师在实施进一步实质性程序时需要重点评价：	
第一方面：估计的不确定性	1. 管理层如何评估估计不确定性对会计估计的影响 2. 这种不确定性对财务报表中会计估计的确认的恰当性可能产生的影响
第二方面：相关披露的充分性	

(二) 估计不确定性

对导致特别风险的会计估计，注册会计师还应当实施(4 个程序之外) 以下审计程序：(3 个评价)

三个方面	评价内容
替代性的假设或结果 (★★★)	二选一： 1. 评价管理层如何考虑替代性的假设或结果，以及拒绝采纳的原因 2. 在管理层没有考虑替代性的假设或结果的情况下，评价管理层在作出会计估计时如何处理估计不确定性
重大假设	评价管理层使用的重大假设是否合理 【富富有提示】如果假设的合理变化可能对会计估计的计量产生重大影响，则这些假设被视为重大假设
意图和能力	当管理层实施特定措施的意图和能力与其使用的重大假设的合理性或对适用的财务报告编制基础的恰当应用相关时，评价这些意图和能力

(三) 作出区间估计 (认为管理层没有适当处理估计的不确定性时，可以使用区间估计)

某些情况下，注册会计师可能认为管理层对处理估计不确定性导致特别风险的会计估计的影响的工作不够，注册会计师可能作出如下判断：

(1) 通过评价管理层如何处理估计不确定性的影响不能获取充分、适当的审计证据；

(2) 有必要进一步分析与会计估计相关的估计不确定性的程度；

(3) 不大可能通过如复核截至审计报告日发生的事项等审计程序获取其他审计证据；

(4) 可能有迹象表明管理层在作出会计估计时存在管理层偏向。

(四) 确认和计量的标准

对导致特别风险的会计估计，注册会计师应当获取充分、适当的审计证据，以确定下列方

面是否符合适用的财务报告编制基础的规定：（共 2 点）

（1）管理层对会计估计在财务报表中予以确认或不予确认的决策。

管理层是否确认了会计估计	评价的重点
已经确认	计量是否足够可靠，能否满足适用的财务报告编制基础规定的确认标准
没有确认	是否在实质上已满足适用的财务报告编制基础规定的确认标准

（2）作出会计估计所选择的计量基础。

06 评价会计估计的合理性并确定错报（★★）

情形	结论
点估计	当审计证据支持点估计时，注册会计师的点估计与管理层的点估计之间的差异构成错报
区间估计	1. 当注册会计师认为使用其区间估计能够获取充分、适当的审计证据时，则在注册会计师区间估计之外的管理层的点估计得不到审计证据的支持 2. 在这种情况下，错报不小于管理层的点估计与注册会计师区间估计之间的最小差异（★★）

例题精讲

【例题 7·2017 年单选题】下列有关会计估计错报的说法中，正确的是（　　）。

A. 当审计证据支持注册会计师的点估计时，该点估计与管理层的点估计之间的差异构成错报

B. 由于会计估计具有主观性，与会计估计相关的错报是判断错报

C. 如果会计估计的结果与上期财务报表中已确认的金额存在重大差异，表明上期财务报表存在错报

D. 如果管理层的点估计在注册会计师的区间估计内，表明管理层的点估计不存在错报

【解析】选项 B 错误，与会计估计相关的错报包括事实错报、判断错报和推断错报；选项 C 错误，会计估计的结果与上期财务报表中已确认金额存在重大差异，并不必然表明上期财务报表存在错报；选项 D 错误，即使管理层的点估计在注册会计师的区间估计内，管理层的点估计也可能存在错报。

【答案】A

07 其他相关审计程序

（一）关注与会计估计相关的披露

1. 按照适用的财务报告编制基础作出的披露

2. 披露导致特别风险的会计估计的估计不确定性（2 句话）

（1）对具有特别风险的会计估计，即使已按照适用的财务报告编制基础的要求进行了披

露，注册会计师仍可能根据所涉及的情况和事实认为对估计不确定性的披露是不充分的。

（2）会计估计可能结果的区间估计相对于重要性越大，注册会计师对估计不确定性的披露充分性的评价越重要。

（二）识别可能存在管理层偏向的迹象

基本原则	1. 注册会计师应当复核管理层在作出会计估计时的判断和决策，以识别是否可能存在管理层偏向的迹象 2. 这些迹象可能影响（★★★注意：不是必须）注册会计师对财务报表整体是否不存在重大错报的评估
相关举例	与会计估计相关的、可能存在管理层偏向迹象的例子包括：（熟悉）（共4点）（管理层一厢情愿） 1. 管理层主观地认为环境已经发生变化，并相应地改变会计估计或估计方法 2. 针对公允价值会计估计，被审计单位的自有假设与可观察到的市场假设不一致，但仍使用被审计单位的自有假设 3. 管理层选择或作出重大假设以产生有利于管理层目标的点估计 4. 选择带有乐观或悲观倾向的点估计

例题精讲

【例题 8 · 2021 年多选题】 下列情形中，注册会计师应当认定会计估计存在错报的有（　　）。

A. 如果注册会计师运用区间估计评价管理层的点估计是适当的，管理层的点估计不在区间估计的区间内

B. 会计估计的结果与上期财务报表中已确认金额之间存在重大差异

C. 会计估计存在管理层偏向的迹象

D. 当审计证据支持点估计时，管理层的点估计与注册会计师的点估计存在差异

【解析】 会计估计的结果与上期财务报表中已确认金额之间存在重大差异，并不必然表明上期财务报表存在错报（选项 B 错误）。在得出某项会计估计是否合理的结论时，可能存在管理层偏向的迹象本身并不构成错报（选项 C 错误）。

【答案】 AD

【例题 9 · 2015 年多选题】 下列各项中，表明可能存在与会计估计相关的管理层偏向的有（　　）。

A. 以前年度财务报表确认和披露的重大会计估计与后期实际结果之间存在差异

B. 变更会计估计后被审计单位的财务成果发生显著变化，与管理层增加利润的目标一致

C. 会计估计所依赖的假设存在内在的不一致，如对成本费用增长率的预期与收入增长率的预期显著不同

D. 环境已经发生变化，但管理层并未根据变化对会计估计或估计方法作出相应的改变

【解析】 会计估计本身就存在不确定性，存在差异不一定表明存在管理层偏向。

【答案】 BCD

（三）获取书面声明

（1）基本原则。

注册会计师应当向管理层和治理层（如适用）获取书面声明，以确定其是否认为在作出会计估计时使用的重大假设是合理的。

（2）书面声明可能包括的内容。（2 种情况：已经确认或披露、未在财务报表中确认或披露）

会计估计是否已在财务报表中确认或披露	书面声明可能包括的内容
已经确认或披露	①计量流程的恰当性，以及流程的一贯运用 ②假设恰当地反映了管理层代表被审计单位执行特定措施的意图和能力 ③在适用的财务报告编制基础下与会计估计相关的披露的完整性和适当性 ④不存在需要对财务报表中会计估计和披露作出调整的期后事项
未确认或披露	①管理层用于确定不满足适用的财务报告编制基础规定的确认或披露标准的依据的恰当性 ②针对未在财务报表中以公允价值计量或披露的会计估计，管理层用于推翻适用的财务报告编制基础规定的与使用公允价值相关的假定的依据的恰当性

（3）在审计过程中，注册会计师应当将识别出的可能存在管理层偏向的迹象形成审计工作底稿，这有助于注册会计师确定风险评估结果和相关应对措施是否仍然恰当，以及评价财务报表整体是否不存在重大错报。

例题精讲

【例题 10 · 2020 年简答题】甲公司是 ABC 会计师事务所的常年审计客户。A 注册会计师负责审计甲公司2019 年度财务报表，评估认为商誉减值存在特别风险。与商誉减值审计相关的部分事项如下：

（1）因甲公司管理层在实施商誉减值测试时利用了外部专家的工作，A 注册会计师认为与商誉减值相关的内部控制与审计无关，无需对其进行了解。

（2）甲公司管理层在预测资产组未来现金流量时采用的未来五年收入增长率明显高于过去三年的实际增长率，且缺乏在手订单支持。A 注册会计师对管理层进行了访谈，并检查了管理层批准的未来五年预算，据此认可了管理层的假设。

（5）2020 年第一季度，甲公司某重要子公司的医用防护产品开始热销，管理层认为该事项不影响与该子公司相关的商誉的减值测试。A 注册会计师检查了期后相关产品的销售情况，认可了管理层的做法。

要求：

针对上述事项，逐项指出 A 注册会计师的做法是否恰当。如不恰当，简要说明理由。

【答案】

事项序号	是否恰当（恰当/不恰当）	理由
（1）	不恰当	商誉减值涉及会计估计/商誉减值存在特别风险，应当了解相关的内部控制
（2）	不恰当	关键假设的证据不充分/未对明显不合理的假设获取充分、适当的审计证据
（5）	恰当	—

【例题11·2018年简答题】ABC会计师事务所的A注册会计师负责审计甲公司2017年度财务报表。与会计估计审计相关的部分事项如下：

（1）A注册会计师就管理层确认的某项预计负债作出了区间估计，该区间包括了甲公司所有可能承担的赔偿金额。管理层确认的预计负债处于该区间内，A注册会计师据此认可了管理层确认的金额。

（2）2016年末，管理层对某项应收款项全额计提了坏账准备，因2017年全额收回该款项。管理层转回了相应的坏账准备。A注册会计师据此认为2016年度财务报表存在重大错报，要求管理层更正2017年度财务报表的对应数据。

（3）管理层编制盈利预测以评价递延所得税资产的可回收性。A注册会计师向管理层询问了盈利预测中使用的假设的依据，并对盈利预测实施了重新计算，结果满意，据此认可了管理层的评价。

（4）2017年末，甲公司确认与产品保修义务相关的预计负债400万元，A注册会计师作出的点估计为600万元。管理层将预计负债调增至550万元。A注册会计师将未调整的50万元作为错报累积。

（5）A注册会计师认为应收账款坏账准备的计提存在特别风险，在了解相关内部控制后，对应收账款坏账准备实施了实质性分析程序，结果满意，据此认可了管理层计提的金额。

要求：

针对上述第（1）至（5）项，逐项指出A注册会计师的做法是否恰当。如不恰当，简要说明理由。

【答案】

事项序号	是否恰当（恰当/不恰当）	理由
（1）	不恰当	作出的区间估计需要包括所有合理的结果而不是所有可能的结果
（2）	不恰当	2016年度财务报表中的会计估计与实际结果存在差异，并不必然表明2016年度财务报表存在错报
（3）	不恰当	还应当执行程序评价盈利预测中假设的合理性/仅执行询问和重新计算无法获取有关假设合理性的充分、适当的审计证据
（4）	恰当	—
（5）	不恰当	对特别风险的应对程序仅为实质性程序时，应当包括细节测试

查看本节视频，快速 GET 知识点
使用“会计云课堂”App 或“微信”扫码

第二节　关联方的审计

相关说明	某些情况下，关联方关系及其交易的性质可能导致（★★★千万注意：不是必须）关联方交易比非关联方交易具有更高的财务报表重大错报风险
审计目标	1. 无论适用的财务报告编制基础是否对关联方作出规定，充分了解关联方关系及其交易，以便能够确认由此产生的、与识别和评估由于舞弊导致的重大错报风险相关的舞弊风险因素（如有）；根据获取的审计证据，就财务报表受到关联方关系及其交易的影响而言，确定财务报表是否实现公允反映 2. 如果适用的财务报告编制基础对关联方作出规定，获取充分、适当的审计证据，确定关联方关系及其交易是否已按照适用的财务报告编制基础得到恰当识别、会计处理和披露

例题精讲

【例题 12 · 2016 年多选题】下列有关关联方审计的说法中，错误的有（　　）。

A. 关联方交易比非关联方交易具有更高的财务报表重大错报风险

B. 如果识别出管理层未向注册会计师披露的重大关联方交易，注册会计师应当出具非无保留意见的审计报告

C. 如果适用的财务报告编制基础未对关联方作出规定，注册会计师无须对关联方关系及其交易实施审计程序

D. 如果与被审计单位存在担保关系的其他方不在管理层提供的关联方清单上，注册会计师需要对是否存在未披露的关联方保持警觉

【解析】许多关联方交易是指在正常经营过程中发生的，与类似的非关联方交易相比，这些关联方交易可能并不具有更高的财务报表重大错报风险，选项 A 错误；如果识别出管理层未向注册会计师披露的重大关联方交易，注册会计师应当实施审计程序，而非直接据此出具非无保留意见的审计报告，选项 B 错误；即使适用的财务报告编制基础对关联方作出很少的规定或没有作出规定，注册会计师仍然需要了解被审计单位的关联方关系及其交易，以足以确定财务报表是否实现公允反映，选项 C 错误。

【答案】ABC

01　风险评估程序和相关工作（3 个方面）

（一）项目组内部的讨论（三方面之一）

讨论内容 （共 5 点）	（1）关联方关系及其交易的性质和范围 （2）强调在整个审计过程中对关联方关系及其交易导致的潜在重大错报风险保持职业怀疑的重要性 （3）可能显示管理层以前未识别或未向注册会计师披露的关联方关系或关联方交易的情形或状况 （4）可能显示存在关联方关系或关联方交易的记录或文件 （5）管理层和治理层对关联方关系及其交易进行识别、恰当会计处理和披露的重视程度，以及管理层凌驾于相关控制之上的风险

（二）询问管理层（三方面之二）

询问内容		注册会计师应当向管理层询问如下事项：（熟悉，共3点） （1）关联方的名称和特征，包括关联方自上期以来发生的变化 （2）被审计单位和关联方之间关系的性质 （3）被审计单位在本期是否与关联方发生交易，如发生，交易的类型、定价政策和目的
处理原则	作出规定	如果适用的财务报告编制基础对关联方作出了规定： （1）管理层可能拥有关联方的详细清单以及自上期以来关联方发生变化情况的详细清单 （2）在连续审计的情况下，向管理层进行询问，可以为注册会计师提供将其在以前审计中形成的有关关联方的工作记录与管理层提供的信息进行比较的基础
	没有规定	（1）如果适用的财务报告编制基础没有对关联方作出规定，被审计单位可能就没有上述信息系统 （2）在这种情况下，注册会计师对被审计单位关联方名称和特征的询问，可能构成其实施风险评估程序和相关活动的一部分
	集团审计	对于集团审计业务，审计准则要求集团项目组向组成部分注册会计师提供： （1）集团管理层编制的关联方清单 （2）集团项目组知悉的任何其他关联方

（三）与关联方关系及其交易相关的控制（★★★注意：必须了解）（三方面之三）

1. 存在相关控制

基本原则	如果管理层建立了与关联方关系及其交易相关的控制，注册会计师应当获取对相关控制的了解
实施程序	①询问管理层和被审计单位内部其他人员 ②实施其他适当的风险评估程序
了解内容	对相关控制的了解包括如下内容：（3个方面） ①按照适用的财务报告编制基础，对关联方关系及其交易进行识别、会计处理和披露 ②授权和批准重大关联方交易和安排 ③授权和批准超出正常经营过程的重大交易和安排
其他人员	①被审计单位内部的其他人员在某种程度上并不构成管理层，但也可能知悉关联方关系及其交易以及相关控制 ②这些人员可能包括：（5类人员，均为内部人员） a. 治理层成员 b. 负责生成、处理或记录超出正常经营过程的重大交易的人员，以及对其进行监督或监控的人员 c. 内部审计人员 d. 内部法律顾问 e. 负责道德事务的人员
相关说明	无论适用的财务报告编制基础是否对关联方作出规定，在履行监督责任的过程中，治理层需要向管理层获取信息，以了解关联方关系及其交易的性质和商业理由

2. 不存在相关的控制或控制存在缺陷

相关举例	被审计单位可能不存在与关联方关系及其交易相关的控制或控制存在缺陷的情形举例： ①管理层对识别和披露关联方关系及其交易的重视程度较低 ②缺乏治理层的适当监督 ③由于披露关联方可能会泄露管理层认为敏感的某些信息（如关联方交易涉及管理层家庭成员），管理层有意忽视相关控制 ④管理层未能充分了解适用的财务报告编制基础对关联方的有关规定 ⑤适用的财务报告编制基础没有对关联方披露作出规定

例题精讲

【例题 13 · 2011 年单选题】在询问关联方关系时，下列组织或人员中，注册会计师的询问对象通常不包括的是（　　）。

A. 内部审计人员　　B. 董事会成员

C. 证券监管机构　　D. 内部法律顾问

【解析】注册会计师应当询问管理层和被审计单位内部其他人员，被审计单位内部的其他人员在某种程度上并不构成管理层，但也可能知悉关联方关系及其交易以及相关控制。这些人员可能包括：(1) 治理层成员；(2) 负责生成、处理或记录超出正常经营过程的重大交易的人员，以及对其进行监督或监控的人员；(3) 内部审计人员；(4) 内部法律顾问；(5) 负责道德事务的人员。不包括选项 C。

【答案】C

02 识别和评估重大错报风险

（一）总体要求

注册会计师应当识别和评估关联方关系及其交易导致的重大错报风险，并确定这些风险是否为特别风险。

（二）关联方关系及其交易可能导致下列重大错报风险（5 个方面）

1. 超出被审计单位正常经营过程的重大关联方交易导致的重大错报风险（五方面之一）

注册会计师应当将识别出的、超出被审计单位正常经营过程的重大关联方交易导致的风险确定为特别风险。（超、重、关）（舞弊、管理层凌驾于控制之上）

2. 存在具有支配性影响的关联方导致的重大错报风险（五方面之二）

判断原则	管理层由一个或少数几个人支配且缺乏补偿性控制是一项舞弊风险因素，而具有支配性影响的关联方（通常为控股股东或实际控制人）借助对被审计单位财务和经营政策实施控制和重大影响的能力，通常能够对被审计单位或其管理层甚至治理层施加支配性影响

表现形式	关联方施加的支配性影响可能表现在下列方面：（关联方做主：8个方面） （1）关联方否决管理层或治理层作出的重大经营决策 （2）重大交易需经关联方的最终批准 （3）日常经营（采购、销售或技术支持）高度依赖关联方或关联方提供的资金支持 （4）对关联方提出的业务建议，管理层和治理层未曾或很少进行讨论即获得通过 （5）对涉及关联方（或与关联方关系密切的家庭成员）的交易，管理层和治理层极少进行独立复核和批准 （6）管理层或治理层成员由关联方选定，独立董事实质上不独立，或者与关联方存在密切关系 （7）存在实际控制人、控股股东或者单一大股东，并利用其影响力凌驾于被审计单位内部控制之上，或使被审计单位管理层在作出决策时只关注单方面的利益，且相关决策在治理层（如董事会）缺乏充分的讨论 （8）如果关联方在被审计单位的设立和日后经营管理中均发挥主导作用，也可能表明存在支配性影响
舞弊的判断	如果存在能够对被审计单位或其管理层、治理层施加支配性影响的关联方，并同时出现其他风险因素，可能表明被审计单位存在由于舞弊导致的特别风险。例如：（3个方面：简单了解） （1）异常频繁地变更高级管理人员或专业顾问（例如，法律或财务顾问等），可能表明被审计单位为关联方谋取利益而从事不道德或虚假的交易 （2）通过中间机构开展的重大交易，且难以判断通过中间机构开展该交易的必要性以及交易是否具有合理的商业理由，这可能表明关联方或被审计单位出于舞弊目的，通过控制这些中间机构从交易中获利 （3）有证据显示关联方过度干涉或关注会计政策的选择或重大会计估计的作出，可能表明存在虚假财务报告

3. 管理层未能识别出或未向注册会计师披露的关联方关系或重大关联方交易导致的重大错报风险（无意：管理层可能缺乏足够的胜任能力；有意：可能存在舞弊）（五方面之三）

判断原则	某些安排或其他信息可能显示存在管理层未向注册会计师披露的关联方关系或关联方交易，包括： （1）与其他机构或人员组成不具有法人资格的合伙企业 （2）按照超出正常经营过程的交易条款和条件，向特定机构或人员提供服务的安排 （3）担保和被担保关系
相关说明	（1）注册会计师在审计过程中需要对管理层可能未披露的关联方关系及其交易保持警觉 （2）通常情况下，相互独立的交易双方之间的具有合理商业理由的交易通常需要最大程度地满足交易双方各自的利益 因此，如果一项交易中，交易一方利益明显受损而另一方明显得利的话，很可能表明交易双方不独立或交易理由不合理，注册会计师需要对此保持足够的职业怀疑

4. 管理层披露关联方交易是公平交易时可能存在的重大错报风险【关注两个方面：①交易价格；②其他条款和条件（如信用条款、对产品的质量要求等）】（五方面之四）

5. 管理层未能按照适用的财务报告编制基础对特定关联方关系及其交易进行恰当会计处理和披露导致的重大错报风险（产生原因：管理层不熟悉相关财务报告编制基础、粉饰财务报表等）（五方面之五）

例题精讲

【例题14·2016年单选题】下列情形中，注册会计师应当将其评估为存在特别风险的是（　　）。

A. 被审计单位将重要子公司转让给实际控制人控制的企业并取得大额转让收益

B. 被审计单位对母公司的销量占总销量的50%

C. 被审计单位与收购交易的对方签订了对赌协议

D. 被审计单位销售产品给子公司的价格低于销售给第三方的价格

【解析】选项BCD是“可以”将其评估为存在特别风险而非“应当”。

【答案】A

03 针对重大错报风险的应对措施（5个方面）

（一）应对超出被审计单位正常经营过程的重大关联方交易导致的重大错报风险（重点掌握★★★）（五方面之一）

对于识别出的超出正常经营过程的重大关联方交易，注册会计师应当：（共2点）

1. 检查相关合同或协议（如有）

如果检查相关合同或协议，注册会计师应当评价：（共3点）

（1）交易的商业理由（或缺乏商业理由）是否表明被审计单位从事交易的目的可能是为了对财务信息作出虚假报告或为了隐瞒侵占资产的行为；

（2）交易条款是否与管理层的解释一致；

（3）关联方交易是否已按照适用的财务报告编制基础得到恰当会计处理和披露。

2. 获取交易已经恰当授权和批准的审计证据【可以为（★★★注意：不是必须）注册会计师提供审计证据】

富富有提示

①授权和批准本身不足以就是否不存在由于舞弊或错误导致的重大错报风险得出结论。（可能存在串通舞弊）

②如果存在未经授权和批准的这类交易，且注册会计师与管理层或治理层进行讨论后仍未获取合理解释，可能表明存在由于舞弊或错误导致的重大错报风险。在这种情况下，注册会计师可能需要对其他类似性质的交易保持警觉。

例题精讲

【例题15·2021年综合题】上市公司甲公司是ABC会计师事务所的常年审计客户，主要从事医疗器械的生产和销售。A注册会计师负责审计甲公司2020年度财务报表，确定财务报表整体的重要性为1000万元。

资料三：

A注册会计师在审计工作底稿中记录了审计计划，部分内容摘录如下：

（3）2020年11月，甲公司将一家严重亏损的子公司转让给关联方，确认处置收益3000万元。A注册会计师拟对该交易实施以下程序：检查交易的授权审批情况；检查相关合同并评价交易条款是否与管理层的解释一致；检查该子公司的工商变更登记情况；检查甲公司收到股权转让款的相关单据；评价该交易会计处理和披露是否恰当。

要求：

针对资料三第（3）项，假定不考虑其他条件，指出A注册会计师的做法是否恰当。如不恰当，简要说明理由。

【答案】

事项序号	是否恰当（是/否）	理由
（3）	否	还应评价交易的商业理由是否合理

【例题16·2017年单选题】 下列有关超出被审计单位正常经营过程的重大关联方交易的说法中，错误的是（　　）。

A. 此类交易导致的风险可能不是特别风险

B. 注册会计师应当评价此类交易是否已按照适用的财务报告编制基础得到恰当会计处理和披露

C. 注册会计师应当检查与此类交易相关的合同或协议，以评价交易的商业理由

D. 此类交易经过恰当授权和批准，不足以就其不存在由于舞弊或错误导致的重大错报风险得出结论

【解析】 选项A错误，注册会计师应当将识别出的、超出被审计单位正常经营过程的重大关联方交易导致的风险确定为特别风险。

【答案】 A

【例题17·2014年综合题】 A注册会计师负责审计甲集团公司2013年度财务报表，确定集团财务报表整体的重要性为200万元。

资料三：

A注册会计师在审计工作底稿中记录了具体审计计划，部分内容摘录如下：

（2）2013年，甲集团公司以500万元向具有支配性影响的母公司购买一项资产，A注册会计师了解到该交易已经董事会授权和批准，因此，认为不存在重大错报风险，拟通过检查合同等相关支持性文件获取审计证据。

要求：

针对资料三第（2）项，假设不考虑其他条件，指出A注册会计师的处理是否恰当。如不恰当，简要说明理由。

【答案】

事项序号	是否恰当（恰当/不恰当）	理由
（2）	不恰当	母公司对甲集团公司具有支配性影响，甲集团公司与授权和批准相关的控制可能是无效的，因此授权和批准本身不足以就是否不存在重大错报风险得出结论

（二）应对存在具有支配性影响的关联方导致的重大错报风险（五方面之二）

基本原则	如果存在具有支配性影响的关联方，并且因此存在由于舞弊导致的重大错报风险，注册会计师将其评估为一项特别风险
审计程序	除了遵守《中国注册会计师审计准则第 1141 号——财务报表审计中与舞弊相关的责任》的总体要求外，注册会计师还可以实施诸如下列审计程序，以了解关联方与被审计单位直接或间接建立的业务关系，并确定是否有必要实施进一步的恰当的实质性程序：（5 个方面） 1. 询问管理层和治理层并与之讨论 2. 询问关联方 3. 检查与关联方之间的重要合同 4. 通过互联网或某些外部商业信息数据库，进行适当的背景调查 5. 如果被审计单位保留了员工的举报报告，查阅该报告

（三）应对管理层未能识别出或未向注册会计师披露的关联方关系或重大关联方交易导致的重大错报风险（五方面之三）

（1）为确定是否存在管理层和治理层未向注册会计师披露的关联方关系或关联方交易，注册会计师应当检查：（3 个方面：在实施审计程序时获取的）

①银行和律师询证函回函；

②股东会和治理层会议纪要；

③认为必要的其他记录和文件。

（2）如果识别出可能表明存在管理层以前未识别出或未向注册会计师披露的关联方关系或关联方交易的安排或信息，注册会计师应当确定相关情况是否能够证实关联方关系或关联方交易的存在。

（3）实施的审计程序。（8 个方面）

如果注册会计师认为必要且可行，可以考虑实施的程序包括：

①访谈被审计单位的控股股东、实际控制人、治理层以及关键管理人员等，必要时就访谈内容获取上述人员的书面确认或执行函证程序。

②以被审计单位控股股东、实际控制人、治理层以及关键管理人员为起点，通过互联网查询或第三方商业信息服务机构实施背景调查，用以识别与这些个人或机构有关联方关系或受其控制的实体，评估这些实体与被审计单位的关系。

如果认为必要且可行，注册会计师也可以考虑将上述访谈和背景调查扩大至其他主要股东及其他相关人员。

③运用数据分析工具，设置特定分析条件对被审计单位的交易信息进行分析，识别是否存在管理层未向注册会计师披露的关联方关系和交易，例如：

a. 识别被审计单位与并非客户或供应商的实体之间的大额资金往来、在月初和月末发生的大额资金收付等；

b. 识别交易规模、频率等明显异于被审计单位通常的交易规模或频率的事项，如交易异常频繁，或交易虽不频繁，但单次交易金额重大的事项；

c. 识别在会计记录中首次出现的交易对方，检查其是否包含在管理层提供的当期新增客户或供应商名单中。

④亲自获取被审计单位的企业信用报告，关注企业信用报告内容的完整性，检查企业信用报告中显示的内容，包括对外担保等，是否已经完整包含在被审计单位管理层披露的信息中。

⑤检查被审计单位银行对账单中与疑似关联方的大额资金往来交易，关注对账单中是否存在异常的资金流动，关注资金或商业汇票往来是否以真实、合理的交易为基础。

⑥识别被审计单位银行对账单中与实际控制人、控股股东或高级管理人员的大额资金往来交易，关注是否存在异常的资金流动，关注资金往来是否以真实、合理的交易为基础。

如果评估认为这些大额资金往来性质异常，注册会计师还可以要求实际控制人、控股股东或高级管理人员提供其自身的银行对账单，并检查其中与被审计单位之间的资金往来。

⑦在获得被审计单位授权后（★★注意），向为被审计单位提供过税务和咨询服务的有关人员询问其对关联方的了解。

⑧在获得被审计单位授权后（★★注意），通过律师或其他调查机构获取被审计单位的诉讼信息，关注其中是否存在涉及由于被审计单位对外提供担保而引起的诉讼以及诉讼的内容、性质，评价相关对外担保是否涉及关联方，如果涉及关联方，关联方关系和交易是否已在财务报表中恰当披露。

（4）如果注册会计师识别出重大异常情况，使其对某些供应商、客户或其他交易对方是否为被审计单位关联方存有重大疑虑，注册会计师还可以考虑实施以下程序：（6个程序）

①针对交易对方实施背景调查：

a. 将其股东情况、注册时间、注册地址、办公地址、网站地址、邮箱域名、注册登记的联系人及其电话和邮箱等信息与被审计单位的相关信息进行比对；（基本情况比对）

b. 将交易对方的法定代表人、董事、高级管理人员与被审计单位实际控制人、董事、监事、高级管理人员的名单进行比对；（相关人员比对）

c. 考虑交易对方的日常经营范围和规模是否与相关交易相匹配。（相关交易比对）

②查询交易对方在报告期内或邻近报告期末的股权架构的变动情况，在必要且可行的情况下，考虑是否需要逐级向上追溯至其实际控制人，将查询结果与被审计单位实际控制人、董事、监事、高级管理人员的名单进行比对。

③获取管理层提供的当期新增客户和供应商清单，考虑被审计单位与客户和供应商的首次交易时间是否与客户和供应商的注册成立时间重合或接近，以考虑客户和供应商是否仅为与被审计单位开展交易而设立，并考虑客户和供应商是否可能与被审计单位存在关联方关系。

④询问直接参与交易的基层员工，以了解相关交易的执行情况是否与被审计单位管理层提供的信息一致。

⑤实施函证和实地走访，包括观察交易对方的经营场所、货物进出情况，现场询问相关人员，以了解该交易对方与被审计单位的交易详情。

⑥利用其他专业人士或机构的工作，如反舞弊专家、信用调查机构或律师的协助。

（四）应对管理层披露关联方交易是公平交易时可能存在的重大错报风险（五方面之四）

（1）如果管理层在财务报表中作出认定，声明关联方交易是按照等同于公平交易中通行的条款执行的，注册会计师应当就该项认定获取充分、适当的审计证据。

（2）管理层用于支持这项认定的措施可能包括：（★★共3点：条款、价格）

①将关联方交易条款与相同或类似的非关联方交易的条款进行比较；

②聘请外部专家确定交易的市场价格，并确认交易的条款和条件；

③将关联方交易条款与公开市场进行的类似交易的条款进行比较。

（3）注册会计师评价管理层如何支持这项认定，可能涉及下列一个或多个方面：

①考虑管理层用于支持其认定的程序是否恰当；

②验证支持管理层认定的内部或外部数据来源，对这些数据进行测试，以判断其准确性、完整性和相关性；

③评价管理层认定所依据的重大假设的合理性。

（4）如果无法获取充分、适当的审计证据，合理确信管理层关于关联方交易是公平交易的披露，注册会计师可以要求管理层撤销此披露。

如果管理层不同意撤销，注册会计师应当考虑其对审计报告的影响。（保留意见或无法表示意见）

（五）应对管理层未能按照适用的财务报告编制基础对特定关联方关系及其交易进行恰当会计处理和披露导致的重大错报风险（五方面之五）

（1）注册会计师应当评价：（共2点）

①识别出的关联方关系及其交易是否已按照适用的财务报告编制基础得到恰当会计处理和披露。

②关联方关系及其交易是否导致财务报表未实现公允反映。

（2）注册会计师需要考虑被审计单位是否已对关联方关系及其交易进行了恰当汇总和列报，以使披露具有可理解性。

当存在下列情形之一时，表明管理层对关联方交易的披露可能不具有可理解性：

①关联方交易的商业理由以及交易对财务报表的影响披露不清楚，或存在错报；

②未适当披露为理解关联方交易所必需的关键条款、条件或其他要素。

富富有提示

由于关联方之间很可能串通舞弊，隐瞒关联方关系或关联方交易，注册会计师需要：（3个方面）

①在整个审计过程中保持足够的职业怀疑；

②审慎评价管理层及关联方提供的解释以及获取的审计证据；

③特别关注审计过程中取得的或关注到的任何存在不一致或相互矛盾的信息或证据。

04 其他相关审计程序

（一）获取书面声明（★★掌握）

应当获取	如果适用的财务报告编制基础对关联方作出规定，注册会计师应当向管理层和治理层（如适用）获取下列书面声明：（共2点） 1. 已经向注册会计师披露了全部已知的a. 关联方名称和特征、b. 关联方关系及其交易（该说的全说了） 2. 已经按照适用的财务报告编制基础的规定，对关联方关系及其交易进行了恰当的会计处理和披露

可以获取	在下列情况下，注册会计师向治理层获取书面声明可能是适当的：（共 3 点，简单了解）（横插一脚） 1. 治理层批准某项特定关联方交易，该项交易可能对财务报表产生重大影响或涉及管理层 2. 治理层就某些关联方交易的细节向注册会计师作出口头声明 3. 治理层在关联方或关联方交易中享有财务或者其他利益

富富有提示

注册会计师还可能决定就管理层作出的某项特殊认定获取书面声明，如管理层对特殊关联方交易不涉及某些未予披露的“背后协议”的声明。

例题精讲

【例题 18 · 2012 年多选题】 在适用的财务报告编制基础对关联方作出规定的情况下，下列各项中，应当包含在被审计单位管理层和治理层（如适用）书面声明中的有（　　）。

A. 已向注册会计师披露了全部已知的关联方名称和特征

B. 已向注册会计师披露了全部已知的关联方关系及其交易

C. 已按照适用的财务报告编制基础的规定，对关联方关系和交易进行了恰当的会计处理

D. 已按照适用的财务报告编制基础的规定，对关联方关系和交易进行了恰当的披露

【解析】 如果适用的财务报告编制基础对关联方作出规定，注册会计师应当向管理层和治理层（如适用）获取下列书面声明：

（1）已经向注册会计师披露了全部已知的关联方名称和特征、关联方关系及其交易；

（2）已经按照适用的财务报告编制基础的规定，对关联方关系及其交易进行了恰当的会计处理和披露。

【答案】 ABCD

（二）与治理层沟通

基本原则	除非治理层全部成员参与管理被审计单位，注册会计师应当与治理层沟通审计工作中发现的与关联方相关的重大事项
相关举例	下列情形是与关联方相关的重大事项的举例：（熟悉，共 5 点） 1. 管理层有意或无意未向注册会计师披露关联方关系或重大关联方交易。沟通这一情况可以提醒治理层关注以前未识别的重要关联方和关联方交易 2. 识别出的未经适当授权和批准的、可能产生舞弊嫌疑的重大关联方交易 3. 注册会计师与管理层在按照适用的财务报告编制基础的规定披露重大关联方交易方面存在分歧 4. 违反适用的法律法规有关禁止或限制特定类型关联方交易的规定 5. 在识别被审计单位最终控制方时遇到的困难

例题精讲

【例题 19 · 2020 年简答题】 ABC 会计师事务所的 A 注册会计师负责审计甲公司 2019 年度财务报表。与关联方审计相关的部分事项如下：

（1）A注册会计师通过询问关联方名称、关联方自上期以来发生的变化、是否与关联方发生交易以及交易的类型、定价政策和目的，向管理层了解了关联方关系及其交易，并在审计工作底稿中记录了询问情况。

（2）甲公司与关联方乙公司签订协议，向其转让一幢办公楼并售后回租。A注册会计师认为该项交易影响重大，查阅了相关协议，评价了交易的商业合理性和交易价格的公允性，向管理层询问核实了交易条款，检查了收款记录和过户文件，结果满意，据此认可了该交易的会计处理和披露。

（3）甲公司管理层在财务报表附注中披露，其向控股股东控制的集团财务公司的借款为公平交易。A注册会计师将该借款的利率与同期银行借款利率进行了比较，未发现差异，据此认可了管理层的披露。

（4）因会计人员疏忽，甲公司将与关联方丙公司的交易误披露为与关联方丁公司的交易。A注册会计师要求管理层作出调整，并检查了其他关联方交易的披露是否存在类似情况，结果满意，因而未与治理层沟通该事项。

（5）A注册会计师怀疑甲公司2019年末新增的大客户戊公司是甲公司的关联方。管理层解释戊公司是甲公司为开拓某地市场而签约的总经销商，并非关联方。A注册会计师查阅了相关的经销合同，向戊公司函证了销售金额和应收账款余额，检查了出库物流单据和签收记录，结果满意，认可了管理层的解释。

要求：

针对上述第（1）至（5）项，逐项指出A注册会计师的做法是否恰当。如不恰当，简要说明理由。

【答案】

事项序号	是否恰当（恰当/不恰当）	理由
（1）	不恰当	还应询问关联方的特征/关联方关系的性质
（2）	不恰当	还应获取交易已经恰当授权和批准的审计证据
（3）	不恰当	还应比较该借款的其他条款和条件
（4）	恰当	—
（5）	不恰当	还应就是否存在关联方关系实施进一步的审计程序/所实施程序无法证实是否存在关联方关系

第三节　考虑持续经营假设

查看本节视频，快速GET知识点
使用“会计云课堂”App或“微信”扫码

会计基本假设
- 会计主体
- 持续经营
- 会计分期
- 货币计量

01 管理层的责任和注册会计师的责任

管理层的责任	由于持续经营假设是编制财务报表的基本原则，无论财务报告编制基础是否对此作出明确规定，管理层都需要在编制财务报表时评估持续经营能力
注册会计师的责任	两方面：★★★必须掌握 1. 就管理层在编制和列报财务报表时运用持续经营假设的适当性获取充分、适当的审计证据 2. 就持续经营能力是否存在重大不确定性得出结论
相关说明	1. 即使财务报告编制基础没有明确要求管理层作出专门评估，注册会计师仍然存在这种责任 2. 注册会计师未在审计报告中提及持续经营的不确定性，不能被视为对被审计单位持续经营能力的保证

02 风险评估程序和相关活动

在实施风险评估程序时，注册会计师应当考虑：（共 2 点）

（1）是否存在可能导致对持续经营能力产生重大疑虑的事项或情况；

（2）确定管理层是否已对被审计单位持续经营能力作出初步评估，详见下列两种情况：

是否作出初步评估	应对措施
已经作出	①应当与管理层进行讨论 ②确定管理层是否已识别出对持续经营能力产生重大疑虑的事项或情况 ③如果已识别出，应当与其讨论应对计划
未作出	①应当与管理层讨论其拟运用持续经营假设的基础 ②询问管理层是否存在可能导致对持续经营能力产生重大疑虑的事项或情况

（一）财务方面（共 11 点）

（1）净资产为负或营运资金出现负数。

（2）定期借款即将到期，但预期不能展期或偿还，或过度依赖短期借款为长期资产筹资。

（3）存在债权人撤销财务支持的迹象。

（4）历史财务报表或预测性财务报表表明经营活动产生的现金流量净额为负数。

（5）关键财务比率不佳。

（6）发生重大经营亏损或用以产生现金流量的资产的价值出现大幅下跌。

（7）拖欠或停止发放股利。

（8）在到期日无法偿还债务。

（9）无法履行借款合同的条款。

（10）与供应商由赊购变为货到付款。

（11）无法获得开发必要的新产品或进行其他必要的投资所需的资金。

（二）经营方面（共 6 点）

（1）管理层计划清算被审计单位或终止经营。

（2）关键管理人员离职且无人替代。

（3）失去主要市场、关键客户、特许权、执照或主要供应商。

（4）出现用工困难问题。（尤其科技研发人员）

（5）重要供应短缺。

（6）出现非常成功的竞争者。

（三）其他方面（共 4 点）

（1）违反有关资本或其他法定要求。

（2）未决诉讼或监管程序，可能导致其无法支付索赔金额。（联系期后事项审计中未决诉讼的内容）

（3）法律法规或政府政策的变化预期会产生不利影响。

（4）对发生的灾害未购买保险或保额不足。

富富有提示

①以上示例（共 21 项）并不能涵盖所有事项或情况，也不意味着存在其中一个或多个项目就一定表明存在重大不确定性，就必然导致被审计单位无法持续经营。

②某些措施通常可以减轻这些事项或情况的严重性，注册会计师对此应作出职业判断。

例如被审计单位无法正常偿还债务的影响，可能被管理层通过替代方法保持足够的现金流量所抵销，如处置资产、重新安排贷款偿还或获得额外资本金计划。

③如果被审计单位存在资不抵债、无法偿还到期债务等事项或情况，这可能表明被审计单位存在因持续经营问题导致的重大错报风险，该项风险与财务报表整体广泛相关，从而会影响多项认定。（★★）

03 评价管理层对持续经营能力作出的评估

（一）管理层评估涵盖的期间（★★★与注册会计师的评估期间相同）

管理层对持续经营能力的合理评估期间应是自财务报表日起的下一个会计期间。

如果评估期间短于财务报表日起的 12 个月，注册会计师应当提请管理层将评估期间至少延长至自财务报表日起的 12 个月。

例题精讲

【例题 20 · 2012 年单选题】注册会计师对被审计单位 2011 年 1 月至 6 月财务报表进行审计，并于 2011 年 8 月 31 日出具审计报告。下列各项中，管理层在编制 2011 年 1 月至 6 月财务报表时，评估其持续经营能力应当涵盖的最短期间是（　　）。

A. 2011 年 7 月 1 日至 2012 年 6 月 30 日止期间

B. 2011 年 9 月 1 日至 2012 年 8 月 31 日止期间

C. 2011 年 7 月 1 日至 2011 年 12 月 31 日止期间

D. 2011 年 7 月 1 日至 2012 年 12 月 31 日止期间

【解析】 管理层对持续经营能力的合理评估期间应是自财务报表日起的下一个会计期间。所以选项 A 正确。

【答案】 A

（二）管理层的评估、支持性分析和注册会计师的评价

富富有提示

纠正管理层缺乏分析的错误不是注册会计师的责任。

（1）在某些情况下，管理层缺乏详细分析以支持其评估，可能不妨碍注册会计师确定管理层运用持续经营假设是否适合具体情况。

例如，如果被审计单位具有盈利经营的记录并很容易获得财务支持，管理层可能不需要进行详细分析就能作出评估。（注意：只是不需要详细分析）

在这种情况下，如果其他审计程序足以使注册会计师认为管理层在编制财务报表时运用的持续经营假设适合具体情况，注册会计师可能无须实施详细的评价程序，就可以对管理层评估的适当性得出结论。

（2）在其他情况下，注册会计师评价管理层对被审计单位持续经营能力所作的评估，可能包括：（4 方面）

①评价管理层作出评估时遵循的程序；

②评估依据的假设；

③管理层的未来应对计划；

④管理层的计划在当前情况下是否可行。

富富有提示

注册会计师应当考虑管理层作出的评估是否已考虑所有相关信息，其中包括（★★注意字眼）注册会计师实施审计程序获取的信息。

（3）管理层的评估所遵循的程序包括：

①对可能导致对其持续经营能力产生重大疑虑的事项或情况的识别；

②对相关事项或情况结果的预测；

③对拟采取改善措施的考虑和计划以及最终的评估结论。

（4）在考虑管理层作出的评估所依据的假设时，注册会计师需要考虑管理层对相关事项或情况结果的预测所依据的假设是否合理，并特别关注具有以下几类特征的假设：（重要的或异常的）

①对预测性信息具有重大影响的假设；

②特别敏感的或容易发生变动的假设；

③与历史趋势不一致的假设。

例题精讲

【例题 21 · 2015 年单选题】 下列有关注册会计师评价管理层对持续经营能力作出的评估

的说法中，错误的是（　　）。

A. 注册会计师应当纠正管理层对持续经营能力作出评估时缺乏分析的错误

B. 注册会计师应当询问管理层是否知悉超出评估期间的、可能导致对持续经营能力产生重大疑虑的事项或情况

C. 在评价管理层作出的评估时，注册会计师应当考虑该评估是否已包括注册会计师在审计过程中注意到的所有相关信息

D. 注册会计师评价的期间应当与管理层对持续经营能力作出评估期间相同，通常为自财务报表日起的十二个月

【解析】 纠正管理层缺乏分析的错误不是注册会计师的责任，所以选项A错误。

【答案】 A

【例题22·2014年单选题】 注册会计师应当评价管理层对持续经营能力作出的评估。下列说法中，错误的是（　　）。

A. 在某些情况下，管理层缺乏详细分析以支持其评估，并不妨碍注册会计师确定管理层运用持续经营假设是否适合具体情况

B. 注册会计师应当考虑管理层作出的评估是否已经考虑所有相关信息，这些信息不包括注册会计师实施审计程序时获取的信息

C. 如果管理层评价持续经营能力涵盖的期间短于自财务报表日起的十二个月，注册会计师应当要求管理层延长评估期间

D. 注册会计师应当考虑管理层对相关事项或情况结果的预测所依据的假设是否合理

【解析】 注册会计师应当考虑管理层作出的评估是否已考虑所有相关信息，其中包括注册会计师实施审计程序获取的信息，所以选项B不正确。

【答案】 B

04 超出管理层评估期间的事项或情况

（1）注册会计师应当询问管理层是否知悉超出评估期间的、可能导致对持续经营能力产生重大疑虑的事项或情况。

（2）在考虑更远期间发生的事项或情况时，只有持续经营事项的迹象达到重大时，注册会计师才需要考虑采取进一步措施。

（3）如果识别出这些事项或情况，注册会计师可能需要提请管理层评价这些事项或情况对于其评估被审计单位持续经营能力的潜在重要性。在这种情况下，注册会计师应当通过实施追加的审计程序（包括考虑缓解因素），获取充分、适当的审计证据，以确定是否存在重大不确定性。

（4）除询问管理层外，注册会计师没有责任实施其他任何审计程序，以识别超出管理层评估期间并可能导致对被审计单位持续经营能力产生重大疑虑的事项或情况。（只做“询问”程序）

例题精讲

【例题 23·2014 年单选题】下列有关注册会计师对持续经营假设的审计责任的说法中，错误的是（　　）。

A. 注册会计师有责任就管理层在编制和列报财务报表时运用持续经营假设的适当性获取充分、适当的审计证据

B. 如果适用的财务报告编制基础不要求管理层对持续经营能力作出专门评估，注册会计师没有责任对被审计单位的持续经营能力是否存在重大不确定性作出评估

C. 除询问管理层外，注册会计师没有责任实施其他审计程序，以识别超出管理层评估期间并可能导致对被审计单位持续经营能力产生重大疑虑的事项或情况

D. 注册会计师未在审计报告中提及持续经营能力的不确定性，不能被视为对被审计单位持续经营能力的保证

【解析】即使编制财务报表时采用的财务报告编制基础没有明确要求管理层对持续经营能力作出专门评估，注册会计师仍有责任就被审计单位持续经营能力是否存在重大不确定性得出结论，所以选项 B 错误。

【答案】B

05 识别出事项或情况时实施追加的审计程序（★★★）

基本原则	如果识别出可能导致对持续经营能力产生重大疑虑的事项或情况，注册会计师应当实施追加的审计程序(包括考虑缓解因素)，获取充分、适当的审计证据，以确定是否存在重大不确定性
审计程序	这些程序应当包括：（★★★5 个方面，客观题） 1. 如果管理层尚未对被审计单位持续经营能力作出评估，提请其进行评估 2. 评价管理层与持续经营能力评估相关的未来应对计划，这些计划的结果是否可能改善目前的状况，以及管理层的计划对于具体情况是否可行 管理层的应对计划可能包括管理层变卖资产、对外借款、重组债务、削减或延缓开支或者获得新的资本 3. 如果被审计单位已编制现金流量预测，且对预测的分析是评价管理层未来应对计划时所考虑的事项或情况的未来结果的重要因素，评价用于编制预测的基础数据的可靠性，并确定预测所基于的假设是否具有充分的支持 4. 考虑自管理层作出评估后是否存在其他可获得的事实或信息 5. 要求管理层和治理层（如适用）提供有关未来应对计划及其可行性的书面声明
相关说明	1. 如果合理预期不存在其他充分、适当的审计证据，注册会计师应当就对财务报表有重大影响的事项向管理层和治理层（如适用）获取书面声明(万般无奈) 2. 尽管被审计单位当前可能是盈利的，但一些特殊的事项或情况可能导致被审计单位发生重大损失（★）

例题精讲

【例题 24·2020 年多选题】如果识别出可能导致对被审计单位持续经营能力产生重大疑

虑的事项或情况，注册会计师应当实施追加的审计程序，以确定是否存在重大不确定性。下列各项审计程序中，注册会计师应当实施的有（　　）。

A. 评价与管理层评估持续经营能力相关的内部控制是否运行有效

B. 考虑自管理层作出评估后是否存在其他可获得的事实或信息

C. 如果管理层未对被审计单位持续经营能力作出评估，提请管理层进行评估

D. 要求管理层提供有关未来应对计划及其可行性的书面声明

【解析】如果识别出可能导致对持续经营能力产生重大疑虑的事项或情况，注册会计师应当通过实施追加的审计程序（包括考虑缓解因素），获取充分、适当的审计证据，以确定是否存在重大不确定性。这些程序应当包括：

（1）如果管理层尚未对被审计单位持续经营能力作出评估，提请其进行评估（选项 C）。

（2）评价管理层与持续经营能力评估相关的未来应对计划，这些计划的结果是否可能改善目前的状况，以及管理层的计划对于具体情况是否可行。

（3）如果被审计单位已编制现金流量预测，且对预测的分析是评价管理层未来应对计划时所考虑的事项或情况的未来结果的重要因素，评价用于编制预测的基础数据的可靠性，并确定预测所基于的假设是否具有充分的支持。

（4）考虑自管理层作出评估后是否存在其他可获得的事实或信息（选项 B）。

（5）要求管理层和治理层（如适用）提供有关未来应对计划及其可行性的书面声明（选项 D）。

【答案】BCD

06 审计结论

（一）判断原则

1. 考虑因素（2 个方面）

两个方面	判断原则
适当性	注册会计师应当评价是否就管理层编制财务报表时运用持续经营假设的适当性获取了充分、适当的审计证据，并就运用持续经营假设的适当性得出结论
重大不确定性	注册会计师应当根据获取的审计证据，运用职业判断，确定是否存在与事项或情况相关的重大不确定性（且这些事项或情况单独或汇总起来可能导致对被审计单位持续经营能力产生重大疑虑）并考虑对审计意见的影响

2. 重大不确定性的判断标准（关键词：有必要适当披露）

如果注册会计师根据职业判断认为，鉴于不确定性潜在影响的重要程度和发生的可能性，为了使财务报表实现公允反映，有必要适当披露该不确定性的性质和影响，则表明存在重大不确定性。

（二）审计结论

是否存在重大不确定性	处理原则
存在	如果认为运用持续经营假设适合具体情况，但存在重大不确定性，注册会计师应当确定： 1. 财务报表是否已充分描述可能导致对持续经营能力产生重大疑虑的主要事项或情况，以及管理层针对这些事项或情况的应对计划（事项或情况+应对计划） 2. 财务报表是否已清楚披露可能导致对持续经营能力产生重大疑虑的事项或情况存在重大不确定性，并由此导致被审计单位可能无法在正常的经营过程中变现资产和清偿债务
不存在	如果已识别出可能导致对被审计单位持续经营能力产生重大疑虑的事项或情况，但根据获取的审计证据，注册会计师认为不存在重大不确定性，则注册会计师应当根据适用的财务报告编制基础的规定，评价财务报表是否对这些事项或情况作出充分披露

07 对审计报告的影响

富富有图示

总体思路：

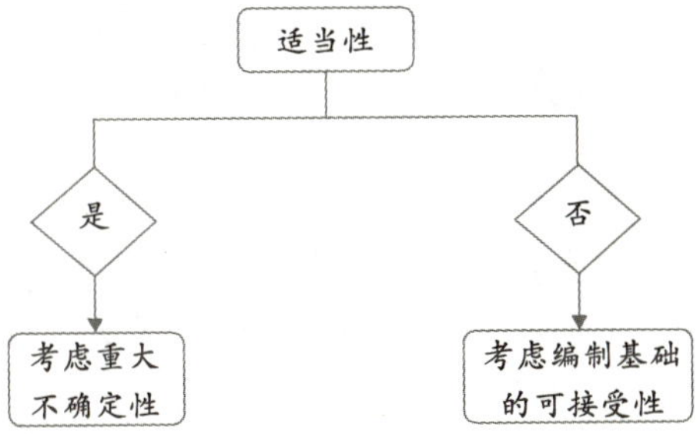

第一种情形：持续经营假设适当

第一个问题：适当性

第二个问题：重大不确定性

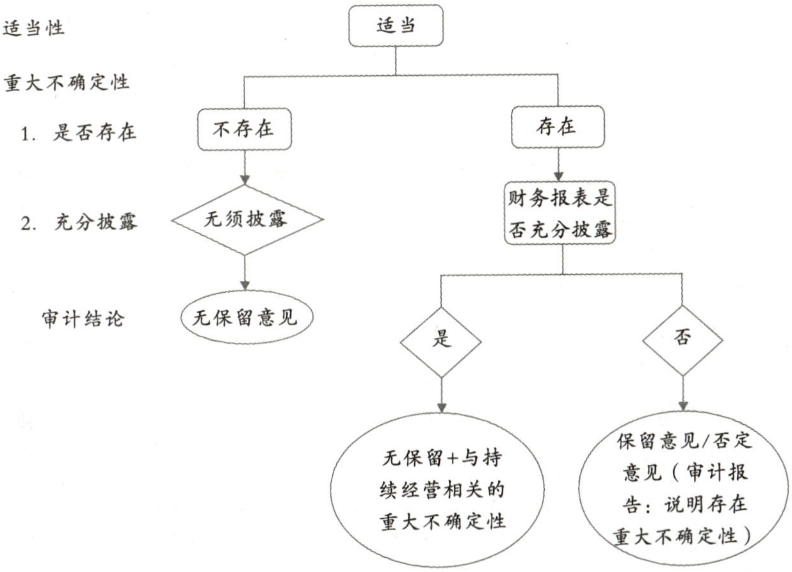

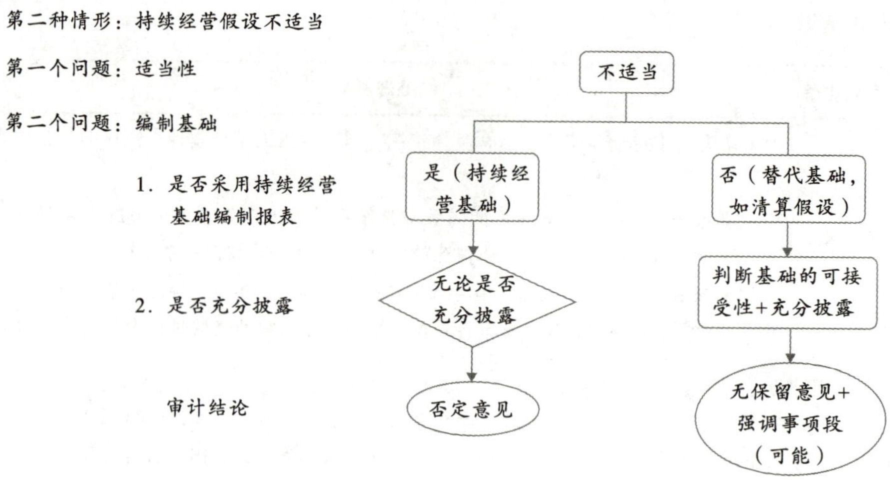

（一）被审计单位运用持续经营假设适当但存在重大不确定性

（1）如果运用持续经营假设适当，但存在重大不确定性，且财务报表对重大不确定性已作出充分披露，注册会计师应当发表无保留意见并在审计报告中增加以“与持续经营相关的重大不确定性”为标题的单独部分，以：

①提醒财务报表使用者关注财务报表附注中对所述事项的披露；

②说明这些事项或情况表明存在可能导致对被审计单位持续经营能力产生重大疑虑的重大不确定性，并说明该事项并不影响发表的审计意见。

富富有提示

在极少数情况下，当存在多项对财务报表整体具有重要影响的重大不确定性时，注册会计师可能认为发表无法表示意见而非增加以“与持续经营相关的重大不确定性”为标题的单独部分是适当的。

在极其特殊的情况下，可能存在多个不确定性事项。尽管注册会计师对每个单独的不确定事项获取了充分、适当的审计证据，但由于不确定事项之间可能存在相互影响，以及可能对财务报表产生累积影响，注册会计师不可能对财务报表形成审计意见。在这种情况下，注册会计师应当发表无法表示意见。

（2）如果财务报表未作出充分披露，注册会计师应当发表保留意见或否定意见。

（二）运用持续经营假设不适当

如果财务报表按照持续经营基础编制，而注册会计师运用职业判断认为管理层在编制财务报表时运用持续经营假设是不适当的，则无论财务报表中对管理层运用持续经营假设的不适当性是否作出披露，注册会计师均应当发表否定意见。

如果在具体情况下运用持续经营假设是不适当的，但管理层被要求或自愿选择编制财务报表，则可以采用替代基础（如清算基础）编制财务报表。注册会计师可以对财务报表进行审计，前提是注册会计师确定替代基础在具体情况下是可接受的编制基础。

如果财务报表对此作出了充分披露，注册会计师可以发表无保留意见，但也可能认为在审计报告中增加强调事项段是适当或必要的，以提醒财务报表使用者关注替代基础及其使用理由。

（三）严重拖延对财务报表的批准（2 句话）

（1）如果管理层或治理层在财务报表日后严重拖延对财务报表的批准，注册会计师应当询问拖延的原因。

（2）如果认为拖延可能涉及与持续经营评估相关的事项或情况，注册会计师有必要实施前述识别出可能导致对持续经营能力产生重大疑虑的事项或情况时追加的审计程序，并就存在的重大不确定性考虑对审计结论的影响。

例题精讲

【例题 25·根据历年真题改编简答题】ABC 会计师事务所的 A 注册会计师担任多家被审计单位 2015 年度财务报表审计的项目合伙人，遇到下列导致出具审计报告的事项：

（1）因甲公司严重亏损，董事会拟于 2016 年对其进行清算，管理层运用持续经营假设编制了 2015 年度财务报表，并在财务报表附注中充分披露了清算计划。

（2）乙公司于 2015 年 9 月起停止经营活动，董事会拟于 2016 年内清算乙公司。2015 年 12 月 31 日，乙公司账面资产余额主要为货币资金、其他应收款以及办公家具等固定资产，账面负债余额主要为其他应付款和应付工资。管理层认为，如采用持续经营编制基础，对上述资产和负债的计量并无重大影响，因此，仍以持续经营假设编制 2015 年度财务报表，并在财务报表附注中披露了清算计划。

（3）A 注册会计师认为，导致对丙公司持续经营能力产生重大疑虑的事项和情况存在重大不确定性。管理层不同意 A 注册会计师的结论，因此，未在财务报表附注中作出与其持续经营能力有关的披露。A 注册会计师拟在审计报告中增加其他事项段。

（4）A 注册会计师实施审计程序后，认为丁公司管理层运用持续经营假设编制财务报表不适当，拟在审计报告中增加与持续经营相关的重大不确定性部分，提醒财务报表使用者关注。

（5）戊公司的某重要子公司将于 2016 年清算，其 2015 年度财务报表以非持续经营为基础编制，戊公司管理层在合并财务报表附注中披露了该情况，A 注册会计师拟在对戊公司合并财务报表出具的审计报告中增加强调事项段，提醒财务报表使用者关注该事项。

要求：

（1）针对事项（1）和事项（2），A 注册会计师应当出具何种类型的审计报告，并简要说明理由。

（2）针对事项（3）至事项（5），假定不考虑其他条件，逐项指出 A 注册会计师的做法是否恰当。如不恰当，简要说明理由。

【答案】

针对要求（1）：

事项序号	报告类型	理由
（1）	否定意见审计报告	运用持续经营假设不适当
（2）	否定意见审计报告	运用持续经营假设不适当

针对要求（2）：

事项序号	是否恰当（恰当/不恰当）	理由
(3)	不恰当	管理层未披露持续经营能力存在重大不确定性/应当发表非无保留意见/保留意见或否定意见
(4)	不恰当	管理层运用持续经营假设不适当，应出具否定意见的审计报告
(5)	恰当	—

08 与治理层的沟通

基本原则	注册会计师应当与治理层就识别出的可能导致对被审计单位持续经营能力产生重大疑虑的事项或情况进行沟通，除非治理层全部成员参与管理被审计单位
沟通内容	与治理层的沟通应当包括下列方面：（4个方面） 1. 这些事项或情况是否构成重大不确定性 2. 管理层在编制财务报表时运用持续经营假设是否适当 3. 财务报表中的相关披露是否充分 4. 对审计报告的影响（如适用）

例题精讲

【例题26·2020年多选题】针对识别出的可能导致对被审计单位持续经营能力产生重大疑虑的事项或情况，假定治理层不参与管理被审计单位，下列各项中，注册会计师应当与治理层沟通的有（　　）。

A. 这些事项或情况是否构成关键审计事项

B. 注册会计师对这些事项或情况实施的审计程序及其结果

C. 这些事项或情况是否构成重大不确定性

D. 财务报表中的相关披露是否充分

【解析】注册会计师应当与治理层就识别出的可能导致对被审计单位持续经营能力产生重大疑虑的事项或情况进行沟通，除非治理层全部成员参与管理被审计单位。

与治理层的沟通应当包括下列方面：

（1）这些事项或情况是否构成重大不确定性（选项C）；

（2）管理层在编制财务报表时运用持续经营假设是否适当；

（3）财务报表中的相关披露是否充分（选项D）；

（4）对审计报告的影响（如适用）。

【答案】CD

【例题27·2019年单选题】如果注册会计师识别出可能导致对被审计单位持续经营能力产生重大疑虑的事项或情况，下列说法中，错误的是（　　）。

A. 注册会计师应当通过实施追加的审计程序，以确定这些事项或情况是否存在重大不确定性

B. 注册会计师应当考虑自管理层对持续经营能力作出评估后是否存在其他可获得的事实或信息

C. 注册会计师应当评价管理层与持续经营能力评估相关的未来应对计划对于具体情况是否可行

D. 注册会计师应当根据对这些事项或情况是否存在重大不确定性的评估结果，确定是否与治理层沟通

【解析】选项 D 错误，注册会计师应当与治理层就识别出的可能导致对被审计单位持续经营能力产生重大疑虑的事项或情况进行沟通，除非治理层全部成员参与管理被审计单位。

【答案】D

第四节　首次接受委托时对期初余额的审计

查看本节视频，快速 GET 知识点
使用“会计云课堂”App或“微信”扫码

01 期初余额的概念

含义	期初余额：是指期初存在的账户余额。期初余额以上期期末余额为基础，反映了以前期间的交易和事项以及上期采用的会计政策的结果
相关理解	正确理解期初余额的含义，需要把握以下三点： 1. 期初余额是期初已存在的账户余额 由于受上期期后事项、会计政策变更、前期会计差错更正等因素的影响，上期期末余额结转至本期时，有时需经过调整或重新表述(上期期末≠本期期初) 2. 期初余额反映了以前期间的交易和事项以及上期采用的会计政策的结果 3. 期初余额与注册会计师首次审计业务相联系 首次审计业务：是指上期财务报表未经审计，或上期财务报表由前任注册会计师审计的情况下接受的审计委托
着眼点	判断期初余额对本期财务报表的影响程度应着眼于以下三方面： 1. 上期结转至本期的金额 2. 上期所采用的会计政策 3. 上期期末已存在的或有事项及承诺
相关说明	注册会计师对财务报表进行审计，是对被审计单位所审期间财务报表发表审计意见，一般无须专门对期初余额发表审计意见(★★★注意：无须确定重要性水平)，但因为期初余额是本期财务报表的基础，所以要对期初余额实施适当的审计程序

例题精讲

【例题 28 · 2020 年多选题】下列有关首次审计业务的期初余额审计的说法中，正确的有（　　）。

A. 为确定期初余额是否含有对本期财务报表产生重大影响的错报，注册会计师应当确定

适用于期初余额的重要性水平

B. 查阅前任注册会计师审计工作底稿获取的信息可能影响后任注册会计师对期初余额实施审计程序的范围

C. 即使上期财务报表未经审计，注册会计师也无须专门对期初余额发表审计意见

D. 如果前任注册会计师对上期财务报表发表了非无保留意见，注册会计师在评估本期财务报表重大错报风险时，应当评价导致对上期财务报表发表非无保留意见的事项的影响

【解析】 注册会计师对财务报表进行审计，是对被审计单位所审期间财务报表发表审计意见，一般无须专门对期初余额发表审计意见，也无须确定适用于期初余额的重要性水平，选项 A 错误。

【答案】 BCD

02 期初余额的审计目标

审计目标	在执行首次审计业务时，注册会计师针对期初余额的目标是获取充分、适当的审计证据，以确定：（共 2 点） 1. 期初余额是否含有对本期财务报表产生重大影响的错报（金额） 2. 期初余额反映的恰当的会计政策是否在本期财务报表中得到一贯运用，或会计政策的变更是否已按照适用的财务报告编制基础作出恰当的会计处理和充分的列报与披露（会计政策）

例题精讲

【例题 29 · 2018 年单选题】 首次接受委托时，下列审计工作中，注册会计师应当执行的是（　　）。

A. 为期初余额确定财务报表整体的重要性和实际执行的重要性

B. 评价期初余额是否含有对上期财务报表产生重大影响的错报

C. 查阅前任注册会计师的审计工作底稿

D. 确定期初余额反映的恰当的会计政策是否在本期财务报表中得到一贯应用

【解析】 注册会计师无须为期初余额确定财务报表整体的重要性和实际执行的重要性水平，选项 A 错误；评价期初余额是否含有对本期财务报表产生重大影响的错报，选项 B 错误；查阅前任注册会计师的审计工作底稿，需要征得被审计单位的同意，且前任有自主决定权确定是否允许后任查阅以及摘录部分审计工作底稿，选项 C 错误。

【答案】 D

【例题 30 · 2014 年单选题】 甲公司 2012 年度财务报表已经 XYZ 会计师事务所的 X 注册会计师审计。ABC 会计师事务所的 A 注册会计师负责审计甲公司 2013 年度财务报表。下列有关期初余额审计的说法中，错误的是（　　）。

A. 为确定期初余额是否含有对本期财务报表产生重大影响的错报，A 注册会计师需要确定适用于期初余额的重要性水平

B. A 注册会计师应当阅读甲公司 2012 年度财务报表和相关披露，以及 X 注册会计师出具的审计报告

C. A 注册会计师未能对 2012 年 12 月 31 日存货实施监盘，因此，除对存货期末余额实施

审计程序，有必要对存货期初余额实施追加的审计程序

D. A注册会计师评估认为X注册会计师具备审计甲公司需要的独立性和专业胜任能力，因此，可能通过查阅2012年度审计工作底稿，获取关于非流动资产期初余额的充分、适当的审计证据

【答案】 A

03 审计程序（至少会客观题）

（一）总体原则

为达到期初余额的审计目标，注册会计师应当阅读下列内容，以获取与期初余额相关的信息：

1. 被审计单位最近期间的财务报表和相关披露
2. 前任注册会计师出具的审计报告（如有）

例题精讲

【例题31·2020年多选题】 对于首次审计业务，下列各项程序中，注册会计师应当实施的有（　　）。

A. 阅读前任注册会计师出具的审计报告

B. 阅读最近期间的财务报表

C. 在接受审计委托前与前任注册会计师沟通

D. 对期初银行存款余额实施函证程序

【解析】 为达到期初余额的审计目标，注册会计师应当阅读被审计单位最近期间的财务报表（选项B）和相关披露，以及前任注册会计师出具的审计报告（如有）（选项A），获取与期初余额相关的信息。

在接受委托前，后任注册会计师应当与前任注册会计师进行必要沟通（选项C），并对沟通结果进行评价，以确定是否接受委托。

【答案】 ABC

（二）影响期初余额的审计程序性质和范围的事项

注册会计师对期初余额需要实施的审计程序的性质和范围取决于下列事项：

（1）被审计单位运用的会计政策；

（2）账户余额、各类交易和披露的性质以及本期财务报表存在的重大错报风险；

（3）期初余额相对于本期财务报表的重要程度；

（4）上期财务报表是否经过审计，如果经过审计，前任注册会计师的意见是否为非无保留意见。

（三）注册会计师对期初余额实施的审计程序

1. 确定上期期末余额是否已正确结转至本期，或在适当的情况下已作出重新表述（2种）

2. 确定期初余额是否反映对恰当会计政策的运用（共4点）

（1）应了解、分析被审计单位所选用的会计政策是否恰当。

（2）如果认定被审计单位所选用的会计政策恰当，应确认该会计政策是否在每一会计期

间和前后各期得到一贯执行，有无变更。

（3）如果发现会计政策发生变更，确定变更理由是否充分，是否按规定变更等，并关注被审计单位对会计政策变更作出适当的会计处理和充分披露。

（4）如果被审计单位上期适用的会计政策不恰当或与本期不一致，注册会计师在实施期初余额审计时应提请被审计单位进行调整或予以披露。

3. 实施一项或多项审计程序

注册会计师实施的一项或多项审计程序包括：（2 种情况：上期经过审计和未经过审计）

（1）如果上期财务报表已经审计，查阅前任注册会计师的审计工作底稿，以获取有关期初余额的审计证据。（3 个程序）

①查阅前任注册会计师的工作底稿。

查阅的重点通常限于对本期审计产生重大影响的事项，如：前任注册会计师对上期财务报表发表的审计意见的类型和主要内容，针对上期财务报表的审计计划和审计总结等，具体来讲：（共 3 点）

a. 查阅前任注册会计师工作底稿中的所有重要审计领域。

b. 考虑前任注册会计师是否已实施审计程序，收集充分、适当的审计证据，以支持资产负债表重要账户期初余额。

c. 复核前任注册会计师建议的调整分录和未更正错报汇总表，并评价其对当期审计的影响。

②考虑前任注册会计师的独立性和专业胜任能力。（德才兼备）

③与前任注册会计师沟通时的考虑。（遵守职业道德守则和前后任沟通的相关规定）（接受委托前、接受委托后）

（2）评价本期实施的审计程序是否提供了有关期初余额的审计证据。

（3）实施其他专门的审计程序，以获取有关期初余额的审计证据。

流动资产和流动负债	基本原则	对流动资产和流动负债，注册会计师可以通过本期实施的审计程序获取部分审计证据（如：应收账款、应付账款）
	特殊情况	①就存货而言，如果因为委托时间滞后，注册会计师可能未能对上期期末存货实施监盘，本期对存货的期末余额实施的审计程序，几乎无法提供有关期初持有存货的审计证据。因此，注册会计师有必要实施追加的审计程序 ②下列一项或多项审计程序可以提供有关期初存货余额的充分、适当的审计证据：（重点掌握，共 3 点，★★★可以选择，不是三项必须） a. 监盘当前的存货数量并调节至期初存货数量（数量） b. 对期初存货项目的计价实施审计程序（计价） c. 对毛利和存货截止实施审计程序（毛利或截止）
非流动资产和非流动负债	注册会计师通常： ①检查形成期初余额的会计记录和其他信息（如：长期股权投资、固定资产、长期借款） ②在某些情况下，注册会计师可向第三方函证期初余额（如：长期股权投资、长期借款） ③实施追加的审计程序（如：或有负债）	

例题精讲

【例题 32 · 2015 年多选题】下列有关注册会计师首次接受委托时就期初余额获取审计证据的说法中，正确的有（　　）。

A. 对非流动资产和非流动负债，注册会计师可以通过检查形成期初余额的会计记录和其他信息获取有关期初余额的审计证据

B. 对流动资产和流动负债，注册会计师可以通过本期实施的审计程序获取有关期初余额的审计证据

C. 如果上期财务报表已经审计，注册会计师可以通过查阅前任注册会计师的审计工作底稿获取有关期初余额的审计证据

D. 注册会计师可以通过向第三方函证获取有关期初余额的审计证据

【答案】ABCD

【例题 33 · 2016 年简答题】ABC 会计师事务所首次接受委托，审计上市公司甲公司 2015 年度财务报表，委派 A 注册会计师担任项目合伙人。相关事项如下：

（5）2015 年 10 月，甲公司向银行归还一笔到期长期借款。A 注册会计师检查了借款合同和银行回单，结果满意，不再向银行函证该笔借款的期初余额。

要求：

针对上述第（5）项，指出 A 注册会计师的做法是否恰当。如不恰当，简要说明理由。

【答案】恰当。

04 审计结论和审计报告

（一）审计后不能获取有关期初余额的充分、适当的审计证据

如果不能针对期初余额获取充分、适当的审计证据，注册会计师应当在审计报告中发表下列类型之一的非无保留意见：（共 2 点）

（1）发表适合具体情况的保留意见或无法表示意见；

（2）除非法律法规禁止，对经营成果和现金流量（如相关）发表保留意见或无法表示意见，而对财务状况发表无保留意见。（简单了解）

（二）期初余额存在对本期财务报表产生重大影响的错报

如果期初余额存在对本期财务报表产生重大影响的错报，注册会计师应当：

（1）告知管理层。

（2）如果上期财务报表由前任注册会计师审计，注册会计师还应当提请管理层告知前任注册会计师。（告知管理层和前任）

（3）如果错报的影响未能得到正确的会计处理和恰当的列报与披露，注册会计师应当出具保留意见或否定意见的审计报告。

（三）会计政策变更对审计报告的影响

如果认为按照适用的财务报告编制基础与期初余额相关的会计政策未能在本期得到一贯运

用，或者会计政策的变更未能得到恰当的会计处理或适当的列报与披露，注册会计师应当对财务报表发表保留意见或否定意见。

（四）前任注册会计师对上期财务报表出具了非无保留意见审计报告

（1）如果导致出具非无保留审计报告的事项对本期财务报表仍然相关和重大，注册会计师应当对本期财务报表发表非无保留意见。

（2）如果导致前任注册会计师发表非无保留意见的事项对本期财务报表发表的意见既不相关也不重大，注册会计师在本期审计时就无须因此而发表非无保留意见。

例题精讲

【例题34·2016年单选题】下列有关期初余额审计的说法中，正确的是（　　）。

A. 如果上期财务报表已经前任注册会计师审计，或未经审计，注册会计师可以在审计报告中增加其他事项段说明相关情况

B. 如果不能针对期初余额获取充分、适当的审计证据，注册会计师应当发表保留意见

C. 如果按照适用的财务报告编制基础确定的与期初余额相关的会计政策未能在本期得到一贯运用，注册会计师应当发表保留意见或否定意见

D. 如果期初余额存在对本期财务报表产生重大影响的错报，且错报的影响未能得到正确的会计处理和恰当的列报，注册会计师应当发表保留意见

【解析】如果上期财务报表已经前任注册会计师审计，当决定提及时，应当在审计报告中增加其他事项段说明相关情况；如果上期财务报表未经审计，注册会计师应当在审计报告中增加其他事项段说明相关情况，选项A错误；如果不能针对期初余额获取充分、适当的审计证据，注册会计师应当发表保留意见或无法表示意见，选项B错误；如果期初余额存在对本期财务报表产生重大影响的错报，且错报的影响未能得到正确的会计处理和恰当的列报，注册会计师应当发表保留意见或否定意见，选项D错误。

【答案】C

【例题35·2019年简答题】ABC会计师事务所首次接受委托审计甲公司2018年度财务报表，委派A注册会计师担任项目合伙人。与首次承接审计业务相关的部分事项如下：

（3）对于长期股权投资的期初余额，A注册会计师检查了形成期初余额的会计记录，以及包括投资协议和被投资单位工商登记信息在内的相关支持性文件，结果满意。

（4）A注册会计师对2018年末的存货实施了监盘，将年末存货数量调节至期初存货数量，并抽样检查了2018年度存货数量的变动情况，据此认可了存货的期初余额。

要求：

针对上述第（3）至（4）项，逐项指出A注册会计师的做法是否恰当。如不恰当，简要说明理由。

【答案】

事项序号	是否恰当（恰当/不恰当）	理由
(3)	恰当	—
(4)	不恰当	还应对期初存货的计价实施审计程序

前情回顾小剧场

(1) 估计不确定性的影响因素（6个）；

(2) 可能存在高度估计不确定性的会计估计（4种情形）；

(3) 基于与会计估计相关的重大错报风险的应对措施（4个）；

(4) 注册会计师的点估计、区间估计与管理层的点估计的关系、确定错报的原则；

(5) 识别出的超出正常经营过程中的重大关联方交易的应对措施（2个）；

(6) 具有支配性影响的关联方的应对措施（5个）；

(7) 针对持续经营，管理层和注册会计师的责任；

(8) 管理层评估持续经营涵盖期间的规定——12个月；

(9) 识别出可能导致对持续经营能力产生重大疑虑的事项或情况时的应对程序（5个）；

(10) 关于持续经营的审计结论和审计报告（注意：图）；

(11) 期初余额的含义；

(12) 关于期初余额的审计程序（流动资产与流动负债、非流动资产与非流动负债、存货）；

(13) 针对期初余额的审计结论和审计报告。

第五编　完成审计工作与出具审计报告

本编介绍的是审计完成阶段的工作，涉及职业判断的内容较多，综合性很强。

本编内容难度较大，考试时可以各种题型进行考核，既可以客观题进行考核，也可以在简答题和综合题等主观题中进行考核。

第十八章　完成审计工作

CHAPTER-18

五项须知小剧场

近5年考情分析
- 平均分值5分/年
- 2021年考核了单选题、多选题和综合题

教材主要变化
1. 新增了“注册会计师评价审计过程中识别出的错报的目标”相关内容
2. 新增了“累积识别出的错报的要求”相关内容
3. 新增了“随着审计的推进考虑识别出的错报”相关内容
4. 修订了“错报的沟通和更正”的部分文字表述
5. 修订了“评价未更正错报的影响”的部分文字表述
6. 修订了“在临近审计结束时实施分析程序的目的以及要求”的文字表述

建议学习时长——4小时

学习方法提示——本章内容难度较大。考试时可以各种题型进行考核。客观题主要考核复核审计工作、期后事项、书面声明等相关内容，简答题和综合题也可能涉及本章内容，尤其评价审计中发现的错报、期后事项等内容经常在综合题中进行考核

本章基本框架（一）——第一节　完成审计工作概述
- 评价审计中的重大发现　考点 1
- 评价审计过程中识别出的错报　考点2
- 实施分析程序　考点3
- 复核审计工作　考点4

本章基本框架（二）

- 第二节　期后事项
  - 期后事项的种类　考点1
  - 期后事项的具体处理原则　考点2
- 第三节　书面声明
  - 针对管理层责任的书面声明　考点1
  - 其他书面声明　考点2
  - 书面声明的日期和涵盖的期间　考点3
  - 书面声明的形式　考点4
  - 对书面声明可靠性的疑虑以及管理层不提供要求的书面声明　考点5

核心考点精讲专场

第一节　完成审计工作概述

查看本节视频，快速 GET 知识点
使用“会计云课堂”App或“微信”扫码

01　评价审计中的重大发现

（一）在完成审计工作阶段，项目合伙人和审计项目组考虑的重大发现和事项的例子包括（共5点，简单了解）

（1）期中复核中的重大发现及其对审计方法的影响；

（2）涉及会计政策的选择、运用和一贯性的重大事项，包括相关披露；

（3）就识别出的特别风险，对总体审计策略和具体审计计划所作的重大修改；

（4）在与管理层和其他人员讨论重大发现和事项时得到的信息；

（5）与注册会计师的最终审计结论相矛盾或不一致的信息。

（二）对实施的审计程序的结果进行评价，可能全部或部分地揭示出以下事项（熟悉，阅读几遍）（共8点）

（1）为了实现计划的审计目标，是否有必要对重要性进行修订；

（2）对总体审计策略和具体审计计划的重大修改，包括对重大错报风险评估结果作出的重要修改；

（3）对审计方法有重要影响的值得关注的内部控制缺陷和其他缺陷；

（4）财务报表中存在的重大错报；

（5）项目组内部，或项目组与项目质量复核人员或提供咨询的其他人员之间，就重大会计和审计事项达成最终结论所存在的意见分歧；

（6）审计工作中遇到的重大困难；

（7）向事务所内部有经验的专业人士或外部专业顾问咨询的事项；

（8）与管理层或其他人员就重大发现以及与注册会计师的最终审计结论相矛盾或不一致的信息进行的讨论。

02 评价审计过程中识别出的错报

目标	在评价审计过程中识别出的错报时，注册会计师的目标是： 1. 评价识别出的错报对审计的影响 2. 评价未更正错报对财务报表的影响
概念	未更正错报：是指注册会计师在审计过程中累积的且被审计单位未予以更正的错报

（一）累积识别出的错报

注册会计师应当累积审计过程中识别出的错报，除非错报明显微小。

（二）随着审计的推进考虑识别出的错报

情形	如果出现下列情形之一，注册会计师应当确定是否需要修改总体审计策略和具体审计计划：（2种情形） 1. 识别出的错报的性质以及错报发生的环境表明可能存在其他错报，并且可能存在的其他错报与审计过程中累积的错报合计起来可能是重大的 2. 审计过程中累积的错报合计数接近按照审计准则的规定确定的重要性
说明	如果管理层应注册会计师的要求，检查了某类交易、账户余额或披露并更正了已发现的错报，注册会计师应当实施追加的审计程序，以确定错报是否仍然存在

（三）沟通和更正错报

（1）除非法律法规禁止，注册会计师应当及时将审计过程中累积的所有错报（即超过明显微小错报临界值的所有错报）与适当层级的管理层进行沟通。注册会计师还应当要求管理层更正这些错报。

（2）注册会计师及时与适当层级的管理层沟通错报事项是重要的，因为这能使管理层评价各类交易、账户余额和披露是否为错报，如有异议则告知注册会计师，并采取必要行动。

（3）法律法规可能限制注册会计师就某些错报与管理层或被审计单位的其他人员沟通。

（4）在某些情况下，注册会计师的保密义务与通报义务之间存在的潜在冲突可能很复杂。此时，注册会计师可以考虑征询法律意见。

（5）管理层更正所有错报(包括注册会计师通报的错报)，能够保持会计账簿和记录的准确性，降低由于与本期相关的、非重大的且尚未更正的错报的累积影响而导致未来期间财务报表出现重大错报的风险。(本期更正，也可能减少未来错报)

（6）如果管理层拒绝更正沟通的部分或全部错报，注册会计师应当了解管理层不更正错报的理由，并在评价财务报表整体是否不存在重大错报时考虑该理由。

（四）评价未更正错报的影响

1. 重新评估重要性

在评价未更正错报的影响之前，注册会计师应当重新评估按照审计准则的规定确定的重要

性，以根据被审计单位的实际财务结果确认其是否适当。（理由：确定重要性时，通常依据对财务结果的估计，而非实际的财务结果）

富富有提示

①在评价未更正错报的影响之前，注册会计师可能有必要依据实际的财务结果对重要性作出修改。（先修订重要性水平：财务报表整体的和特定类别的）

②如果注册会计师对重要性或重要性水平（如适用）进行的重新评估导致需要确定较低的金额，则应重新考虑：（2个方面）

a. 实际执行的重要性；

b. 进一步审计程序的性质、时间安排和范围的适当性。

例如：

注册会计师在审计计划阶段确定的财务报表整体的重要性为100万元（经常性业务的税前利润2000万元×5%），实际执行的重要性为50万元。

在审计过程中注册会计师发现若干项重大错报，管理层已同意调整，合计调减税前利润800万元。

在评价未更正错报前，注册会计师根据调整后的税前利润1200万元（2000-800），重新计算财务报表整体的重要性（60万元）和实际执行的重要性（30万元）。

在这种情况下，注册会计师需要考虑以下几个方面的问题：

（1）发现的重大错报800万元远远超出计划阶段确定的财务报表整体的重要性（100万元），表明存在比可接受的低风险水平更大的风险，注册会计师需要重新考虑对重大错报风险的评估结果及其应对措施；

（2）基于调整后的财务报表整体的重要性和实际执行的重要性，已经实施的审计程序是否充分（例如，实际执行的重要性降低可能意味着在采用审计抽样实施细节测试时需要增加样本量）；

（3）注册会计师应当用调整后的财务报表整体的重要性60万元评价未更正错报是否重大。

2. 确定未更正错报单独或汇总起来是否重大

在确定时，注册会计师应当考虑：（2个方面）

（1）考虑未更正错报的金额、性质和错报发生的特定环境。

注册会计师在评价未更正错报是否重大时，除考虑未更正错报单独或连同其他未更正错报的金额是否超过财务报表整体的重要性（即定量因素）外，还需要考虑错报性质以及错报发生的特定环境（即定性因素）。（相对于两个方面而言：特定类别的交易、账户余额或披露，财务报表整体）

第一部分：考虑与金额相关的单项错报。（定量因素）

注册会计师需要考虑每一项与金额相关的错报，以评价其对相关类别的交易、账户余额或披露的影响，包括评价该项错报是否超过特定类别的交易、账户余额或披露的重要性水平（如适用）。

第二部分：考虑错报的抵销。

①如果注册会计师认为某一单项错报是重大的，则该项错报不太可能被其他错报抵销。比如：高估收入不可能被高估费用抵销。（如：杀人、做100件好事）

②对于同一账户余额或同一类别的交易内部的错报，这种抵销可能是适当的。比如：少提折旧、多提折旧。

③在得出抵销非重大错报是适当的这一结论之前，需要考虑可能存在其他未被发现的错报的风险。(谨慎得结论)

第三部分：确定分类错报的影响。(3方面)

①确定一项分类错报是否重大，需要进行定性评估。

②即使分类错报超过了在评价其他错报时运用的重要性水平，注册会计师可能仍然认为该分类错报对财务报表整体不产生重大影响。(如：应付债券与长期借款)

③在某些情况下，即使某些错报低于财务报表整体的重要性，但因与这些错报相关的某些情况，在将其单独或连同在审计过程中累积的其他错报一并考虑时，注册会计师也可能将这些错报评价为重大错报。(主要考虑两个方面：对关键财务指标计算的影响、对损益变化趋势的影响)

第四部分：下列情况也可能影响注册会计师对错报的评价：

①错报对遵守监管要求的影响程度。

②错报对遵守债务合同或其他合同条款的影响程度。

③错报与会计政策的不正确选择或运用相关，这些会计政策的不正确选择或运用对当期财务报表不产生重大影响，但可能对未来期间财务报表产生重大影响。

④错报掩盖收益的变化或其他趋势的程度（尤其是在结合宏观经济背景和行业状况进行考虑时），或对用于评价被审计单位财务状况、经营成果或现金流量的有关比率的影响程度。

⑤错报对财务报表中列报的分部信息的影响程度。例如，错报事项对某一分部或对被审计单位的经营或盈利能力有重大影响的其他组成部分的重要程度。

⑥错报对增加管理层薪酬的影响程度。例如，管理层通过达到有关奖金或其他激励政策规定的要求以增加薪酬。

⑦相对于注册会计师所了解的以前向财务报表使用者传达的信息（如盈利预测），错报是重大的。

⑧错报对涉及特定机构或人员的项目的相关程度。例如，与被审计单位发生交易的外部机构或人员是否与管理层成员有关联关系。

⑨错报涉及对某些信息的遗漏，尽管适用的财务报告编制基础未对这些信息作出明确规定，但是注册会计师根据职业判断认为这些信息对财务报表使用者了解被审计单位的财务状况、经营成果或现金流量是重要的。

⑩错报对其他信息（如包含在“管理层讨论与分析”或“经营与财务回顾”中的信息）的影响程度，这些信息与已审计财务报表一同披露，并被合理预期可能影响财务报表使用者作出的经济决策。

第五部分：考虑定性披露中的单项错报。

注册会计师还需要考虑定性披露中的单项错报（如涉及国际贸易活动的被审计单位对汇率变化的敏感性的描述不充分），以评价其对相关披露的影响以及对财务报表整体的综合影响。

（2）考虑与以前期间相关的未更正错报。

①与以前期间相关的非重大未更正错报的累积影响，可能对本期财务报表产生重大影响。

②有多种可接受的方法供注册会计师评价这些未更正错报对本期财务报表的影响。

③在不同期间使用相同的评价方法可以保持一致性。

3. 与治理层的沟通要求

（1）除非法律法规禁止，注册会计师应当与治理层沟通未更正错报，以及这些错报单独或汇总起来可能对审计意见产生的影响。

（2）在沟通时，注册会计师应当逐项指明重大的未更正错报。（注意：并非全部）

（3）注册会计师应当要求被审计单位更正未更正错报。

（4）注册会计师应当与治理层沟通与以前期间相关的未更正错报对相关类别的交易、账户余额或披露以及财务报表整体的影响。

富富有提示

如果存在大量单项不重大的未更正错报，注册会计师可能就未更正错报的笔数和总金额的影响进行沟通，而不是逐笔沟通单项未更正错报的细节。

例题精讲

【例题 1 · 2021 年单选题改编】 下列有关未更正错报的说法中，错误的是（　　）。

A. 在评价未更正错报时，注册会计师需要考虑每一项与金额相关的错报，以评价其对相关类别的交易、账户余额或披露的影响

B. 注册会计师应当考虑与以前期间相关的未更正错报对相关类别的交易、账户余额或披露以及财务报表整体的影响

C. 注册会计师与治理层沟通未更正错报时，应当逐项指明未更正错报的性质和金额

D. 注册会计师应当要求管理层提供书面声明，说明其是否认为未更正错报单独或汇总起来对财务报表整体的影响不重大

【解析】 选项 C 错误，除非法律法规禁止，注册会计师应当与治理层沟通未更正错报，以及这些错报单独或汇总起来可能对审计意见产生的影响。在沟通时，注册会计师应当逐项指明重大的未更正错报。

【答案】 C

【例题 2 · 2021 年综合题】 上市公司甲公司是 ABC 会计师事务所的常年审计客户，主要从事医疗器械的生产和销售。A 注册会计师负责审计甲公司 2020 年度财务报表，确定财务报表整体的重要性为 1000 万元。

资料五：

A 注册会计师在审计工作底稿中记录了错报评价及重大事项的处理情况，部分内容摘录如下：

（1）A 注册会计师发现甲公司 2020 年 12 月少结转营业成本 5 万元，系因系统中设置的成本差异分配参数有误所致。因错报金额小于明显微小错报的临界值，A 注册会计师没有累积该项错报。

（2）甲公司 2020 年度财务报表存在一笔未更正错报，系销售推广费 1200 万元误计入管理费用。因该错报是分类错报，且不影响关键财务比率，A 注册会计师认为该错报不重大，同意管理层不予调整。

要求：

针对资料五第（1）项和第（2）项，假定不考虑其他条件，逐项指出 A 注册会计师的做法是否恰当。如不恰当，简要说明理由。

【答案】

事项序号	是否恰当（是/否）	理由
（1）	否	该错报可能是一项系统性错报/可能存在其他类似的错报
（2）	是	—

【例题 3·2019 年综合题】甲公司是 ABC 会计师事务所的常年审计客户，主要从事轨道交通车辆配套产品的生产和销售。A 注册会计师负责审计甲公司 2018 年度财务报表，确定财务报表整体的重要性为 1000 万元，实际执行的重要性为 500 万元。

资料五：

A 注册会计师在审计工作底稿中记录了重大事项的处理情况，部分内容摘录如下：

（2）甲公司 2018 年度财务报表存在一笔未更正错报 400 万元，系少计提企业所得税所致。因该错报金额小于财务报表整体的重要性，A 注册会计师认为该错报不重大，不影响审计结论。

要求：

针对资料五第（2）项，假定不考虑其他条件，指出 A 注册会计师的做法是否恰当。如不恰当，简要说明理由。

【答案】

事项序号	是否恰当（是/否）	理由
（2）	否	是否构成重大错报还应当考虑错报的性质

【例题 4·2015 年综合题】甲集团公司是 ABC 会计师事务所的常年审计客户，主要从事化妆品的生产、批发和零售，A 注册会计师负责审计甲公司 2014 年度财务报表，确定集团财务报表整体的重要性为 600 万元。

资料五：

A 注册会计师在审计工作底稿中记录了处理错报的相关情况，部分内容摘录如下：

（1）2014 年，甲集团公司推出销售返利制度，并在 ERP 系统中开发了返利管理模块，A 注册会计师在对某组成部分执行审计时发现，因系统参数设置有误，导致选取的测试项目少计返利 2 万元，A 注册会计师认为该错报低于集团财务报表明显微小错报的临界值，可忽略不计。

（4）2014 年 10 月，甲集团公司账面余额 1200 万元的一条新建生产线达到预定可使用状态，截至 2014 年年末，因未办理竣工决算，该生产线尚未转入固定资产，A 注册会计师认为该错报为分类错误，涉及折旧金额很小，不构成重大错报，同意管理层不予调整。

要求：

针对资料五第（1）和（4）项，假定不考虑其他条件，逐项指出 A 注册会计师的做法是否恰当。如不恰当，简要说明理由并提出改进建议。

【答案】

事项序号	是否恰当（是/否）	理由及改进建议
（1）	否	理由：该错报为系统性错报/可能发生于其他组成部分 改进建议：集团项目组应当关注并汇总其他组成部分的这类错报，汇总考虑该类错报对集团财务报表的影响
（4）	是	—

【例题5·2014年综合题】甲公司是ABC会计师事务所的常年审计客户。A注册会计师负责审计甲公司2013年度财务报表，确定财务报表整体的重要性为240万元。当年税前利润180万元。

资料六：

A注册会计师在审计过程中识别并累积了3笔错报，并认为这些错报均不重大，同意管理层不予调整。甲公司2013年度未更正错报列示如下（不考虑税务影响）：

金额单位：万元

序号	错报说明	借方项目	贷方项目	金额
（1）	2014年的管理费用计入2013年度	其他应付款	管理费用	50
（2）	2013年末提前确认a产品销售收入	营业收入	应收账款	1000
		存货	营业成本	900
（3）	少计提固定资产减值准备	资产减值损失	固定资产	150

要求：

针对资料六，假定不考虑其他条件，指出A注册会计师（对错报）的判断存在哪些不当之处，并简要说明理由。

【答案】

（1）对第2笔未更正错报的判断不当。注册会计师需要考虑每一项与金额相关的错报，以评价其对相关类别交易、账户余额或披露的影响/不能以抵销后的影响评估错报是否重大/营业收入和营业成本的错报金额重大。

（2）对3笔未更正错报汇总影响的判断不当。汇总错报将导致甲公司由盈转亏/掩盖了损益变化的趋势。

（五）书面声明

（1）注册会计师应当要求（★★★注意字眼）管理层和治理层（如适用）提供书面声明，说明其是否认为未更正错报单独或汇总起来对财务报表整体的影响不重大。

这些错报项目的概要应当包含在书面声明中或附在其后。

（2）在某些情况下，管理层和治理层（如适用）可能并不认为注册会计师提出的某些未更正的错报是错报。

基于这一原因，他们可能在书面声明中增加以下表述："因为［描述理由］，我们不同意……事项和……事项构成错报。"然而，即使获取了这一声明，注册会计师仍需要对未更正错报的影响形成结论。（注意：不是出具报告）

03 实施分析程序

（1）在临近审计结束时，注册会计师应当运用分析程序，帮助其对财务报表形成总体结论，以确定财务报表是否与其对被审计单位的了解一致。

（2）实施分析程序的结果可能有助于注册会计师识别出以前未识别的重大错报风险，在这种情况下，注册会计师需要修改重大错报风险的评估结果，并相应修改原计划实施的进一步审计程序。

04 复核审计工作

对审计工作的复核包括项目组内部复核和作为会计师事务所业务质量管理措施而执行的项目质量复核（如适用）。

（一）项目组内部复核

复核人员	1. 总原则：由经验较为丰富的项目组成员对经验较为缺乏的项目组成员的工作进行指导、监督和复核 2. 对一些较为复杂、审计风险较高的领域，例如，舞弊风险的评估与应对、重大会计估计及其他复杂的会计问题、审核会议记录和重大合同、关联方关系和交易、持续经营存在的问题等，需要指派经验丰富的项目组成员执行复核，必要时可以由项目合伙人执行复核
复核范围	执行复核时，复核人员需要考虑的事项包括： 1. 审计工作是否已按照职业准则和适用的法律法规的规定执行 2. 重大事项是否已提请进一步考虑 3. 相关事项是否已进行适当咨询，由此形成的结论是否已得到记录和执行 4. 是否需要修改已执行审计工作的性质、时间安排和范围 5. 已执行的审计工作是否支持形成的结论，并已得到适当记录 6. 已获取的审计证据是否充分、适当 7. 审计程序的目标是否已实现
复核时间	审计项目复核贯穿审计全过程，随着审计工作的开展，复核人员在审计计划阶段、执行阶段和完成阶段及时复核相应的审计工作底稿（随时）
项目合伙人复核	1. 基本原则 （1）项目合伙人应当对管理和实现审计项目的高质量承担总体责任 （2）项目合伙人应当在审计过程中的适当时点复核审计工作底稿，包括与下列方面相关的审计工作底稿： ①重大事项 ②重大判断，包括与在审计中遇到的困难或有争议事项相关的判断，以及得出的结论 ③根据项目合伙人的职业判断，与项目合伙人的职责有关的其他事项 2. 在审计报告日或审计报告日之前，项目合伙人应当通过复核审计工作底稿与项目组讨论，确信已获取充分、适当的审计证据，支持得出的结论和拟出具的审计报告（★★重点掌握） 3. 项目合伙人应当在签署审计报告前复核财务报表、审计报告以及相关的审计工作底稿，包括对关键审计事项的描述（如适用），项目合伙人应当在与管理层、治理层或相关监管机构签署正式书面沟通文件之前对其进行复核 4.《中国注册会计师审计准则第1131号——审计工作底稿》要求项目合伙人记录复核的范围和时间

例题精讲

【例题6·2021年多选题】 下列各项中，项目合伙人应当在审计过程中复核的有（ ）。

A. 财务报表和审计报告
B. 项目质量复核人员编制的复核记录
C. 与重大事项有关的审计工作底稿
D. 与重大判断有关的审计工作底稿

【解析】 项目合伙人应当在审计过程中的适当时点复核审计工作底稿，包括与下列方面相关的工作底稿：（1）重大事项（选项C正确）；（2）重大判断（选项D正确），包括与在审计中遇到的困难或有争议事项相关的判断，以及得出的结论；（3）根据项目合伙人的职业判断，与项目合伙人的职责有关的其他事项。此外，项目合伙人应当在签署审计报告前复核财务报表、审计报告以及相关的审计工作底稿（选项A正确），包括对关键审计事项的描述（如适用），项目合伙人应当在与管理层、治理层或相关监管机构签署正式书面沟通文件之前对其进行复核。

【答案】 ACD

【例题7·根据历年试题改编简答题】 上市公司甲公司和下属全资子公司乙公司是ABC会计师事务所的常年审计客户，A注册会计师担任甲公司和乙公司2016年度财务报表审计项目合伙人。

（1）根据复核计划，审计项目组经理复核了甲公司的审计工作底稿，A注册会计师复核了甲公司的财务报表和拟出具的审计报告，确信获取了充分、适当的审计证据。

（2）在签署审计报告前，A注册会计师授权会计师事务所另一合伙人B注册会计师复核了乙公司的所有审计工作底稿，并就重大事项与其进行了讨论。

要求：

针对上述事项，逐项指出A注册会计师的做法是否恰当。如不恰当，简要说明理由。

【答案】

事项序号	是否恰当（恰当/不恰当）	理由
（1）	不恰当	A注册会计师（项目合伙人）还应当复核审计工作底稿并与项目组讨论
（2）	不恰当	项目合伙人应复核审计工作底稿，而不应委托他人复核

（二）项目质量复核（组外复核）（详细内容见第二十一章）

第二节 期后事项

查看本节视频，快速GET知识点
使用“会计云课堂”App或“微信”扫码

01 期后事项的种类

概念	期后事项：是指财务报表日至审计报告日之间发生的事项，以及注册会计师在审计报告日后知悉的事实（发生、知悉）

分类	1. 财务报表日后调整事项：对财务报表日已经存在的情况提供证据的事项，即对财务报表日已经存在的情况提供了新的或进一步证据的事项，这类事项影响财务报表金额，需提请被审计单位管理层调整财务报表及与之相关的披露信息（调表+披露信息） 举例如下： （1）财务报表日后诉讼案件结案，法院判决证实了企业在财务报表日已经存在现时义务，需要调整原先确认的与该诉讼案件相关的预计负债，或确认一项新负债 （2）财务报表日后取得确凿证据，表明某项资产在财务报表日发生了减值或者需要调整该项资产原先确认的减值金额 （3）财务报表日后进一步确定了财务报表日前购入资产的成本或售出资产的收入 （4）财务报表日后发现了财务报表舞弊或差错 2. 财务报表日后非调整事项：对财务报表日后发生的情况提供证据的事项，即表明财务报表日后发生的情况的事项。这类事项虽不影响财务报表金额，但可能影响对财务报表的正确理解，需提请被审计单位管理层在财务报表附注中作适当披露（在附注中披露） 举例如下： 被审计单位在财务报表日后发生的，需要在财务报表中披露而非调整的事项通常包括：（共8点） （1）财务报表日后发生重大诉讼、仲裁、承诺 （2）财务报表日后资产价格、税收政策、外汇汇率发生重大变化 （3）财务报表日后因自然灾害导致资产发生重大损失 （4）财务报表日后发行股票和债券以及其他巨额举债 （5）财务报表日后资本公积转增资本 （6）财务报表日后发生巨额亏损 （7）财务报表日后发生企业合并或处置子公司 （8）财务报表日后企业利润分配方案中拟分配的以及经审议批准宣告发放的股利或利润

例题精讲

【例题8·2020年综合题】上市公司甲公司是ABC会计师事务所首次接受委托的审计客户，主要从事房地产开发、销售和物业管理业务。A注册会计师负责审计甲公司2019年度财务报表，确定财务报表整体的重要性为2000万元。

资料五：

A注册会计师在审计工作底稿中记录了重大事项的处理情况，部分内容摘录如下：

（1）2019年12月15日，某市政府宣布自2020年1月1日起执行房产限购政策。管理层认为该政策可能导致甲公司在该市的在建地产项目发生重大减值，在财务报表附注中将其作为资产负债表日后非调整事项进行了披露。A注册会计师查阅了相关政府文件，据此认可了管理层的处理。

要求：

针对资料五第（1）项，假定不考虑其他条件，指出A注册会计师的做法是否恰当。如不恰当，简要说明理由。

【答案】

事项序号	是否恰当（是/否）	理由
（1）	否	应当对在建地产项目计提减值准备，而非作为资产负债表日后非调整事项进行披露

02 期后事项的具体处理原则（3 个时段）

富富有图示

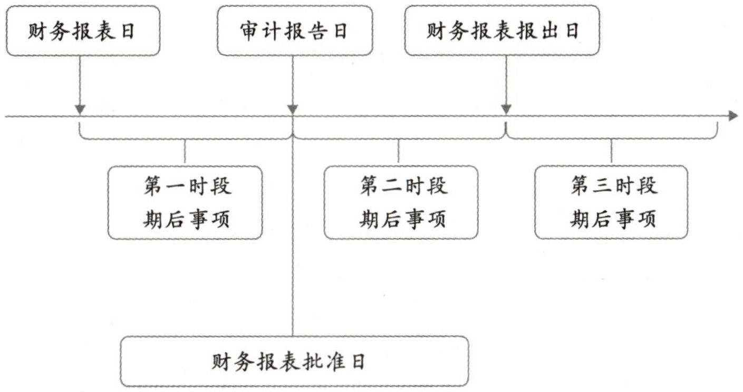

（一）第一时段期后事项

定义	财务报表日至审计报告日发生的事项
注册会计师的责任	1. 主动识别的责任 2. 注册会计师应当设计和实施审计程序，获取充分、适当的审计证据，以确定所有在财务报表日至审计报告日之间发生的、需要在财务报表中调整或披露的事项均已得到识别
相关说明	注册会计师并不需要对之前已实施审计程序并已得出满意结论的事项执行追加的审计程序
识别程序	1. 通常情况下，针对期后事项的专门审计程序，其实施时间越接近审计报告日越好（遗漏的事项越少） 2. 在确定审计程序的性质和范围时，注册会计师应当考虑风险评估的结果。这些审计程序应当包括：（共 4 点） （1）了解管理层为确保识别期后事项而建立的程序 （2）询问管理层和治理层（如适用），确定是否已发生可能影响财务报表的期后事项 （3）查阅被审计单位的所有者、管理层和治理层在财务报表日后举行会议的纪要，在不能获取会议纪要的情况下，询问此类会议讨论的事项 （4）查阅被审计单位最近的中期财务报表（如有） 3. 除上述审计程序外，注册会计师可能认为实施下列一项或多项审计程序是必要和适当的： （1）查阅被审计单位在财务报表日后最近期间内的预算、现金流量预测和其他相关的管理报告 （2）就诉讼和索赔事项询问被审计单位的法律顾问，或扩大之前口头或书面查询的范围 （3）考虑是否有必要（注意字眼：不是必须）获取涵盖特定期后事项的书面声明以支持其他审计证据，从而获取充分、适当的审计证据
处理原则	财务报表未能得到恰当的处理：出具保留意见或否定意见的审计报告

例题精讲

【例题 9 · 2020 年综合题】甲公司是 ABC 会计师事务所的常年审计客户，主要从事家电产品的生产、批发和零售。A 注册会计师负责审计甲公司 2019 年度财务报表，确定财务报表整体的重要性为 800 万元，明显微小错报的临界值为 40 万元。

资料五：

A 注册会计师在审计工作底稿中记录了重大事项的处理情况，部分内容摘录如下：

（2）甲公司某重要客户于 2020 年 1 月初申请破产清算。管理层在计提 2019 年末坏账准备时考虑了这一情况。A 注册会计师检查了相关法律文件、评估了计提金额的合理性，结果满意，据此认可了管理层的处理。

要求：

针对资料五第（2）项，假定不考虑其他条件，指出 A 注册会计师的做法是否恰当。如不恰当，简要说明理由。

【答案】

事项序号	是否恰当（是/否）	理由
（2）	是	—

【例题 10 · 2017 年综合题】ABC 会计师事务所首次接受委托，审计上市公司甲公司 2016 年度财务报表，委派 A 注册会计师担任项目合伙人。A 注册会计师确定财务报表整体的重要性为 1200 万元。甲公司主要提供快递物流服务。

资料五：

A 注册会计师在审计工作底稿中记录了审计完成阶段的工作，部分内容摘录如下：

（1）甲公司 2016 年末的一项重大未决诉讼在审计报告日前终审结案，管理层根据判决结果调整了 2016 年度财务报表。A 注册会计师检查了法院判决书以及甲公司的账务处理和披露，结果满意，未再实施其他审计程序。

要求：

针对资料五第（1）项，假定不考虑其他条件，指出 A 注册会计师的做法是否恰当。如不恰当，简要说明理由。

【答案】

事项序号	是否恰当（是/否）	理由
（1）	是	—

（二）第二时段期后事项

<table>
<tr><td>定义</td><td colspan="3">审计报告日后至财务报表报出日前知悉的事实</td></tr>
<tr><td>注册会计师的责任</td><td colspan="3">1. 被动识别的责任
2. 在审计报告日后，注册会计师没有义务针对财务报表实施任何审计程序
3. 管理层有责任将发现的可能影响财务报表的事实告知注册会计师（原因：财务报表并未报出）
4. 注册会计师还可能从媒体报道、举报信或者证券监管部门告知等途径获悉影响财务报表的期后事项（未决诉讼结案，媒体报道）</td></tr>
<tr><td rowspan="5">处理原则</td><td colspan="3">在审计报告日后至财务报表报出日前，如果知悉了某事实，且若在审计报告日知悉可能导致修改审计报告（判断标准），注册会计师应当与管理层和治理层（如适用）：（3 方面）
1. 讨论该事项
2. 确定财务报表是否需要修改（需要修改吗？）
3. 如果需要修改，询问管理层将如何在财务报表中处理该事项（如何改？）</td></tr>
<tr><td rowspan="2">管理层修改财务报表</td><td>基本做法</td><td>实施必要的审计程序，出具新的审计报告
（详见补充内容）</td></tr>
<tr><td>局部修改</td><td>单报告日期、双重报告日期（详见补充内容）</td></tr>
<tr><td rowspan="2">管理层未修改财务报表</td><td>审计报告未提交</td><td>发表非无保留意见，再提交审计报告</td></tr>
<tr><td>审计报告已提交</td><td>1. 通知管理层和治理层（除非治理层全部成员参与管理被审计单位）在财务报表作出必要修改前不要向第三方报出（阻止报出）
2. 如果财务报表在未经必要修改的情况下仍被报出，注册会计师应当采取适当措施，以设法防止财务报表使用者信赖该审计报告（如：利用证券传媒等）</td></tr>
</table>

【补充内容】管理层修改财务报表时的处理。（第二时段期后事项）

基本做法	1. 如果管理层修改财务报表，注册会计师应当根据具体情况对有关修改实施必要的审计程序 2. 除非下文述及的特定情形适用（局部修改），注册会计师应当将用以识别期后事项的审计程序延伸至新的审计报告日，并针对修改后的财务报表出具新的审计报告 3. 新的审计报告日不应早于修改后的财务报表被批准的日期
特殊情况	在有关法律法规或适用的财务报告编制基础未禁止的情况下，如果管理层对财务报表的修改仅限于反映导致修改的期后事项的影响，被审计单位的董事会、管理层或类似机构也仅对有关修改进行批准，注册会计师可以仅针对有关修改将用以识别期后事项的审计程序延伸至新的审计报告日（特定情形）（局部修改） 在这种情况下，注册会计师应当选用下列处理方式之一：（二选一） 1. 修改审计报告，针对财务报表修改部分增加补充报告日期，从而表明注册会计师对期后事项实施的审计程序仅限于财务报表相关附注所述的修改（双重报告日期） 2. 出具新的或经修改的审计报告，在强调事项段或其他事项段中说明注册会计师对期后事项实施的审计程序仅限于财务报表相关附注所述的修改（单报告日期）

例题精讲

【例题11·2019年综合题】甲公司是ABC会计师事务所的常年审计客户，主要从事轨道交通车辆配套产品的生产和销售。A注册会计师负责审计甲公司2018年度财务报表，确定财务报表整体的重要性为1000万元，实际执行的重要性为500万元。

资料五：

A注册会计师在审计工作底稿中记录了重大事项的处理情况，部分内容摘录如下：

（4）在审计报告日后、财务报表报出日前，甲公司2018年末的一项重大未决诉讼终审结案，管理层根据判决结果调整了2018年度财务报表。在对该调整实施审计程序后，A注册会计师对重新批准的财务报表出具了新的审计报告。

要求：

针对资料五第（4）项，假定不考虑其他条件，指出A注册会计师的做法是否恰当。如不恰当，简要说明理由。

【答案】

事项序号	是否恰当（是/否）	理由
（4）	否	还应将对期后事项的审计程序延伸至新的审计报告日

（三）第三时段期后事项

定义	财务报表报出日后知悉的事实
注册会计师的责任	1. 没有义务识别 2. 注册会计师没有义务针对财务报表实施任何审计程序（★★与第二时段相同） 3. 并不排除注册会计师通过媒体等其他途径获悉可能对财务报表产生重大影响的期后事项的可能性
相关说明	注册会计师在知悉后对其采取行动的第三时段期后事项必须同时满足下列两个条件：（重点掌握） 1. 这类期后事项应当是在审计报告日已经存在的事实 2. 该事实如果被注册会计师在审计报告日前获知，可能影响审计报告（属于重大的）
处理原则	在财务报表报出后，如果知悉了某事实，且若在审计报告日知悉可能导致修改审计报告，注册会计师应当： 1. 与管理层和治理层（如适用）讨论该事项 2. 确定财务报表是否需要修改 3. 如果需要修改，询问管理层将如何在财务报表中处理该事项

<table>
<tr>
<td rowspan="3">处理原则</td>
<td>管理层修改财务报表</td>
<td colspan="2">如果管理层修改了财务报表，注册会计师应当采取下列措施：（共 4 点）
1. 根据具体情况对有关修改实施必要的审计程序
2. 复核管理层采取的措施能否确保所有收到原财务报表和审计报告的人士了解这一情况（原因：报告已发出）
3. 延伸实施审计程序，并针对修改后的财务报表出具新的审计报告
4. 如果上文所述特定情形适用（局部修改），修改审计报告或提供新的审计报告
【富富有提示】注册会计师应当在新的或经修改的审计报告中增加强调事项段或其他事项段，提醒财务报表使用者关注财务报表附注中有关修改原财务报表的详细原因和注册会计师提供的原审计报告</td>
</tr>
<tr>
<td rowspan="2">管理层未采取任何行动</td>
<td>未告知相关人士+未修改报表</td>
<td>如果管理层没有采取必要措施确保所有收到原财务报表的人士了解这一情况，也没有在注册会计师认为需要修改的情况下修改财务报表，注册会计师应当通知管理层和治理层（除非治理层全部成员参与管理被审计单位）</td>
</tr>
<tr>
<td>已通知未采取措施</td>
<td>如果注册会计师已经通知管理层或治理层，而管理层或治理层没有采取必要措施，注册会计师应当采取适当措施，以设法防止财务报表使用者信赖该审计报告</td>
</tr>
</table>

例题精讲

【例题 12·2015 年多选题】 下列有关期后事项审计的说法中，正确的有（　　）。

A. 注册会计师应当设计和实施审计程序，获取充分、适当的审计证据，以确定所有在财务报表日至财务报表报出日之间发生的、需要在财务报表中调整或披露的事项均已得到识别

B. 注册会计师应当恰当应对在审计报告日后知悉的、且如果在审计报告日知悉可能导致注册会计师修改审计报告的事实

C. 在财务报表报出后，注册会计师没有义务针对财务报表实施任何审计程序

D. 注册会计师应当要求管理层提供书面声明，确认所有在财务报表日后发生的、按照适用的财务报告编制基础的规定应予调整或披露的事项均已得到调整或披露

【解析】 注册会计师应当设计和实施审计程序，获取充分、适当的审计证据，以确定所有在财务报表日至审计报告日之间发生的、需要在财务报表中调整或披露的事项均已得到识别，选项 A 不正确。

【答案】 BCD

查看本节视频，快速 GET 知识点

使用“会计云课堂”App或“微信”扫码

第三节　书面声明

概念	书面声明：是指管理层【理解为管理层和治理层（如适用）】向注册会计师提供的书面陈述，用以确认某些事项或支持其他审计证据

相关说明	1. 书面声明不包括： （1）财务报表及其认定 （2）支持性账簿和相关记录 2. 书面声明是注册会计师在财务报表审计中需要获取的必要信息，是审计证据的重要来源 3. 如果管理层修改书面声明的内容或不提供注册会计师要求的书面声明，可能使注册会计师警觉存在重大问题的可能性 4. 在很多情况下，要求管理层提供书面声明而非口头声明，可以促使管理层更加认真地考虑声明所涉及的事项，从而提高声明的质量 5. 尽管书面声明提供了必要的审计证据，但其本身并不为所涉及的任何事项提供充分、适当的审计证据（你该做的还得做） 6. 管理层已提供可靠书面声明的事实，并不影响注册会计师就管理层责任履行情况或具体认定获取的其他审计证据的性质和范围

例题精讲

【例题13·2020年单选题】下列有关书面声明的作用的说法中，错误的是（　　）。

A. 要求管理层提供书面声明而非口头声明，可以提高管理层声明的质量

B. 在某些情况下，书面声明可能可以为相关事项提供充分、适当的审计证据

C. 书面声明可能影响注册会计师需要获取的审计证据的性质和范围

D. 书面声明是审计证据的重要来源

【解析】尽管书面声明提供了必要的审计证据，但其本身并不为所涉及的任何事项提供充分、适当的审计证据（选项B错误）。

【答案】B

【例题14·2017年单选题】下列有关管理层书面声明的作用的说法中，错误的是（　　）。

A. 书面声明为财务报表审计提供了必要的审计证据

B. 管理层已提供可靠书面声明的事实，可能影响注册会计师就具体认定获取的审计证据的性质和范围

C. 书面声明可以促使管理层更加认真地考虑声明所涉及的事项

D. 书面声明本身不为所涉及的任何事项提供充分、适当的审计证据

【解析】选项B错误，管理层已提供可靠书面声明的事实，并不影响注册会计师就管理层责任履行情况或具体认定获取的其他审计证据的性质和范围。

【答案】B

【例题15·2011年单选题】下列文件中，注册会计师认为可以作为书面声明的是（　　）。

A. 董事会会议纪要

B. 财务报表副本

C. 注册会计师列示管理层责任并经被审计单位管理层确认的信函

D. 内部法律顾问出具的法律意见书

【解析】书面声明是指管理层向注册会计师提供的书面陈述，用以确认某些事项或支持其他审计证据，选项 C 正确。

【答案】C

01 针对管理层责任的书面声明

（1）针对财务报表的编制，注册会计师应当要求管理层提供书面声明，确认其根据审计业务约定条款，履行了按照适用的财务报告编制基础编制财务报表并使其实现公允反映（如适用）的责任。（★★必须有）

（2）针对提供的信息和交易的完整性，注册会计师应当要求管理层就下列事项提供书面声明：

①按照审计业务约定条款，已向注册会计师提供所有相关信息，并允许注册会计师不受限制地接触所有相关信息以及被审计单位内部人员和其他相关人员；

②所有交易均已记录并反映在财务报表中。

（3）如果未从管理层获取其确认已履行责任的书面声明，注册会计师在审计过程中获取的有关管理层已履行这些责任的其他审计证据是不充分的。

（4）注册会计师可能要求管理层在书面声明中再次确认其对自身责任的认可与理解。（★★4 种情况）

当存在下列情况时，这种确认尤为适当：

①代表被审计单位签订审计业务约定条款的人员不再承担相关责任；

②审计业务约定条款是在以前年度签订的；

③有迹象表明管理层误解了其责任；

④情况的改变需要管理层再次确认其责任。

当然，再次确认管理层对自身责任的认可与理解，并不限于管理层已知的全部事项。

例题精讲

【例题 16 · 2011 年单选题】下列有关书面声明作用的说法中，注册会计师认为正确的是（　　）。

A. 如果注册会计师不能获取充分、适当的审计证据，可获取书面声明作为审计意见的基础

B. 如果被审计单位管理层已就某事项提供书面声明，可在一定程度上减轻注册会计师的责任

C. 书面声明提供的审计证据需要其他审计证据予以佐证

D. 书面声明提供的审计证据可减少注册会计师应当获取的其他审计证据

【解析】尽管书面声明提供必要的审计证据，但其本身并不为所涉及的任何事项提供充分、适当的审计证据。

【答案】C

02 其他书面声明

如果注册会计师认为有必要获取一项或多项其他书面声明，以支持与财务报表或者一项或多项具体认定相关的其他审计证据，注册会计师应当要求管理层提供这些书面声明。

（一）关于财务报表的额外书面声明

（1）其他书面声明可能是对基本书面声明的补充，但不构成其组成部分。（不一定必须有）

（2）其他书面声明可能包括针对下列事项作出的声明。（共2点）

①会计政策的选择和运用是否适当；

②是否按照适用的财务报告编制基础对下列事项（如相关）进行了确认、计量、列报或披露：

a. 可能影响资产和负债账面价值或分类的计划或意图；

b. 负债（包括实际负债和或有负债）；

c. 资产的所有权或控制权，资产的留置权或其他物权，用于担保的抵押资产；

d. 可能影响财务报表的法律法规及合同（包括违反法律法规及合同的行为）。

（二）与向注册会计师提供信息有关的额外书面声明

除了针对管理层提供的信息和交易的完整性的书面声明外，注册会计师可能认为有必要要求管理层提供书面声明，确认其已将注意到的所有内部控制缺陷向注册会计师通报。

（三）关于特定认定的书面声明（可以联系持续经营能力的应对计划等内容）

（1）在获取有关管理层的判断和意图的证据时，或在对判断和意图进行评价时，注册会计师可能考虑下列一项或多项事项：

①被审计单位以前对声明的意图的实际实施情况；

②被审计单位选取特定措施的理由；

③被审计单位实施特定措施的能力；

④是否存在审计过程中已获取的、可能与管理层判断或意图不一致的任何其他信息。

（2）注册会计师可能认为有必要要求管理层提供有关财务报表特定认定的书面声明，尤其是支持注册会计师就管理层的判断或意图或者完整性认定从其他审计证据中获取的了解。

例如：如果管理层的意图对投资的计价基础非常重要，但若不能从管理层获取有关该项投资意图的书面声明，注册会计师就不可能获取充分、适当的审计证据。

（3）尽管这些书面声明能够提供必要的审计证据，但其本身并不能为财务报表特定认定提供充分、适当的审计证据。

03 书面声明的日期和涵盖的期间

（1）书面声明的日期应当尽量接近对财务报表出具审计报告的日期，但不得在审计报告日后。

书面声明应当涵盖审计报告针对的所有财务报表和期间。

由于书面声明是必要的审计证据，在管理层签署书面声明前，注册会计师不能发表审计意见，也不能签署审计报告。

（2）在实务中可能会出现这样的情况，即在审计报告中提及的所有期间内，现任管理层均尚未就任。

这一事实并不能减轻现任管理层对财务报表整体的责任。相应地，注册会计师仍然需要向现任管理层获取涵盖整个相关期间的书面声明。

例题精讲

【例题 17 · 2020 年综合题】甲公司是 ABC 会计师事务所的常年审计客户，主要从事家电产品的生产、批发和零售。A 注册会计师负责审计甲公司 2019 年度财务报表，确定财务报表整体的重要性为 800 万元，明显微小错报的临界值为 40 万元。

资料五：

A 注册会计师在审计工作底稿中记录了重大事项的处理情况，部分内容摘录如下：

（4）甲公司总经理因新冠肺炎疫情滞留外地，无法签署书面声明。A 注册会计师与总经理视频沟通。总经理表示同意书面声明的内容，并授权副总经理在书面声明上签字并加盖了公章。A 注册会计师接受了甲公司的做法。

要求：

针对资料五第（4）项，假定不考虑其他条件，指出 A 注册会计师的做法是否恰当。如不恰当，简要说明理由。

【答案】

事项序号	是否恰当（是/否）	理由
（4）	是	—

【例题 18 · 2020 年综合题】上市公司甲公司是 ABC 会计师事务所首次接受委托的审计客户，主要从事房地产开发、销售和物业管理业务。A 注册会计师负责审计甲公司 2019 年度财务报表，确定财务报表整体的重要性为 2000 万元。

资料五：

A 注册会计师在审计工作底稿中记录了重大事项的处理情况，部分内容摘录如下：

（3）甲公司董事长因受新冠肺炎疫情影响无法回国。A 注册会计师将书面声明电子版发送给董事长，通过视频观看其签署了书面声明，将董事长发回的书面声明扫描件交给财务总监，由其签名并加盖甲公司公章。A 注册会计师在收到该书面声明后出具了审计报告。

要求：

针对资料五第（3）项，假定不考虑其他条件，指出 A 注册会计师的做法是否恰当。如不恰当，简要说明理由。

【答案】

事项序号	是否恰当（是/否）	理由
（3）	是	—

【例题 19 · 2019 年综合题】甲公司是 ABC 会计师事务所的常年审计客户，主要从事轨道交通车辆配套产品的生产和销售。A 注册会计师负责审计甲公司 2018 年度财务报表，确定财务报表整体的重要性为 1000 万元，实际执行的重要性为 500 万元。

资料五：

A 注册会计师在审计工作底稿中记录了重大事项的处理情况，部分内容摘录如下：

（3）甲公司于 2019 年初更换了管理层。因已获取新任管理层有关 2018 年度财务报表的书面声明，A注册会计师未再要求前任管理层提供书面声明。

要求：

针对资料五第（3）项，假定不考虑其他条件，指出A注册会计师的做法是否恰当。如不恰当，简要说明理由。

【答案】

事项序号	是否恰当（是/否）	理由
（3）	是	—

【例题20·2018年单选题】下列有关书面声明日期的说法中，错误的是（　　）。

A. 书面声明的日期不得早于财务报表报出日

B. 书面声明的日期不得晚于审计报告日

C. 书面声明的日期可以和审计报告日是同一天

D. 书面声明的日期可以早于审计报告日

【解析】书面声明的日期应当尽量接近对财务报表出具审计报告的日期，但不得在审计报告日后，选项A错误。

【答案】A

04 书面声明的形式

书面声明应当以声明书的形式致送注册会计师。

参考教材格式18-1列示了声明书的参考格式。（★★★经常考客观题：2部分：财务报表、提供的信息）

参考教材格式18-1：声明书。

背景信息：

1. 被审计单位采用企业会计准则编制财务报表；

2.《中国注册会计师审计准则第1324号——持续经营》中有关就被审计单位持续经营能力获取书面声明的要求不相关；

3. 所要求的书面声明不存在例外情况。如果存在例外情况，则需要对本参考格式列示的书面声明的内容予以调整，以反映这些例外情况。

（致注册会计师）：

本声明书是针对你们审计ABC公司截至20×1年12月31日的年度财务报表而提供的。审计的目的是对财务报表发表意见，以确定财务报表是否在所有重大方面已按照企业会计准则的规定编制，并实现公允反映。

尽我们所知，并在作出了必要的查询和了解后，我们确认：

一、财务报表

1. 我们已履行［插入日期］签署的审计业务约定书中提及的责任，即根据企业会计准则的规定编制财务报表，并对财务报表进行公允反映。

2. 在作出会计估计时使用的重大假设（包括与公允价值计量相关的假设）是合理的。

3. 已按照企业会计准则的规定对关联方关系及其交易作出了恰当的会计处理和披露。

4. 根据企业会计准则的规定，所有需要调整或披露的资产负债表日后事项都已得到调整或披露。

5. 未更正错报，无论是单独还是汇总起来，对财务报表整体的影响均不重大。未更正错报汇总表附在本声明书后。

6. ［插入注册会计师可能认为适当的其他任何事项］。

二、提供的信息

7. 我们已向你们提供下列工作条件：

（1）允许接触我们注意到的、与财务报表编制相关的所有信息（如记录、文件和其他事项）。

（2）提供你们基于审计目的要求我们提供的其他信息。

（3）允许在获取审计证据时不受限制地接触你们认为必要的本公司内部人员和其他相关人员。

8. 所有交易均已记录并反映在财务报表中。

9. 我们已向你们披露了由于舞弊可能导致的财务报表重大错报风险的评估结果。

10. 我们已向你们披露了我们注意到的、可能影响本公司的与舞弊或舞弊嫌疑相关的所有信息，这些信息涉及本公司的：

（1）管理层；

（2）在内部控制中承担重要职责的员工；

（3）其他人员（在舞弊行为导致财务报表重大错报的情况下）。

11. 我们已向你们披露了从现任和前任员工、分析师、监管机构等方面获知的、影响财务报表的舞弊指控或舞弊嫌疑的所有信息。

12. 我们已向你们披露了所有已知的、在编制财务报表时应当考虑其影响的违反或涉嫌违反法律法规的行为。

13. 我们已向你们披露了我们注意到的关联方的名称和特征、所有关联方关系及其交易。

14. ［插入注册会计师可能认为必要的其他任何事项］。

附：未更正错报汇总表

ABC 公司　　　　　　　　　　　　　　　　　　ABC 公司管理层

（盖章）　　　　　　　　　　　　　　　　　　（签名并盖章）

中国××市　　　　　　　　　　　　　　　　　　二〇×二年×月×日

例题精讲

【例题 21·2012 年多选题】下列各项中，应当列入书面声明的有（　　）。

A. 管理层认为，未更正错报单独或汇总起来对财务报表整体的影响不重大

B. 被审计单位已向注册会计师披露了管理层注意到的、可能影响被审计单位的与舞弊或舞弊嫌疑相关的所有信息

C. 所有交易均已记录并反映在财务报表中

D. 被审计单位将及时足额支付审计费用

【解析】审计费用不属于书面声明的内容，选项 D 不正确。

【答案】ABC

05 对书面声明可靠性的疑虑以及管理层不提供要求的书面声明

（一）对书面声明可靠性的疑虑

（1）对管理层的胜任能力、诚信、道德价值观或勤勉尽责存在疑虑。

①注册会计师应当确定这些疑虑对书面或口头声明和审计证据总体的可靠性可能产生的影响。

②注册会计师可能认为，管理层在财务报表中作出不实陈述的风险很大，以至于审计工作无法进行。

在这种情况下，除非治理层采取适当的纠正措施，否则注册会计师可能需要考虑解除业务约定（如果法律法规允许）。

很多时候，治理层采取的纠正措施可能并不足以使注册会计师发表无保留意见。

（2）书面声明与其他审计证据不一致。（联系审计证据）（4 句话）

①如果书面声明与其他审计证据不一致，注册会计师应当实施审计程序以设法解决这些问题。

②注册会计师可能需要考虑风险评估结果是否仍然适当。

如果认为不适当，注册会计师需要修改风险评估结果，并确定进一步审计程序的性质、时间安排和范围，以应对评估的风险。

③如果问题仍未解决，注册会计师应当重新考虑对管理层的胜任能力、诚信、道德价值观或勤勉尽责的评估，或者重新考虑对管理层在这些方面的承诺或贯彻执行的评估，并确定书面声明与其他审计证据的不一致对书面或口头声明和审计证据总体的可靠性可能产生的影响。

④如果认为书面声明不可靠，注册会计师应当采取适当措施，包括确定其对审计意见可能产生的影响。

例题精讲

【例题 22 · 2011 年单选题】在审计被审计单位某项重要的金融资产时，注册会计师就管理层持有该金融资产的意图向被审计单位管理层获取了书面声明，但发现该书面声明与其他审计证据不一致，注册会计师通常首先采取的措施是（　　）。

A. 提请被审计单位管理层修改其对持有该金融资产意图的书面声明

B. 实施审计程序解决书面声明与其他审计证据不一致的问题

C. 考虑对审计证据总体可靠性和审计意见的影响

D. 修改进一步审计程序的性质、时间安排和范围

【解析】如果书面声明与其他审计证据不一致，注册会计师应当实施审计程序以设法解决这些问题，选项 B 正确。

【答案】B

（二）管理层不提供要求的书面声明

1. 如果管理层不提供要求的一项或多项书面声明，注册会计师应当（★★重点掌握）

（1）与管理层讨论该事项；

（2）重新评价管理层的诚信，并评价该事项对书面或口头声明和审计证据总体的可靠性可能产生的影响；

（3）采取适当措施，包括确定该事项对审计意见可能产生的影响。

2. 如果存在下列情形之一，注册会计师应当对财务报表发表无法表示意见（掌握，共 2 点）

（1）注册会计师对管理层的诚信产生重大疑虑，以至于认为其作出的书面声明不可靠。

（2）管理层不提供针对管理层责任的书面声明：

针对管理层责任的书面声明包括：

①针对财务报表的编制，管理层确认其根据审计业务约定条款，履行了按照适用的财务报告编制基础编制财务报表并使其实现公允反映（如适用）的责任。

②针对提供的信息和交易的完整性，管理层确认：

a. 按照审计业务约定条款，已向注册会计师提供所有相关信息，并允许注册会计师不受限制地接触所有相关信息以及被审计单位内部人员和其他相关人员。

b. 所有交易均已记录并反映在财务报表中。

这是因为，仅凭其他审计证据，注册会计师不能判断管理层是否履行了上述两方面的责任。

例题精讲

【例题 23 · 2015 年单选题】 下列有关书面声明的说法中，正确的是（　　）。

A. 书面声明的日期应当和审计报告日在同一天，且应当涵盖审计报告针对的所有财务报表和期间

B. 管理层已提供可靠书面声明的事实，影响注册会计师就管理层责任履行情况或具体认定获取的其他审计证据的性质和范围

C. 如果书面声明与其他审计证据不一致，注册会计师应当要求管理层修改书面声明

D. 如果对管理层的诚信产生重大疑虑，以至于认为其作出的书面声明不可靠，注册会计师在出具审计报告时应当对财务报表发表无法表示意见

【解析】 书面声明的日期不一定与审计报告为同一天，书面声明的日期不能晚于审计报告日，选项 A 不正确；尽管书面声明提供了必要的审计证据，但是其本身并不为所涉及的任何事项提供充分、适当的审计证据，而且管理层已提供可靠书面声明的事实，并不影响注册会计师就管理层责任履行情况或具体认定获取的其他审计证据的性质和范围，选项 B 不正确；如果书面声明与其他审计证据不一致，注册会计师应当实施程序以设法解决这些问题，选项 C 不正确。

【答案】 D

前情回顾小剧场

（1）评价未更正错报的影响（与金额相关的错报、错报的抵销、分类错报）；

（2）复核工作底稿（项目组内部复核：复核总原则、复核范围、复核时间、项目合伙人复核）；

（3）期后事项（概念、种类、3 个时段的处理原则）；

（4）书面声明（概念、作用、日期和涵盖期间、书面声明的形式——声明书、对书面声明可靠性的疑虑、管理层不提供针对管理层责任的书面声明）。

第十九章　审计报告

CHAPTER－19

五项须知小剧场

近5年考情分析
- 平均分值6分/年
- 2021年考核了简答题

教材主要变化
1. 新增了“在集团财务报表审计中描述注册会计师的责任”相关内容
2. 新增了“关键审计事项不能代替的情形” 相关内容
3. 新增了“与关键审计事项相关的审计工作底稿记录要求”相关内容
4. 新增了“财务报表存在重大错报”和“无法获取充分、适当的审计证据”两种情况的区分以及相关举例
5. 新增了“相关事项的影响的重大性的相关表述及举例”相关内容
6. 新增了“广泛性的相关表述及举例”相关内容
7. 新增了“形成审计意见的基础部分披露其他事项的具体表述和对其可理解性的考虑等”相关内容
8. 新增了“对应数据”的相关举例
9. 新增了“注册会计师对查找其他信息的责任”相关内容
10. 修订了其他报告责任的部分文字表述
11. 修订了关键审计事项基本概念的部分文字表述
12. 修订了其他情形下关键审计事项部分的形式和内容的文字表述
13. 修订了对应数据的总体要求的文字表述

建议学习时长 —— 8小时

学习方法提示 —— 本章属于重点章节，实务性较强，难度较大。近几年主要以简答题和综合题形式进行考核

本章基本框架（一）

- 第一节 审计报告概述
- 第二节 审计意见的形成
  - 得出审计结论时考虑的领域 考点1
  - 审计意见的类型 考点2
- 第三节 审计报告的基本内容
  - 审计报告的要素 考点1
  - 标题 考点2
  - 收件人 考点3
  - 审计意见 考点4
  - 形成审计意见的基础 考点5
  - 管理层对财务报表的责任 考点6
  - 注册会计师对财务报表审计的责任 考点7
  - 按照相关法律法规的要求报告的事项（如适用） 考点8
  - 注册会计师的签名和盖章 考点9
  - 会计师事务所的名称、地址和盖章 考点10
  - 报告日期 考点11
  - 与财务报表一同列报的补充信息 考点12
- 第四节 在审计报告中沟通关键审计事项
  - 确定关键审计事项 考点1
  - 在审计报告中沟通关键审计事项 考点2
  - 不在审计报告中沟通关键审计事项的情形 考点3
  - 就关键审计事项与治理层沟通 考点4
  - 审计工作底稿记录要求 考点5
- 第五节 非无保留意见审计报告
  - 非无保留意见的概念 考点1
  - 非无保留意见的类型 考点2
  - 非无保留意见审计报告的格式和内容 考点3
  - 非无保留意见审计报告的参考格式 考点4
- 第六节 在审计报告中增加强调事项段和其他事项段
  - 强调事项段 考点1
  - 其他事项段 考点2
  - 与治理层的沟通 考点3

本章基本框架（二）

- 第七节　比较信息
  - 比较信息的概念　考点1
  - 审计程序　考点2
  - 审计报告：对应数据　考点3
  - 审计报告：比较财务报表　考点4
- 第八节　注册会计师对其他信息的责任
  - 年度报告、其他信息及其他信息错报的概念　考点1
  - 获取其他信息　考点2
  - 阅读并考虑其他信息　考点3
  - 当似乎存在重大不一致或其他信息似乎存在重大错报时的应对　考点4
  - 当注册会计师认为其他信息存在重大错报时的应对　考点5
  - 当财务报表存在重大错报或注册会计师对被审计单位及其环境的了解需要更新时的应对　考点6
  - 报告　考点7

核心考点精讲专场

第一节　审计报告概述

查看本节视频，快速 GET 知识点
使用“会计云课堂”App或“微信”扫码

概念	审计报告：是指注册会计师根据审计准则的规定，在执行审计工作的基础上，对财务报表发表审计意见的书面文件
特征	审计报告是注册会计师在完成审计工作后向委托人提交的最终产品，具有以下特征：（4个方面） 1. 注册会计师应当按照审计准则的规定执行审计工作 2. 注册会计师在实施审计工作的基础上才能出具审计报告 3. 注册会计师通过对财务报表发表意见履行业务约定书约定的责任 4. 注册会计师应当以书面形式出具审计报告
作用	注册会计师签发的审计报告，主要具有鉴证、保护和证明三方面的作用

第二节 审计意见的形成

查看本节视频，快速 GET 知识点
使用“会计云课堂”App或“微信”扫码

01 得出审计结论时考虑的领域

基本原则	注册会计师应当就财务报表是否在所有重大方面按照适用的财务报告编制基础编制并实现公允反映形成审计意见（合法性、公允性）
考虑因素	在得出结论时，注册会计师应当考虑下列方面：（5个方面） 1. 按照审计准则的规定，是否已获取充分、适当的审计证据 2. 按照审计准则的规定，未更正错报单独或汇总起来是否构成重大错报 3. 评价财务报表是否在所有重大方面按照适用的财务报告编制基础编制 4. 评价财务报表是否实现公允反映 5. 评价财务报表是否恰当提及或说明适用的财务报告编制基础

02 审计意见的类型

1. 无保留意见
2. 保留意见
3. 否定意见
4. 无法表示意见

（2～4：非无保留意见）

第三节 审计报告的基本内容

查看本节视频，快速 GET 知识点
使用“会计云课堂”App或“微信”扫码

01 审计报告的要素（10个基本要素+其他）

（一）基本要素

审计报告应当包括下列要素：

1. 标题
2. 收件人
3. 审计意见
4. 形成审计意见的基础
5. 管理层对财务报表的责任
6. 注册会计师对财务报表审计的责任

7. 按照相关法律法规的要求报告的事项（如适用）
8. 注册会计师的签名和盖章
9. 会计师事务所的名称、地址和盖章
10. 报告日期

（二）其他

在适用的情况下，注册会计师应当在审计报告中对与持续经营相关的重大不确定性、关键审计事项、被审计单位年度报告中包含的除财务报表和审计报告之外的其他信息进行报告。

02 标题

审计报告的标题应当统一规范为“审计报告”。

03 收件人

（1）审计报告应当按照审计业务的约定载明收件人。

（2）在某些国家或地区，法律法规或业务约定条款可能指定审计报告致送的对象。注册会计师通常将审计报告致送给财务报表使用者，一般是被审计单位的股东或治理层。

审计报告的收件人如果是股份有限公司就应是“……全体股东”；如果是有限责任公司就应是“……董事会”。

04 审计意见

两部分	相关内容
第一部分	指出已审财务报表，应当包括下列方面：（5 方面：原来的引言段） 1. 指出被审计单位的名称 2. 说明财务报表已经审计 3. 指出构成整套财务报表的每一财务报表的名称 4. 提及财务报表附注 5. 指明构成整套财务报表的每一财务报表的日期或涵盖的期间
第二部分	应当说明注册会计师发表的审计意见

05 形成审计意见的基础（做了什么？）

审计报告应当包括标题为“形成审计意见的基础”的部分。该部分提供关于审计意见的重要背景，应当紧接在审计意见部分之后，并包括下列方面：（4 方面）

（1）说明注册会计师按照审计准则的规定执行了审计工作。

（2）提及审计报告中用于描述审计准则规定的注册会计师责任的部分。

（3）声明注册会计师按照与审计相关的职业道德要求对被审计单位保持了独立性，并履行了职业道德方面的其他责任。声明中应当指明适用的职业道德要求，如中国注册会计师职业道德守则。

（4）说明注册会计师是否相信获取的审计证据是充分、适当的，为发表审计意见提供了基础。

06 管理层对财务报表的责任

审计报告应当包含标题为“管理层对财务报表的责任”的部分，其中应当说明管理层负责下列方面：（2方面）

（1）按照适用的财务报告编制基础编制财务报表，使其实现公允反映，并设计、执行和维护必要的内部控制，以使财务报表不存在由于舞弊或错误导致的重大错报；

（2）评估被审计单位的持续经营能力和使用持续经营假设是否适当，并披露与持续经营相关的事项（如适用）。对管理层评估责任的说明应当包括描述在何种情况下使用持续经营假设是适当的。

富富有提示

当对财务报告过程负有监督责任的人员与履行上述责任的人员不同时，管理层对财务报表的责任部分还应当提及对财务报告过程负有监督责任的人员。在这种情况下，该部分的标题还应当提及“治理层”或者特定国家或地区法律框架中的恰当术语。

07 注册会计师对财务报表审计的责任（三大部分：详见后附审计报告示例）

08 按照相关法律法规的要求报告的事项（如适用）

举例	除审计准则规定的注册会计师对财务报表出具审计报告的责任外，相关法律法规可能对注册会计师设定了其他报告责任。例如： 1. 如果注册会计师在财务报表审计中注意到某些事项，可能被要求对这些事项予以报告 2. 注册会计师可能被要求实施额外的规定的程序并予以报告，或对特定事项（如会计账簿和记录的适当性）发表意见
报告	如果注册会计师在对财务报表出具的审计报告中履行其他报告责任，应当在审计报告中将其单独作为一部分，并以“按照相关法律法规的要求报告的事项”为标题，或使用适合于该部分内容的其他标题，除非其他报告责任涉及的事项与审计准则规定的报告责任涉及的事项相同

09 注册会计师的签名和盖章

审计报告应当由项目合伙人和另一名负责该项目的注册会计师签名和盖章。

10 会计师事务所的名称、地址（所在的城市）和盖章（公章）

11 报告日期

基本原则	审计报告日不应早于注册会计师获取充分、适当的审计证据，并在此基础上对财务报表形成审计意见的日期（认可并批准）
判断标准	在确定审计报告日时，注册会计师应当确信已获取下列两方面的审计证据： 1. 构成整套财务报表的所有报表（含披露）已编制完成（指已审报表） 2. 被审计单位的董事会、管理层或类似机构已经认可其对财务报表负责
具体应用	1. 注册会计师需要在签署审计报告前获取财务报表已得到批准的证据（被审计单位的董事会、管理层或类似机构确定构成整套财务报表的所有报表及披露已经编制完成，并声称对此负责） 在实务中，如果法律法规没有对财务报表在报出前获得批准作出规定，则注册会计师在正式签署审计报告前，通常把审计报告草稿随同附管理层已按审计调整建议修改后的财务报表一起提交给管理层 2. 如果管理层签署已按审计调整建议修改后的财务报表，注册会计师即可签署审计报告 3. 注册会计师签署审计报告的日期可能与管理层签署已审计财务报表的日期为同一天，也可能晚于管理层签署已审计财务报表的日期（绝对不能早于）

例题精讲

【例题1·2016年单选题】下列有关审计报告日的说法中，错误的是（　　）。

A. 审计报告日可以晚于管理层签署已审计财务报表的日期

B. 审计报告日不应早于管理层书面声明的日期

C. 在特殊情况下，注册会计师可以出具双重日期的审计报告

D. 审计报告日应当是注册会计师获取充分、适当的审计证据，并在此基础上对财务报表形成审计意见的日期

【解析】审计报告日不应早于注册会计师获取充分、适当的审计证据，并在此基础上对财务报表形成审计意见的日期，选项D错误。

【答案】D

【例题2·2014年综合题】A注册会计师负责审计甲集团公司2013年度财务报表。

资料五：

A注册会计师在审计工作底稿中记录了评估错报及处理重大事项的情况，部分内容摘录如下：

（5）2014年2月20日，A注册会计师出具了集团审计报告。在财务报表报出前，A注册会计师获悉甲集团公司2014年1月10日发生了一笔大额销售退回，因此，要求管理层修改财务报表，并于2014年2月25日重新出具了审计报告。管理层于2014年2月26日批准并报出修改后的财务报表。

要求：

针对资料五第（5）项，假定不考虑其他条件，指出A注册会计师的处理是否恰当。如不恰当，提出改进建议。

【答案】

事项序号	是否恰当（是/否）	改进建议
（5）	否	新的审计报告日不应早于修改后的财务报表批准日/在出具新的审计报告前应当获取经批准的修改后的财务报表

12 与财务报表一同列报的补充信息

<table>
<tr><td>基本原则</td><td colspan="2">在某些情况下，被审计单位根据法律法规的要求，或出于自愿选择，与财务报表一同列报适用的财务报告编制基础未作要求的补充信息</td></tr>
<tr><td>相关举例</td><td colspan="2">1. 被审计单位列报补充信息以增强财务报表使用者对适用的财务报告编制基础的理解
2. 对财务报表的特定项目提供进一步解释
这种补充信息通常在补充报表中或作为额外的附注进行列示</td></tr>
<tr><td rowspan="3">处理原则</td><td colspan="2">如果被审计单位将适用的财务报告编制基础未作要求的补充信息与已审计财务报表一同列报，注册会计师应当根据职业判断，评价补充信息是否由于其性质和列报方式而构成财务报表的必要组成部分</td></tr>
<tr><td>构成</td><td>应当将其涵盖在审计意见中</td></tr>
<tr><td>不构成</td><td>1. 注册会计师应当评价这些补充信息的列报方式是否充分、清楚地使其与已审计财务报表相区分
2. 如果未能充分、清楚地区分，注册会计师应当要求管理层改变未审计补充信息的列报方式
3. 如果管理层拒绝改变，注册会计师应当指出未审计的补充信息，并在审计报告中说明补充信息未审计</td></tr>
</table>

参考教材格式 19-1：对上市实体财务报表出具的无保留意见的审计报告。

举例：

审计报告

ABC 股份有限公司全体股东：

一、对财务报表出具的审计报告

（一）审计意见（意见段：两部分）

我们审计了 ABC 股份有限公司（以下简称“ABC 公司”）财务报表，包括 20×1 年 12 月 31 日的资产负债表，20×1 年度的利润表、现金流量表、股东权益变动表以及相关财务报表附注。（第一部分）

我们认为，后附的财务报表在所有重大方面按照企业会计准则的规定编制，公允反映了 ABC 公司 20×1 年 12 月 31 日的财务状况以及 20×1 年度的经营成果和现金流量。（第二部分）

（二）形成审计意见的基础（做了什么？）

①我们按照中国注册会计师审计准则的规定执行了审计工作。②审计报告的“注册会计师

对财务报表审计的责任”部分进一步阐述了我们在这些准则下的责任。③按照中国注册会计师职业道德守则，我们独立于ABC公司，并履行了职业道德方面的其他责任。④我们相信，我们获取的审计证据是充分、适当的，为发表审计意见提供了基础。

（三）关键审计事项

关键审计事项是根据我们的职业判断，认为对本期财务报表审计最为重要的事项。这些事项是在对财务报表整体进行审计并形成意见的背景下进行处理的，我们不对这些事项提供单独的意见。

[按照《中国注册会计师审计准则第1504号——在审计报告中沟通关键审计事项》的规定描述每一关键审计事项。]

（四）其他信息

[按照《中国注册会计师审计准则第1521号——注册会计师对其他信息的责任》的规定报告。]

（五）管理层和治理层对财务报表的责任

管理层负责按照企业会计准则的规定编制财务报表，使其实现公允反映，并设计、执行和维护必要的内部控制，以使财务报表不存在由于舞弊或错误导致的重大错报。

在编制财务报表时，管理层负责评估ABC公司的持续经营能力，披露与持续经营相关的事项（如适用），并运用持续经营假设，除非计划清算ABC公司、停止营运或别无其他现实的选择。

治理层负责监督ABC公司的财务报告过程。

（六）注册会计师对财务报表审计的责任

第一部分：

我们的目标是对财务报表整体是否不存在由于舞弊或错误导致的重大错报获取合理保证，并出具包含审计意见的审计报告。合理保证是高水平的保证，但并不能保证按照审计准则执行的审计在某一重大错报存在时总能被发现。错报可能由于舞弊或错误导致，如果合理预期错报单独或汇总起来可能影响财务报表使用者依据财务报表作出的经济决策，则通常认为错报是重大的。

第二部分：

在按照审计准则执行审计的过程中，我们运用职业判断，并保持职业怀疑。同时，我们也执行下列工作：

（1）识别和评估由于舞弊或错误导致的财务报表重大错报风险；对这些风险有针对性地设计和实施审计程序；获取充分、适当的审计证据，作为发表审计意见的基础。由于舞弊可能涉及串通、伪造、故意遗漏、虚假陈述或凌驾于内部控制之上，未能发现由于舞弊导致的重大错报的风险高于未能发现由于错误导致的重大错报的风险。

（2）了解与审计相关的内部控制，以设计恰当的审计程序，但目的并非对内部控制的有效性发表意见。

（3）评价管理层选用会计政策的恰当性和作出会计估计及相关披露的合理性。

（4）对管理层使用持续经营假设的恰当性得出结论。同时，根据获取的审计证据，就可能导致对ABC公司持续经营能力产生重大疑虑的事项或情况是否存在重大不确定性得出结论。如果我们得出结论认为存在重大不确定性，审计准则要求我们在审计报告中提请报表使用者注意财务报表中的相关披露；如果披露不充分，我们应当发表非无保留意见。我们的结论基于审计报告日可获得的信息。然而，未来的事项或情况可能导致 ABC 公司不能持续经营。

(5) 评价财务报表的总体列报、结构和内容（包括披露），并评价财务报表是否公允反映相关交易和事项。

第三部分：

我们与治理层就计划的审计范围、时间安排和重大审计发现等事项进行沟通，包括沟通我们在审计中识别出的值得关注的内部控制缺陷。

我们还就已遵守与独立性相关的职业道德要求向治理层提供声明，并与治理层沟通可能被合理认为影响我们独立性的所有关系和其他事项，以及相关的防范措施（如适用）。

从与治理层沟通的事项中，我们确定哪些事项对本期财务报表审计最为重要，因而构成关键审计事项。我们在审计报告中描述这些事项，除非法律法规禁止公开披露这些事项，或在极其罕见的情形下，如果合理预期在审计报告中沟通某事项造成的负面后果超过在公众利益方面产生的益处，我们确定不应在审计报告中沟通该事项。

二、按照相关法律法规的要求报告的事项（其他报告责任段）（略）

××会计师事务所　　　　　　　　中国注册会计师：×××（项目合伙人）
（盖章）　　　　　　　　　　　　（签名并盖章）
　　　　　　　　　　　　　　　　中国注册会计师：×××
　　　　　　　　　　　　　　　　（签名并盖章）
中国××市　　　　　　　　　　　二〇×二年×月×日

查看本节视频，快速 GET 知识点
使用“会计云课堂”App或“微信”扫码

第四节　在审计报告中沟通关键审计事项

基本要求	1.《中国注册会计师审计准则第 1504 号——在审计报告中沟通关键审计事项》明确了注册会计师在审计报告中沟通关键审计事项的责任 2. 准则的适用范围： (1) 对上市实体整套通用目的财务报表进行审计 (2) 注册会计师决定或委托方要求在审计报告中沟通关键审计事项的其他情形 (3) 法律法规要求注册会计师在审计报告中沟通关键审计事项
含义	关键审计事项：是指注册会计师根据职业判断认为对当期财务报表审计最为重要的事项
沟通关键审计事项的作用	1. 通过提高已执行审计工作的透明度，增加审计报告的沟通价值 2. 能为财务报表预期使用者提供额外的信息，帮助其了解注册会计师根据职业判断认为对本期财务报表审计最为重要的事项，并帮助其了解被审计单位，以及已审计财务报表中涉及重大管理层判断的领域

相关说明	1. 在审计报告中沟通关键审计事项以注册会计师已就财务报表整体形成审计意见为背景 2. 在审计报告中沟通关键审计事项不能代替下列事项： （1）管理层按照适用的财务报告编制基础在财务报表中作出的披露，或为使财务报表实现公允反映而作出的披露（如适用） （2）注册会计师按照审计业务的具体情况发表非无保留意见 （3）当可能导致对被审计单位持续经营能力产生重大疑惑的事项或情况存在重大不确定性时，注册会计师按照审计准则的规定进行报告 3. 除非法律法规要求沟通，当对财务报表发表无法表示意见时，注册会计师不得在审计报告中沟通关键审计事项，也不得在审计报告中包含其他信息部分

富富有提示

在审计报告中沟通关键审计事项不是注册会计师就单一事项单独发表意见。

01 确定关键审计事项（三步曲）

根据关键审计事项的概念，注册会计师在确定关键审计事项时，需要遵循以下决策框架：

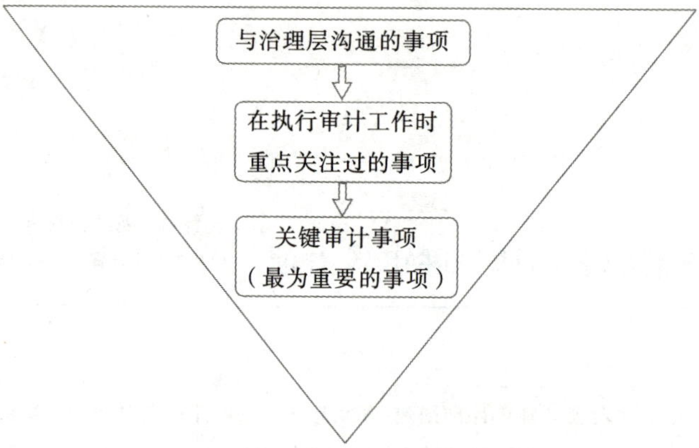

教材图 19-1 关键审计事项的决策框架

（一）以“与治理层沟通过的事项”为起点选择关键审计事项（第一步）

《中国注册会计师审计准则第 1151 号——与治理层的沟通》要求注册会计师与被审计单位治理层沟通审计过程中的重大发现，包括：（3 个方面）

（1）注册会计师对被审计单位的重要会计政策、会计估计和财务报表披露等会计实务的看法；

（2）审计过程中遇到的重大困难；

（3）已与治理层讨论或需要书面沟通的重大事项等。

（二）从“与治理层沟通过的事项”中确定“在执行审计工作时重点关注过的事项”（第二步）（★★★3 个方面：风险较高、金额较大、涉及重大判断）

（1）对于特定账户余额、交易类别或披露，评估的认定层次重大错报风险越高，在计划和实施审计程序并评价审计程序的结果时通常涉及的判断就越多。

（2）对注册会计师获取充分、适当的审计证据或对财务报表形成审计意见构成挑战的事项可能与注册会计师确定关键审计事项尤其相关。（★★★）

（3）注册会计师重点关注过的领域通常与财务报表中复杂、重大的管理层判断领域相关，因而通常涉及困难或复杂的注册会计师职业判断。

（4）注册会计师在确定哪些事项属于在执行审计工作时重点关注过的事项时，应当考虑下列方面：（★★★3 方面）

①评估的重大错报风险较高的领域或识别出的特别风险。

②与财务报表中涉及重大管理层判断（包括被认为具有高度估计不确定性的会计估计）的领域相关的重大审计判断。

③本期重大交易或事项对审计的影响。

（三）从“在执行审计工作时重点关注过的事项”中确定哪些事项对本期财务报表审计“最为重要”，从而构成关键审计事项（第三步）

在确定某一与治理层沟通过的事项的相对重要程度以及该事项是否构成关键审计事项时，下列考虑也可能是相关的：（★★★共 7 点）

（1）该事项对预期使用者理解财务报表整体的重要程度，尤其是对财务报表的重要性。

（2）与该事项相关的会计政策的性质或者与同行业其他实体相比，管理层在选择适当的会计政策时涉及的复杂程度或主观程度。

（3）从定性和定量方面考虑，与该事项相关的由于舞弊或错误导致的已更正错报和累积未更正错报（如有）的性质和重要程度。

（4）为应对该事项所需要付出的审计努力的性质和程度。

（5）在实施审计程序、评价实施审计程序的结果、获取相关和可靠的审计证据以作为发表审计意见的基础时，注册会计师遇到的困难的性质和严重程度，尤其是当注册会计师的判断变得更加主观时。

（6）识别出的与该事项相关的控制缺陷的严重程度。

（7）该事项是否涉及数项可区分但又相互关联的审计考虑。

富富有提示

①“最为重要的事项”并不意味着只有一项。

②需要在审计报告中包含的关键审计事项的数量可能受下列因素影响：（3 个因素）

a. 被审计单位规模和复杂程度；

b. 业务和经营环境的性质；

c. 审计业务具体事实和情况。

③一般而言，最初确定为关键审计事项的事项越多，注册会计师越需要重新考虑每一事项是否符合关键审计事项的定义。

④罗列大量关键审计事项可能与这些事项是审计中最为重要的事项这一概念相抵触。

02 在审计报告中沟通关键审计事项

（一）在审计报告中单设关键审计事项部分

基本原则	为能够突出关键审计事项，同时向财务报表预期使用者展示项目特定信息在其眼中的价值，注册会计师应当在审计报告中单设一部分，以“关键审计事项”为标题，并在该部分使用恰当的子标题逐项描述关键审计事项
说明事项	关键审计事项部分的引言应当同时说明下列事项：（2方面） 1. 关键审计事项是注册会计师根据职业判断，认为对本期财务报表审计最为重要的事项 2. 关键审计事项的应对以对财务报表整体进行审计并形成审计意见为背景，注册会计师对财务报表整体形成审计意见，而不对关键审计事项单独发表意见

（二）描述单一关键审计事项

基本原则		1. 为帮助财务报表预期使用者了解注册会计师确定的关键审计事项，注册会计师应当在审计报告中逐项描述每一关键审计事项，并分别索引至财务报表的相关披露（如有），以使预期使用者能够进一步了解管理层在编制财务报表时如何应对这些事项 2. 在描述时，注册会计师应当同时说明下列内容：（2方面） （1）该事项被认定为审计中最为重要的事项之一，因而被确定为关键审计事项的原因 （2）该事项在审计中是如何应对的
描述内容		注册会计师可以描述下列要素：（4个方面） 1. 审计应对措施或审计方法中，与该事项最为相关或对评估的重大错报风险最有针对性的方面 2. 对已实施审计程序的简要概述 3. 实施审计程序的结果 4. 对该事项的主要看法
描述语言		为使预期使用者能够理解在对财务报表整体进行审计的背景下的关键审计事项重要程度，以及关键审计事项与审计报告其他要素(包括审计意见）之间的关系，注册会计师可能需要注意用于描述关键审计事项的语言，使之：（4方面） 1. 不暗示注册会计师在对财务报表形成审计意见时尚未恰当解决该事项 2. 将该事项直接联系到被审计单位的具体情况，避免使用一般化或标准化的语言 3. 能够体现出对该事项在相关财务报表披露（如有）中如何应对的考虑 4. 不对财务报表单一要素发表意见，也不暗示是对财务报表单一要素单独发表意见
原始信息	含义	原始信息：是指与被审计单位相关、尚未由被审计单位公布(例如，未包含在财务报表中、未包含在审计报告日可获取的其他信息或者管理层或治理层的其他口头或书面沟通中，如财务信息的初步公告或投资者简报）的信息
	责任	这些信息是被审计单位管理层和治理层的责任

处理原则	1. 在描述关键审计事项时，注册会计师需要避免不恰当地提供与被审计单位相关的原始信息 2. 对关键审计事项的描述通常不构成有关被审计单位的原始信息，这是由于对关键审计事项的描述是在对财务报表进行审计的背景下进行的 3. 注册会计师仍可能认为提供进一步信息用于解释为何该事项被认为对审计最为重要因而被确定为关键审计事项，以及这些事项如何在审计中加以应对是有必要的，除非法律法规禁止披露这些信息 4. 如果确定披露这些信息是必要的，注册会计师可以鼓励管理层或治理层进一步披露信息，而不是在审计报告中提供原始信息

参考教材格式19-2：关键审计事项——商誉的减值测试。

举例：

相关信息披露详见财务报表附注——××

（一）事项描述（原因）

截至20×1年12月31日，集团因收购YYY公司而确认了×××万元的商誉。贵公司管理层于每年年末对商誉进行减值测试。本年度，YYY公司产生了经营损失，该商誉出现减值迹象。

报告期末，集团管理层对YYY公司的商誉进行了减值测试，以评价该项商誉是否存在减值。管理层采用现金流预测模型来计算商誉的可收回金额，并将其与商誉的账面价值相比较。该模型所使用的折现率、预计现金流，特别是未来收入增长率等关键指标需要作出重大的管理层判断。通过测试，管理层得出商誉没有减值的结论。

（二）实施的审计程序（应对过程）

我们针对管理层减值测试所实施的审计程序包括：

1. 对管理层的估值方法予以了评估；

2. 基于我们对相关行业的了解，我们检查了管理层假设的合理性，如收入增长率、折现率等；

3. 检查录入数据与支持证据的一致性，例如，已批准的预算以及考虑这些预算的合理性。

……

（三）实施审计程序的结果（应对结果）

我们认为，基于目前所获取的信息，管理层在对商誉减值测试所使用的假设是合理的，相关信息在财务报表附注——××中所作出的披露是适当的。

参考教材格式19-3：关键审计事项——研发费用资本化。

举例：

相关信息披露详见财务报表附注——××

（一）事项描述（原因）

公司开发了大量的系统运行软件以及业务相关技术，并正在进一步开发其他技术以提高效率和产能。本年度，公司资本化的研发费用为×××万元。

由于资本化的研发费用金额较大，且评估其是否达到企业会计准则规定的资本化标准涉及重大的管理层判断（特别是以下领域），因此该领域是关键审计事项。

1. 项目的技术可行性；

2. 项目产生足够未来经济利益的可能性。

我们尤其注意到公司目前正在投资开发新技术以满足其未来发展的需要，因此我们重点关注了这些在建项目的未来经济利益是否能够支撑资本化金额，这些项目包括：

1. 为提高公司开发、运营和拓展能力，重建其技术平台的项目，如能够投入使用，其经济利益需要在较长的期限内实现，因此涉及更多判断；

2. 由于某些开发技术的创新性而使其未来经济利益涉及重大判断的项目。

鉴于新软件和系统的开发，我们也关注了已经资本化的现有软件及系统的账面余额是否发生减值。

（二）实施的审计程序及结果（应对过程和应对结果）

我们获取了本年度资本化的研发费用的明细表，并将其调节至总账中记录的金额，未发现重大异常。

我们测试了资本化金额超过××万元的所有项目和剩余样本中抽取的金额较小的项目，具体如下：

1. 我们获取了管理层就这些项目进行资本化的原因作出的解释，包括项目的技术可行性以及项目产生足够未来经济利益的可能性等方面。我们还与负责各选定项目的项目开发经理进行访谈，以印证上述解释并了解具体项目，从而使我们能够独立评估这些项目是否满足企业会计准则规定的资本化条件。我们发现项目经理给出的解释与我们从管理层获得的解释、以及我们对业务发展的理解一致，并认可管理层得出的这些支出满足资本化条件的评价。

2. 我们询问了管理层及相关项目经理，新软件和系统的开发是否代替了资产负债表中任何现有资产或使其减值。除财务报表附注××所披露的××万元的减值准备外，我们未发现进一步的减值迹象。我们还根据我们对于新建项目及现有项目的了解，考虑是否存在任何项目中的软件因受开发活动的影响而停止使用或减少使用年限。我们未发现重大异常。

3. 为确定支出是否可直接归属于各个项目，我们获取了单个项目耗用工时的清单，抽查了项目记录的某些工时数，并与相关项目经理讨论以了解项目，确认所测试的员工的确参与了项目，并确定这些员工所执行工作的性质。我们通过将耗用工时清单中某位员工的总工时数与其标准费率相乘来确认记录的工时工资与资本化的金额相一致。

4. 我们还按照相当于公司技术开发小组平均工资的每小时费率对上述的标准小时费率进行了调节。我们认为所用费率能恰当反映内部开发员工的薪酬水平，未发现重大异常。

……

03 不在审计报告中沟通关键审计事项的情形

1. 除非存在下列情形之一，注册会计师应当在审计报告中逐项描述关键审计事项

（1）法律法规禁止公开披露某事项；

（2）在极少数的情况下，如果合理预期在审计报告中沟通某事项造成的负面后果超过产生的公众利益方面的益处，注册会计师确定不应在审计报告中沟通该事项。

2. 特殊情形的处理（三种情形）

情形	注册会计师的职业判断	审计报告中的表述
第一种情形	确定不存在关键审计事项	“我们确定不存在需要在审计报告中沟通的关键审计事项”
第二种情形	属于不沟通关键审计事项的情形（法律法规禁止公开披露、负面后果超过益处），也不存在其他关键审计事项	
第三种情形	仅有的需要沟通的关键审计事项是导致发表保留意见或否定意见的事项，或者是可能导致对被审计单位持续经营能力产生重大疑虑的事项或情况存在重大不确定性【性质：均属于关键审计事项，在专门的部分披露】	“除形成保留（否定）意见的基础部分或与持续经营相关的重大不确定性部分所描述的事项外，我们确定不存在其他需要在审计报告中沟通的关键审计事项”

富富有提示

①在关键审计事项部分披露的关键审计事项是已经得到满意解决的事项，既不存在审计范围受到限制，也不存在注册会计师与被审计单位管理层意见分歧的情况。

②注册会计师应当按照适用的审计准则的规定报告上述事项（第三种情形），并在关键审计事项部分提及形成保留（否定）意见的基础部分或与持续经营相关的重大不确定性部分。

③如果注册会计师认为有必要在审计报告中增加强调事项段或其他事项段，审计报告中的强调事项段或其他事项段需要与关键审计事项部分分开列示。

如果某事项被确定为关键审计事项，则不能以强调事项或其他事项代替对关键审计事项的描述。

3. 举例

（三）关键审计事项

关键审计事项是根据我们的职业判断，认为对本期财务报表审计最为重要的事项，这些事项是在对财务报表整体进行审计并形成意见的背景下进行处理的，我们不对这些事项提供单独的意见。除“形成保留（否定）意见的基础”部分所述事项外【除“与持续经营相关的重大不确定性”部分所描述的事项外】，我们确定下列事项是需要在审计报告中沟通的关键审计事项（后面说明具体事项）。

04 就关键审计事项与治理层沟通

注册会计师应当就下列事项与治理层沟通：（2 方面）

（1）注册会计师确定的关键审计事项；

（2）根据被审计单位和审计业务的具体情况，注册会计师确定不存在需要在审计报告中沟通的关键审计事项（如适用）。

05 审计工作底稿记录要求

注册会计师应当在审计工作底稿中记录下列事项：

（1）注册会计师确定的在执行审计工作时重点关注过的事项，以及针对每一事项，是否将其确定为关键审计事项及其理由；

（2）注册会计师确定不存在需要在审计报告中沟通的关键审计事项的理由，或者仅需要沟通的关键审计事项是导致非无保留意见的事项，或者是可能导致对被审计单位持续经营能力产生重大疑虑的事项或情况存在重大不确定性（如适用）；

（3）注册会计师确定不在审计报告中沟通某项关键审计事项的理由（如适用）。

第五节 非无保留意见审计报告

查看本节视频，快速GET知识点

使用“会计云课堂”App或“微信”扫码

01 非无保留意见的概念

（一）概述

概念	非无保留意见：是指保留意见、否定意见或无法表示意见
情形	当存在下列情形之一时，注册会计师应当在审计报告中发表非无保留意见： 1. 根据获取的审计证据，得出财务报表整体存在重大错报（金额、分类或列报）的结论 2. 无法获取充分、适当的审计证据，不能得出财务报表整体不存在重大错报的结论（也称为审计范围受到限制）
说明	如果注册会计师能够通过实施替代程序获取充分、适当的审计证据，则无法实施特定的程序并不构成对审计范围的限制（不能一条道走到黑）

（二）相关举例

情形一：财务报表重大错报的来源。（3个举例）

重大错报的来源	具体内容
选择的会计政策的恰当性	当出现下列情形时，财务报表可能存在重大错报： 1. 选择的会计政策与适用的财务报告编制基础不一致 2. 财务报表没有正确描述与资产负债表、利润表、所有者权益变动表或现金流量表中的重大项目相关的会计政策 3. 财务报表没有按照公允反映的方式列报交易和事项 4. 如果被审计单位变更了重大会计政策，且没有遵守这些要求

重大错报的来源	具体内容
对所选择的会计政策的运用	当出现下列情形时，财务报表可能存在重大错报（共 2 点）： 1. 管理层没有按照适用的财务报告编制基础的要求一贯运用所选择的会计政策，包括管理层未在不同会计期间或对相似的交易和事项一贯运用所选择的会计政策 2. 不当运用所选择的会计政策
财务报表披露的恰当性或充分性	当出现下列情形时，财务报表可能存在重大错报： 1. 财务报表没有包括适用的财务报告编制基础要求的所有披露 2. 财务报表的披露没有按照适用的财务报告编制基础列报 3. 财务报表没有作出适用的财务报告编制基础特定要求之外的其他必要的披露以实现公允反映

情形二：可能导致注册会计师无法获取充分、适当的审计证据（也称为审计范围受到限制）的情形。(3 个情形)

情形	举例
超出被审计单位控制的情形	被审计单位的会计记录已被毁坏，或重要组成部分的会计记录已被政府有关机构无限期地查封
与注册会计师工作的性质或时间安排相关的情形	1. 被审计单位需要使用权益法对联营企业进行核算，注册会计师无法获取有关联营企业财务信息的充分、适当的审计证据以评价是否恰当运用了权益法 2. 注册会计师接受审计委托的时间安排，使注册会计师无法实施存货监盘 3. 注册会计师确定仅实施实质性程序是不充分的，但被审计单位的控制是无效的
管理层对审计范围施加限制的情形	管理层阻止注册会计师实施存货监盘，或管理层阻止注册会计师对特定账户余额实施函证

(三) 存在不确定性的处理原则

(1) 财务报表中的某些项目涉及的事项的未来结果可能存在不确定性，并且注册会计师在执行审计时可能还不能获得有关这些事项未来最终结果的结论性证据。

(2) 存在不确定性的事项可能包括应收款项的坏账准备、存货的跌价准备、产品质量保证准备金、提供担保的连带偿还责任、尚未判决生效的诉讼或仲裁等。

(3) 存在不确定性并不必然导致审计范围受到限制。

02 非无保留意见的类型

(一) 审计意见的决策

事项的性质	重大但不具有广泛性	重大且具有广泛性
1. 财务报表存在重大错报	保留意见	否定意见
2. 无法获取充分、适当的审计证据	保留意见	无法表示意见

（二）注册会计师对相关事项的影响的重大性和广泛性的判断均会影响审计意见的类型

1. 影响的重大性

基本原则		注册会计师需要从定量和定性两个方面考虑错报对财务报表的影响或未发现的错报（如存在）对财务报表可能产生的影响是否重大
具体内容	定量	定量的标准通常是注册会计师确定的财务报表整体的重要性或特定类别的交易、账户余额或披露的重要性水平（如适用）
	定性	定性考虑错报是否重大时，注册会计师需要运用判断评估错报的性质是否严重，是否会影响财务报表使用者的经济决策【是否影响实现盈利预期或达到监管要求、是否影响盈亏状况，错报是否由舞弊导致】

2. 影响的广泛性

广泛性的判断	根据注册会计师的判断，对财务报表的影响具有广泛性的情形包括： （1）不限于对财务报表的特定要素、账户或项目产生影响（合并范围；无法审计重要的子公司；由于制造业企业与存货相关的会计记录和物流记录不完整、不准确，注册会计师无法就期末和期初存货余额以及当期的存货增减变动情况获取充分、适当的审计证据，影响资产负债表和利润表等多个项目） （2）虽然仅对财务报表的特定要素、账户或项目产生影响，但这些要素、账户或项目是或可能是财务报表的主要组成部分（如：无根据地计提大额资产减值准备导致盈利转亏损） （3）当与披露相关时，产生的影响对财务报表使用者理解财务报表至关重要（或有事项、遗漏与重大不确定性相关的必要披露）
相关说明	（1）不是所有错报超过重要性水平都出具保留意见或否定意见，尤其是分类错报 （2）在少数情况下，可能存在多个不确定事项。尽管注册会计师对每个单独的不确定事项获取了充分、适当的审计证据，但由于不确定事项之间可能存在相互影响，以及可能对财务报表产生累积影响，注册会计师不可能对财务报表形成审计意见。在这种情况下，注册会计师应当发表无法表示意见 （3）如果认为有必要对财务报表整体发表否定意见或无法表示意见，注册会计师不应在同一审计报告中对按照相同财务报告编制基础编制的单一财务报表或者财务报表特定要素、账户或项目发表无保留意见（★★重点掌握）

例题精讲

【例题3·2014年多选题】下列各项错报中，通常对财务报表具有广泛影响的有（　　）。

A. 被审计单位没有披露关键管理人员薪酬

B. 信息系统缺陷导致的应收账款、存货等多个财务报表项目的错报

C. 被审计单位没有将年内收购的一家重要子公司纳入合并范围

D. 被审计单位没有按照成本与可变现净值孰低原则对存货进行计量

【解析】选项A，仅影响披露的完整性，并不对财务报表具有广泛影响；选项D，仅影响存货项目的准确性、计价和分摊认定。

【答案】BC

（三）管理层对审计范围施加限制的处理原则

基本要求	在承接审计业务后，如果注意到管理层对审计范围施加了限制，且认为这些限制可能导致对财务报表发表保留意见或无法表示意见，注册会计师应当要求管理层消除这些限制	
处理原则	如果管理层拒绝消除限制，除非治理层全部成员参与管理被审计单位，注册会计师应当：（2个方面） 1. 就此事项与治理层沟通 2. 确定能否实施替代程序以获取充分、适当的审计证据	
审计影响	1. 如果未发现的错报（如存在）可能对财务报表产生的影响重大，但不具有广泛性，应当发表保留意见 2. 如果未发现的错报（如存在）可能对财务报表产生的影响重大且具有广泛性，以至于发表保留意见不足以反映情况的严重性，应当在可行时解除业务约定（除非法律法规禁止），并在解除业务约定前，与治理层沟通在审计过程中发现的、将会导致发表非无保留意见的所有错报事项	
注意事项	如果在出具审计报告前解除业务约定被禁止或不可行，应当发表无法表示意见	
继续执行	情形	在某些情况下，如果法律法规要求注册会计师继续执行审计业务，则注册会计师可能无法解除审计业务约定。这种情况可能包括： 1. 注册会计师接受委托审计公共部门实体的财务报表 2. 注册会计师接受委托审计涵盖特定期间的财务报表，或者接受一定期间的委托，在完成财务报表审计前或在受托期间结束前，不允许解除审计业务约定
	处理原则	注册会计师可能认为需要在审计报告中增加其他事项段

03 非无保留意见审计报告的格式和内容

（一）形成非无保留审计意见的基础（共7点）

基础	具体内容	
1. 审计报告格式和内容的一致性	作用	有助于提高使用者的理解和识别存在的异常情况
	修改标题	如果对财务报表发表非无保留意见，注册会计师应当将审计报告中“形成审计意见的基础”部分的标题修改为恰当的标题，如“形成保留意见的基础”“形成否定意见的基础”“形成无法表示意见的基础”，说明导致发表非无保留意见的事项（四种类型全有：做了什么？+其他）
	描述方法	（1）当发表保留意见或否定意见时，注册会计师应当修改“形成保留（否定）审计意见的基础”部分的描述，以说明：注册会计师相信，注册会计师获取的审计证据是充分、适当的，为发表保留（否定）意见提供了基础 （2）当发表无法表示意见时，注册会计师应当修改“形成无法表示意见的基础”部分的表述，不应提及审计报告中用于描述注册会计师责任的部分，也不应说明注册会计师是否已获取充分、适当的审计证据以作为形成审计意见的基础

基础	具体内容
2. 量化财务影响	(1) 如果财务报表中存在与具体金额(包括定量披露)相关的重大错报，注册会计师应当在形成审计意见的基础部分说明并量化该错报的财务影响 (2) 如果无法量化财务影响，应当在该部分说明这一情况
3. 存在与定性披露相关的重大错报	应当在形成审计意见的基础部分解释该错报错在何处（★★★注意：不是一定不能量化）
4. 存在与应披露而未披露信息相关的重大错报	(1) ①与治理层讨论；②描述此信息的性质；③如果可行并且已针对未披露信息获取了充分、适当的审计证据，包含对未披露信息的披露，除非法律法规禁止 (2) 存在下列情形之一，在形成审计意见的基础部分披露遗漏的信息是不可行的：(不应披露) ①管理层还没有披露，或注册会计师不易获取这些披露 ②根据注册会计师的判断，在报告中披露过于庞杂
5. 无法获取充分、适当的审计证据	应当在形成审计意见的基础部分说明无法获取审计证据的原因
6. 披露其他事项	详见下列【补充内容1】
7. 对“形成非无保留意见的基础”部分的可理解性的考虑	详见下列【补充内容2】

【补充内容1】不得进行选择性说明。

情形	(1) 即使已发现的重大错报具有广泛性，足以导致发表否定意见，注册会计师仍然需要对其余不涉及上述重大错报的财务报表项目按照审计准则的规定执行并完成审计工作 (2) 即使审计范围受到限制可能产生的影响足以导致发表无法表示意见，除非属于在可行时解除业务约定的情形，注册会计师仍然需要对审计范围没有受到限制的方面按照审计准则的规定执行并完成审计工作
处理原则	注册会计师应当在“形成否定（无法表示）意见的基础”部分说明注意到的、将导致发表非无保留意见的所有其他事项及其影响

【补充内容2】就“形成非无保留意见的基础”部分的整体结构而言，注册会计师可以考虑采取以下方式提高这部分内容的可理解性：

方式	相关内容
1. 增加标题	如果非无保留意见涉及多个事项，可以以简要概括方式对每一事项分别增加一个小标题，这有助于使用者更直观地了解相关事项影响到的财务报表具体领域及判断相关事项对财务报表整体的影响程度
2. 相关索引	如果非无保留意见涉及的事项在财务报表附注中有相关披露内容，索引至相关财务报表附注有助于使用者了解这些事项的具体情况

方式	相关内容
3. 考虑描述	就“形成非无保留意见的基础”部分中单个事项的描述而言，注册会计师需要从对使用者决策有用性角度考虑如何恰当体现相关描述的恰当性和可理解性

例题精讲

【例题4·2013年简答题】审计项目组认为丁公司管理层在财务报表中运用持续经营假设不适当，并发现年末存货余额存在重大错报（该错报对财务报表的影响重大但不具有广泛性）。审计项目组拟就持续经营问题对丁公司2012年度财务报表发表否定意见，但不再在审计报告中提及存货的重大错报。

要求：

根据上述事项，假定不考虑其他条件，判断审计项目组的处理是否恰当。如不恰当，简要说明理由。

【答案】

是否恰当（恰当/不恰当）	理由
不恰当	即使发表否定意见，也应在“形成否定意见的基础”部分说明注意到的、将导致发表非无保留意见的所有其他事项及其影响

（二）审计意见部分

1. 标题

如“保留意见”、“否定意见”或“无法表示意见”。

2. 处理原则

（1）发表保留意见。

情形	处理原则
存在重大错报	注册会计师应当在审计意见部分说明：注册会计师认为，除形成保留意见的基础部分所述事项产生的影响外，后附的财务报表在所有重大方面按照适用的财务报告编制基础编制，公允反映了［……］
审计范围受限	注册会计师应当在审计意见部分使用“除……可能产生的影响外”等措辞

（2）发表否定意见、无法表示意见。

意见类型	处理原则
否定意见	注册会计师应当在审计意见部分说明：注册会计师认为，由于形成否定意见的基础部分所述事项的重要性，后附的财务报表没有在所有重大方面按照适用的财务报告编制基础编制，未能公允反映［……］
无法表示意见	注册会计师应当在审计意见部分说明注册会计师不对后附的财务报表发表审计意见，并说明：由于形成无法表示意见的基础部分所述事项的重要性，注册会计师无法获取充分、适当的审计证据以为发表审计意见提供基础 同时，注册会计师应当将有关财务报表已经审计的说明，修改为注册会计师接受委托审计财务报表

（三）注册会计师对财务报表审计的责任部分

当由于无法获取充分、适当的审计证据而发表无法表示意见时，注册会计师应当对无保留意见审计报告中注册会计师对财务报表审计的责任部分的表述进行修改，使之仅包含下列内容：

（1）注册会计师的责任是按照中国注册会计师审计准则的规定，对被审计单位财务报表执行审计工作，以出具审计报告；

（2）但由于形成无法表示意见的基础部分所述的事项，注册会计师无法获取充分、适当的审计证据以作为发表审计意见的基础；

（3）声明注册会计师在独立性和职业道德方面的其他责任。

04 非无保留意见审计报告的参考格式

参考教材格式19-4：由于财务报表存在重大错报而发表保留意见的审计报告。

举例：

审计报告

ABC股份有限公司全体股东：

一、对财务报表出具的审计报告

（一）保留意见

我们审计了ABC股份有限公司（以下简称“ABC公司”）财务报表，包括20×1年12月31日的资产负债表，20×1年度的利润表、现金流量表、股东权益变动表以及相关财务报表附注。

我们认为，除“形成保留意见的基础”部分所述事项产生的影响外，后附的财务报表在所有重大方面按照企业会计准则的规定编制，公允反映了ABC公司20×1年12月31日的财务状况以及20×1年度的经营成果和现金流量。

（二）形成保留意见的基础

ABC公司20×1年12月31日资产负债表中存货的列示金额为×元。ABC公司管理层（以下简称“管理层”）根据成本对存货进行计量，而没有根据成本与可变现净值孰低的原则进行计量，这不符合企业会计准则的规定。ABC公司的会计记录显示，如果管理层以成本与可变现净值孰低来计量存货，存货列示金额将减少×元。相应地，资产减值损失将增加×元，所得税、净利润和股东权益将分别减少×元、×元和×元。

①我们按照中国注册会计师审计准则的规定执行了审计工作。②审计报告的“注册会计师对财务报表审计的责任”部分进一步阐述了我们在这些准则下的责任。③按照中国注册会计师职业道德守则，我们独立于ABC公司，并履行了职业道德方面的其他责任。④我们相信，我们获取的审计证据是充分、适当的，为发表保留意见提供了基础。

（三）其他信息

[按照《中国注册会计师审计准则第1521号——注册会计师对其他信息的责任》的规定报告，其他信息部分的最后一段需要进行改写，以描述导致注册会计师对财务报表发表保留意见并影响其他信息的事项。]

……

参考教材格式19-5：由于合并财务报表存在重大错报而发表否定意见的审计报告。

举例：

审计报告

ABC股份有限公司全体股东：

一、对合并财务报表出具的审计报告

（一）否定意见

我们审计了ABC股份有限公司及其子公司（以下简称“ABC集团”）的合并财务报表，包括20×1年12月31日的合并资产负债表，20×1年度的合并利润表、合并现金流量表、合并股东权益变动表以及相关合并财务报表附注。

我们认为，由于“形成否定意见的基础”部分所述事项的重要性，后附的合并财务报表没有在所有重大方面按照××财务报告编制基础的规定编制，未能公允反映ABC集团20×1年12月31日的合并财务状况以及20×1年度的合并经营成果和合并现金流量。

（二）形成否定意见的基础

如财务报表附注×所述，20×1年ABC集团通过非同一控制下的企业合并获得对XYZ公司的控制权，因未能取得购买日XYZ公司某些重要资产和负债的公允价值，故未将XYZ公司纳入合并财务报表的范围。按照××财务报告编制基础的规定，该集团应将这一子公司纳入合并范围，并以暂估金额为基础核算该项收购。如果将XYZ公司纳入合并财务报表的范围，后附的ABC集团合并财务报表的多个报表项目将受到重大影响。但我们无法确定未将XYZ公司纳入合并范围对合并财务报表产生的影响。

我们按照中国注册会计师审计准则的规定执行了审计工作。审计报告的“注册会计师对财务报表审计的责任”部分进一步阐述了我们在这些准则下的责任。按照中国注册会计师职业道德守则，我们独立于ABC集团，并履行了职业道德方面的其他责任。我们相信，我们获取的审计证据是充分、适当的，为发表否定意见提供了基础。

（三）其他信息

[按照《中国注册会计师审计准则第1521号——注册会计师对其他信息的责任》的规定报告，其他信息部分的最后一段需要进行改写，以描述导致注册会计师对财务报表发表否定意见并且也影响其他信息的事项。]

……

参考教材格式19-6：由于注册会计师无法针对财务报表多个要素获取充分、适当的审计证据而发表无法表示意见的审计报告。

举例：

审计报告

ABC股份有限公司全体股东：

一、对财务报表出具的审计报告

（一）无法表示意见

我们接受委托，审计ABC股份有限公司（以下简称“ABC公司”）财务报表，包括20×1年12月31日的资产负债表，20×1年度的利润表、现金流量表、股东权益变动表以及相关财务报表附注。

我们不对后附的ABC公司财务报表发表审计意见。由于“形成无法表示意见的基础”部分所述事项的重要性，我们无法获取充分、适当的审计证据以作为对财务报表发表审计意见的基础。

（二）形成无法表示意见的基础

我们于20×2年1月接受ABC公司的审计委托，因而未能对ABC公司20×1年初金额为×元的存货和年末金额为×元的存货实施监盘程序。此外，我们也无法实施替代审计程序获取充分、适当的审计证据。并且，ABC公司于20×1年9月采用新的应收账款电算化系统，由于存在系统缺陷导致应收账款出现大量错误。

截至报告日，管理层仍在纠正系统缺陷并更正错误，我们也无法实施替代审计程序，以对截至20×1年12月31日的应收账款总额×元获取充分、适当的审计证据。因此，我们无法确定是否有必要对存货、应收账款以及财务报表其他项目作出调整，也无法确定应调整的金额。

（三）管理层和治理层对财务报表的责任（略）

（四）注册会计师对财务报表审计的责任

①我们的责任是按照中国注册会计师审计准则的规定，对ABC公司的财务报表执行审计工作，以出具审计报告。②但由于“形成无法表示意见的基础”部分所述的事项，我们无法获取充分、适当的审计证据以作为发表审计意见的基础。

③按照中国注册会计师职业道德守则，我们独立于ABC公司，并履行了职业道德方面的其他责任。

……

第六节　在审计报告中增加强调事项段和其他事项段

查看本节视频，快速GET知识点

使用“会计云课堂”App或“微信”扫码

01 强调事项段

（一）强调事项段的概念

概念	强调事项段：是指审计报告中含有的一个段落，该段落提及已在财务报表中恰当列报或披露的事项，且根据注册会计师的职业判断，该事项对财务报表使用者理解财务报表至关重要
理解	3个条件：（重点掌握） 1. 已经在财务报表中恰当列报或披露 2. 根据职业判断认为对财务报表使用者理解财务报表至关重要的事项 3. 已获取充分、适当的审计证据证明该事项不存在重大错报

（二）需要增加强调事项段的情形

1. 在同时满足下列条件时，注册会计师应当在审计报告中增加强调事项段

（1）按照《中国注册会计师审计准则第1502号——在审计报告中发表非无保留意见》的规定，该事项不会导致注册会计师发表非无保留意见；

（2）当《中国注册会计师审计准则第1504号——在审计报告中沟通关键审计事项》适用时，该事项未被确定为在审计报告中沟通的关键审计事项。

2. 某些审计准则对注册会计师在特定情况下在审计报告中增加强调事项段提出具体要求。这些情形包括

（1）法律法规规定的财务报告编制基础不可接受，但其是基于法律或法规作出的规定；

（2）提醒财务报表使用者注意财务报表按照特殊目的编制基础编制；

（3）注册会计师在审计报告日后知悉了某些事实（即期后事项），并且出具了新的或经修改的审计报告。

3. 增加强调事项段的相关总结

（1）应当增加的情形。

①针对第二时段期后事项，如果管理层对财务报表的修改仅限于反映导致修改的期后事项的影响，被审计单位的董事会、管理层或类似机构也仅对有关修改进行批准，注册会计师可以仅针对有关修改将用以识别期后事项的审计程序延伸至新的审计报告日。

在这种情况下，注册会计师可以出具新的或经修改的审计报告，在强调事项段或其他事项段中说明注册会计师对期后事项实施的审计程序仅限于财务报表相关附注所述的修改。

②针对第三时段期后事项，如果管理层修改财务报表，注册会计师对期后事项实施的审计程序仅限于财务报表附注所述修改，应在新的或经修改的审计报告中增加强调事项段或其他事项段，提醒财务报表使用者关注财务报表附注中有关修改原财务报表的详细原因和注册会计师提供的原审计报告。

（2）可以增加的情形（7 种情形）。

①异常诉讼或监管行动的未来结果存在不确定性。

②在财务报表日至审计报告日之间发生的重大期后事项。

③在允许的情况下，提前应用对财务报表有重大影响的新会计准则。

④存在已经或持续对被审计单位财务状况产生重大影响的特大灾难。

⑤持续经营假设不适当，但采用了适当的替代基础且财务报表对此作出了充分披露。

⑥即使某一项会计估计没有得到确认，且注册会计师认为这种处理是恰当的，可能仍然有必要在财务报表附注中披露具体情况。注册会计师也可能认为有必要在审计报告中增加强调事项段，以提醒财务报表使用者关注重大不确定性的存在。

⑦对应数据：上期错报未更正，也没有重新出具审计报告，但本期报表的对应数据已适当重述或恰当披露。

富富有提示

过于广泛地使用强调事项段，可能会降低注册会计师对强调事项所作沟通的有效性。

（三）在审计报告中包含强调事项段时注册会计师采取的措施

1. 如果在审计报告中增加强调事项段，注册会计师应当采取下列措施

适当标题	将强调事项段作为单独的一部分置于审计报告中，并使用包含“强调事项”这一术语的适当标题
明确位置	明确提及被强调事项以及相关披露的位置，以便能够在财务报表中找到对该事项的详细描述。强调事项段应当仅提及已在财务报表中列报或披露的信息
不改变意见	指出审计意见没有因该强调事项而改变

2. 强调事项段不能代替下列情形（3种情形）

（1）根据审计业务的具体情况，按照《中国注册会计师审计准则第1502号——在审计报告中发表非无保留意见》的规定发表非无保留意见；

（2）适用的财务报告编制基础要求管理层在财务报表中作出的披露，或为实现公允列报所需的其他披露；

（3）按照《中国注册会计师审计准则第1324号——持续经营》的规定，当可能导致对被审计单位持续经营能力产生重大疑虑的事项或情况存在重大不确定性时作出的报告。

例题精讲

【例题5·2016年综合题】甲公司是ABC会计师事务所的常年审计客户，主要从事肉制品的加工和销售。A注册会计师负责审计甲公司2015年度财务报表，确定财务报表整体的重要性为100万元。审计报告日为2016年4月30日。

资料五：

A注册会计师在审计工作底稿中记录了重大事项的处理情况，部分内容摘录如下：

（4）因甲公司2015年末多项诉讼的未来结果具有重大不确定性，A注册会计师拟在审计报告中增加强调事项段，与治理层就该事项和拟使用的报告措辞进行了沟通。

要求：

针对资料五第（4）项，假定不考虑其他条件，指出A注册会计师的做法是否恰当。如不恰当，简要说明理由。

【答案】

事项序号	是否恰当（是/否）	理由
（4）	是	—

02 其他事项段

（一）概念

概念	其他事项段：是指审计报告中含有的一个段落，该段落提及未在财务报表中列报或披露的事项，且根据注册会计师的职业判断，该事项与财务报表使用者理解审计工作、注册会计师的责任或审计报告相关
说明	强调事项段与其他事项段最大的区别：是否已在财务报表中列报或披露
条件	在同时满足下列条件时，注册会计师应当在审计报告中增加其他事项段： 1. 未被法律法规禁止 2. 当《中国注册会计师审计准则第1504号——在审计报告中沟通关键审计事项》适用时，该事项未被确定为在审计报告中沟通的关键审计事项

（二）增加其他事项段的情形总结

1. 应当增加的情形（3 种情形）

（1）对应数据：

①如上期报表已由前任注册会计师审计，后任注册会计师可以提及（★★★不是必须）前任注册会计师对对应数据出具的审计报告。当决定提及时，应当在其他事项段中说明前任注册会计师的意见类型、报告日期和已审计。

②如上期财务报表未经审计，应当增加（★★★必须）其他事项段说明对应数据未经审计。

（2）比较财务报表：

①如本期对上期财务报表发表的审计意见与以前发表的审计意见不同，应当增加其他事项段，以披露导致不同意见的实质性原因。

②如果上期财务报表已由前任注册会计师审计，除非前任注册会计师对上期财务报表出具的审计报告与财务报表一同对外提供，注册会计师除对本期财务报表发表意见外，还应当在其他事项段中说明前任注册会计师的意见类型、报告日期和已审计。

③上期财务报表未经审计，应当增加其他事项段说明此事项。

（3）针对期后事项的相关规定（与强调事项段相同）。

①针对第二时段期后事项，如果管理层对财务报表的修改仅限于反映导致修改的期后事项的影响，被审计单位的董事会、管理层或类似机构也仅对有关修改进行批准，注册会计师可以仅针对有关修改将用以识别期后事项的审计程序延伸至新的审计报告日。

在这种情况下，注册会计师可以出具新的或经修改的审计报告，在强调事项段或其他事项段中说明注册会计师对期后事项实施的审计程序仅限于财务报表相关附注所述的修改。

②针对第三时段期后事项，如果管理层修改财务报表，注册会计师对期后事项实施的审计程序仅限于财务报表附注所述修改，应在新的或经修改的审计报告中增加强调事项段或其他事项段，提醒财务报表使用者关注财务报表附注中有关修改原财务报表的详细原因和注册会计师提供的原审计报告。

2. 可以增加的情形（5 种情形）

（1）与使用者理解审计工作相关的情形。

《中国注册会计师审计准则第 1151 号——与治理层的沟通》要求注册会计师就计划的审计范围和时间安排与治理层进行沟通，包括注册会计师识别的特别风险。

尽管与特别风险相关的事项可能被确定为关键审计事项，根据《中国注册会计师审计准则第 1504 号——在审计报告中沟通关键审计事项》对关键审计事项的定义，其他与计划及范围相关的事项（比如计划的审计范围或审计时对重要性的运用）不太可能成为关键审计事项。

在极少数情况下，即使由于管理层对审计范围施加的限制导致无法获取充分、适当的审计证据可能产生的影响具有广泛性，注册会计师也不能解除业务约定。在这种情况下，注册会计师可能认为有必要在审计报告中增加其他事项段，解释为何不能解除业务约定。（极少数情况出无法表示意见审计报告，国资委的委托）

（2）与使用者理解注册会计师的责任或审计报告相关的情形。（较常见）

法律法规或得到广泛认可的惯例可能要求或允许注册会计师详细说明某些事项，以进一步解释注册会计师在财务报表审计中的责任或审计报告。

当其他事项部分包含多个事项，并且根据注册会计师的职业判断，这些事项与财务报表使用者理解审计工作、注册会计师的责任或审计报告相关时，注册会计师可以使用一个或多个子标题来描述其他事项段的内容。

（3）对两套以上财务报表出具审计报告的情形。

如果注册会计师已确定两个财务报告编制基础在各自情形下是可接受的，可以在审计报告中增加其他事项段，说明该被审计单位根据另一个通用目的编制基础（如国际财务报告准则）编制了另一套财务报表以及注册会计师对这些财务报表出具了审计报告。（2 个编制基础都是符合的）

（4）限制审计报告分发和使用的情形（提供给特定使用者）。

（5）比较财务报表。

如果认为存在影响上期财务报表的重大错报，而前任注册会计师出具了无保留意见的审计报告，但前任注册会计师可能无法或不愿对上期财务报表重新出具审计报告。可以增加其他事项段，指出前任注册会计师对更正前的上期财务报表出具了报告。

如后任注册会计师针对作出更正的调整事项接受委托实施审计并获取充分、适当的审计证据，也可以增加其他事项段予以说明。

富富有提示

①其他事项段不包括法律法规或其他职业准则禁止注册会计师提供的信息。

②其他事项段不包括要求管理层提供的信息。

（三）示例

如果在审计报告中包含其他事项段，注册会计师应当将该段落作为单独的一部分，并使用“其他事项”或其他适当标题。

参考教材格式 19-7：包含关键审计事项部分、强调事项段和其他事项段的审计报告。

举例：

审计报告

ABC 股份有限公司全体股东：

一、对财务报表出具的审计报告

（一）审计意见

我们审计了 ABC 股份有限公司（以下简称“ABC 公司”）财务报表，包括 20×1 年 12 月 31 日的资产负债表，20×1 年度的利润表、现金流量表、股东权益变动表以及相关财务报表附注。

我们认为，后附的财务报表在所有重大方面按照企业会计准则的规定编制，公允反映了 ABC 公司 20×1 年 12 月 31 日的财务状况以及 20×1 年度的经营成果和现金流量。

（二）形成审计意见的基础

我们按照中国注册会计师审计准则的规定执行了审计工作。审计报告的“注册会计师对财务报表审计的责任”部分进一步阐述了我们在这些准则下的责任。按照中国注册会计师职业道德守则，我们独立于 ABC 公司，并履行了职业道德方面的其他责任。我们相信，我们获取的审计证据是充分、适当的，为发表审计意见提供了基础。

（三）强调事项

我们提醒财务报表使用者关注，财务报表附注×描述了火灾对 ABC 公司的生产设备造成的影响。本段内容不影响已发表的审计意见。

（四）关键审计事项

关键审计事项是根据我们的职业判断，认为对本期财务报表审计最为重要的事项。这些事项是在对财务报表整体进行审计并形成意见的背景下进行处理的，我们不对这些事项单独发表意见。

［按照《中国注册会计师审计准则第 1504 号——在审计报告中沟通关键审计事项》的规定描述每一关键审计事项。］

（五）其他事项

20×0 年 12 月 31 日的资产负债表、20×0 年度的利润表、现金流量表、股东权益变动表以及相关财务报表附注由其他会计师事务所审计，并于 20×1 年 3 月 31 日发表了无保留意见。

……

03 与治理层的沟通

（1）如果拟在审计报告中增加强调事项段或其他事项段，注册会计师应当就该事项和拟使用的措辞与治理层沟通。

（2）对于连续审计业务，当某一特定事项在每期审计报告中的其他事项段中重复出现时，除非法律法规另有规定，注册会计师可能认为没有必要在每次审计业务中重复沟通。

查看本节视频，快速 GET 知识点

使用“会计云课堂”App或“微信”扫码

第七节　比较信息

01 比较信息的概念

概念	比较信息：是指包含于财务报表中的、符合适用的财务报告编制基础的、与一个或多个以前期间相关的金额和披露
分类	1. 对应数据：属于比较信息，是指作为本期财务报表组成部分的上期金额和相关披露，这些金额和披露只能与本期相关的金额和披露（称为“本期数据”）联系起来阅读 对应数据列报的详细程度主要取决于其与本期数据的相关程度（可详可略） 2. 比较财务报表：属于比较信息，是指为了与本期财务报表相比较而包含的上期金额和相关披露 比较财务报表包含信息的详细程度与本期财务报表包含信息的详细程度相似。如果上期金额和相关披露已经审计，则将在审计意见中提及
差异	1. 对于对应数据，审计意见仅提及本期 2. 对于比较财务报表，审计意见提及列报的财务报表所属的各期
审计目标	1. 获取充分、适当的审计证据，确定在财务报表中包含的比较信息是否在所有重大方面按照适用的财务报告编制基础有关比较信息的要求进行列报（获取信息） 2. 按照注册会计师的报告责任出具审计报告（出具报告）

02 审计程序

（一）一般审计程序

总体要求	注册会计师应当确定财务报表中是否包括适用的财务报告编制基础要求的比较信息，以及比较信息是否得到恰当分类（包含了吗？恰当分类了吗？）
评价内容	基于上述目的，注册会计师应当评价：（共 2 项） 1. 比较信息是否与上期财务报表列报的金额和相关披露一致，如果必要，比较信息是否已经重述（与上期一致吗？重述了吗？） 2. 在比较信息中反映的会计政策是否与本期采用的会计政策一致，如果会计政策已发生变更，这些变更是否得到恰当处理并得到充分列报与披露

（二）注意到比较信息可能存在重大错报时的审计要求（共 2 点）

（1）在实施本期审计时，如果注意到比较信息可能存在重大错报，注册会计师应当根据实际情况追加必要的审计程序，获取充分、适当的审计证据，以确定是否存在重大错报。

（2）如果上期财务报表已经审计，注册会计师还应当遵守《中国注册会计师审计准则第 1332 号——期后事项》的相关规定。

如果上期财务报表已经得到更正，注册会计师应当确定比较信息与更正后的财务报表是否一致。

（三）获取书面声明

项目	具体内容
比较财务报表	由于管理层需要再次确认其以前作出的与上期相关的书面声明仍然适当，注册会计师需要要求管理层提供与审计意见所提及的所有期间相关的书面声明
对应数据	由于审计意见针对包括对应数据的本期财务报表，注册会计师需要要求管理层仅就本期财务报表提供书面声明
对上期财务报表中影响比较信息的重大错报进行更正而作出的任何重述，注册会计师应当要求管理层提供特定书面声明	

03 审计报告：对应数据

对应数据对审计报告的影响

1. 总体要求	当财务报表中列报对应数据时，除下列情形外，审计意见不应提及对应数据： （1）导致对上期财务报表发表非无保留意见的事项在本期仍未解决 （2）上期财务报表存在重大错报，而以前对该财务报表发表了无保留意见，且对应数据未经适当重述或恰当披露

续表

2. 导致对上期财务报表发表非无保留意见的事项在本期仍未解决	总原则：应当在评价对本期财务报表的影响或可能产生的影响后，发表恰当的非无保留意见 (1) 对上期财务报表发表了否定意见或无法表示意见，且事项仍未解决： ①如果这些事项对本期财务报表的影响或可能产生的影响仍然重大且具有广泛性，注册会计师应当对本期财务报表发表否定意见或无法表示意见【上期：重要子公司无法获取充分、适当的审计证据——无法表示意见；本期期末：出售，对本期财务报表仍有重大且广泛的影响——无法表示意见】 ②如果这些未解决事项对本期财务报表的影响或可能产生的影响仍然重大，但影响程度降低或影响范围缩小，不再具有广泛性，则注册会计师应当对本期财务报表发表保留意见 (2) 对上期财务报表发表了保留意见，且事项仍未解决，注册会计师应当对本期财务报表发表非无保留意见【上期：无法确定是否应对某项大额资产计提减值，未计提——保留意见；本期：计提了应当在上期报表中确认的减值，相关金额对本期财务报表的本期数据和对应数据均有重大影响——保留意见】 在审计报告的形成非无保留意见的基础部分，注册会计师应当分下列两种情况予以处理： (1) 如果未解决事项对本期数据的影响或可能的影响是重大的，注册会计师应当在形成非无保留意见的基础部分同时提及本期数据和对应数据（参考教材格式 19—8） (2) 如果未解决事项对本期数据的影响或可能的影响不重大，注册会计师应当说明，由于未解决事项对本期数据和对应数据之间可比性的影响或可能的影响，因此发表了非无保留意见（参考教材格式 19—9） 【富富有提示】如果事项已解决，并且被审计单位已经按照适用的财务报告编制基础进行恰当的会计处理，或在财务报表中作出适当的披露，则注册会计师可以针对本期财务报表发表无保留意见，且无须提及之前发表的非无保留意见 特殊情况：对上期财务报表发表了非无保留意见，且事项未解决，该未解决事项可能与本期数据无关。但是，由于未解决事项对本期数据和对应数据的可比性存在影响或可能存在影响，仍需要对本期财务报表发表非无保留意见(★★★)
3. 上期财务报表存在重大错报	(1) 如果注册会计师已经获取上期财务报表存在重大错报的审计证据，而以前对该财务报表发表了无保留意见，且对应数据未经适当重述或恰当披露(被审计单位未改)，注册会计师应当就包括在财务报表中的对应数据，在审计报告中对本期财务报表发表保留意见或否定意见 (2) 如果存在错报的上期财务报表尚未更正，并且没有重新出具审计报告，但对应数据已在本期财务报表中得到适当重述或恰当披露（被审计单位改了），此时注册会计师可以在审计报告中增加强调事项段，以描述这一情况，并提及详细描述该事项的相关披露在财务报表中的位置（因为期初数有变化）
4. 上期财务报表已由前任注册会计师审计	如果上期财务报表已由前任注册会计师审计，注册会计师在审计报告中可以提及前任注册会计师对对应数据出具的审计报告。当决定提及时，应当在审计报告的其他事项段中说明： (1) 上期财务报表已由前任注册会计师审计 (2) 前任注册会计师发表的意见类型(如果是非无保留意见，还应当说明发表非无保留意见的理由) (3) 前任注册会计师出具的审计报告的日期 (参考教材格式 19-10)

续表

5. 上期财务报表未经审计	注册会计师应当在审计报告的其他事项段中说明对应数据未经审计。但这种说明并不减轻注册会计师获取充分、适当的审计证据，以确定期初余额不含有对本期财务报表产生重大影响的错报的责任

参考教材格式19-8：有关对应数据的审计报告。

举例：

（一）保留意见

我们审计了ABC股份有限公司（以下简称“ABC公司”）财务报表，包括20×1年12月31日的资产负债表，20×1年度的利润表、现金流量表、股东权益变动表以及相关财务报表附注。

我们认为，除“形成保留意见的基础”部分所述事项产生的影响外，后附的财务报表在所有重大方面按照企业会计准则的规定编制，公允反映了ABC公司20×1年12月31日的财务状况以及20×1年度的经营成果和现金流量。

（二）形成保留意见的基础

如财务报表附注×所述，ABC公司未按照企业会计准则的规定对房屋建筑物和机器设备计提折旧。这项决定是管理层在上一会计年度开始时作出的，导致我们对该年度财务报表发表了保留意见。如果按照房屋建筑物5%和机器设备20%的年折旧率计提折旧，20×1年度和20×0年度的当年亏损将分别增加×元和×元，20×1年末和20×0年末的房屋建筑物和机器设备的净值将因累计折旧而减少×元和×元，并且20×1年末和20×0年末的累计亏损将分别增加×元和×元。

参考教材格式19-9：有关对应数据的审计报告。

举例：

（二）形成保留意见的基础

由于我们在20×0年末接受ABC公司的委托，我们无法对20×0年年初的存货实施监盘，也不能实施替代程序确定存货的数量。鉴于年初存货影响经营成果的确定，我们不能确定是否应对20×0年度的经营成果和年初留存收益作出必要的调整。因此，我们对20×0年度的财务报表发表了保留意见。由于该事项对本期数据和对应数据的可比性存在影响或可能存在影响，我们对本期财务报表发表了保留意见。

参考教材格式19-10：有关对应数据的审计报告。

举例：

（三）其他事项

20×0年12月31日的资产负债表，20×0年度的利润表、现金流量表和股东权益变动表以及财务报表附注由其他会计师事务所审计，并于20×1年3月31日发表了无保留意见。

例题精讲

【例题6·2016年简答题】甲公司是ABC会计师事务所的常年审计客户。A注册会计师负责审计甲公司2015年度财务报表，确定财务报表整体的重要性为200万元。审计工作底稿中与会计估计审计相关的部分事项摘录如下：

(5) 因2014年年末少计无形资产减值准备300万元，A注册会计师对甲公司2014年度财务报表发表了保留意见，甲公司于2015年处置了相关无形资产，并在2015年度财务报表中确认了处置损益，A注册会计师认为导致对上期财务报表发表保留意见的事项已经解决，不影响2015年度审计报告。

要求：

针对上述第（5）项，指出A注册会计师的做法是否恰当。如不恰当，简要说明理由。

【答案】

事项序号	是否恰当（恰当/不恰当）	理由
(5)	不恰当	该事项对本期财务报表影响重大，A注册会计师应当考虑该事项对2015年审计意见的影响

04 审计报告：比较财务报表

比较财务报表对审计报告的影响

<table>
<tr><th>项目</th><th colspan="2">具体内容</th></tr>
<tr><td>1. 总体要求</td><td colspan="2">当列报比较财务报表时，审计意见应当提及列报财务报表所属的各期，以及发表的审计意见涵盖的各期(参考教材格式19-11)</td></tr>
<tr><td>2. 对上期财务报表发表的意见与以前发表的意见不同</td><td colspan="2">当因本期审计而对上期财务报表发表审计意见时，如果对上期财务报表发表的意见与以前发表的意见不同，注册会计师应当在其他事项段中披露导致不同意见的实质性原因</td></tr>
<tr><td>3. 上期财务报表已由前任注册会计师审计</td><td colspan="2">如果上期财务报表已由前任注册会计师审计，除非前任注册会计师对上期财务报表出具的审计报告与财务报表一同对外提供，注册会计师除对本期财务报表发表意见外，还应当在其他事项段中，说明下列事项：
(1) 上期财务报表已由前任注册会计师审计
(2) 前任注册会计师发表的意见类型(如果是非无保留意见，还应当说明发表非无保留意见的理由)
(3) 前任注册会计师出具的审计报告的日期</td></tr>
<tr><td rowspan="2">4. 存在影响上期财务报表的重大错报，且前任出具了无保留意见</td><td>总原则</td><td>(1) 与适当层级的管理层沟通，并要求其告知前任注册会计师
(2) 与治理层沟通，除非治理层全部成员参与管理被审计单位</td></tr>
<tr><td>具体处理</td><td>(1) 如果上期财务报表已经更正，且前任注册会计师同意对更正后的上期财务报表出具新的审计报告，注册会计师应当仅对本期财务报表出具审计报告
(2) 前任注册会计师可能无法或不愿对上期财务报表重新出具审计报告。注册会计师可以在审计报告中增加其他事项段，指出前任注册会计师对更正前的上期财务报表出具了报告(教材示例)</td></tr>
<tr><td>5. 上期财务报表未经审计</td><td colspan="2">如果上期财务报表未经审计，注册会计师应当在其他事项段中说明比较财务报表未经审计。但这种说明并不减轻注册会计师获取充分、适当的审计证据，以确定期初余额不含有对本期财务报表产生重大影响的错报的责任</td></tr>
</table>

参考教材格式19-11：有关比较财务报表的审计报告。

举例：

（一）保留意见

我们审计了ABC股份有限公司（以下简称“ABC公司”）财务报表，包括20×1年12月31日和20×0年12月31日的资产负债表，20×1年度和20×0年度的利润表、现金流量表、股东权益变动表以及相关财务报表附注。

我们认为，除“形成保留意见的基础”部分所述事项产生的影响外，后附的财务报表在所有重大方面按照企业会计准则的规定编制，公允反映了ABC公司20×1年12月31日和20×0年12月31日的财务状况以及20×1年度和20×0年度的经营成果和现金流量。

富富有提示

如果注册会计师接受委托针对作出更正的调整事项实施审计并获取充分、适当的审计证据，可以在审计报告中增加以下段落：（类似：其他事项段）

举例：（教材示例）

作为20×2年度财务报表审计的一部分，我们同时审计了附注×中所描述的用于对20×1年度财务报表作出更正的调整事项。我们认为这些调整是恰当的，并得到了适当运用。除了与调整相关的事项外，我们没有接受委托对公司20×1年度财务报表实施审计、审阅或其他程序，因此，我们不对20×1年度财务报表整体发表意见或提供任何形式的保证。

例题精讲

【例题7·2015年简答题】ABC会计师事务所的A注册会计师担任多家被审计单位2014年度财务报表审计的项目合伙人，遇到下列导致出具非无保留意见审计报告的事项：

（1）甲公司2014年初开始使用新的ERP系统，因系统缺陷导致2014年度成本核算混乱，审计项目组无法对营业成本、存货等项目实施审计程序。

（2）2014年，因采用新发布的企业会计准则，乙公司对以前年度投资形成的部分长期股权投资改按公允价值计量，并确认了大额公允价值变动收益，未对比较数据进行追溯调整。

（3）因丙公司严重亏损，董事会拟于2015年对其进行清算。管理层运用持续经营假设编制了2014年度财务报表，并在财务报表附注中充分披露了清算计划。

（4）丁公司是金融机构，在风险管理中运用大量复杂金融工具。因风险管理负责人离职，人事部暂未招聘到合适的人员，管理层未能在财务报表附注中披露与金融工具相关的风险。

（5）戊公司2013年度财务报表未经审计。管理层将一项应当在2014年度确认的大额长期资产减值损失作为前期差错，重述了比较数据。

要求：

针对上述第（1）至（5）项，逐项指出A注册会计师应当出具何种类型的非无保留意见审计报告，并简要说明理由。

【答案】

事项序号	审计报告的类型	理由
(1)	保留意见/无法表示意见	无法获取充分、适当的审计证据，对财务报表影响重大/重大且广泛
(2)	保留意见	比较数据存在重大错报但不广泛，当期数据存在重大错报但不广泛
(3)	否定意见	被审计单位运用持续经营假设不适当
(4)	保留意见	存在影响重大但不具有广泛性的披露错报
(5)	带其他事项段的保留意见	应当在其他事项段中说明对应数据未经审计，且存在影响重大但不广泛的错报

查看本节视频，快速 GET 知识点

使用“会计云课堂”App或“微信”扫码

第八节 注册会计师对其他信息的责任

01 年度报告、其他信息及其他信息错报的概念

（一）年度报告

概念	年度报告：是指管理层或治理层根据法律法规的规定或惯例，一般以年度为基础编制的、旨在向所有者（或类似的利益相关方）提供实体经营情况和财务业绩及财务状况（财务业绩及财务状况反映于财务报表）信息的一个文件或系列文件组合
具体内容	根据法律法规或惯例，以下一项或多项文件可能构成年度报告： 1. 董事会报告 2. 公司董事会、监事会及董事、监事、高级管理人员保证年度报告内容的真实、准确、完整，不存在虚假记载、误导性陈述或重大遗漏，并承担个别和连带法律责任的声明 3. 公司治理情况说明 4. 内部控制自我评价报告 年度报告可能以纸质的形式提供给使用者，也可能以电子形式，包括载于被审计单位网站的形式提供给使用者

（二）其他信息

其他信息：是指在被审计单位年度报告中包含的除财务报表和审计报告以外的财务信息和非财务信息（2 部分）。例如：分部或分支的资本性支出、主要商品或原材料的市场价格走势描述。

（三）其他信息的错报

其他信息的错报：是指对其他信息作出的不正确陈述或其他信息具有误导性，包括遗漏或掩饰对恰当理解其他信息披露的事项必要的信息。

02 获取其他信息

基本原则	注册会计师应当通过与管理层讨论，确定哪些文件组成年度报告，以及被审计单位计划公布这些文件的方式和时间安排
时间要求	总原则：及时获取 1. 注册会计师应当就及时获取组成年度报告的文件的最终版本与管理层作出适当安排。如果可能，在审计报告日之前获取 2. 如果组成年度报告的部分或全部文件在审计报告日后才能取得，要求管理层提供书面声明，声明上述文件的最终版本将在可获取时并且在被审计单位公布前提供给注册会计师，以使注册会计师可以完成准则要求的程序
其他要求	1. 如果治理层需要在被审计单位发布其他信息前批准其他信息，其他信息的最终版本应为治理层已经批准的用于发布的版本 2. 如果使用者只能通过被审计单位的网站获取其他信息，从被审计单位获取的，而不是直接从被审计单位网站获取的其他信息的版本，就是注册会计师应当根据审计准则对其执行程序的相关文件 3. 注册会计师没有责任去查找其他信息，包括可能在被审计单位网站存在的其他信息，也不需要执行任何程序以确认其他信息在被审计单位网站得到恰当显示，或者已经以电子形式得以恰当传递或显示

例题精讲

【例题8·2018年综合题】上市公司甲公司是ABC会计师事务所的常年审计客户，主要从事汽车的生产和销售。A注册会计师负责审计甲公司2017年度财务报表，确定财务报表整体的重要性为1000万元，明显微小错报的临界值为30万元。

资料五：

A注册会计师在审计工作底稿中记录了重大事项的处理情况，部分内容摘录如下：

(3) 因未能在审计报告日前获取甲公司2017年年度报告，A注册会计师于审计报告日后从网上下载了甲公司公布的年度报告进行阅读，结果满意。

要求：

针对资料五第(3)项，假定不考虑其他条件，指出A注册会计师的做法是否恰当。如不恰当，简要说明理由。

【答案】

事项序号	是否恰当（是/否）	理由
(3)	否	注册会计师应当获取管理层提供的年度报告的最终版本/不应在网上下载。应当在公布前获取年度报告

【例题9·2017年综合题】ABC会计师事务所首次接受委托，审计上市公司甲公司2016年度财务报表，委派A注册会计师担任项目合伙人。A注册会计师确定财务报表整体的重要性

为 1200 万元。甲公司主要提供快递物流服务。

资料五：

A 注册会计师在审计工作底稿中记录了审计完成阶段的工作，部分内容摘录如下：

（3）A 注册会计师未能在审计报告日前获取甲公司 2016 年年度报告的最终版本，因此，未要求管理层提供有关其他信息的书面声明。

要求：

针对资料五第（3）项，假定不考虑其他条件，指出 A 注册会计师的做法是否恰当。如不恰当，简要说明理由。

【答案】

事项序号	是否恰当（是/否）	理由
（3）	否	未能在审计报告日前获取年度报告的最终版本，应当要求管理层提供书面声明

03 阅读并考虑其他信息

（一）注册会计师应当阅读其他信息

（二）其他信息的类型与应对措施（分为三类）

类型	应对措施
第一类：与财务报表相关 其他信息中有部分内容（金额或其他项目）与财务报表中的金额或其他项目相一致、或对其进行概括、或为其提供更详细的信息（如：摘录的表格、图表或图形等）	1. 注册会计师应当将其他信息中选取的金额或其他项目与财务报表中的相应金额或其他项目进行比较，以评价其一致性 2. 注册会计师无须对其他信息中的所有金额或其他项目与财务报表中的金额或其他项目进行比较
第二类：与了解的情况相关（如：产量、推出新产品的声明、主要经营地点的概括）	注册会计师应当考虑其与注册会计师在审计中了解到的情况是否存在重大不一致
第三类：其他不相关的内容（如：温室气体排放情况的陈述）	注册会计师应当对其似乎存在重大错报的迹象保持警觉

04 当似乎存在重大不一致或其他信息似乎存在重大错报时的应对

如果注册会计师识别出似乎存在重大不一致，或者知悉其他信息似乎存在重大错报，注册会计师应当与管理层讨论该事项，必要时，实施其他程序以确定：

（1）其他信息是否存在重大错报；

（2）财务报表是否存在重大错报；

（3）注册会计师对被审计单位及其环境的了解是否需要更新。

05 当注册会计师认为其他信息存在重大错报时的应对（★★★重点掌握）

（一）基本原则

如果注册会计师认为其他信息存在重大错报，应当要求管理层更正其他信息：

（1）如果管理层同意作出更正，注册会计师应当确定更正已经完成；

（2）如果管理层拒绝作出更正，注册会计师应当就该事项与治理层进行沟通，并要求作出更正。

（二）具体处理原则（两种情况：审计报告日前获取、审计报告日后获取）

第一种情况：审计报告日前获取的其他信息。

如果注册会计师认为审计报告日前获取的其他信息存在重大错报，且在与治理层沟通后其他信息仍未得到更正，注册会计师应当采取恰当措施，包括：

（1）考虑对审计报告的影响，并就注册会计师计划如何在审计报告中处理重大错报与治理层进行沟通。

①注册会计师可在审计报告中指明其他信息存在重大错报。

②在少数情况下，当拒绝更正其他信息的重大错报导致对管理层和治理层的诚信产生怀疑，进而质疑审计证据总体上的可靠性时，对财务报表发表无法表示意见可能是恰当的。

（2）在相关法律法规允许的情况下，解除业务约定。

当拒绝更正其他信息的重大错报导致对管理层和治理层的诚信产生怀疑，进而质疑审计过程中从其获取声明的可靠性时，解除业务约定可能是适当的。

第二种情况：审计报告日后获取的其他信息。

如果注册会计师认为审计报告日后获取的其他信息存在重大错报，应当采取以下措施：

（1）如果其他信息得以更正，注册会计师应当根据具体情形实施必要的程序，包括确定更正已经完成，也可能包括复核管理层为与收到其他信息（如果之前已经公告）的人士沟通并告知其修改而采取的步骤。

（2）如果与治理层沟通后其他信息未得到更正，注册会计师应当考虑其法律权利和义务，并采取恰当的措施，以提醒审计报告使用者恰当关注未更正的重大错报。

其中：

在法律法规允许的情况下，注册会计师可能采取的设法提醒审计报告使用者适当关注未更正错报的措施包括（4个方面）：

①向管理层提供一份新的或修改后的审计报告，其中指出其他信息的重大错报。

同时要求管理层将该新的或修改后的审计报告提供给审计报告使用者。在此过程中，注册会计师可能需要基于审计准则和适用的法律法规的要求，考虑对新的或修改后的审计报告的日期产生的影响。

注册会计师也可以复核管理层采取的、向这些使用者提供新的或修改后的审计报告的步骤。

②提醒审计报告使用者关注其他信息的重大错报，例如，在股东大会上通报该事项。

③与监管机构或相关职业团体沟通未更正的重大错报。

④考虑对持续承接业务的影响。

06 当财务报表存在重大错报或注册会计师对被审计单位及其环境的了解需要更新时的应对

注册会计师应当根据其他审计准则作出恰当应对，例如，在阅读其他信息时，注册会计师可能知悉下列方面的新信息：（3 个方面）

（1）注册会计师对被审计单位及其环境的了解，因而可能表明需要修改注册会计师对风险的评估；

（2）注册会计师评价已识别的错报对审计的影响和未更正错报（如有）对财务报表的影响的责任；

（3）注册会计师关于期后事项的责任。

07 报告

（一）如果在审计报告日存在下列两种情况之一，审计报告应当包括一个单独部分，以“其他信息”为标题

（1）对于上市实体财务报表审计，注册会计师已获取或预期将获取其他信息；

（2）对于上市实体以外其他被审计单位的财务报表审计，注册会计师已获取部分或全部其他信息。

（二）审计报告包含的其他信息部分应当包括

（1）管理层对其他信息负责的说明。

（2）指明：（共 5 点）

①注册会计师于审计报告日前已获取的其他信息（如有）。

②对于上市实体财务报表审计，预期将于审计报告日后获取的其他信息（如有）。

③说明注册会计师的审计意见未涵盖其他信息，因此，注册会计师对其他信息不发表（或不会发表）审计意见或任何形式的鉴证结论。

④描述注册会计师根据审计准则的要求，对其他信息进行阅读、考虑和报告的责任。

⑤如果审计报告日前已经获取其他信息，则选择下列两种做法之一进行说明：

a. 说明注册会计师无任何需要报告的事项；

b. 如果注册会计师认为其他信息存在未更正的重大错报，说明其他信息中的未更正重大错报。

富富有提示

无法表示意见的审计报告不包括其他信息部分。

（三）考虑非无保留意见的影响

如果注册会计师根据《中国注册会计师审计准则第 1502 号——在审计报告中发表非无保留意见》的规定发表保留或者否定意见，注册会计师应当考虑导致非无保留意见的事项对相关说明的影响。

参考教材格式 19-12：审计报告日前获取的其他信息不存在重大错报时的审计报告。

举例：

（四）其他信息

管理层对其他信息负责。其他信息包括［X 报告中涵盖的信息，但不包括财务报表和我们的审计报告］。

我们对财务报表发表的审计意见并不涵盖其他信息，我们也不对其他信息发表任何形式的鉴证结论。

结合我们对财务报表的审计，我们的责任是阅读其他信息，在此过程中，考虑其他信息是否与财务报表或我们在审计过程中了解到的情况存在重大不一致或者似乎存在重大错报。基于我们已经执行的工作，如果我们确定其他信息存在重大错报，我们应当报告该事实。在这方面，我们无任何事项需要报告。

例题精讲

【例题 10 · 2021 年简答题】 ABC 会计师事务所的 A 注册会计师负责审计多家上市公司 2020 年度财务报表，遇到下列与审计报告相关的事项：

（1）A 注册会计师无法就甲公司重要子公司乙公司 2020 年末计提的存货跌价准备获取充分、适当的审计证据，对甲公司 2020 年度财务报表发表了保留意见。由于将存货跌价准备作为审计中最为重要的事项与甲公司治理层进行了沟通，A 注册会计师将除乙公司相关部分之外的存货跌价准备作为审计报告中的关键审计事项。

（2）2020 年 6 月，丙公司因对外担保被债权人起诉，一审败诉，很可能需要承担巨额赔偿责任。管理层以案件尚未终审判决为由未计提预计负债。A 注册会计师认为该事项对财务报表使用者理解财务报表至关重要，在审计报告中增加了强调事项段，提醒财务报表使用者关注附注中的相关披露。

（3）2021 年 1 月，丁公司原总经理及财务总监因涉嫌犯罪被批捕，新任管理层拒绝就 2020 年度财务报表签署书面声明。A 注册会计师执行审计后未发现重大错报，认为未获取书面声明对财务报表可能产生的影响重大但不具有广泛性，对丁公司 2020 年度财务报表发表了保留意见。

（4）因受疫情影响，A 注册会计师无法对戊公司的境外重要子公司己公司财务信息执行审计，对戊公司 2019 年度财务报表发表了无法表示意见。2020 年 10 月，戊公司转让己公司部分股权后失去控制，但仍具有重大影响。因疫情严重，A 注册会计师仍无法对己公司 2020 年度财务信息执行审计。考虑到己公司财务信息仅影响戊公司个别财务报表项目，A 注册会计师对戊公司 2020 年度财务报表发表了保留意见。

（5）庚公司管理层对已公布的 2020 年度财务报表进行了更正。A 注册会计师针对更正后的财务报表出具了新的审计报告，并在审计报告中增加强调事项段和其他事项段，提醒报表使用者关注附注中有关更正原财务报表的原因，并关注注册会计师提供的原审计报告。

要求：

针对上述第（1）至（5）项，逐项指出 A 注册会计师的做法是否恰当。如不恰当，简要说明理由。

【答案】

事项序号	是否恰当（恰当/不恰当）	理由
(1)	恰当	—
(2)	不恰当	财务报表存在重大错报，应发表保留/否定意见
(3)	不恰当	未能获取管理层书面声明，应发表无法表示意见
(4)	不恰当	己公司2020年1月至9月的经营成果对戊公司合并财务报表具有重大且广泛的影响/应发表无法表示意见
(5)	恰当	—

【例题11·2020年简答题】 ABC会计师事务所的A注册会计师负责审计多家上市公司2019年度财务报表，遇到下列与审计报告相关的事项：

（1）A注册会计师在审计报告日后获取并阅读了甲公司2019年年度报告的最终版本，发现其他信息存在重大错报。因与管理层和治理层沟通后该错报未得到更正，A注册会计师拟在甲公司股东大会上通报该事项，但不重新出具审计报告。

（2）因受新冠肺炎疫情影响，A注册会计师无法对乙公司某海外重要子公司执行审计工作，拟对乙公司财务报表发表无法表示意见。管理层在财务报表中充分披露了乙公司持续经营能力存在的重大不确定性和未来应对计划。A注册会计师拟在无法表示意见的审计报告中增加与持续经营相关的重大不确定性部分，提醒报表使用者关注这一情况。

（3）丙公司管理层以无法作出准确估计为由未对2019年末的长期股权投资、固定资产和无形资产计提减值准备。A注册会计师实施审计程序获取充分、适当审计证据后，认为上述事项导致的错报对财务报表具有重大且广泛的影响，拟对财务报表发表无法表示意见。

（4）丁公司2019年度营业收入和毛利率均大幅增长，A注册会计师评估认为存在较高的舞弊风险，将收入确认作为审计中最为重要的事项与治理层进行了沟通。A注册会计师实施审计程序后未发现收入确认存在重大错报，拟将收入确认作为审计报告中的关键审计事项，并在审计应对部分说明，丁公司的收入确认符合企业会计准则的规定，在所有重大方面公允反映了丁公司2019年度的营业收入。

（5）戊公司管理层在2019年度财务报表附注中充分披露了与持续经营相关的多项重大不确定性。因无法判断管理层采用持续经营假设编制财务报表是否适当，A注册会计师拟发表无法表示意见，并在审计报告中增加强调事项段，提醒报表使用者关注戊公司因连续亏损已触发证券交易所退市标准的风险提示公告。

要求：

针对上述第（1）至（5）项，逐项指出A注册会计师的做法是否恰当。如不恰当，简要说明理由。

【答案】

事项序号	是否恰当（恰当/不恰当）	理由
（1）	恰当	—
（2）	恰当	—
（3）	不恰当	财务报表存在重大且广泛的错报/应发表否定意见
（4）	不恰当	关键审计事项不能包含对财务报表单一要素单独发表的意见
（5）	不恰当	强调事项段应提及已在财务报表中披露的事项/不符合强调事项段的定义

【例题 12 · 2019 年简答题】ABC 会计师事务所的 A 注册会计师负责审计多家上市公司 2018 年度财务报表，遇到下列与审计报告相关的事项。

（1）因无法就甲公司 2018 年度财务报表的多个项目获取充分、适当的审计证据，A 注册会计师发表了无法表示意见，并在审计报告的关键审计事项部分说明：除形成无法表示意见的基础部分所述事项外，不存在其他需要在审计报告中沟通的关键审计事项。

（2）乙公司管理层 2017 年末未计提商誉减值准备，A 注册会计师无法就此获取充分、适当的审计证据，对 2017 年度财务报表发表了保留意见。管理层于 2018 年末根据减值测试结果计提了商誉减值准备，并在 2018 年度利润表中确认了资产减值损失。A 注册会计师认为导致上年度发表保留意见的事项已经解决，对 2018 年度财务报表发表了无保留意见。

（3）因丙公司原董事长以子公司名义违规提供对外担保，导致该子公司 2018 年度发生多起诉讼。丙公司管理层针对年末未决诉讼在财务报表中估计并确认了大额预计负债。因丙公司在审计报告日前转让了该子公司的全部股权，A 注册会计师认为违规担保事项已解决，对 2018 年度财务报表发表了无保留意见。

（4）2018 年 11 月初，丁公司因处置重要子公司戊公司的部分股权而对其丧失控制，自此不再将其纳入合并财务报表范围。由于无法获取戊公司 2018 年度财务报表和相关财务信息，A 注册会计师认为无法就与剩余股权相关的财务报表项目获取充分、适当的审计证据，对财务报表发表了保留意见。

（5）2018 年末，己公司将大额债权转让给庚公司，因转回相关的坏账准备而产生的利润占当年利润总额的 20%。因无法就该交易的商业理由获取充分、适当的审计证据，A 注册会计师对财务报表发表了保留意见。

要求：

针对上述第（1）至（5）项，逐项指出 A 注册会计师的做法是否恰当。如不恰当，简要说明理由。

【答案】

事项序号	是否恰当（恰当/不恰当）	理由
（1）	不恰当	当对财务报表发表无法表示意见时，注册会计师不得在审计报告中包含关键审计事项部分

事项序号	是否恰当（恰当/不恰当）	理由
(2)	不恰当	导致上期发表保留意见的事项未得到解决/对本期数据仍有影响，应发表保留意见
(3)	不恰当	可能存在未知悉的担保事项和潜在的诉讼风险/尚未就担保事项的完整性获取充分、适当的审计证据，不应发表无保留意见
(4)	不恰当	戊公司为重要子公司，2018 年 1 月至 10 月的经营成果对丁公司合并财务报表具有重大且广泛的影响/应发表无法表示意见
(5)	恰当	—

前情回顾小剧场

(1) 审计报告的要素（10 个基本要素+其他）；
(2) 关键审计事项的决策框架（三步曲）；
(3) 在审计报告中沟通关键审计事项；
(4) 不在审计报告中沟通关键审计事项的情形；
(5) 非无保留意见的审计报告类型、格式和内容；
(6) 强调事项段和其他事项段的概念和增加的情形；
(7) 对应数据和比较财务报表的总体要求；
(8) 其他信息的概念；
(9) 注册会计师针对三类其他信息的应对措施；
(10) 其他信息存在重大错报时的处理（区分：审计报告日前、日后获取）。

第六编　企业内部控制审计

第二十章　企业内部控制审计

CHAPTER-20

五项须知小剧场

- **近5年考情分析**
  - 平均分值4分/年
  - 2021年考核了简答题
- **教材主要变化**
  - 1.删除了内部控制审计的背景的相关内容
  - 2.新增了“内部控制审计和财务报表审计的区别”相关内容
  - 3.新增了“控制变更时的特殊考虑”相关内容
  - 4.新增了“表明可能存在重大缺陷的迹象”相关内容
  - 5.新增了“获取书面声明“相关内容
  - 6.新增了“沟通相关事项”相关内容
  - 7.新增了“对期后事项的考虑“相关内容
  - 8.修订了总体审计策略和具体审计计划的部分文字表述
  - 9.修订了与信息技术相关的控制的部分文字表述
  - 10.修订了信息技术内部控制测试的文字表述
  - 11.修订了非财务报告内部控制重大缺陷的文字表述
- **建议学习时长** —— 4小时
- **学习方法提示** —— 本章内容难度较大，主要介绍了内部控制审计的基本概念及流程，并涉及大量实务案例
- **本章基本框架（一）** —— 第一节　内部控制审计的概念
  - 内部控制的概念和目标　考点1
  - 财务报告内部控制　考点2
  - 内部控制审计的概念和范围　考点3
  - 内部控制审计基准日　考点4
  - 内部控制审计和财务报表审计的区别　考点5
  - 整合审计　考点6

- 本章基本框架（二）
  - 第二节　计划内部控制审计工作
    - 计划审计工作时应当考虑的事项　考点1
    - 总体审计策略和具体审计计划　考点2
    - 对应对舞弊风险的考虑　考点3
  - 第三节　自上而下的方法
    - 识别、了解和测试企业层面控制　考点1
    - 识别重要账户、列报及其相关认定　考点2
    - 了解潜在错报的来源并识别相应的控制　考点3
    - 选择拟测试的控制　考点4
  - 第四节　测试控制的有效性
    - 内部控制的有效性　考点1
    - 与控制相关的风险　考点2
    - 控制测试的性质　考点3
    - 控制测试的时间安排　考点4
    - 控制测试的范围　考点5
    - 控制变更时的特殊考虑　考点6
  - 第五节　企业层面控制的测试
    - 与控制环境相关的控制　考点1
    - 针对管理层和治理层凌驾于控制之上的风险而设计的控制　考点2
    - 被审计单位的风险评估过程　考点3
    - 对内部信息传递和期末财务报告流程的控制　考点4
    - 对控制有效性的内部监督和内部控制评价　考点5
    - 集中化的处理和控制　考点6
    - 监督经营成果的控制　考点7
    - 针对重大经营控制及风险管理实务的政策　考点8
  - 第六节　业务流程、应用系统或交易层面的控制的测试
    - 了解企业经营活动和业务流程　考点1
    - 识别可能发生错报的环节　考点2
    - 识别和了解相关控制　考点3
    - 记录相关控制　考点4
  - 第七节　信息系统控制的测试
    - 信息技术产生的风险　考点1
    - 信息技术内部控制测试　考点2
  - 第八节　内部控制缺陷评价
    - 控制缺陷的分类　考点1
    - 评价控制缺陷的严重程度　考点2
    - 表明可能存在重大缺陷的迹象　考点3
    - 内部控制缺陷整改　考点4

- 本章基本框架（三）
  - 第九节　完成内部控制审计工作
    - 形成内部控制审计意见　考点1
    - 获取书面声明　考点2
    - 沟通相关事项　考点3
  - 第十节　出具内部控制审计报告
    - 内部控制审计报告要素　考点1
    - 内部控制审计报告的意见类型　考点2
    - 强调事项　考点3
    - 对期后事项的考虑　考点4
    - 非财务报告内部控制重大缺陷　考点5

核心考点精讲专场

第一节　内部控制审计的概念

查看本节视频，快速GET知识点
使用“会计云课堂”App或“微信”扫码

01 内部控制的概念和目标

（1）内部控制，是指由企业董事会、监事会、管理层和全体员工实施的旨在实现控制目标的过程。

（2）内部控制的目标是合理保证：（5方面）

①企业经营管理合法合规；

②资产安全；

③财务报告及相关信息真实完整；

④提高经营效率和效果；

⑤促进企业实现发展战略。

02 财务报告内部控制

含义	财务报告内部控制：是指公司的董事会、监事会、管理层及全体员工实施的旨在合理保证财务报告及相关信息真实、完整而设计和运行的内部控制，以及用于保护资产安全的内部控制中与财务报告可靠性目标相关的控制（突出“真实、完整、可靠”）
包括内容	财务报告内部控制主要包括下列方面的政策和程序： 1. 保存充分、适当的记录，准确、公允地反映企业的交易和事项 2. 合理保证按照适用的财务报告编制基础的规定编制财务报告 3. 合理保证收入和支出的发生以及资产的取得、使用或处置经过适当授权 4. 合理保证及时防止或发现并纠正未经授权的、对财务报表有重大影响的交易和事项

判断原则	1. 财务报告内部控制以外的其他内部控制，属于非财务报告内部控制 2. 注册会计师考虑某项控制是否是财务报告内部控制的关键依据是控制目标，财务报告内部控制是那些与企业的财务报告的可靠性目标相关的内部控制	
相关举例	财务报告内部控制	企业建立的与客户定期对账和差异处理的相关控制与应收账款的存在、权利和义务等认定相关
	非财务报告内部控制	企业为达到最佳库存的经营目标而建立的对存货采购间隔时间进行监控的相关控制与经营效率效果相关
注意事项	相当一部分的内部控制能够实现多种目标，主要与经营目标或合规性目标相关的控制可能同时也与财务报告可靠性目标相关。因此，不能仅因为某一控制与经营目标或合规性目标相关而认定其属于非财务报告内部控制	

03 内部控制审计的概念和范围

含义	内部控制审计，是指会计师事务所接受委托，对特定基准日内部控制设计与运行的有效性进行审计
覆盖范围	审计意见覆盖的范围： 1. 针对财务报告内部控制，注册会计师对其有效性发表审计意见 2. 针对非财务报告内部控制，注册会计师对内部控制审计过程中注意到的非财务报告内部控制的重大缺陷，在内部控制审计报告中增加“非财务报告内部控制重大缺陷描述段”予以披露

04 内部控制审计基准日

含义	内部控制审计基准日，是指注册会计师评价内部控制在某一时日是否有效所涉及的基准日，也是被审计单位评价基准日，即最近一个会计期间截止日
说明	注册会计师对特定基准日内部控制的有效性发表意见，并不意味着注册会计师只测试基准日这一天的内部控制，而是需要考察足够长一段时间内部控制设计和运行的情况

05 内部控制审计和财务报表审计的区别

教材表 20-1　内部控制审计与财务报表审计的主要区别

主要区别	财务报表审计	内部控制审计
1. 发表审计意见的对象	财务报表审计是对财务报表是否在所有重大方面按照适用的财务报告编制基础编制发表审计意见	内部控制审计是对内部控制的有效性发表意见，并对内部控制审计过程中注意到的非财务报告内部控制重大缺陷进行披露

续表

主要区别	财务报表审计	内部控制审计
2. 对内部控制进行了解和测试的目的	识别、评估和应对重大错报风险，据此确定实质性程序的性质、时间安排和范围，并获取与财务报表是否在所有重大方面按照适用的财务报告编制基础编制相关的审计证据，以支持对财务报表发表的审计意见（确定程序、获取证据）	对内部控制的有效性发表审计意见
3. 测试内部控制运行有效性的范围要求	当存在下列情形之一时，注册会计师应当设计和实施控制测试： (1) 在评估认定层次重大错报风险时，预期控制运行有效 (2) 仅实施实质性程序不能提供认定层次充分、适当的审计证据 如果以上两种情况均不存在，注册会计师可能对部分认定，甚至全部认定均不测试内部控制运行的有效性	针对所有重要账户和列报的每一个相关认定获取控制设计和运行有效性的审计证据
4. 测试内部控制的期间要求	(1) 需要获取内部控制在整个拟信赖期间运行有效的审计证据 (2) 如果拟信赖的控制自上次测试后未发生变化，且不属于旨在减轻特别风险的控制，可以利用以前审计获取的有关控制运行有效性的审计证据，但每三年至少对控制测试一次	(1) 需要获取内部控制在基准日前足够长的时间（可能短于整个审计期间）内运行有效性的审计证据 (2) 不得采用“每三年至少对控制测试一次”的方法，应当在每一年度中测试内部控制（对自动控制在满足特定条件情况下所采用的与基准相比较策略除外）
5. 评价控制缺陷	需要确定识别出的内部控制缺陷单独或连同其他缺陷是否构成值得关注的内部控制缺陷	应当评价识别出的内部控制缺陷是否构成一般缺陷、重要缺陷或重大缺陷
6. 沟通控制缺陷	(1) 应当以书面形式及时向治理层通报值得关注的内部控制缺陷 (2) 应当及时向相应层级的管理层通报下列内部控制缺陷： ①已向或拟向治理层通报的值得关注的内部控制缺陷，除非在具体情况下不适合直接向管理层通报，此项需采用书面形式通报 ②在审计过程中识别出的，其他方尚未向管理层通报而注册会计师根据职业判断认为足够重要从而值得管理层关注的内部控制其他缺陷，可以采用书面或口头形式	(1) 对于重大缺陷和重要缺陷，以书面形式与治理层和管理层沟通，书面沟通应在注册会计师出具内部控制审计报告前进行；如果注册会计师认为审计委员会和内部审计机构对内部控制的监督无效，应当就此以书面形式直接与董事会沟通 (2) 以书面形式与管理层沟通在审计过程中识别的所有内部控制其他缺陷（包括注意到的非财务报告内部控制缺陷），并在沟通完成后告知治理层
7. 审计报告的形式和内容以及所包括的意见类型	(1) 按照中国注册会计师审计准则的规定出具财务报表审计报告 (2) 审计意见类型包括无保留意见、保留意见、否定意见和无法表示意见	(1) 按照《企业内部控制审计指引》和《企业内部控制审计指引实施意见》的规定出具内部控制审计报告 (2) 审计意见类型包括无保留意见、否定意见和无法表示意见

06 整合审计（内部控制审计和财务报表审计）

原因	1. 内部控制审计和财务报表审计存在多方面的联系，例如： （1）两者都采用风险导向审计模式 （2）两者均需要识别重点账户、重要类别的交易等重点审计领域 2. 在技术层面和审计实务中： （1）两者审计模式、程序、方法等存在着共同之处 （2）风险识别、评估和应对等大量工作内容相近 3. 有很多的基础工作可以共享，在一项审计工作中发现的问题还可以为另一项审计工作提供线索和思路
结论	为提高审计效果和效率，注册会计师可以单独进行内部控制审计，也可以将内部控制审计和财务报表审计整合进行（以下简称“整合审计”）

第二节　计划内部控制审计工作

查看本节视频，快速 GET 知识点

使用“会计云课堂”App或“微信”扫码

01 计划审计工作时应当考虑的事项

在计划审计工作时，注册会计师应当评价下列事项对财务报告内部控制、财务报表及审计工作的影响：（8 方面）

（1）与企业相关的风险；

了解企业面临的风险可以帮助注册会计师识别重大错报风险，继而识别重要账户或列报和相关认定以及识别重大业务流程，对内部控制审计的重大风险形成初步评价。

（2）相关法律法规和行业概况；

（3）企业组织结构、经营特点和资本结构等相关重要事项；

评价企业是否存在重大的、可能引起重大错报的非常规业务和关联交易，是否构成重大错报风险，以及相关的内部控制是否可能存在重大缺陷。

（4）企业内部控制最近发生变化的程度；（从而调整审计计划）

（5）与企业沟通过的内部控制缺陷；（未得到有效整改，应当评价对当期的影响）

（6）重要性、风险等与确定内部控制重大缺陷相关的因素；

（7）对内部控制有效性的初步判断；（结合以上 6 点）

对于内部控制可能存在重大缺陷的领域，注册会计师应给予充分的关注。例如：（4 个方面）

①对相关的内部控制亲自进行测试而非利用他人工作；

②在接近内部控制评价基准日的时间测试内部控制；

③选择更多的组成部分进行测试；

④扩大相关内部控制的控制测试范围等。

（8）可获取的、与内部控制有效性相关的证据的类型和范围。

例题精讲

【例题1·2019年多选题改编】 在执行集团公司内部控制审计时，对于内部控制可能存在重大缺陷的业务流程，下列做法中，正确的有（　　）。

A. 亲自测试相关内部控制而非利用他人工作

B. 选择更多的子公司进行内部控制测试

C. 扩大相关内部控制的控制测试范围

D. 在接近内部控制评价基准日的时间测试内部控制

【解析】 对于内部控制可能存在重大缺陷的领域，注册会计师应给予充分的关注。例如，对相关的内部控制亲自进行测试而非利用他人工作（选项A）；在接近内部控制评价基准日的时间测试内部控制（选项D）；选择更多的组成部分进行测试（选项B）；扩大相关内部控制的控制测试范围等（选项C）。

【答案】 ABCD

02 总体审计策略和具体审计计划

审计计划	内容
总体审计策略	注册会计师应当在总体审计策略中体现下列内容：（5方面） 1. 确定审计业务的特征，以界定审计范围 2. 明确审计业务的报告目标，以计划审计的时间安排和所需沟通的性质 3. 根据职业判断，考虑用以指导项目组工作方向的重要因素 4. 考虑初步业务活动的结果，并考虑对被审计单位执行其他业务时获得的经验是否与内部控制审计业务相关 5. 确定执行业务所需资源的性质、时间安排和范围
具体审计计划	注册会计师应当在具体审计计划中体现下列内容：（掌握：3方面） 1. 了解和识别内部控制的程序的性质、时间安排和范围 2. 测试控制设计有效性的程序的性质、时间安排和范围 3. 测试控制运行有效性的程序的性质、时间安排和范围

03 对应对舞弊风险的考虑

基本原则	1. 在计划和实施内部控制审计工作时，注册会计师应当考虑财务报表审计中对舞弊风险的评估过程 2. 在识别和测试企业层面控制以及选择其他控制进行测试时，注册会计师应当评价：（2个方面） （1）被审计单位的内部控制是否足以应对识别出的、由于舞弊导致的重大错报风险 （2）为应对管理层和治理层凌驾于控制之上的风险而设计的控制
应对措施	如果在内部控制审计中识别出旨在防止或发现并纠正舞弊的控制存在缺陷，注册会计师应当按照《中国注册会计师审计准则第1141号——财务报表审计中与舞弊相关的责任》的规定，在财务报表审计中制定重大错报风险的应对方案时考虑这些缺陷

第三节 自上而下的方法

基本原理	1. 注册会计师应当采用自上而下的方法选择拟测试的控制 2. 自上而下的方法始于财务报表层次，从注册会计师对财务报告内部控制整体风险的了解开始，然后，将关注重点放在企业层面的控制上，并将工作逐渐下移至重要账户、列报及其相关认定 随后，确认其对被审计单位业务流程中风险的了解，并选择能足以应对评估的每个相关认定的重大错报风险的控制进行测试
具体步骤	自上而下的方法分为下列步骤： 1. 从财务报表层次初步了解内部控制整体风险 2. 识别、了解和测试企业层面控制 3. 识别重要账户、列报及其相关认定 4. 了解潜在错报的来源并识别相应的控制 5. 选择拟测试的控制

01 识别、了解和测试企业层面控制

（一）企业层面控制的内涵

企业层面的控制通常为①应对企业财务报表整体层面的风险而设计，或②作为其他控制运行的“基础设施”，通常在比业务流程更高的层面上乃至整个企业范围内运行，其作用比较广泛，通常不局限于某个具体认定。

（二）企业层面控制对其他控制及其测试的影响

（1）不同的企业层面控制在性质和精确度上存在差异，注册会计师应当从下列方面考虑这些差异对其他控制及其测试的影响：

①某些企业层面控制，例如某些与控制环境相关的控制，对重大错报是否能够被及时防止或发现的可能性有重要影响。（注意：属于间接影响）

②某些企业层面控制能够监督其他控制的有效性，但这些控制本身并非精确到足以及时防止或发现相关认定的重大错报。当这些控制运行有效时，注册会计师可以减少原本拟对其他控制的有效性进行测试。（例如，被审计单位的财务总监定期审阅经营收入的详细月度分析报告）

③某些企业层面控制本身能精确到足以及时防止或发现一个或多个相关认定中存在的重大错报。

富富有提示

如果一项企业层面控制足以应对已评估的重大错报风险，注册会计师可能可以不必测试与该风险相关的其他控制。

（2）一般而言，注册会计师可以分析某个控制是否有足够的精确度以及时防止或发现财

务报表重大错报，并且考虑以下因素：（3个因素）

①内部控制对应的重要账户及列报的性质；

②对某些比较稳定或具备预期内在关系的账户，管理层实施的分析对发现财务报表重大错报具有足够的精确度；

③管理层分析的细化程度。

富富有提示

（1）注册会计师对企业层面控制的评价，可能增加或减少本应对其他控制所进行的测试。

（2）注册会计师可以考虑在执行业务的早期阶段对企业层面控制进行测试。

02 识别重要账户、列报及其相关认定

基本要求		1. 注册会计师应当基于财务报表层次识别重要账户、列报及其相关认定 2. 如果某账户或列报可能存在一个错报，该错报单独或连同其他错报将导致财务报表发生重大错报，则该账户或列报为重要账户或列报 3. 如果某财务报表认定可能存在一个或多个错报，这个或这些错报将导致财务报表发生重大错报，则该认定为相关认定
识别原则	基本原则	在识别重要账户、列报及其相关认定时，注册会计师需要从定性和定量两个方面作出评价，包括考虑舞弊的影响（总原则：不要说100%）
识别原则	定量	1. 超过财务报表整体重要性的账户，无论是在内部控制审计还是在财务报表审计中，通常情况下被认定为重要账户（注意：并非必然） 2. 一个账户或列报，即使从性质方面考虑与之相关的风险较小，但其金额超过财务报表整体重要性越多，该账户或列报被认定为重要账户或列报的可能性也就越大 3. 一个账户或列报的金额超过财务报表整体重要性，并不必然表明其属于重要账户或列报，因为注册会计师还需要考虑定性的因素
识别原则	定性	1. 定性的因素可能导致注册会计师将低于财务报表整体重要性的账户或列报认定为重要账户或列报 2. 从性质上说，注册会计师可能因为某账户或列报受固有风险或舞弊风险的影响而将其确定为重要账户或列报（从金额上看并不重大，但很有可能导致重大错报）
注意事项		1. 在识别重要账户、列报及其相关认定时，注册会计师不仅需要在重要账户或列报层面考虑风险，还需要深入账户或列报的明细项目（例如，固定资产账户由机器设备、房屋建筑物等部分组成），如果某账户或列报的各明细项目存在的风险差异较大，被审计单位可能需要采用不同的控制以应对这些风险，注册会计师应当分别予以考虑 2. 在识别重要账户、列报及其相关认定时，注册会计师应当依据其固有风险，而不应考虑（★★★）相关控制的影响，因为内部控制审计的目标本身就是评价控制的有效性
相关说明		1. 在内部控制审计中，注册会计师在识别重要账户、列报及其相关认定时应当评价的风险因素，与财务报表审计中考虑的因素相同。因此，在这两种审计中识别的重要账户、列报及其相关认定应当相同 2. 在识别重要账户、列报及其相关认定时，注册会计师还应当确定重大错报的可能来源

固有风险	1. 以前年度审计中了解到的情况影响注册会计师对固有风险的评估，因而应当在确定重要账户、列报及其相关认定时加以考虑 2. 以前年度审计中识别的错报会影响注册会计师对某账户、列报及其相关认定固有风险的评估

例题精讲

【例题 2 · 2021 年简答题】 ABC 会计师事务所的 A 注册会计师负责审计上市公司甲公司 2020 年度财务报表和 2020 年末财务报告内部控制，采用整合审计方法执行审计。与内部控制审计相关的部分事项如下：

（4）甲公司实际控制人于 2020 年 12 月归还了其年内违规占用的甲公司大额资金，A 注册会计师据此认为与资金占用相关的内部控制在 2020 年末不存在缺陷。

要求：

针对上述第（4）项，指出 A 注册会计师的做法是否恰当。如不恰当，简要说明理由。

【答案】

事项序号	是否恰当（恰当/不恰当）	理由
（4）	不恰当	归还资金无法证明不存在缺陷/违规占用大额资金表明存在控制缺陷

【例题 3 · 2017 年单选题】 注册会计师执行内部控制审计时，下列有关识别重要账户、列报及其相关认定的说法中，错误的是（　　）。

A. 注册会计师应当从定性和定量两个方面识别重要账户、列报及其相关认定

B. 在识别重要账户、列报及其相关认定时，注册会计师应当确定重大错报的可能来源

C. 注册会计师通常将超过财务报表整体重要性的账户认定为重要账户

D. 在识别重要账户、列报及其相关认定时，注册会计师应当考虑相关控制的影响

【解析】 在识别重要账户、列报及其相关认定时，注册会计师应当依据其固有风险，而不应考虑相关控制的影响，因为内部控制审计的目标本身就是评价控制的有效性，选项 D 错误。

【答案】 D

03 了解潜在错报的来源并识别相应的控制

（一）了解潜在错报的来源

（1）注册会计师应当实现下列目标，以进一步了解潜在错报的来源，并为选择拟测试的控制奠定基础：（4 个方面）

①了解与相关认定有关的交易的处理流程，包括这些交易如何生成、批准、处理及记录；

②验证注册会计师识别出的业务流程中可能发生重大错报（包括由于舞弊导致的错报）的环节；

③识别被审计单位用于应对这些错报或潜在错报的控制；

④识别被审计单位用于及时防止或发现并纠正未经授权的、导致重大错报的资产取得、使用或处置的控制。

（2）注册会计师应当亲自执行能够实现上述目标的程序，或对提供直接帮助的人员的工作进行督导。（注意：不是必须亲自执行）

（二）实施穿行测试（5 句话）

实施情形	下列情况下，注册会计师通常会实施穿行测试：（3 方面） 1. 存在较高固有风险的复杂领域 2. 以前年度审计中识别出的缺陷(需要考虑缺陷的严重程度) 3. 由于引入新的人员、新的系统、收购和采取新的会计政策而导致流程发生重大变化
基本原则	如果注册会计师首次接受委托执行内部控制审计，通常预期会对重要流程实施穿行测试
涵盖范围	穿行测试涵盖交易生成、授权、记录、处理和报告整个过程，以及识别出的重要流程中的控制，包括针对舞弊风险的控制
测试规模	1. 一般而言，对每个重要流程，选取一笔交易或事项实施穿行测试即可 2. 如果被审计单位采用集中化的系统为多个组成部分执行重要流程，则可能不必在每个重要的经营场所或业务单位选取一笔交易或事项实施穿行测试
审计程序	注册会计师在实施穿行测试时，通常需要综合运用询问、观察、检查相关文件记录

04 选择拟测试的控制

基本要求	1. 注册会计师应当针对每一相关认定获取控制有效性的审计证据，以便对内部控制整体的有效性发表意见，但没有责任对单项控制的有效性发表意见 2. 对特定的相关认定而言，可能有多项控制用以应对评估的错报风险；反之，一项控制也可能应对评估的多项相关认定的错报风险。注册会计师没有必要测试与某项相关认定有关的所有控制 3. 在确定是否测试某项控制时，注册会计师应当考虑该项控制单独或连同其他控制，是否足以应对评估的某项相关认定的错报风险，而不论该项控制的分类和名称如何
选取原则	1. 注册会计师在选取拟测试的控制时，通常不会选取整个流程中的所有控制，而是选择关键控制，即能够为一个或多个重要账户或列报的一个或多个相关认定提供最有效果或最有效率的证据的控制 2. 每个重要账户、认定和/或重大错报风险至少应当有一个对应的关键控制
考虑因素	在选择关键控制时，注册会计师需要考虑：（4 个方面） 1. 哪些控制是不可缺少的？ 2. 哪些控制直接针对相关认定？ 3. 哪些控制可以应对错误或舞弊导致的重大错报风险？ 4. 控制的运行是否足够精确？

相关说明	1. 注册会计师无须测试那些即使有缺陷也合理预期不会导致财务报表重大错报的控制 2. 如果企业层面控制是有效的且得到精确执行，能够及时防止或发现并纠正影响一个或多个认定的重大错报，注册会计师可能不必就所有流程、交易或应用层面的控制的运行有效性获取审计证据 3. 企业管理层在执行内部控制自我评价时选择测试的控制，可能多于注册会计师认为为了评价内部控制的有效性有必要测试的控制 4. 管理层执行内部控制自我评价时选择测试控制的决定，不影响注册会计师的控制测试决策，注册会计师只需要测试那些对形成内部控制审计意见有重大影响的控制

例题精讲

【例题4·2018年单选题】 在执行内部控制审计时，下列有关注册会计师选择拟测试的控制的说法中，错误的是（　　）。

A. 注册会计师应当选择测试对形成内部控制审计意见有重大影响的控制

B. 注册会计师无须测试即使有缺陷也合理预期不会导致财务报表重大错报的控制

C. 注册会计师选择拟测试的控制，应当涵盖企业管理层在执行内部控制自我评价时测试的控制

D. 注册会计师通常选择能够为一个或多个重要账户或列报的一个或多个相关认定提供最有效果或最有效率的证据的控制进行测试

【解析】 企业管理层在执行内部控制自我评价时选择测试的控制，可能多于注册会计师认为为了评价内部控制的有效性有必要测试的控制，选项C错误。

【答案】 C

查看本节视频，快速 GET 知识点

使用“会计云课堂”App或“微信”扫码

第四节　测试控制的有效性

01 内部控制的有效性

（1）内部控制的有效性包括内部控制设计的有效性和内部控制运行的有效性。

（2）注册会计师获取的有关控制运行有效性的审计证据包括：（3方面）

①控制在所审计期间的相关时点是如何运行的；

②控制是否得到一贯执行；

③控制由谁或以何种方式执行。

02 与控制相关的风险

（1）与控制相关的风险包括a. 一项控制可能无效的风险，以及b. 如果该控制无效，可能导致重大缺陷的风险。

（2）与控制相关的风险越高，注册会计师需要获取的审计证据就越多。

（3）下列因素影响与某项控制相关的风险：（10个因素）

①该项控制拟防止或发现并纠正的错报的性质和重要程度；

②相关账户、列报及其认定的固有风险；

③交易的数量和性质是否发生变化，进而可能对该项控制设计或运行的有效性产生不利影响；

④相关账户或列报是否曾经出现错报；

⑤企业层面控制（特别是监督其他控制的控制）的有效性；

⑥该项控制的性质及其执行频率；

⑦该项控制对其他控制（如控制环境或信息技术一般控制）有效性的依赖程度；

⑧执行该项控制或监督该项控制执行的人员的专业胜任能力，以及其中的关键人员是否发生变化；

⑨该项控制是人工控制还是自动控制；

⑩该项控制的复杂程度，以及在运行过程中依赖判断的程度。

（4）在连续审计中，影响与控制相关的风险的因素除上述因素外，还包括：（3个因素）

①以前审计所执行的审计程序的性质、时间安排和范围；

②以前审计控制测试的结果；

③自上次审计以来控制或流程是否发生变化。

03 控制测试的性质

注册会计师测试控制有效性的程序通常为询问、观察、检查和重新执行。

类型	注意事项
询问	仅实施询问程序不能为某一特定控制的有效性提供充分、适当的证据，它必须与其他测试手段结合使用才能发挥作用
观察	1. 观察是测试运行不留下书面记录的控制的有效方法，也可运用于测试对实物的控制 2. 提供的审计证据仅限于观察发生的时点，而且被观察人员的行为可能因被观察而受到影响，这也会使观察提供的审计证据受到限制
检查	1. 审计证据的可靠性取决于记录或文件的性质和来源，以及内部控制的有效性 2. 在有些情况下，存在书面证据不一定表明控制一定有效（凭证审核：只查看签名可能不具有说服力）
重新执行	1. 通常只有当综合运用询问、观察和检查程序仍无法获取充分、适当的证据时，注册会计师才会考虑重新执行程序 2. 其目的是评价控制的有效性，而不是测试特定交易或余额的存在或准确性，即定性而非定量，一般不必选取大量的项目，也不必特意选取金额重大的项目进行测试（注意理念）

04 控制测试的时间安排

（一）基本原则

（1）对控制有效性的测试涵盖的期间越长，提供的控制有效性的审计证据越多。

（2）单就内部控制审计业务而言，注册会计师应当获取内部控制在基准日之前一段足够长的期间内有效运行的审计证据。

（3）在整合审计中，注册会计师控制测试所涵盖的期间应尽量与财务报表审计中拟信赖内部控制的期间保持一致。

（4）对控制有效性测试的实施时间越接近基准日，提供的控制有效性的审计证据越有力。

（二）测试时间的确定原则

（1）为了获取充分、适当的审计证据，注册会计师应当在下列两个因素之间作出平衡，以确定测试的时间：

①尽量在接近基准日实施测试；

②实施的测试需要涵盖足够长的期间。

富富有提示

由于对企业层面内部控制的评价结果将影响注册会计师测试其他控制的性质、时间安排和范围，注册会计师可以考虑在执行业务的早期阶段对企业层面控制进行测试。

（2）期中测试的两种方法。

在整合审计中测试控制在整个会计年度的运行有效性时，注册会计师：（二选一）

①可以按照既定的样本规模进行期中测试，然后对剩余期间实施前推测试；

②将样本分成两部分，一部分在期中测试，另一部分在临近年末的期间测试。

（三）考虑与控制相关的风险的影响

（1）与所测试的控制相关的风险越低，注册会计师需要对该控制获取的审计证据就越少，可能对该控制实施期中测试就可以为其运行有效性提供充分、适当的审计证据。

（2）如果与所测试的控制相关的风险越高，需要获取的证据就越多，注册会计师应当取得一部分更接近基准日的证据。

（四）是否测试被取代的控制（控制发生变化：新控制、被取代的控制）

是否测试	相关内容
不再需要测试	如果注册会计师认为新的控制 a. 能够满足控制的相关目标，而且新控制 b. 已运行足够长的时间，足以使注册会计师通过实施控制测试评估其设计和运行的有效性，则注册会计师不再需要测试被取代的控制的设计和运行有效性（注意：同时满足两个条件）
需要适当测试	如果被取代的控制的运行有效性对注册会计师执行财务报表审计时的控制风险评估具有重要影响，注册会计师应当适当地测试这些被取代的控制的设计和运行的有效性

（五）以前审计获取的有关控制运行有效性的审计证据

对于内部控制审计，除考虑对自动应用控制实施与基准相比较的策略外（完全自动的控制通常不会因人为失误而失效），注册会计师不能利用以前审计中获取的有关控制运行有效性的审计证据，而是需要每年获取有关控制有效性的审计证据。

（六）期中测试和前推程序

（1）注册会计师执行内部控制审计业务旨在对基准日内部控制有效性出具报告。如果已获取有关控制在期中运行有效性的审计证据，注册会计师应当确定还需要获取哪些补充审计证据，以证实剩余期间控制的运行情况。

（2）在将期中测试结果前推至基准日时，注册会计师应当考虑下列因素以确定需获取的补充审计证据：（6个因素）

①基准日之前测试的特定控制，包括与控制相关的风险、控制的性质和测试的结果；

②期中获取的有关审计证据的充分性和适当性；

③剩余期间的长短；

④期中测试之后，内部控制发生重大变化的可能性；

⑤注册会计师基于对控制的依赖程度拟减少进一步实质性程序的程度（仅适用于整合审计）；

⑥控制环境。

（七）针对信息技术一般控制和自动控制的前推程序

1. 是否需要实施前推测试的考虑

是否需要前推程序	相关内容
不需要前推程序	如果信息技术一般控制有效且关键的自动控制未发生任何变化，注册会计师就不需要对该自动控制实施前推测试（一贯性）
通常需要前推程序	如果注册会计师在期中对重要的信息技术一般控制实施了测试，则通常还需要对其实施前推程序

2. 重要的信息技术一般控制无效时的应对

（1）如果注册会计师认为一个或一个以上重要的信息技术一般控制无效，注册会计师需要评估其 a. 对总体信息技术环境以及 b. 对任何依赖这些信息技术一般控制的自动控制的持续有效性的影响。

（2）如果重要的信息技术一般控制无效，且无法获得其他替代证据以证实关键的自动控制自其上次被测试后未发生变化，注册会计师在执行内部控制审计时，通常就需要获取有关该自动控制在接近基准日的期间内是否有效运行的证据。

例题精讲

【例题5·2021年简答题】 ABC会计师事务所的A注册会计师负责审计上市公司甲公司2020年度财务报表和2020年末财务报告内部控制，采用整合审计方法执行审计。与内部控制审计相关的部分事项如下：

（1）2020 年 5 月，甲公司对其部分业务信息系统和财务信息系统进行升级，与采购业务相关的内部控制因此发生变化。考虑到审计效率，A 注册会计师仅测试了变更之后的内部控制设计和运行的有效性。

要求：

针对上述第（1）项，指出 A 注册会计师的做法是否恰当。如不恰当，简要说明理由。

【答案】

事项序号	是否恰当（恰当/不恰当）	理由
（1）	恰当	—

【例题 6 · 2019 年单选题】 对于内部控制审计业务，下列有关控制测试的时间安排的说法中，错误的是（　　）。

A. 注册会计师应当获取内部控制在基准日之前一段足够长的期间内有效运行的审计证据

B. 注册会计师对控制有效性测试的实施越接近基准日，提供的控制有效性的审计证据越有力

C. 如果被审计单位在所审计年度内对控制作出改变，注册会计师应当对新的控制和被取代的控制分别实施控制测试

D. 如果已获取有关控制在期中运行有效性的审计证据，注册会计师应当获取补充审计证据，将期中测试结果前推至基准日

【解析】 如果被审计单位为了提高控制效果和效率或整改控制缺陷而对控制作出改变，注册会计师应当考虑这些变化并适当予以记录。如果注册会计师认为新的控制能够满足控制的相关目标，而且新控制已运行足够长的时间，足以使注册会计师通过实施控制测试评估其设计和运行的有效性，则注册会计师不再需要测试被取代的控制的设计和运行有效性，选项 C 错误。

【答案】 C

05 控制测试的范围

（一）测试人工控制的最小样本规模

（1）在测试人工控制时，如果采用检查或重新执行程序，注册会计师测试的最小样本规模区间参见教材表 20-2。

教材表 20-2　测试人工控制的最小样本规模区间

控制运行频率	控制运行的总次数	测试的最小样本规模区间
每年 1 次	1	1
每季 1 次	4	2
每月 1 次	12	2-5

续表

控制运行频率	控制运行的总次数	测试的最小样本规模区间
每周1次	52	5-15
每天1次	250	20-40
每天多次	大于250次	25-60

（2）在下列情况下，注册会计师可以使用教材表20-2中测试的最小样本规模区间的最低值：

①与账户及其认定相关的固有风险和舞弊风险为低水平；

②是日常控制，执行时需要的判断很少；

③从穿行测试得出的结论和以前年度审计的结果表明未发现控制缺陷；

④管理层针对该项控制的测试结果表明未发现控制缺陷；

⑤存在有效的补偿性控制，且管理层针对补偿性控制的测试结果为运行有效；

⑥根据对控制的性质以及内部审计人员客观性和胜任能力的考虑，注册会计师拟更多地利用他人的工作。

富富有提示

a. 在作出使用教材表20-2中测试的最小样本规模区间最低值的判断时，上述条件无须全部具备。

b. 如果由多个人员执行同一控制，应当分别确定总体，针对每个人员确定样本规模。如果由2个人执行600次控制，样本规模应为25，即应针对每个人测试25次，一共50个样本。（同质性）

（二）测试自动应用控制的最小样本规模

（1）信息技术处理具有内在一贯性，除非系统发生变动，一项自动应用控制应当一贯运行。

（2）对于一项自动应用控制，一旦确定被审计单位正在执行该控制，注册会计师通常无须扩大控制测试的范围，但需要考虑执行下列测试以确定该控制持续有效运行：（3方面）

①测试与该应用控制有关的一般控制的运行有效性；

②确定系统是否发生变动，如果发生变动，是否存在适当的系统变动控制；

③确定对交易的处理是否使用授权批准的软件版本。

（三）发现偏差时的处理

（1）如果发现控制偏差，注册会计师应当确定对下列事项的影响：（3个方面）

①与所测试控制相关的风险的评估；

②需要获取的审计证据；

③控制运行有效性的结论。

（2）评价控制偏差的影响需要注册会计师运用职业判断，并受到控制的性质和所发现偏差数量的影响。

如果发现的控制偏差是系统性偏差或人为有意造成的偏差，注册会计师应当考虑：（2 个方面）

①舞弊的可能迹象；

②对审计方案的影响。

（3）在评价控制测试中所发现的某项控制偏差是否为控制缺陷时，注册会计师可以考虑的因素包括：（4 个因素）

①该偏差是如何被发现的。

②该偏差是与某一特定的地点、流程或应用系统相关，还是对被审计单位有广泛影响。

③就被审计单位的内部政策而言，该控制出现偏差的严重程度。

④与控制运行频率相比，偏差发生的频率高低。

富富有提示

由于有效的内部控制不能为实现控制目标提供绝对保证，单项控制并非一定要毫无偏差地运行，才被认为有效。（如：出现偏差，应考虑偏差的性质的原因，并考虑扩大样本规模等）

例题精讲

【例题 7 · 2021 年简答题】 ABC 会计师事务所的 A 注册会计师负责审计上市公司甲公司 2020 年度财务报表和 2020 年末财务报告内部控制，采用整合审计方法执行审计。与内部控制审计相关的部分事项如下：

（2）甲公司共有 30 个银行账户，A 注册会计师将财务经理每月复核银行存款余额调节表识别为一项关键控制。因该控制执行频率为每月一次，A 注册会计师选取 5 份银行存款余额调节表测试了该控制，结果满意。

要求：

针对上述第（2）项，指出 A 注册会计师的做法是否恰当。如不恰当，简要说明理由。

【答案】

事项序号	是否恰当（恰当/不恰当）	理由
（2）	不恰当	控制共发生 360 次/应采用控制频率为每天多次的样本量/应选取 25 至 60 份银行存款余额调节表

【例题 8 · 2020 年多选题】 在执行内部控制审计时，下列有关控制偏差的说法中，正确的有（　　）。

A. 如果发现的控制偏差是系统性偏差，注册会计师应当扩大样本规模进行测试

B. 如果发现控制偏差，注册会计师应当确定偏差对与所测试控制相关的风险评估的影响

C. 如果发现的控制偏差是人为有意造成的，注册会计师应当考虑舞弊的可能迹象

D. 如果发现的控制偏差是系统性偏差，注册会计师应当考虑对审计方案的影响

【解析】 如果发现控制偏差，注册会计师应当确定对下列事项的影响：

（1）与所测试控制相关的风险的评估（选项 B 正确）；

（2）需要获取的审计证据；

（3）控制运行有效性的结论。

如果发现的控制偏差是系统性偏差或人为有意造成的偏差，注册会计师应当考虑舞弊的可能迹象以及对审计方案的影响（选项A错误，选项CD正确）。

【答案】BCD

06 控制变更时的特殊考虑

无须测试	对内部控制审计而言，如果新控制实现了相关控制目标，且运行了足够长的时间，注册会计师能够通过对该控制进行测试评价其设计和运行的有效性，则无须测试被取代的控制
应当测试	对财务报表审计而言，如果被取代控制的运行有效性对控制风险的评估有重大影响，注册会计师应当测试被取代控制的设计和运行的有效性

查看本节视频，快速GET知识点

使用"会计云课堂"App或"微信"扫码

第五节　企业层面控制的测试

01 与控制环境相关的控制

在了解和测试控制环境时，注册会计师需要考虑的方面主要包括：（第7章第4节：6个方面）

（1）管理层的理念和经营风格是否促进了有效的财务报告内部控制；

（2）管理层在治理层的监督下，是否营造并保持了诚信和合乎道德的文化；

（3）治理层是否了解并监督财务报告过程和内部控制。

02 针对管理层和治理层凌驾于控制之上的风险而设计的控制

一般而言，针对凌驾风险采用的控制包括但不限于：（5个方面）

（1）针对重大的异常交易（尤其是那些导致会计分录延迟或异常的交易）的控制。

（2）针对关联方交易的控制。

（3）与管理层的重大估计相关的控制。

（4）能够减弱管理层伪造或不恰当操纵财务结果的动机及压力的控制。

（5）建立内部举报投诉制度。

03 被审计单位的风险评估过程

（1）风险评估过程包括识别与财务报告相关的经营风险，以及针对这些风险所采取的措施。

（2）结合内部控制审计业务的目的和性质，在了解和测试被审计单位与风险评估过程相关的内部控制时，可以考虑以下因素：（4个因素）

①被审计单位是否根据设定的控制目标，有计划地全面、系统、持续地收集内外部相关信息，并结合实际情况，及时进行风险评估。

②被审计单位是否在目标设定的基础上，密切关注内外部主要风险因素，通过日常或定期的评估程序与方法对各种主要风险加以识别，并将各类风险进行分类整理，形成企业的风险清单。

③被审计单位是否在风险识别的基础上，采用定性和定量相结合的方法，按照风险发生的可能性及其影响程度等，对识别的风险进行分析和排序，确定关注重点和优先控制的风险。

被审计单位在进行风险分析时，是否充分吸收专业人员，组成风险分析团队，按照严格规范的程序开展工作，确保风险分析结果的准确性。

④被审计单位是否根据内部控制目标，结合风险评估结果和风险应对策略，综合运用控制措施，将风险控制在可承受范围之内。

04 对内部信息传递和期末财务报告流程的控制

1. 期末财务报告流程包括（5 个方面）

（1）将交易总额登入总分类账的程序；

（2）与会计政策的选择和运用相关的程序；

（3）总分类账中会计分录的编制、批准等处理程序；

（4）对财务报表进行调整的程序；

（5）编制财务报表的程序。

2. 注册会计师应当从下列方面评价期末财务报告流程（6 个方面）

（1）被审计单位财务报表的编制流程，包括输入、处理及输出；

（2）期末财务报告流程中运用信息技术的程度；

（3）管理层中参与期末财务报告流程的人员；

（4）纳入财务报表编制范围的组成部分；

（5）调整分录及合并分录的类型；

（6）管理层和治理层对期末财务报告流程进行监督的性质及范围。

富富有提示

期末财务报告流程通常发生在管理层评价日之后，因此注册会计师一般只能在该日之后测试相关控制。

05 对控制有效性的内部监督和内部控制评价

包括内容	对控制的监督可能包括：（4 个方面） 1. 对运营报告的复核和核对 2. 与外部人士的沟通 3. 其他未参与控制执行人员的监控活动 4. 信息系统所记录的数据与实物资产的核对等

考虑因素	结合内部控制审计业务的目的和性质，在对被审计单位对控制有效性的内部监督进行了解和对其有效性进行测试时，注册会计师还可以特别考虑如下因素：（4个因素） 1. 管理层是否定期地将会计系统中记录的数额与实物资产进行核对 2. 管理层是否为保证内部审计活动的有效性而建立了相应的控制 3. 管理层是否建立了相关的控制以保证自我评价或定期的系统评价的有效性 4. 管理层是否建立了相关的控制以保证监督性控制能够在一个集中的地点有效进行，如共享服务中心等

06 集中化的处理和控制

（1）集中化的处理可以视作一种企业内部的“外包”安排，以取得规模效益并通过将某些或全部的财务报告过程与负责经营的管理层分离以改进控制环境。

（2）集中化的财务管理可能有助于降低财务报表错报的风险。

（3）注册会计师可以考虑（注意：不是必须）在较早的阶段对共享服务中心内部控制的有效性执行测试。

07 监督经营成果的控制（可以视为监督性内部控制的一种）

（1）注册会计师在了解和测试与监督经营成果相关的企业层面的内部控制时可以考虑的因素包括（但不限于）：（3个因素）

①管理层是否定期将经营成果与预算进行对比分析及复核，以分析财务资料是否存在异常情况；

②是否定期编制主要经营指标并对这些指标进行审阅及分析，以分析财务资料是否存在异常情况；

③是否定期更新经营预测，并且与期末的实际经营结果进行对比分析。

（2）此外，监督经营成果的控制还可能包括在控制环境以及风险评估流程方面的监控，具体包括（但不限于）：（4个方面）

①对客户投诉报告的复核及分析，以查找被审计单位的各个下属单位或业务部门是否存在违规、不合法或管理不善的情况；

②对违反被审计单位政策或守则行为的处理的复核；

③对与员工报酬或晋升相关的员工业绩评价流程的复核，以确定企业内部公平及平衡的奖惩制度的执行；

④对企业记录的财务报表编制流程中存在的主要风险的复核，以考虑企业内部及外部存在的可能导致财务报表错报的重大风险是否已经被清楚地反映。

08 针对重大经营控制及风险管理实务的政策

保持良好的内部控制的企业通常针对重大经营控制及风险管理实务采用相应的内部控制政策，在对内部控制进行审计时，注册会计师在这方面可以考虑的主要因素包括（但不限于）：

（2 个因素）

（1）企业是否建立了重大风险预警机制，明确界定哪些风险是重大风险，哪些事项一旦出现必须启动应急处理机制。

（2）企业是否建立了突发事件应急处理机制，确保突发事件得到及时妥善处理。

第六节　业务流程、应用系统或交易层面的控制的测试

查看本节视频，快速 GET 知识点
使用"会计云课堂"App或"微信"扫码

01　了解企业经营活动和业务流程（划分业务循环、向适当人员询问、检查、利用图表及流程图）

02　识别可能发生错报的环节

注册会计师通过设计一系列关于控制目标是否实现的问题，从而确认某项业务流程中需要加以控制的环节。

为实现某项审计目标而设计问题的数量，取决于下列因素：（3 个因素）

（1）业务流程的复杂程度；

（2）业务流程中发生错报而未能被发现的概率；

（3）是否存在一种具有实效的总体控制来实现控制目标。

03　识别和了解相关控制

针对业务流程中容易发生错报的环节，注册会计师应当确定：（3 个方面）

（1）被审计单位是否建立了有效的控制，以防止或发现并纠正这些错报；

（2）被审计单位是否遗漏了必要的控制；

（3）是否识别出可以最有效测试的控制。

（一）控制的类型

1. 预防性控制（3 句话）

（1）与简单的业务流程相比，对于较复杂的业务流程，被审计单位通常更依赖自动控制。

（2）对于处理大量业务的复杂业务流程，被审计单位通常使用对程序修改的控制和访问控制，来确保自动控制的持续有效。

（3）程序修改的控制和访问控制通常不能直接防止错报，但对于确保自动控制在整个拟信赖期间内的有效性有着十分重要的作用。

2. 检查性控制（4 句话）

（1）检查性控制通常并不适用于业务流程中的所有交易，而适用于一般业务流程以外的已经处理或部分处理的某类交易，可能一年只运行几次，如每月将应收账款明细账与总账比

较；也可能每周运行，甚至一天运行几次。

（2）与预防性控制相比，不同被审计单位之间检查性控制差别很大。许多检查性控制取决于被审计单位的性质，执行人员的能力、习惯和偏好。

（3）检查性控制可能是正式建立的程序，如编制银行存款余额调节表，并追查调节项目或异常项目，也可能是非正式的程序。

（4）如果确信存在以下情况，则可以将检查性控制作为一个主要的手段，来合理保证某特定认定发生重大错报的可能性较小：

①控制所检查的数据是完整、可靠的；

②控制对于发现重大错报足够敏感；

③发现的所有重大错报都将被纠正。

（二）识别和了解方法：询问被审计单位各级别的负责人员

询问方式	含义	作用
从高到低	首先询问那些级别较高的人员，再询问级别较低的人员	能迅速地辨别被审计单位重要的控制，特别是检查性控制
从低到高	对于从级别较低人员处获取的信息，需要向级别较高的人员核实其完整性，并确定级别较低的人员是否与级别较高的人员所理解的预定控制相符	了解管理层对控制运行情况的熟悉度

04 记录相关控制（略）

第七节　信息系统控制的测试

查看本节视频，快速 GET 知识点
使用“会计云课堂”App 或“微信”扫码

01 信息技术产生的风险（第 5 章）（略）

02 信息技术内部控制测试

（一）信息技术一般控制测试

信息技术一般控制包括程序开发、程序变更、程序和数据访问以及计算机运行四个方面。

（二）信息技术应用控制测试

（三）信息技术应用控制与信息技术一般控制之间的关系（第 5 章）

查看本节视频，快速 GET 知识点
使用“会计云课堂”App或“微信”扫码

第八节 内部控制缺陷评价

01 控制缺陷的分类

1. 基本分类

类型	含义
设计缺陷	a. 缺少为实现控制目标所必需的控制，或b. 现有的控制设计不适当，即使正常运行也难以实现预期的控制目标
运行缺陷	a. 现存设计适当的控制没有按设计意图运行，或 b. 执行人员没有获得必要授权或缺乏胜任能力，无法有效地实施内部控制

2. 按其严重程度分类

类型	含义
重大缺陷	是内部控制中存在的、可能导致不能及时防止或发现并纠正财务报表出现重大错报的一项控制缺陷或多项控制缺陷的组合
重要缺陷	是内部控制中存在的、其严重程度不如重大缺陷但足以引起负责监督被审计单位财务报告的人员（如审计委员会或类似机构）关注的一项控制缺陷或多项控制缺陷的组合
一般缺陷	是内部控制中存在的、除重大缺陷和重要缺陷之外的控制缺陷

02 评价控制缺陷的严重程度

（1）注册会计师应当评价其识别的各项控制缺陷的严重程度，以确定这些缺陷单独或组合起来，是否构成内部控制的重大缺陷。

（2）在计划和实施审计工作时，不要求注册会计师寻找单独或组合起来不构成重大缺陷的控制缺陷。

（3）控制缺陷的严重程度取决于：

①控制不能防止或发现并纠正账户或列报发生错报的可能性的大小；

②因一项或多项控制缺陷导致的潜在错报的金额大小。

（4）控制缺陷的严重程度与错报是否发生无关，而取决于控制不能防止或发现并纠正错报的可能性的大小。

（5）在评价一项控制缺陷或多项控制缺陷的组合是否可能导致账户或列报发生错报时，注册会计师应当考虑的风险因素包括：（6 个因素）

①所涉及的账户、列报及其相关认定的性质；

②相关资产或负债易于发生损失或舞弊的可能性；

③确定相关金额时所需判断的主观程度、复杂程度和范围；

④该项控制与其他控制的相互作用或关系；

⑤控制缺陷之间的相互作用；

⑥控制缺陷在未来可能产生的影响。

富富有提示

a. 评价控制缺陷是否可能导致错报时，注册会计师无须将错报发生的概率量化为某特定的百分比或区间。

b. 如果多项控制缺陷影响财务报表的同一账户或列报，错报发生的概率会增加。在存在多项控制缺陷时，即使这些缺陷从单项看不重要，但组合起来也可能构成重大缺陷。因此，注册会计师应当确定，对同一重要账户、列报及其相关认定或内部控制要素产生影响的各项控制缺陷，组合起来是否构成重大缺陷。

c. 在评价潜在错报的金额大小时，账户余额或交易总额的最大多报金额通常是已记录的金额，但其最大少报金额可能超过已记录的金额。通常，小金额错报比大金额错报发生的概率更高。

（6）在评价因一项或多项控制缺陷导致的潜在错报的金额大小时，注册会计师应当考虑的因素包括：（2个因素）

①受控制缺陷影响的财务报表金额或交易总额。

②在本期或预计的未来期间受控制缺陷影响的账户余额或各类交易涉及的交易量。

（7）在确定一项控制缺陷或多项控制缺陷的组合是否构成重大缺陷时，注册会计师应当评价补偿性控制的影响。

在评价补偿性控制是否能够弥补控制缺陷时，注册会计师应当考虑补偿性控制是否有足够的精确度以防止或发现并纠正可能发生的重大错报。（评价是否为重大缺陷？）

例题精讲

【例题9·2017年单选题】注册会计师执行内部控制审计时，下列有关评价控制缺陷的说法中，错误的是（　　）。

A. 如果一项控制缺陷存在补偿性控制，注册会计师不应将该控制缺陷评价为重大缺陷

B. 注册会计师评价控制缺陷的严重程度时，无须考虑错报是否已经发生

C. 注册会计师评价控制缺陷是否可能导致错报时，无须量化错报发生的概率

D. 注册会计师评价控制缺陷导致的潜在错报的金额大小时，应当考虑本期或未来期间受控制缺陷影响的账户余额或各类交易涉及的交易量

【解析】在确定一项控制缺陷或多项控制缺陷的组合是否构成重大缺陷时，注册会计师应当评价补偿性控制的影响。在评价补偿性控制是否能够弥补控制缺陷时，注册会计师应当考虑补偿性控制是否有足够的精确度以防止或发现并纠正可能发生的重大错报。也就是说，即使存在补偿性控制，注册会计师也可能将该控制缺陷评价为重大缺陷，选项A错误。

【答案】A

03 表明可能存在重大缺陷的迹象

基本原则	如果注册会计师确定发现的一项控制缺陷或多项控制缺陷的组合将导致审慎的管理人员在执行工作时，认为自身无法合理保证按照适用的财务报告编制基础记录交易，应当将这一项控制缺陷或多项控制缺陷的组合视为存在重大缺陷的迹象
相关迹象	下列迹象可能表明内部控制存在重大缺陷： （1）注册会计师发现董事、监事和高级管理人员的任何舞弊 （2）被审计单位重述以前公布的财务报表，以更正由于舞弊或错误导致的重大错报 （3）注册会计师发现当期财务报表存在重大错报，而被审计单位内部控制在运行过程中未能发现该错报 （4）审计委员会和内部审计机构对内部控制的监督无效

04 内部控制缺陷整改

如果被审计单位在基准日前对存在缺陷的控制进行了整改，整改后的控制需要运行足够长的时间，才能使注册会计师得出其是否有效的审计结论。

教材表 20-7　整改后控制运行的最短期间（或最少运行次数）和最少测试数量

控制运行频率	整改后控制运行的最短期间或最少运行次数	最少测试数量
每季 1 次	2 个季度	2
每月 1 次	2 个月	2
每周 1 次	5 周	5
每天 1 次	20 天	20
每天多次	25 次（分布于涵盖多天的期间，通常不少于 15 天）	25

富富有提示

如果被审计单位在基准日前对存在重大缺陷的内部控制进行了整改，但新控制尚没有运行足够长的时间，注册会计师应当将其视为内部控制在基准日存在重大缺陷。

例题精讲

【例题 10 · 2021 年简答题】 ABC 会计师事务所的 A 注册会计师负责审计上市公司甲公司 2020 年度财务报表和 2020 年末财务报告内部控制，采用整合审计方法执行审计。与内部控制审计相关的部分事项如下：

（3）期中审计时，A 注册会计师发现甲公司某项每月执行一次的控制存在缺陷。甲公司于 2020 年 12 月完成整改。A 注册会计师测试了整改后的控制，认为该控制在 2020 年 12 月 31 日是有效的。

要求：

针对上述第（3）项，指出 A 注册会计师的做法是否恰当。如不恰当，简要说明理由。

【答案】

事项序号	是否恰当（恰当/不恰当）	理由
（3）	不恰当	整改后的控制在基准日前没有运行足够长的时间/整改后的控制应至少运行 2 个月

【例题 11 · 2019 年单选题】 在执行内部控制审计时，下列有关注册会计师评价控制缺陷的说法中，错误的是（　　）。

A. 在评价控制缺陷的严重程度时，注册会计师无须考虑错报是否发生

B. 在评价一项控制缺陷或多项控制缺陷的组合是否构成重大缺陷时，注册会计师应当考虑补偿性控制的影响

C. 在评价控制缺陷是否可能导致错报时，注册会计师无须量化错报发生的概率

D. 如果被审计单位在基准日完成了对所有存在缺陷的内部控制的整改，注册会计师可以评价认为内部控制在基准日运行有效

【解析】 如果被审计单位在基准日前对存在缺陷的控制进行了整改，整改后的控制需要运行足够长的时间，才能使注册会计师得出其是否有效的审计结论。如果被审计单位在基准日前对存在重大缺陷的内部控制进行了整改，但新控制尚没有运行足够长的时间，注册会计师应当将其视为内部控制在基准日存在重大缺陷，选项 D 错误。

【答案】 D

查看本节视频，快速 GET 知识点

使用“会计云课堂”App或“微信”扫码

第九节　完成内部控制审计工作

01 形成内部控制审计意见

根据中国证监会《上市公司实施企业内部控制规范体系监管问题解答》的规定，公开发行证券的公司在年度报告中应披露的财务报告内部控制评价报告应包括以下内容：（6 方面）

（1）公司董事会关于建立健全和有效实施财务报告内部控制是公司董事会的责任，并就公司财务报告内部控制评价报告真实性作出的声明。

（2）财务报告内部控制评价的依据。

（3）根据自我评价情况，认定于评价基准日存在的财务报告内部控制重大缺陷情况。

（4）对发现的重大缺陷已采取或拟采取的整改措施的说明。

（5）公司董事会对评价基准日财务报告内部控制有效性的自我评价结论。

（6）在财务报告内部控制自我评价过程中关注到的非财务报告内部控制重大缺陷情况。

02 获取书面声明

（一）书面声明的内容

（1）被审计单位董事会认可其对建立健全和有效实施内部控制负责；

（2）被审计单位已对内部控制进行了评价，并编制了内部控制评价报告；

（3）被审计单位没有利用注册会计师在内部控制审计和财务报表审计中执行的程序及其结果作为评价的基础；

（4）被审计单位根据内部控制标准评价内部控制有效性得出的结论；

（5）被审计单位已向注册会计师披露识别出的所有内部控制缺陷，并单独披露其中的重大缺陷和重要缺陷；

（6）被审计单位已向注册会计师披露导致财务报表发生重大错报的所有舞弊，以及其他不会导致财务报表发生重大错报，但涉及管理层、治理层和其他在内部控制中具有重要作用的员工的所有舞弊；

（7）注册会计师在以前年度审计中识别出的且已与被审计单位沟通的重大缺陷和重要缺陷是否已经得到解决，以及哪些缺陷尚未得到解决；

（8）在基准日后，内部控制是否发生变化，或者是否存在对内部控制产生重要影响的其他因素，包括被审计单位针对重大缺陷和重要缺陷采取的所有纠正措施。

（二）特殊情况的处理

如果被审计单位拒绝提供或以其他不当理由回避书面声明，注册会计师：

（1）应当将其视为审计范围受到限制，解除业务约定或出具无法表示意见的内部控制审计报告。

（2）应当评价拒绝提供书面声明这一情况对其他声明（包括在财务报表审计中获取的声明）的可靠性的影响。

03 沟通相关事项

（一）沟通对象及相关内容

沟通对象	相关内容
治理层+管理层	（1）对于重大缺陷和重要缺陷，注册会计师应当以书面形式与管理层和治理层沟通 （2）书面沟通应当在注册会计师出具内部控制审计报告之前进行
管理层	（1）注册会计师应当以书面形式与管理层沟通其在审计过程中识别的所有其他内部控制缺陷，并在沟通完成后告知治理层 （2）在进行沟通时，注册会计师无须重复自身、内部审计人员或被审计单位其他人员以前书面沟通过的控制缺陷

（二）注意事项

（1）虽然并不要求注册会计师执行足以识别所有控制缺陷的程序，但是，注册会计师应当沟通其注意到的内部控制的所有缺陷。

（2）内部控制审计不能保证注册会计师能够发现严重程度低于重大缺陷的所有控制缺陷。注册会计师不应在内部控制审计报告中声明，在审计过程中没有发现严重程度低于重大缺陷的控制缺陷。

第十节　出具内部控制审计报告

查看本节视频，快速 GET 知识点
使用“会计云课堂”App或“微信”扫码

01 内部控制审计报告要素

标准内部控制审计报告应当包括下列要素：（11 个因素）

（1）标题。

内部控制审计报告的标题统一规范为“内部控制审计报告”。

（2）收件人。

内部控制审计报告的收件人是指注册会计师按照业务约定书的要求致送内部控制审计报告的对象，一般是指审计业务的委托人。内部控制审计报告需要载明收件人的全称。

（3）引言段。

内部控制审计报告的引言段说明企业的名称和内部控制已经过审计。

（4）企业对内部控制的责任段。

（5）注册会计师的责任段。

（6）内部控制固有局限性的说明段。

（7）财务报告内部控制审计意见段。

（8）非财务报告内部控制重大缺陷描述段。

（9）注册会计师的签名和盖章。

（10）会计师事务所的名称、地址及盖章。

（11）报告日期。

02 内部控制审计报告的意见类型

（一）无保留意见

如果符合下列所有条件，注册会计师应当对内部控制出具无保留意见的内部控制审计报告：

（1）在基准日，被审计单位按照适用的内部控制标准的要求，在所有重大方面保持了有效的内部控制；

（2）注册会计师已经按照《企业内部控制审计指引》的要求计划和实施审计工作，在审计过程中未受到限制。

（二）非无保留意见

1. 财务报告内部控制存在重大缺陷时的处理

（1）如果认为财务报告内部控制存在一项或多项重大缺陷，除非审计范围受到限制，注册会计师应当对财务报告内部控制发表否定意见。

富富有提示

否定意见的内部控制审计报告还应当包括重大缺陷的定义、重大缺陷的性质及其对内部控制的影响程度。

（2）企业内部控制评价报告是否包含重大缺陷的应对。

企业内部控制评价报告是否包含重大缺陷	做法
尚未包含	注册会计师应当在内部控制审计报告中说明重大缺陷已经识别、但没有包含在企业内部控制评价报告中
已包含，但认为重大缺陷未在所有重大方面得到公允反映	注册会计师应当在内部控制审计报告中说明这一结论，并公允表达有关重大缺陷的必要信息

（3）内部控制审计意见（否定意见）与财务报表审计的关系。

如果对财务报告内部控制的有效性发表否定意见，注册会计师应当确定该意见对财务报表审计意见的影响，并在内部控制审计报告中予以说明，例如：

如果对财务报表发表的审计意见受到影响，注册会计师应当在内部控制审计报告的导致否定意见的事项段中增加以下类似说明：“在××公司××年财务报表审计中，我们已经考虑了上述重大缺陷对审计程序的性质、时间安排和范围的影响。”

2. 审计范围受到限制时的处理

（1）基本原则。

如果审计范围受到限制，注册会计师应当解除业务约定或出具无法表示意见的内部控制审计报告。

（2）对相关豁免规定的考虑。

①如果法律法规的相关豁免规定允许被审计单位不将某些实体纳入内部控制的评价范围，注册会计师可以不将这些实体纳入内部控制审计的范围。

这种情况不构成审计范围受到限制，但注册会计师应当在内部控制审计报告中增加强调事项段或者在注册会计师的责任段中，就这些实体未被纳入评价范围和内部控制审计范围这一情况，作出与被审计单位类似的恰当陈述。

②注册会计师应当评价相关豁免是否符合法律法规的规定，以及被审计单位针对该项豁免作出的陈述是否恰当。

a. 如果认为被审计单位有关该项豁免的陈述不恰当，注册会计师应当提请其作出适当修改。

b. 如果被审计单位未作出恰当修改，注册会计师应当在内部控制审计报告的强调事项段中说明被审计单位的陈述需要修改的理由。

（3）出具无法表示意见的内部控制审计报告的注意事项和具体做法。（★★★特别重要）

①在出具无法表示意见的内部控制审计报告时，注册会计师应当在内部控制审计报告中指明审计范围受到限制，无法对内部控制的有效性发表意见，并单设段落说明无法表示意见的实质性理由。

注册会计师不应在内部控制审计报告中指明所执行的程序，也不应描述内部控制审计的特征，以避免对无法表示意见的误解。

②如果在已执行的有限程序中发现内部控制存在重大缺陷，注册会计师应当在内部控制审计报告中对重大缺陷作出详细说明。（★★★）

③只要认为审计范围受到限制将导致无法获取发表审计意见所需的充分、适当的审计证据，注册会计师不必执行任何其他工作即可对内部控制出具无法表示意见的内部控制审计报告。

在这种情况下，内部控制审计报告的日期应为注册会计师已就该报告中陈述的内容获取充分、适当的审计证据的日期。

例题精讲

【例题12·2018年多选题】在执行内部控制审计时，如果审计范围受到限制，导致注册会计师无法获取充分、适当的审计证据，下列做法中，正确的有（　　）。

A. 在内部控制审计报告中指明已执行的有限程序

B. 出具无法表示意见的内部控制审计报告

C. 在内部控制审计报告中对在已执行的有限程序中发现的内部控制重大缺陷进行详细说明

D. 在内部控制审计报告中指明审计范围受到限制

【解析】注册会计师不应在内部控制审计报告中指明所执行的程序，也不应描述内部控制审计的特征，以避免对无法表示意见的误解，如果在已执行的有限程序中发现内部控制存在重大缺陷，注册会计师应当在内部控制审计报告中对重大缺陷作出详细说明（选项A错误，选项C正确）；如果审计范围受到限制，注册会计师应当解除业务约定或出具无法表示意见的内部控制审计报告，选项B正确；在出具无法表示意见的内部控制审计报告时，注册会计师应当在内部控制审计报告中指明审计范围受到限制，无法对内部控制的有效性发表意见，并单设段落说明无法表示意见的实质性理由，选项D正确。

【答案】BCD

【例题13·2017年多选题】下列有关财务报表审计与内部控制审计的共同点的说法中，正确的有（　　）。

A. 两者识别的重要账户、列报及其相关认定相同

B. 两者的审计报告意见类型相同

C. 两者了解和测试内部控制设计和运行有效性的审计程序类型相同

D. 两者测试内部控制运行有效性的范围相同

【解析】选项B错误，企业内部控制审计意见包括无保留意见、否定意见和无法表示意见三种类型，没有保留意见；选项D错误，在财务报表审计中，如果预期不信赖内部控制，可以

不实施控制测试，不测试内部控制的有效性。在内部控制审计中，注册会计师应当针对所有重要账户和列报的每一个相关认定获取控制设计和运行有效性的审计证据，以便对内部控制整体的有效性发表审计意见。

【答案】AC

03 强调事项

（1）如果认为内部控制虽然不存在重大缺陷，但仍有一项或多项重大事项需要提请内部控制审计报告使用者注意，注册会计师应当在内部控制审计报告中增加强调事项段予以说明。

注册会计师应当在强调事项段中指明，该段内容仅用于提醒内部控制审计报告使用者关注，并不影响对内部控制发表的审计意见。

（2）如果确定企业内部控制评价报告对要素的列报不完整或不恰当，注册会计师应当在内部控制审计报告中增加强调事项段，说明这一情况并解释得出该结论的理由。

04 对期后事项的考虑

基本原则	1. 在基准日后至审计报告日前（以下简称期后期间），内部控制可能发生变化，或出现其他可能对内部控制产生重要影响的因素 2. 注册会计师应当询问是否存在这类变化或因素，并获取被审计单位关于这类变化或因素的书面声明
相关工作	1. 注册会计师应当针对期后期间，询问并检查下列信息： （1）在期后期间出具的内部审计报告或类似报告 （2）其他注册会计师出具的涉及被审计单位内部控制缺陷的报告 （3）监管机构发布的涉及被审计单位内部控制的报告 （4）注册会计师在执行其他业务中获取的、有关被审计单位内部控制有效性的信息 2. 注册会计师获取期后期间的其他文件，按照规定，对其进行检查
审计意见	1. 如果知悉对基准日内部控制有效性有重大负面影响的期后事项，注册会计师应当对内部控制发表否定意见 2. 如果注册会计师不能确定期后事项对内部控制有效性的影响程度，应当出具无法表示意见的内部控制审计报告 3. 如果管理层在评价报告中披露了基准日之后采取的整改措施，注册会计师应当在内部控制审计报告中指明不对这些信息发表意见
强调事项	注册会计师可能知悉在基准日并不存在、但在期后期间发生的事项。如果这类期后事项对内部控制有重大影响，注册会计师应当在内部控制审计报告中增加强调事项段，描述该事项及其影响，或提醒内部控制审计报告使用者关注企业内部控制评价报告中披露的该事项及其影响
相关说明	1. 在出具内部控制审计报告后，如果知悉在审计报告日已存在的、可能对审计意见产生影响的情况，注册会计师应当按照期后事项的相关规定处理 2. 如果被审计单位更正以前公布的财务报表，注册会计师应当按照期后事项的相关规定重新考虑以前发表的内部控制审计意见的适当性

【相关总结】（强调事项段）

（1）如果法律法规的相关豁免规定允许被审计单位不将某些实体纳入内部控制的评价范围，注册会计师可以不将这些实体纳入内部控制审计的范围。

①这种情况不构成审计范围受到限制，但注册会计师应当在内部控制审计报告中增加强调事项段或者在注册会计师的责任段中，就这些实体未被纳入评价范围和内部控制审计范围这一情况，作出与被审计单位类似的恰当陈述。

②注册会计师应当评价相关豁免是否符合法律法规的规定，以及被审计单位针对该项豁免作出的陈述是否恰当。

a. 如果认为被审计单位有关该项豁免的陈述不恰当，注册会计师应当提请其作出适当修改。

b. 如果被审计单位未作出恰当修改，注册会计师应当在内部控制审计报告的强调事项段中说明被审计单位的陈述需要修改的理由。

（2）如果确定企业内部控制评价报告对要素的列报不完整或不恰当，注册会计师应当在内部控制审计报告中增加强调事项段，说明这一情况并解释得出该结论的理由。

（3）如果注册会计师知悉在基准日并不存在、但在期后期间发生的事项，且这类期后事项对内部控制有重大影响，注册会计师应当在内部控制审计报告中增加强调事项段，描述该事项及其影响，或提醒内部控制审计报告使用者关注企业内部控制评价报告中披露的该事项及其影响。

例题精讲

【例题 14·2020 年多选题】下列情形中，注册会计师应当考虑在内部控制审计报告中增加强调事项段的有（　　）。

A. 被审计单位的企业内部控制评价报告对要素的列报不完整

B. 注册会计师知悉在基准日不存在但在期后期间发生的事项，且这类期后事项对内部控制有重大影响

C. 被审计单位存在非财务报告内部控制重大缺陷

D. 上一年度的内部控制重大缺陷在本年度已得到整改

【解析】选项 A 正确，如果确定企业内部控制评价报告对要素的列报不完整或不恰当，注册会计师应当在内部控制审计报告中增加强调事项段，说明这一情况并解释得出该结论的理由；选项 B 正确，如果注册会计师知悉在基准日并不存在、但在期后期间发生的事项，且这类期后事项对内部控制有重大影响，注册会计师应当在内部控制审计报告中增加强调事项段，描述该事项及其影响，或提醒内部控制审计报告使用者关注企业内部控制评价报告中披露的该事项及其影响。

【答案】AB

05 非财务报告内部控制重大缺陷

如果在审计过程中注意到非财务报告内部控制缺陷，注册会计师应当区分具体情况予以处理：

<table>
<tr><th>缺陷类型</th><th>沟通要求</th><th>处理原则</th></tr>
<tr><td>一般缺陷</td><td>应当与企业进行沟通</td><td rowspan="2">1. 提醒企业加以改进
2. 无须在内部控制审计报告中说明</td></tr>
<tr><td>重要缺陷</td><td rowspan="2">应当以书面形式（★★★）与企业董事会和管理层沟通</td></tr>
<tr><td>重大缺陷</td><td>1. 提醒企业加以改进
2. 应当在内部控制审计报告中增加非财务报告内部控制重大缺陷描述段，对重大缺陷的性质及其对实现相关控制目标的影响程度进行披露，提示内部控制审计报告使用者注意相关风险，但无须对其发表审计意见</td></tr>
</table>

参考教材格式 20-4 列示了无保留意见内部控制审计报告；

参考教材格式 20-5 列示了带强调事项段的无保留意见内部控制审计报告；

参考教材格式 20-6 列示了否定意见内部控制审计报告；

参考教材格式 20-7 列示了无法表示意见内部控制审计报告；

参考教材格式 20-8 列示了非财务报告重大缺陷的内部控制审计报告。

参考教材格式 20-4：无保留意见内部控制审计报告

内部控制审计报告

××股份有限公司全体股东：

按照《企业内部控制审计指引》及中国注册会计师执业准则的相关要求，我们审计了××股份有限公司（以下简称“××公司”）××年×月×日的财务报告内部控制的有效性。

一、企业对内部控制的责任

按照《企业内部控制基本规范》《企业内部控制应用指引》《企业内部控制评价指引》的规定，建立健全和有效实施内部控制，并评价其有效性是××公司董事会的责任。

二、注册会计师的责任

我们的责任是在实施审计工作的基础上，对财务报告内部控制的有效性发表审计意见，并对注意到的非财务报告内部控制的重大缺陷进行披露。

三、内部控制的固有局限性

内部控制具有固有局限性，存在不能防止和发现错报的可能性。此外，由于情况的变化可能导致内部控制变得不恰当，或对控制政策和程序遵循的程度降低，根据内部控制审计结果推测未来内部控制的有效性具有一定风险。

四、财务报告内部控制审计意见

我们认为，××公司于××年×月×日按照《企业内部控制基本规范》和相关规定在所有重大方面保持了有效的财务报告内部控制。

××会计师事务所　　　　　　　　　　中国注册会计师：×××

（盖章）　　　　　　　　　　　　　（签名并盖章）

　　　　　　　　　　　　　　　　　中国注册会计师：×××

　　　　　　　　　　　　　　　　　（签名并盖章）

中国××市　　　　　　　　　　　　　××年×月×日

参考教材格式20-5：带强调事项段的无保留意见内部控制审计报告。

内部控制审计报告

××股份有限公司全体股东：

按照《企业内部控制审计指引》及中国注册会计师执业准则的相关要求，我们审计了××股份有限公司（以下简称“××公司”）××年×月×日的财务报告内部控制的有效性。

[“一、企业对内部控制的责任”至“四、财务报告内部控制审计意见”参见标准内部控制审计报告相关段落表述。]

五、强调事项

我们提醒内部控制审计报告使用者关注，[描述强调事项的性质及其对内部控制的重大影响]。本段内容不影响已对财务报告内部控制发表的审计意见。

××会计师事务所　　　　　　　　　　　　　　中国注册会计师：×××

（盖章）　　　　　　　　　　　　　　　　　（签名并盖章）

中国注册会计师：×××

（签名并盖章）

中国××市　　　　　　　　　　　　　　　　　××年×月×日

参考教材格式20-6：否定意见内部控制审计报告。

内部控制审计报告

××股份有限公司全体股东：

按照《企业内部控制审计指引》及中国注册会计师执业准则的相关要求，我们审计了××股份有限公司（以下简称“××公司”）××年×月×日的财务报告内部控制的有效性。

[“一、企业对内部控制的责任”至“三、内部控制的固有局限性”参见标准内部控制审计报告相关段落表述。]

四、导致否定意见的事项

重大缺陷是内部控制中存在的、可能导致不能及时防止或发现并纠正财务报表出现重大错报的一项控制缺陷或多项控制缺陷的组合。

[指出注册会计师已识别出的重大缺陷，并说明重大缺陷的性质及其对财务报告内部控制的影响程度。]

有效的内部控制能够为财务报告及相关信息的真实完整提供合理保证，而上述重大缺陷使××公司内部控制失去这一功能。

××公司管理层已识别出上述重大缺陷，并将其包含在企业内部控制评价报告中。上述缺陷在所有重大方面得到公允反映。

在××公司××年财务报表审计中，我们已经考虑了上述重大缺陷对审计程序的性质、时间安排和范围的影响。本报告并未对我们在××年×月×日对××公司××年财务报表出具的审计报告产生影响。

五、财务报告内部控制审计意见

我们认为，由于存在上述重大缺陷及其对实现控制目标的影响，××公司于××年×月×日未能按照《企业内部控制基本规范》和相关规定在所有重大方面保持有效的财务报告内部控制。

××会计师事务所

（盖章）

中国注册会计师：×××

（签名并盖章）

中国注册会计师：×××

（签名并盖章）

中国××市

××年×月×日

参考教材格式20-7：无法表示意见内部控制审计报告。

内部控制审计报告

××股份有限公司全体股东：

我们接受委托，对××股份有限公司（以下简称“××公司”）××年×月×日的财务报告内部控制进行审计。

[删除注册会计师的责任段，“一、企业对内部控制的责任”和“二、内部控制的固有局限性”参见标准内部控制审计报告相关段落表述。]

三、导致无法表示意见的事项

[描述审计范围受到限制的具体情况。]

四、财务报告内部控制审计意见

由于审计范围受到上述限制，我们未能实施必要的审计程序以获取发表意见所需的充分、适当证据，因此，我们无法对××公司财务报告内部控制的有效性发表意见。

五、识别的财务报告内部控制重大缺陷

[如在审计范围受到限制前，执行有限程序未能识别出重大缺陷，则应删除本段。]

重大缺陷是内部控制中存在的、可能导致不能及时防止或发现并纠正财务报表出现重大错报的一项控制缺陷或多项控制缺陷的组合。

尽管我们无法对××公司财务报告内部控制的有效性发表意见，但在我们实施的有限程序的过程中，发现了以下重大缺陷：

[指出注册会计师已识别出的重大缺陷，并说明重大缺陷的性质及其对财务报告内部控制的影响程度。]

有效的内部控制能够为财务报告及相关信息的真实完整提供合理保证，而上述重大缺陷使××公司内部控制失去这一功能。

××会计师事务所

（盖章）

中国注册会计师：×××

（签名并盖章）

中国注册会计师：×××

（签名并盖章）

中国××市

××年×月×日

参考教材格式20-8：非财务报告重大缺陷的内部控制审计报告。

内部控制审计报告

××股份有限公司全体股东：

按照《企业内部控制审计指引》及中国注册会计师执业准则的相关要求，我们审计了××股份有限公司（以下简称“××公司”）××年×月×日的财务报告内部控制的有效性。

［“一、企业对内部控制的责任”至“四、财务报告内部控制审计意见”参见标准内部控制审计报告相关段落表述。］

五、非财务报告内部控制重大缺陷

在内部控制审计过程中，我们注意到××公司的非财务报告内部控制存在重大缺陷［描述该缺陷的性质及其对实现相关控制目标的影响程度］。由于存在上述重大缺陷，我们提醒本报告使用者注意相关风险。需要指出的是，我们并不对××公司的非财务报告内部控制发表意见或提供保证。本段内容不影响对财务报告内部控制有效性发表的审计意见。

××会计师事务所　　　　中国注册会计师：×××
（盖章）　　　　（签名并盖章）
　　　　中国注册会计师：×××
　　　　（签名并盖章）
中国××市　　　　××年×月×日

前情回顾小剧场

（1）内部控制审计的范围；

（2）内部控制审计基准日的含义；

（3）整合审计（原因、结论）；

（4）计划内部控制审计工作（总体审计策略、具体审计计划、对应对舞弊风险的考虑）；

（5）自上而下方法的五个步骤（注意：识别重要账户、列报及相关认定、选择拟测试的控制）；

（6）控制测试的性质（询问、观察、检查、重新执行）；

（7）控制测试的范围（人工控制、自动应用控制、发现偏差时的处理）；

（8）控制的类型（预防性控制、检查性控制）；

（9）控制缺陷的分类（基本分类、按严重程度分类）；

（10）内部控制缺陷整改；

（11）内部控制审计报告的要素和意见类型。

第七编 质量管理

第二十一章 会计师事务所业务质量管理

CHAPTER-21

五项须知小剧场

近5年考情分析
- 平均分值6分/年
- 2021年考核了简答题

教材主要变化
1. 新增了质量管理体系中质量目标举例的相关内容
2. 新增了质量管理体系领导层中的三种角色及沟通方向的图示
3. 新增了“投诉和指控的具体要求”相关内容
4. 新增了特殊情况下实施交叉复核的处理的相关内容
5. 新增了项目质量复核人员不再符合任职资质要求的相关举例
6. 新增了有助于针对客户关系接受与保持的信息的相关举例
7. 新增了确定项目组是否具有胜任能力的相关举例
8. 新增了“对项目组成员指导、监督可能包括的方面”相关内容
9. 新增了咨询的事项的相关举例
10. 修订了部分文字表述

建议学习时长——3小时

学习方法提示——本章属于重点章节，考试时主要以简答题形式进行考核。另外，本章内容可以客观题形式进行考核

- 本章基本框架
  - 第一节　会计师事务所质量管理体系
    - 质量管理体系的概念、目标和框架　考点1
    - 质量管理体系的总体要求　考点2
    - 会计师事务所的风险评估程序　考点3
    - 治理和领导层　考点4
    - 相关职业道德要求　考点5
    - 客户关系和具体业务的接受与保持　考点6
    - 业务执行　考点7
    - 资源　考点8
    - 信息与沟通　考点9
    - 监控和整改程序　考点10
    - 评价质量管理体系　考点11
    - 会计师事务所对质量管理体系的记录　考点12
  - 第二节　项目质量复核
    - 项目质量复核人员的委派和资质要求　考点1
    - 项目质量复核的实施　考点2
    - 与项目质量复核有关的工作底稿　考点3
  - 第三节　对财务报表审计实施的质量管理
    - 审计项目合伙人管理和实现审计质量的领导责任　考点1
    - 相关职业道德要求　考点2
    - 客户关系和审计业务的接受与保持　考点3
    - 业务资源　考点4
    - 业务执行　考点5
    - 监控与整改　考点6
    - 审计工作底稿　考点7

核心考点精讲专场

第一节　会计师事务所质量管理体系

查看本节视频，快速 GET 知识点
使用“会计云课堂”App或“微信”扫码

01 质量管理体系的概念、目标和框架

（一）质量管理体系的概念和目标

概念	质量管理体系：是会计师事务所为实施质量管理而设计、实施和运行的系统
目标	在以下两个方面提供合理保证： 1. 会计师事务所及其人员按照适用的法律法规和职业准则的规定履行职责，并根据这些规定执行业务 2. 会计师事务所和项目合伙人出具适合具体情况的业务报告

例题精讲

【例题 1 · 2018 年简答题改编】 ABC 会计师事务所的质量管理体系部分内容摘录如下：

（4）审计项目组成员应当在执行业务时遵守事务所质量管理政策和程序。参与审计项目的实习生和事务所外部专家不受上述规定的限制。

要求：

针对上述第（4）项，指出 ABC 会计师事务所的质量管理体系的内容是否恰当。如不恰当，简要说明理由。

【答案】

事项序号	是否恰当（恰当/不恰当）	理由
（4）	不恰当	参加审计项目的实习生属于项目组成员，应在提供服务期间遵守事务所质量管理政策和程序

（二）质量管理体系的框架（8 个要素）

要素	1. 会计师事务所的风险评估程序 2. 治理和领导层 3. 相关职业道德要求 4. 客户关系和具体业务的接受（新客户）与保持（老客户） 5. 业务执行（经常考） 6. 资源 7. 信息与沟通 8. 监控和整改程序
说明	上述各要素应当有效衔接、互相支撑、协同运行，以保障会计师事务所能够积极有效地实施质量管理

02 质量管理体系的总体要求

会计师事务所质量管理体系应当满足以下总体要求：（4 个方面）

1. 在全所范围内（包括分所或分部）统一设计、实施和运行
（1）会计师事务所应当在全所范围内实现人事、财务、业务、技术标准和信息管理五方面的统一管理 （2）如果会计师事务所通过合并、新设等方式成立分所（或分部），应当将该分所（或分部）纳入质量管理体系中统一实施质量管理
2. 风险导向的思路

会计师事务所应当采取以下三个步骤：
（1）针对质量管理体系的各个要素设定质量目标
（2）识别和评估质量风险
（3）设计和采取应对措施以应对质量风险

3. 根据本会计师事务所的实际需要进行“量身定制”

【富富有提示】会计师事务所在“量身定制”适合本所的质量管理体系时，针对前述质量管理体系的框架，可以使用与前述不同的名称来描述质量管理体系的要素，也可以根据实际情况调整这些要素，但调整的范围仅限于 a. 更改要素的名称、b. 将某个要素进行拆分或 c. 将某些要素进行合并

4. 不断优化和完善。质量管理体系应当是动态的，不应一成不变

实务中，会计师事务所应当根据本所及其业务在性质和具体情况方面的变化，对质量管理体系的设计、实施和运行进行动态调整

03 会计师事务所的风险评估程序（八要素之一）

基本思路	会计师事务所应当设计和实施风险评估程序，以： 1. 设定质量目标 2. 识别和评估质量风险 3. 设计和采取应对措施以应对质量风险

（一）识别和评估质量风险并采取应对措施

会计师事务所在识别和评估质量风险时，应当了解可能对实现质量目标产生不利影响的事项或情况，包括相关人员的作为或不作为。这些事项或情况包括下列方面：（两大类）

（1）会计师事务所的性质和具体情况；

（2）会计师事务所业务的性质和具体情况。

（二）对风险评估程序的动态调整

基本原则	会计师事务所应当制定政策和程序，以识别①会计师事务所或其②业务的性质和具体情况的变化
应对措施	如果识别出变化，会计师事务所应当考虑调整之前实施风险评估程序的结果，并在适当时采取下列措施：（3个方面） 1. 设定额外的质量目标或调整之前设定的额外质量目标（质量目标） 2. 识别和评估额外的质量风险、调整之前评估的质量风险或重新评估质量风险（质量风险） 3. 设计和采取额外的应对措施，或调整已采取的应对措施（应对措施）

04 治理和领导层（八要素之二）（全所范围内："质量至上"）

（一）相关质量目标

针对"治理和领导层"要素，会计师事务所应当设定下列质量目标。（5 个方面）

1. 会计师事务所在全所范围内形成一种"质量至上"的文化，树立质量意识。这种"质量至上"的文化应当认可并强调以下方面：（共 4 点） （1）会计师事务所及其人员有责任持续高质量地执行业务，从而更好地服务于公众利益 （2）会计师事务所人员树立正确的职业价值观、职业道德和职业态度，对于持续高质量地执行业务至关重要 （3）会计师事务所所有人员都对其执行业务的质量承担责任，或者对其在质量管理体系中执行工作的质量承担责任，并且这些人员的行为应当得当 （4）会计师事务所的所有战略决策和行动，都应当坚持质量优先，都不能以牺牲质量为代价
2. 会计师事务所的领导层对质量负责，并通过实际行动展示出其对质量的重视
3. 会计师事务所领导层向会计师事务所人员传递"质量至上"的执业理念，培育以质量为导向的文化
4. 会计师事务所的组织结构以及对相关人员角色、职责、权限的分配是恰当的，能够满足质量管理体系设计、实施和运行的需要
5. 会计师事务所的资源（包括财务资源）需求得到恰当的计划，并且资源的取得和分配能够为会计师事务所持续高质量地执行业务提供保障

（二）会计师事务所质量管理领导层

会计师事务所应当在其质量管理领导层中设定以下三种角色，以保障该体系能够得以恰当地设计、实施和运行：

相关人员	应当对质量管理体系承担的责任类型
1. 会计师事务所主要负责人（如首席合伙人、主任会计师或者同等职位的人员）	对质量管理体系承担最终责任（★★★★）
2. 会计师事务所应当指定专门的合伙人（或类似职位的人员）	对质量管理体系的运行承担责任
3. 会计师事务所应当指定专门的合伙人（或类似职位的人员）	对质量管理体系特定方面的运行承担责任（如：相关职业道德要求、监控和整改等要素的运行）

会计师事务所应当确保上述三类人员同时满足下列条件：（4 个条件）
1. 具备适当的知识、经验和资质
2. 在会计师事务所内具有履行其责任所需要的权威性和影响力
3. 具有充足的时间和资源履行其责任
4. 充分理解其应负的责任并接受对这些责任履行情况的问责

（三）合伙人管理

<table>
<tr><td>基本原则</td><td colspan="2">1. 会计师事务所有必要加强对合伙人晋升、培训、考核、分配、转入、退出（六大环节）的管理
2. 体现以质量为导向的文化，确保合伙人能够按照质量管理体系的要求，切实履行其在质量管理方面的责任，防范执业风险</td></tr>
<tr><td rowspan="2">具体要求</td><td>晋升</td><td>1. 会计师事务所应当综合考虑拟晋升人员的执业理念、职业价值观、职业道德、专业胜任能力和执业诚信记录
2. 建立以质量为导向的晋升机制，不得以承接和执行业务的收入或利润作为晋升合伙人的首要指标
3. 会计师事务所应当针对合伙人的晋升建立和实施质量“一票否决”制度</td></tr>
<tr><td>考核与分配</td><td>1. 会计师事务所应当在全所范围内统一进行合伙人考核和收益分配
2. 在进行考核和收益分配时，应当综合考虑合伙人的执业质量、管理能力、经营业绩、社会声誉等指标
3. 不得以承接和执行业务的收入或利润作为首要指标，不应直接或变相以分所、部门、合伙人所在团队作为利润中心进行收益分配</td></tr>
</table>

例题精讲

【例题 2 · 2021 年简答题】 ABC 会计师事务所的质量管理制度部分内容摘录如下：

（1）合伙人的收益以各业务部门为单位进行分配，具体分配方案由各业务部门制定，原则上以执业质量为首要考核指标。

要求：

针对上述第（1）项，指出 ABC 会计师事务所的质量管理制度的内容是否违反《会计师事务所质量管理准则第 5101 号——业务质量管理》和《会计师事务所质量管理准则第 5102 号——项目质量复核》的相关规定。如违反，简要说明理由。

【答案】

事项序号	是否违反（违反/不违反）	理由
（1）	违反	应当在全所范围内进行合伙人收益分配

【例题 3 · 2019 年简答题】 ABC 会计师事务所的质量管理体系部分内容摘录如下：

（1）事务所每年对业务收入考核排名前十位的合伙人奖励 50 万元，对业务质量考核排名后十位的合伙人罚款 5 万元。

要求：

针对上述第（1）项，指出 ABC 会计师事务所的质量管理体系的内容是否恰当。如不恰当，简要说明理由。

【答案】

事项序号	是否恰当（恰当/不恰当）	理由
（1）	不恰当	事务所的奖惩制度没有体现以质量为导向

【例题 4 · 2018 年简答题】 ABC 会计师事务所的质量管理体系部分内容摘录如下：

（1）在业务质量及职业道德考核成绩为优秀的前提下，连续两年业务收入排名靠前的高级经理可晋升合伙人。

要求：

针对上述第（1）项，指出 ABC 会计师事务所的质量管理体系的内容是否恰当。如不恰当，简要说明理由。

【答案】

事项序号	是否恰当（恰当/不恰当）	理由
（1）	恰当	—

【例题 5 · 2017 年简答题改编】 ABC 会计师事务所的质量管理体系部分内容摘录如下：

（1）质量管理部负责会计师事务所质量管理体系的设计和监控，其部门主管合伙人对质量管理体系承担最终责任。

要求：

针对上述第（1）项，指出 ABC 会计师事务所的质量管理体系的内容是否恰当。如不恰当，简要说明理由。

【答案】

事项序号	是否恰当（恰当/不恰当）	理由
（1）	不恰当	应由会计师事务所的主要负责人（如首席合伙人、主任会计师或同等职位的人员）对质量管理体系承担最终责任

【例题 6 · 2016 年简答题】 ABC 会计师事务所的质量管理体系部分内容摘录如下：

（1）合伙人考核的主要指标依次为业务收入指标的完成情况、参与事务所管理的程度、职业道德遵守情况及业务质量评价结果。

要求：

针对上述第（1）项，指出 ABC 会计师事务所的质量管理体系的内容是否恰当。如不恰当，简要说明理由。

【答案】

事项序号	是否恰当（恰当/不恰当）	理由
（1）	不恰当	会计师事务所在进行考核和收益分配时，应当综合考虑合伙人的执业质量、管理能力、经营业绩等指标，不得以承接和执行业务的收入或利润作为首要指标/应将业务质量放在第一位

05 相关职业道德要求（八要素之三）

（1）相关质量目标。

至少每年一次向所有需要按照相关职业道德要求保持独立性的人员获取其已遵守独立性要求的书面确认。

例题精讲

【例题7·2019年简答题】 ABC会计师事务所的质量管理体系部分内容摘录如下：

（2）事务所每三年至少一次向所有需要按照相关职业道德要求保持独立性的人员获取其遵守独立性政策和程序的书面确认函。

要求：

针对上述第（2）项，指出ABC会计师事务所的质量管理体系的内容是否恰当。如不恰当，简要说明理由。

【答案】

事项序号	是否恰当（恰当/不恰当）	理由
（2）	不恰当	对事务所中需要按照职业道德要求保持独立性的人员，须每年至少一次获得这些人员遵守独立性政策和程序的书面确认函

【例题8·2018年简答题】 ABC会计师事务所的质量管理体系部分内容摘录如下：

（2）审计部员工须每年签署其遵守事务所独立性政策和程序的书面确认函，其他部门员工须每三年签署一次该书面确认函。

要求：

针对上述第（2）项，指出ABC会计师事务所的质量管理体系的内容是否恰当。如不恰当，简要说明理由。

【答案】

事项序号	是否恰当（恰当/不恰当）	理由
（2）	不恰当	针对其他部门参与审计业务的人员/需要按照职业道德要求保持独立性的人员，会计师事务所也须每年至少一次获得这些人员遵守独立性政策和程序的书面确认函

（2）关键审计合伙人轮换机制。（详见第23章）

例题精讲

【例题9·2021年简答题】 ABC会计师事务所的质量管理制度部分内容摘录如下：

（2）事务所质量管理部对上市实体审计业务的关键审计合伙人轮换进行实时监控，并每年对轮换情况实施复核。其他审计业务的关键审计合伙人轮换由各业务部门自行监控及复核。

要求：

针对上述第（2）项，指出ABC会计师事务所的质量管理制度的内容是否违反《会计师事务所质量管理准则第5101号——业务质量管理》和《会计师事务所质量管理准则第5102号——项目质量复核》的相关规定。如违反，简要说明理由。

【答案】

事项序号	是否违反（违反/不违反）	理由
（2）	违反	会计师事务所应当针对公众利益实体审计业务对关键审计合伙人的轮换进行实时监控和复核

（3）会计师事务所应当完善利益分配机制，保证全所的人力资源和客户资源实现一体化统筹管理。会计师事务所应当定期评价利益分配机制的设计和执行情况。（避免影响其独立性）

06 客户关系和具体业务的接受与保持（八要素之四）

（一）相关质量目标（知己知彼）

相关质量目标（2个方面）	1. 会计师事务所就是否接受或保持某项客户关系或具体业务所作出的判断是适当的，充分考虑了以下方面： （1）会计师事务所是否针对下列方面获取了足以支持上述判断的充分信息： ①业务的性质和具体情况 ②客户（包括客户的管理层和治理层）的诚信和道德价值观 （2）会计师事务所是否具备按照适用的法律法规和职业准则的规定执行业务的能力
	2. 会计师事务所在财务和运营方面对优先事项的安排，并不会导致对是否接受或保持客户关系或具体业务作出不恰当的判断
特殊情形的应对	会计师事务所应当制定相关政策和程序以应对以下情形： 1. 会计师事务所在接受或保持某一客户关系或具体业务后知悉了某些信息，而这些信息如果在接受或保持该客户关系或具体业务之前知悉，将会导致其拒绝接受该客户关系或业务 2. 根据法律法规的规定，会计师事务所有义务接受某项客户关系或具体业务

（二）树立风险意识（全所范围内统一决策）

对于会计师事务所认定存在高风险的业务，应当设计和实施专门的质量管理程序，如：

（1）加强与前任注册会计师的沟通；

（2）与相关监管机构沟通；

（3）访谈拟承接客户以了解有关情况；

（4）加强内部质量复核等；

（5）应当经质量管理主管合伙人（或类似职位的人员）或其授权的人员审批。（★★★★注意）

07 业务执行（八要素之五）（高频考点）

（一）相关质量目标（简单了解）（略）

（二）对项目合伙人的要求

定义	项目合伙人：是指会计师事务所中负责某项业务及其执行，并代表会计师事务所在出具的报告上签字的合伙人
委派	会计师事务所应当制定政策和程序，在全所范围内统一委派具有足够专业胜任能力、时间，并且无不良执业诚信记录的项目合伙人执行业务
评价	对专业胜任能力的评价应当包括下列方面：（3个方面） 1. 是否充分了解相关法律法规和监管要求 2. 是否能够熟练掌握和运用相关职业准则的规定 3. 是否充分了解客户所在行业的业务特点、发展趋势、重大风险，以及该行业对信息技术的运用情况等
要求	会计师事务所应当按照质量管理体系的要求，对项目合伙人的委派进行复核

（三）项目组内部复核

项目组	定义	项目组：是指执行某项业务的所有合伙人和员工，以及为该项业务实施程序的所有其他人员
	不包括	1. 外部专家 2. 为项目组提供直接协助的内部审计人员 注意：不包括项目质量复核人员
项目组内部复核	定义	是指在项目组内部实施的复核
	要求	会计师事务所应当制定与内部复核相关的政策和程序，对下列方面作出规定：（4个方面） 1. 内部复核的层级 2. 各层级的复核范围 3. 执行复核的具体要求 4. 对复核的记录要求等

（四）项目质量复核

1. 相关概念及项目质量复核的范围

相关概念	项目质量复核：是指在报告日或报告日之前，项目质量复核人员对项目组作出的重大判断及据此得出的结论作出的客观评价
	项目质量复核人员是指：（内部人员+外部人员） （1）会计师事务所中实施项目质量复核的合伙人或其他类似职位的人员 （2）由会计师事务所委派实施项目质量复核的外部人员

复核范围	会计师事务所应当就项目质量复核制定政策和程序，并对下列业务实施项目质量复核： （1）上市实体财务报表审计业务 （2）法律法规要求实施项目质量复核的审计业务或其他业务 （3）会计师事务所认为，为应对一项或多项质量风险，有必要实施项目质量复核的审计业务或其他业务

例题精讲

【例题 10 · 2021 年简答题】 ABC 会计师事务所的质量管理制度部分内容摘录如下：

（3）项目合伙人对项目管理和项目质量承担总体责任，项目质量复核人员对项目质量复核的实施承担总体责任。

要求：

针对上述第（3）项，指出 ABC 会计师事务所的质量管理制度的内容是否违反《会计师事务所质量管理准则第 5101 号——业务质量管理》和《会计师事务所质量管理准则第 5102 号——项目质量复核》的相关规定。如违反，简要说明理由。

【答案】

事项序号	是否违反 （违反/不违反）	理由
（3）	不违反	—

【例题 11 · 2018 年简答题】 ABC 会计师事务所的质量管理体系部分内容摘录如下：

（3）对上市实体财务报表审计业务应实施项目质量复核，其他业务是否实施项目质量复核由各业务部门的主管合伙人决定。

要求：

针对上述第（3）项，指出 ABC 会计师事务所的质量管理体系的内容是否恰当。如不恰当，简要说明理由。

【答案】

事项序号	是否恰当 （恰当/不恰当）	理由
（3）	不恰当	针对上市实体财务报表审计以外的其他业务，应根据事务所制定的项目质量复核政策和程序确定是否应当实施项目质量复核/不应由各业务部主管合伙人自行决定

【例题 12 · 2017 年简答题】 ABC 会计师事务所的质量管理体系部分内容摘录如下：

（2）所有公众利益实体的财务报表审计业务和评价为高风险的业务均需实施项目质量复核。

要求：

针对上述第（2）项，指出 ABC 会计师事务所的质量管理体系的内容是否恰当。如不恰当，简要说明理由。

【答案】

事项序号	是否恰当（恰当/不恰当）	理由
（2）	恰当	—

2. 项目质量复核与项目组内部复核的主要区别

方面	项目质量复核	项目组内部复核
复核的主体不同	由独立于项目组的项目质量复核人员执行	由项目组内部人员执行的复核，通常包括多个复核层级
适用的业务范围不同	仅适用于： （1）上市实体财务报表审计业务 （2）法律法规要求实施项目质量复核的审计业务或其他业务 （3）会计师事务所政策和程序要求实施项目质量复核的审计业务或其他业务	适用于所有业务
复核的内容不同	主要复核两个方面的内容： （1）项目组作出的重大判断 （2）根据重大判断得出的结论	内容比较宽泛，涉及项目的各个方面

（五）意见分歧

含义	在业务执行中，时常可能出现项目组内部、项目组与被咨询者之间以及项目合伙人与项目质量复核人员之间的意见分歧
基本要求	明确要求项目合伙人和项目质量复核人员（如有）复核并评价项目组是否已就疑难问题或涉及意见分歧的事项进行适当咨询，以及咨询得出的结论是否得到执行
工作底稿	在业务工作底稿中作出适当记录： 1. 明确要求在业务工作底稿中适当记录意见分歧的解决过程和结论 2. 如果项目质量复核人员（如有）、项目组成员以外的其他人员参与形成业务报告中的专业意见，也应当作出适当记录
出具报告	确保所执行的项目在意见分歧解决后才能出具业务报告

例题精讲

【例题13·2017年简答题】ABC会计师事务所的质量管理体系部分内容摘录如下：

（5）项目合伙人对会计师事务所分派的业务的总体质量负责。如项目合伙人和项目质量复核人员存在意见分歧，以项目合伙人的意见为准。

要求：

针对上述第（5）项，指出ABC会计师事务所的质量管理体系的内容是否恰当。如不恰当，简要说明理由。

【答案】

事项序号	是否恰当（恰当/不恰当）	理由
(5)	不恰当	意见分歧没有解决

（六）出具业务报告

(1) 业务报告在出具前，应当经项目合伙人、项目质量复核人员（如有）复核确认，确保其内容、格式符合职业准则的规定，并由项目合伙人（不包括项目质量复核人员）及其他适当的人员（如适用）签署。

(2) 会计师事务所应当加强对业务报告签发过程的控制，委派专门人员负责对报告的签章进行严格管理。

（七）投诉和指控

会计师事务所应当制定政策和程序，以接收、调查、解决下列方面而引发的投诉和指控：

(1) 由于未能按照适用的法律法规、职业准则的要求执行业务；

(2) 由于未能遵守会计师事务所制定的政策和程序。

08 资源（八要素之六）

（一）相关质量目标

会计师事务所应当设定下列质量目标，以及时且适当地获取、开发、利用、维护和分配资源，支持质量管理体系的设计、实施和运行：（人力资源、知识资源、技术资源）

人力资源	1. 会计师事务所招聘、培养和留住在下列方面具备胜任能力的人员： (1) 具备与会计师事务所执行的业务相关的知识和经验，能够持续高质量地执行业务 (2) 执行与质量管理体系运行相关的活动或承担与质量管理体系相关的责任 2. 会计师事务所人员通过其行为展示出对质量的重视，不断培养和保持适当的胜任能力以履行其职责。会计师事务所通过及时的业绩评价、薪酬调整、晋升和其他奖惩措施对这些人员进行问责或认可 3. 当会计师事务所在质量管理体系的运行方面缺乏充分、适当的人员时，能够从外部（如网络、网络事务所或服务提供商）获取必要的人力资源支持 4. 会计师事务所为每项业务分派具有适当胜任能力的项目合伙人和其他项目组成员，并保证其有充足的时间持续高质量地执行业务 5. 会计师事务所分派具有适当胜任能力的人员执行质量管理体系内的各项活动，并保证其有充足的时间执行这些活动
技术资源	6. 会计师事务所获取、开发、维护、利用适当的技术资源，以支持质量管理体系的运行和业务的执行
知识资源	7. 会计师事务所获取、开发、维护、利用适当的知识资源，为质量管理体系的运行和高质量业务的持续执行提供支持，并且这些知识资源符合相关法律法规和职业准则的规定

其他	8. 从服务提供商获取的人力资源、技术资源或知识资源能够适用于质量管理体系的运行和业务的执行

（二）与资源相关的政策和程序

会计师事务所需要投入足够资源，建立与下列方面相关的政策和程序：（4个方面）

措施	目的
1. 组建一支专业性强、经验丰富、运作规范的质量管理体系团队	维持质量管理体系的日常运行
2. 与专业技术支持相关的政策和程序，配备具备相应专业胜任能力、时间和权威性的技术支持人员	确保相关业务能够获得必要的专业技术支持
3. 完善的工时管理系统	确保相关人员投入足够的时间执行业务，并为业绩评价提供依据
4. 与业务操作规程、业务软件等有关的指引，把职业准则的要求从实质上执行到位	确保执业人员恰当记录判断过程、程序执行情况及得出的结论

09 信息与沟通（八要素之七）（略）

10 监控和整改程序（八要素之八）

（一）相关质量目标（简单了解）（略）

（二）监控活动

基本要求	会计师事务所应当设计和实施监控活动，既包括定期实施的监控活动，又包括持续实施的监控活动
周期检查	1. 会计师事务所的监控活动应当包括从会计师事务所已经完成的项目中周期性地选择部分项目进行检查 2. 在每个周期内，对每个项目合伙人，至少选择一项已完成的项目进行检查 3. 对承接上市实体审计业务的每个项目合伙人，检查周期最长不得超过三年
人员要求	会计师事务所执行监控活动的人员应当符合以下要求： 1. 具备有效执行监控活动所必需的胜任能力、时间和权威性（才） 2. 具有客观性，项目组成员和项目质量复核人员不得参与对其项目的监控活动（德）

例题精讲

【例题14·2019年简答题改编】 ABC会计师事务所的质量管理体系部分内容摘录如下：

（3）对承接上市实体审计业务的新晋升合伙人，事务所每年选取其已完成的一项业务进行质量检查。如连续五年合格，之后以三年为周期进行业务质量检查；如连续两个周期合格，之后以五年为周期进行业务质量检查。

要求：

针对上述第（3）项，指出ABC会计师事务所的质量管理体系的内容是否恰当。如不恰当，简要说明理由。

【答案】

事项序号	是否恰当（恰当/不恰当）	理由
（3）	不恰当	对于承接上市实体审计业务的每个项目合伙人，检查的周期最长不得超过3年

【例题15·2017年简答题】ABC会计师事务所的质量管理体系部分内容摘录如下：

（3）每六年为一个周期，对每个项目合伙人已完成的业务至少选取两项进行检查。

要求：

针对上述第（3）项，指出ABC会计师事务所的质量管理体系的内容是否恰当，简要说明理由。

【答案】

事项序号	是否恰当（恰当/不恰当）	理由
（3）	不恰当	在每个周期内，对每个项目合伙人，至少选择一项已完成的项目进行检查，对承接上市实体审计业务的每个合伙人，检查周期最长不得超过三年

【例题16·2016年简答题】ABC会计师事务所的质量管理体系部分内容摘录如下：

（4）事务所质量管理部门每三年进行一次业务检查，每次检查选取每位合伙人已完成的一个项目。

要求：

针对上述第（4）项，指出ABC会计师事务所的质量管理体系的内容是否恰当。如不恰当，简要说明理由。

【答案】

事项序号	是否恰当（恰当/不恰当）	理由
（4）	恰当	—

（三）会计师事务所质量管理体系的缺陷

定义	会计师事务所质量管理体系的缺陷：是指会计师事务所质量管理体系的设计、实施或运行无法合理保证实现其目标

缺陷判断	当存在下列情况之一时，表明会计师事务所质量管理体系存在缺陷：（4 个方面） 1. 未能设定某些质量目标，而这些质量目标对实现质量管理体系的目标是必要的 2. 未能识别或恰当评估一项或多项质量风险 3. 未能恰当设计和采取应对措施，或者应对措施未能有效发挥作用，导致一项应对措施或者多项应对措施的组合未能将相关质量风险发生的可能性降低至可接受的低水平 4. 质量管理体系的某些方面缺失，或者某些方面未能得到恰当的设计、实施或有效运行
相关要求	在实施监控的过程中，会计师事务所应当评价发现的情况，以确定是否存在缺陷，包括监控和整改程序中存在的缺陷
缺陷评价	针对识别出的缺陷，会计师事务所应当通过下列方法评价缺陷的严重程度和广泛性： 1. 调查缺陷的根本原因 2. 评价这些缺陷单独或累积起来对质量管理体系的影响

（四）整改措施

（1）会计师事务所应当根据对根本原因的调查结果，设计和采取整改措施，以应对识别出的缺陷。

（2）针对缺陷的性质和影响程度，会计师事务所应当对相关人员进行问责。这种问责应当与相关责任人员的考核、晋升和薪酬挂钩。

（3）对执业中存在重大缺陷的项目合伙人，会计师事务所应当对其是否具备从事相关业务的职业道德水平和专业胜任能力作出评价。

（4）会计师事务所应当就监控的实施情况，发现的缺陷，评价、补救和改进措施、问责等形成监控报告，并针对存在的缺陷，及时修订完善质量管理体系。

11 评价质量管理体系

评价主体	会计师事务所主要负责人应当代表会计师事务所对质量管理体系进行评价
评价要求	应当以某一时点为基准，并且应当至少每年一次
评价结论	作为评价的结果，主要负责人可能得出下列结论中的一项： 1. 质量管理体系能够向会计师事务所合理保证该体系的目标得以实现 2. 质量管理体系的设计、实施和运行存在严重但不具有广泛影响的缺陷，除与这些缺陷相关的事项外，质量管理体系能够向会计师事务所合理保证该体系的目标得以实现 3. 质量管理体系不能向会计师事务所合理保证该体系的目标得以实现
业绩评价	会计师事务所应当定期对下列人员进行业绩评价： 1. 主要负责人 2. 对质量管理体系承担运行责任的人员 3. 对质量管理体系特定方面承担运行责任的人员 在进行业绩评价时，会计师事务所应当考虑对质量管理体系的评价结果

12 会计师事务所对质量管理体系的记录

记录的内容	会计师事务所应当就下列方面形成工作记录： 1. 主要负责人和对质量管理体系承担运行责任的人员各自的身份 2. 会计师事务所的质量目标和质量风险 3. 对应对措施的描述以及这些措施是如何应对质量风险的 4. 实施的监控和整改程序 5. 主要负责人对质量管理体系作出的评价及其依据
记录的保存期限	1. 会计师事务所应当规定质量管理体系工作记录的保存期限，该期限应当涵盖足够长的期间 2. 如果法律法规要求更长的期限，应当遵守法律法规的要求

查看本节视频，快速 GET 知识点
使用“会计云课堂”App或“微信”扫码

第二节 项目质量复核

01 项目质量复核人员的委派和资质要求

委派要求	1. 会计师事务所应当在全所范围内（包括分所或分部）统一委派项目质量复核人员，并确保负责实施委派工作的人员具有必要的胜任能力和权威性 2. 负责委派项目质量复核人员的人员需要独立于项目组。因此，对于接受项目质量复核的项目，其项目组成员不能负责委派本项目的项目质量复核人员
资质要求	1. 项目合伙人和项目组其他成员不得成为本项目的项目质量复核人员（独立于执行业务的项目组） 2. 项目质量复核人员还应当同时符合下列要求： （1）具备适当的胜任能力，包括充足的时间和适当的权威性以实施项目质量复核。项目质量复核人员的胜任能力应当至少与项目合伙人相当 （2）遵守相关职业道德要求，并在实施项目质量复核时保持独立、客观、公正 （3）遵守与项目质量复核人员任职资质要求相关的法律法规（如有）
提供协助	1. 在实施项目质量复核的过程中，项目质量复核人员可能需要某些具备相关专业知识和技能的人员或团队提供协助 2. 为了确保协助人员的客观性，项目合伙人和项目组其他成员不得为本项目的项目质量复核提供协助 3. 为项目质量复核提供协助的人员还应当同时满足下列条件： （1）具备适当的胜任能力，包括充足的时间，以履行对其分配的职责 （2）遵守相关法律法规的规定（如有）和相关职业道德要求
不再符合	当项目质量复核人员意识到其不再符合任职资质要求时，应当通知会计师事务所适当人员，并采取下列措施： 1. 如果项目质量复核尚未开始，不再承担项目质量复核责任 2. 如果项目质量复核已经开始实施，立即停止实施项目质量复核

例题精讲

【例题17·2021年简答题】 ABC会计师事务所的质量管理制度部分内容摘录如下：

（4）事务所对项目实施内部质量检查时，该项目的项目组成员及项目质量复核人员均不得担任检查人员。

（5）项目合伙人和项目组其他成员不得担任本项目的项目质量复核人员，但可以为本项目的项目质量复核提供协助。

要求：

针对上述第（4）和（5）项，逐项指出ABC会计师事务所的质量管理制度的内容是否违反《会计师事务所质量管理准则第5101号——业务质量管理》和《会计师事务所质量管理准则第5102号——项目质量复核》的相关规定。如违反，简要说明理由。

【答案】

事项序号	是否违反（违反/不违反）	理由
（4）	不违反	—
（5）	违反	为确保协助人员的客观性，项目合伙人和项目组其他成员不得为本项目的项目质量复核提供协助

02 项目质量复核的实施

（一）复核程序（7个程序★★★）

在实施项目质量复核时，项目质量复核人员应当实施下列程序：

（1）阅读并了解相关信息，这些信息包括：

①与项目组就项目和客户的性质和具体情况进行沟通获取的信息；

②与会计师事务所就监控和整改程序进行沟通获取的信息，特别是针对可能与项目组的重大判断相关或影响该重大判断的领域识别出的缺陷进行的沟通。

（2）与项目合伙人及项目组其他成员讨论重大事项，以及在项目计划、实施和报告时作出的重大判断。

（3）选取部分与项目组作出的重大判断相关的业务工作底稿进行复核，并评价下列方面：

①作出这些重大判断的依据，包括项目组对职业怀疑的运用（如适用）；

②业务工作底稿能否支持得出的结论；

③得出的结论是否恰当。

（4）对于财务报表审计业务，评价项目合伙人确定独立性要求已得到遵守的依据。

（5）评价是否已就疑难问题或争议事项、涉及意见分歧的事项进行适当咨询，并评价咨询得出的结论。

（6）对于财务报表审计业务，评价项目合伙人得出下列结论的依据：

①项目合伙人对整个审计过程的参与程度是充分且适当的；

②项目合伙人能够确定作出的重大判断和得出的结论适合项目的性质和具体情况。

（7）针对下列方面实施复核：

①针对财务报表审计业务，复核被审计财务报表和审计报告，以及审计报告中对关键审计事项的描述（如适用）；

②针对财务报表审阅业务，复核被审阅财务报表或财务信息，以及拟出具的审阅报告；

③针对财务报表审计和审阅以外的其他鉴证业务或相关服务业务，复核业务报告和鉴证对象信息（如适用）。

（二）与项目质量复核相关的政策和程序

针对项目质量复核的实施，会计师事务所应当制定与下列方面相关的政策和程序：

（1）项目质量复核人员有责任在项目的适当时点实施复核程序，为客观评价项目组作出的重大判断和据此得出的结论奠定适当基础；

（2）项目合伙人与项目质量复核相关的责任，包括禁止项目合伙人在收到项目质量复核人员就已完成项目质量复核发出的通知之前签署业务报告；

（3）对项目质量复核人员的客观性产生不利影响的情形，以及在这些情形下需要采取的适当行动。

（三）项目质量复核的完成（3 个应当）

（1）如果项目质量复核人员怀疑项目组作出的重大判断或据此得出的结论不恰当，应当告知项目合伙人。

（2）如果这一怀疑不能得到满意的解决，项目质量复核人员应当通知会计师事务所适当人员项目质量复核无法完成。

（3）如果项目质量复核人员确定项目质量复核已经完成，应当签字确认并通知项目合伙人。（★★★并非在审计报告上签字）

03 与项目质量复核有关的工作底稿

基本原则	项目质量复核人员应当负责就项目质量复核的实施情况形成工作底稿
具体要求	对项目质量复核形成的工作底稿应当足以使未曾接触该项目的、有经验的执业人员： 1. 了解项目质量复核人员以及对项目质量复核提供协助的人员（如有）所执行程序的性质、时间安排和范围 2. 了解在实施复核的过程中得出的结论
包括内容	项目质量复核工作底稿应当包括下列方面的内容： 1. 项目质量复核人员及协助人员的姓名 2. 已复核的业务工作底稿的识别特征 3. 项目质量复核人员确定项目质量复核已经完成的依据 4. 项目质量复核人员就无法完成项目质量复核或项目质量复核已完成所发出的通知 5. 完成项目质量复核的日期

第三节　对财务报表审计实施的质量管理

查看本节视频，快速 GET 知识点
使用“会计云课堂”App 或“微信”扫码

01 审计项目合伙人管理和实现审计质量的领导责任

定义	审计项目合伙人：是指会计师事务所中负责某项审计项目及其执行，并代表会计师事务所在出具的审计报告上签字的合伙人
责任	审计项目合伙人应当对管理和实现审计项目的高质量承担总体责任，这种责任包括： 1. 为审计项目组营造一个良好的环境 2. 强调会计师事务所对诚信和高质量的重视 3. 明确对审计项目组成员的行为期望
理念	审计项目合伙人应当向审计项目组强调以下执业理念： 1. 审计项目组所有成员都有责任为在项目层面管理和实现业务的高质量作出贡献 2. 审计项目组成员的职业价值观、职业道德和职业态度至关重要 3. 在审计项目组内部进行开放、顺畅、深入的沟通非常重要，这种沟通应当能够使每位审计项目组成员都能够提出自己的质疑，而不怕遭受报复 4. 审计项目组成员在整个审计项目中保持职业怀疑非常重要
参与	审计项目合伙人应当充分、适当地参与整个审计过程，从而能够根据审计项目的性质和具体情况，确定审计项目组作出的重大判断和据此得出的结论是否适当
确定	1. 在签署审计报告前，审计项目合伙人应当确定其已经对管理和实现审计项目的高质量承担责任 2. 审计项目合伙人应当确定下列事项： （1）审计项目合伙人已经充分、适当地参与了审计项目的全过程，能够确定审计项目组作出的重大判断和据此得出的结论是适当的 （2）考虑了审计项目的性质和具体情况、发生的任何变化，以及会计师事务所与之相关的政策和程序

02 相关职业道德要求（详见第 23 章）

在签署审计报告之前，审计项目合伙人应当负责确定相关职业道德要求（包括独立性要求）已经得到遵守。

03 客户关系和审计业务的接受与保持

审计项目合伙人应当确定会计师事务所就客户关系和审计业务的接受与保持制定的政策和程序已得到遵守，并且得出的相关结论是适当的。

04 业务资源

审计项目合伙人应当确定充分、适当的资源已被及时分配给审计项目组用于执行审计项目，或审计项目组能够及时获取这些资源。

05 业务执行

（一）对项目组成员的指导、监督和复核（略）

（二）复核审计工作底稿等相关文件

复核方向	审计项目合伙人应当在审计过程中的适当时点复核审计工作底稿，包括与下列方面相关的工作底稿： 1. 重大事项 2. 重大判断，包括与在审计中遇到的困难或有争议事项相关的判断，以及得出的结论 3. 根据审计项目合伙人的职业判断，与审计项目合伙人的职责有关的其他事项
复核要求	在审计报告日或审计报告日之前，审计项目合伙人应当通过a. 复核审计工作底稿以及 b. 与审计项目组讨论，确保已获取充分、适当的审计证据，以支持得出的结论和拟出具的审计报告（★★★）
复核内容	在签署审计报告前，为确保拟出具的审计报告适合审计项目的具体情况，审计项目合伙人应当复核： 1. 财务报表、审计报告 2. 相关的审计工作底稿，包括对关键审计事项的描述（如适用）
复核时间	审计项目合伙人应当在与管理层、治理层或相关监管机构签署正式书面沟通文件之前对其进行复核

（三）咨询

1. 实务中，审计项目组通常针对以下方面进行咨询（5 个方面）

（1）复杂的或不熟悉的事项（如某项具有高度估计不确定性的会计估计）；

（2）存在特别风险的事项；

（3）被审计单位超出正常经营过程的重大交易或重大异常交易；

（4）被审计单位管理层施加限制的情况；

（5）与违反法律法规有关的情况。

2. 针对审计项目中需要咨询的事项，审计项目合伙人应当承担下列责任

（1）对审计项目组就下列事项进行咨询承担责任：

①困难或有争议的事项，以及会计师事务所政策和程序要求咨询的事项；

②审计项目合伙人根据职业判断认为需要咨询的其他事项。

（2）确定审计项目组成员已在审计过程中就相关事项进行了适当咨询，咨询可能在审计项目组内部进行，或者在审计项目组与会计师事务所内部或外部的其他适当人员之间进行。

（3）确定已与被咨询者就咨询的性质、范围以及形成的结论达成一致意见。

（4）确定咨询形成的结论已得到执行。

（四）项目质量复核

针对需要实施项目质量复核的审计项目，审计项目合伙人应当承担下列责任：

（1）确定会计师事务所已委派项目质量复核人员；

（2）配合项目质量复核人员的工作，并要求审计项目组其他成员配合项目质量复核人员的工作；

（3）与项目质量复核人员讨论在审计中遇到的重大事项和重大判断，包括在项目质量复核过程中识别出的重大事项和重大判断；

（4）只有在项目质量复核完成后，才签署审计报告。

（五）意见分歧

针对意见分歧，审计项目合伙人应当承担下列责任：

（1）对按照会计师事务所的政策和程序处理和解决意见分歧承担责任；

（2）确定咨询得出的结论已经记录并得到执行；

（3）在所有意见分歧得到解决之前，不得签署审计报告。

06 监控与整改（略）

07 审计工作底稿（略）

前情回顾小剧场

（1）质量管理体系的目标（2 方面）、总体要求（4 个方面）和框架（8 个要素）；

（2）以质量为导向、满足相关职业道德要求（书面确认函：时间；人员）；

（3）业务执行（项目组内部复核；项目质量复核以及两者的区别）；

（4）监控和整改程序（相关要求；检查周期；缺陷判断和缺陷评价；整改措施）；

（5）项目质量复核（委派要求；资质要求；复核程序；复核结论；工作底稿）；

（6）对财务报表审计实施的质量管理（审计项目合伙人对审计项目的质量承担总体责任）。

第八编　职业道德

本编主要以《中国注册会计师职业道德守则》为依据，重点阐述了职业道德基本原则以及审计业务对独立性的要求。

本编总体难度不高，考试时主要以简答题形式进行考核，部分内容需要加以记忆。

第二十二章　职业道德基本原则和概念框架

CHAPTER - 22

五项须知小剧场

- **近5年考情分析**
  - 平均分值0分/年
  - 2021年本章没有考题
- **教材主要变化** —— 除对部分文字进行了修订，本章内容无实质性变化
- **建议学习时长** —— 2小时
- **学习方法提示** —— 本章系统地介绍了中国注册会计师职业道德基本原则和职业道德概念框架及其运用，是职业道德的核心内容。考试时主要以简答题形式结合独立性进行考核
- **本章基本框架（一）**
  - 第一节　职业道德基本原则
    - 诚信　考点1
    - 客观公正　考点2
    - 独立性　考点3
    - 专业胜任能力和勤勉尽责　考点4
    - 保密　考点5
    - 良好职业行为　考点6
  - 第二节　职业道德概念框架
    - 职业道德概念框架的内涵　考点1
    - 识别、评价和应对不利影响　考点2
    - 与治理层的沟通　考点3

- 本章基本框架（二）
  - 第三节　注册会计师对职业道德概念框架的具体运用
    - 利益冲突　考点1
    - 专业服务委托　考点2
    - 第二意见　考点3
    - 收费　考点4
    - 利益诱惑　考点5
    - 保管客户资产　考点6
    - 应对违反法律法规行为　考点7
  - 第四节　非执业会员对职业道德概念框架的运用

核心考点精讲专场

第一节　职业道德基本原则

查看本节视频，快速GET知识点
使用“会计云课堂”App或“微信”扫码

基本原则（6项内容）	1. 诚信 2. 客观公正 3. 独立性 4. 专业胜任能力和勤勉尽责 5. 保密 6. 良好职业行为
相关说明	并不是每一项原则都是对所有会员执行所有业务的要求，比如独立性原则

01 诚信（诚实、守信）

（1）诚信原则要求会员应当在所有的职业活动中保持正直、诚实可信。

（2）会员如果认为业务报告、申报资料、沟通函件或其他方面的信息存在下列问题，不得与这些有问题的信息发生关联：

①含有虚假记载、误导性陈述；

②含有缺乏充分根据的陈述或信息；

③存在遗漏或含糊其辞的信息，而这种遗漏或含糊其辞可能会产生误导。

（3）举例来说，在审计和审阅业务、其他鉴证业务中，下列事项可能会导致上述问题的出现：

①引起重大风险的事项，如舞弊行为；

②财务信息存在重大错报而客户未对此作出调整或反映；

③导致在实施审计程序时出现重大困难的情况，例如，客户未能提供充分、适当的审计证据，注册会计师难以作出结论性陈述；

④与会计准则或其他相关规定的选择、应用和一致性相关的重大发现和问题，而客户未对此在其报告或申报资料中反映；

⑤在出具审计报告时，未解决的重大审计差异。

（4）会员如果注意到已与有问题的信息发生关联，应当采取措施消除关联。

（5）在鉴证业务中，如果注册会计师依据职业准则的规定出具了恰当的业务报告（例如，在审计业务中，出具恰当的非无保留意见审计报告），则不被视为违反上述要求。

02 客观公正——适用所有会员

含义	1. 客观：是指按照事物的本来面目去考察，不添加个人的偏见 2. 公正：是指公平，正直，不偏袒
要求	如果存在对职业判断产生过度不当影响的情形，会员不得从事与之相关的职业活动

03 独立性——不是对所有会员的要求（第 23 章详细讲解）

注册会计师执行审计和审阅业务以及其他鉴证业务时，应当从实质上和形式上保持独立性，不得因任何利害关系影响其客观公正。

04 专业胜任能力和勤勉尽责

专业胜任能力	1. 专业胜任能力可分为两个独立阶段：获取和保持 2. 不应承接不能胜任的业务 3. 可以利用专家工作（专家是会计、审计领域之外的）
勤勉尽责	1. 要求会员遵守法律法规、相关职业准则的要求并保持应有的职业怀疑，认真、全面、及时地完成工作任务。同时，会员应当采取适当措施以确保在其授权下从事专业服务的人员得到应有的培训和督导 2. 在适当时，会员应当使客户、工作单位和专业服务的其他使用者了解专业服务的固有局限

05 保密——适用所有会员

（1）保密原则要求会员应当对职业活动中获知的涉密信息保密。

（2）根据该原则，会员应当遵守下列要求：（8 个方面）

警觉无意中泄密的可能性，包括在社会交往中无意中泄密的可能性，特别要警觉无意中向关系密切的商业伙伴或近亲属泄密的可能性。

①近亲属：是指配偶、父母、子女、兄弟姐妹、祖父母、外祖父母、孙子女、外孙子女；

②对所在会计师事务所、工作单位内部的涉密信息保密；

③对职业活动中获知的涉及国家安全的信息保密；

④对拟承接的客户、拟受雇的工作单位向其披露的涉密信息保密；

⑤在未经客户、工作单位授权的情况下，不得向会计师事务所、工作单位以外的第三方披露其所获知的涉密信息，除非法律法规或职业准则规定会员在这种情况下有权利或义务进行披露；

⑥不得利用因职业关系而获知的涉密信息为自己或第三方谋取利益；

⑦不得在职业关系结束后利用或披露因该职业关系获知的涉密信息；

⑧采取适当措施，确保下级员工以及为会员提供建议和帮助的人员履行保密义务。

（3）会员在下列情况下可以披露涉密信息：

①法律法规允许披露，并且取得客户或工作单位的授权；

②根据法律法规的要求，为法律诉讼、仲裁准备文件或提供证据，以及向有关监管机构报告发现的违法行为；

③法律法规允许的情况下，在法律诉讼、仲裁中维护自己的合法权益；

④接受注册会计师协会或监管机构的执业质量检查，答复其询问和调查；

⑤法律法规、执业准则和职业道德规范规定的其他情形。

例题精讲

【例题 1·根据历年试题改编简答题】 丙公司是 ABC 会计师事务所的常年审计客户，A 注册会计师担任丙公司2016 年度财务报表审计项目合伙人，审计项目组在审计中遇到下列事项：

（1）ABC 会计师事务所的网络事务所受聘对丙公司财务信息进行尽职调查，经 A 注册会计师批准，借阅了过去 3 年审计工作底稿中与丙公司相关的部分。

（2）审计项目组的部分成员首次参与丙公司所在行业的审计项目，因该行业比较特殊，A 注册会计师向这些成员提供了所在行业其他公司审计项目的有关工作底稿作参考。

（3）丙公司财务总监向 A 注册会计师私下透露，某电商公司正与丙公司秘密协商参股丙公司。A 注册会计师就此事询问了其在该电商公司工作的朋友，并与朋友们讨论了该投资的可能性。

要求：

针对上述事项，指出是否恰当。如不恰当，简要说明理由。

【答案】

事项序号	是否恰当（恰当/不恰当）	理由
（1）	不恰当	在未获得客户授权的情况下，同意尽职调查团队借阅与丙公司相关的审计工作底稿不符合保密规定/除非客户已授权披露信息，会计师事务所人员有义务始终对业务工作底稿包含的信息予以保密
（2）	不恰当	A 注册会计师未经授权将其他公司审计工作底稿提供给丙公司审计项目组成员，违反了保密规定
（3）	不恰当	A 注册会计师将客户和潜在投资方未公开的事项与朋友讨论不符合保密规定/注册会计师未经客户授权，不得向事务所以外的第三方披露所获知的涉密信息

06 良好职业行为——适用所有会员

（1）会员应当遵守相关法律法规，避免发生任何可能损害职业声誉的行为。

（2）会员在向公众传递信息以及推介自己和工作时，应当客观、真实、得体，不得损害职业形象。

（3）会员应当诚实、实事求是，不得有下列行为：（共 2 条）

①夸大宣传提供的服务、拥有的资质或获得的经验；（夸自己）

②贬低或无根据地比较他人的工作。（贬别人）

查看本节视频，快速 GET 知识点

使用“会计云课堂”App或“微信”扫码

第二节　职业道德概念框架

01 职业道德概念框架的内涵

职业道德概念框架是指解决职业道德问题的思路和方法，用以指导注册会计师：

（1）识别对职业道德基本原则的不利影响；

（2）评价不利影响的严重程度；

（3）必要时采取防范措施消除不利影响或将其降低至可接受的水平。

总体而言：识别——评价——应对。

02 识别、评价和应对不利影响（第 2 节+第 3 节）

（一）识别对职业道德基本原则的不利影响

对职业道德基本原则的不利影响	对职业道德基本原则产生不利影响具体情形
自身利益 （主要是经济利益） （钱、物等）	1. 注册会计师在客户中拥有直接经济利益 2. 会计师事务所的收入过分依赖某一客户 3. 会计师事务所以较低的报价获得新业务，而该报价过低，可能导致注册会计师难以按照适用的职业准则要求执行业务 4. 注册会计师与客户之间存在密切的商业关系 5. 注册会计师能够接触到涉密信息，而该涉密信息可能被用于谋取个人私利 6. 注册会计师在评价所在会计师事务所以往提供的专业服务时，发现了重大错误

对职业道德基本原则的不利影响	对职业道德基本原则产生不利影响具体情形
自我评价	1. 注册会计师在对客户提供财务系统的设计或实施服务后，又对系统的运行有效性出具鉴证报告 2. 注册会计师为客户编制用于生成有关记录的原始数据，而这些记录是鉴证业务的对象
过度推介	1. 注册会计师推介客户的产品、股份或其他利益 2. 当客户与第三方发生诉讼或纠纷时，注册会计师为该客户辩护 3. 注册会计师站在客户的立场上影响某项法律法规的制定
密切关系	1. 审计项目团队成员的近亲属担任审计客户的董事或高级管理人员 2. 鉴证客户的董事、高级管理人员，或所处职位能够对鉴证对象施加重大影响的员工，最近曾担任注册会计师所在会计师事务所的项目合伙人 3. 审计项目团队成员与审计客户之间存在长期业务关系
外在压力	1. 注册会计师因对专业事项持有不同意见而受到客户解除业务关系或被会计师事务所解雇的威胁 2. 由于客户对所沟通的事项更具有专长，注册会计师面临服从该客户判断的压力 3. 注册会计师被告知，除非其同意审计客户某项不恰当的会计处理，否则计划中的晋升将受到影响 4. 注册会计师接受了客户赠予的重要礼品，并被威胁将公开其收受礼品的事情

富富有提示

近亲属	主要近亲属	指配偶、父母或子女
	其他近亲属	指兄弟姐妹、祖父母、外祖父母、孙子女、外孙子女
审计项目团队成员	指所有审计项目组成员和会计师事务所中能够直接影响审计业务结果的其他人员，以及网络事务所中能够直接影响审计业务结果的所有人员	

（二）评价不利影响的严重程度

（1）如果识别出对职业道德基本原则的不利影响，会员应当评价该不利影响的严重程度是否处于可接受的水平。

（2）可接受的水平：是指会员针对识别出的不利影响实施理性且掌握充分信息的第三方测试之后，很可能得出其行为并未违反职业道德基本原则的结论时，该不利影响的严重程度所处的水平。

（3）在评价不利影响的严重程度时，会员应当从性质和数量两个方面予以考虑，如果存在多项不利影响，应当将多项不利影响组合起来一并考虑。

（4）会员对不利影响严重程度的评价还受到专业服务性质和范围的影响。

（5）某些由法律法规、注册会计师协会或会计师事务所制定的，用于加强注册会计师职业道德的条件、政策和程序也可能有助于识别对职业道德基本原则的不利影响。这些条件、政策和程序也是在评价不利影响的严重程度时需要考虑的因素。这些条件、政策和程序可以分为：

①与客户及其经营环境相关的条件、政策和程序；

②与会计师事务所及其经营环境相关的条件、政策和程序。

（三）应对不利影响

（1）如果会员确定识别出的不利影响超出可接受的水平，应当通过消除该不利影响或将其降低至可接受的水平来予以应对。

（2）注册会计师应当就其已采取或拟采取的行动是否能够消除不利影响或将其降低至可接受的水平形成总体结论。

在形成总体结论时，注册会计师应当：

①复核所作出的重大判断或得出的结论；

②实施理性且掌握充分信息的第三方测试。

03 与治理层的沟通（略）

第三节　注册会计师对职业道德概念框架的具体运用

查看本节视频，快速 GET 知识点
使用“会计云课堂”App或“微信”扫码

01 利益冲突

情形	防范措施
1. 注册会计师为两个或多个存在利益冲突的客户提供专业服务 2. 注册会计师的利益与客户的利益存在冲突	（1）注册会计师应当根据利益冲突的性质和严重程度，运用职业判断确定是否有必要向客户具体披露利益冲突的情况，并获取客户明确同意其可以承接或继续提供专业服务 （2）在评价和应对因利益冲突产生的不利影响时，注册会计师应当对可能违反保密原则的情况保持警觉，包括在进行披露或在会计师事务所、网络内部分享相关信息以及寻求第三方指导时 （3）具体防范措施 ①由不同的项目组分别提供服务，并且这些项目组已被明确要求遵守涉及保密性的政策和程序 ②由未参与提供服务或不受利益冲突影响的适当人员复核已执行的工作，以评估关键判断和结论是否适当

02 专业服务委托

具体情况	防范措施
1. 客户关系和业务的承接与保持（知己知彼） （1）如果注册会计师知悉客户存在某些问题，如涉嫌违反法律法规、缺乏诚信等，可能对诚信、良好职业行为原则产生不利影响 （2）如果项目组不具备或不能获得恰当执行业务所必需的胜任能力，将因自身利益对专业胜任能力和勤勉尽责原则产生不利影响	（1）下列防范措施可能能够应对因自身利益产生的不利影响： ①分派足够的、具有必要胜任能力的项目组成员 ②就执行业务的合理时间安排与客户达成一致意见 ③在必要时利用专家的工作 （2）连续业务中，应当定期评价是否继续保持该业务
2. 专业服务委托的变更 （1）当注册会计师遇到下列情况时，应当确定是否有理由拒绝承接该项业务： ①潜在客户要求其取代另一注册会计师 ②考虑以投标方式接替另一注册会计师执行的业务 ③考虑执行某些工作作为对另一注册会计师工作的补充 （2）注意下列情形导致的不利影响： ①可能并未知悉所有相关事实（因自身利益对专业胜任能力和勤勉尽责原则产生不利影响） ②客户要求执行某些工作以作为对现任或前任注册会计师工作的补充（因自身利益对专业胜任能力和勤勉尽责原则产生不利影响）	（1）要求现任或前任注册会计师提供其已知的信息（前提：征得客户同意） （2）从其他渠道获取信息 注意：现任或前任注册会计师需要遵循保密原则

03 第二意见

情形	防范措施
如果第二意见不是以现任或前任注册会计师所获得的相同事实为基础，或依据的证据不充分，可能因自身利益对专业胜任能力和勤勉尽责原则产生不利影响（接触的信息不如前任充分）	1. 征得客户同意与现任或前任注册会计师沟通 2. 在与客户沟通中说明注册会计师发表专业意见的局限性 3. 向现任或前任注册会计师提供第二意见的副本 【富富有提示】如果要求提供第二意见的实体不允许与现任或前任注册会计师沟通，注册会计师应当决定是否提供第二意见

04 收费（★★★）

<table>
<tr><th>可能产生不利影响的情形</th><th colspan="2">评价内容和防范措施</th></tr>
<tr><td rowspan="2">收费水平</td><td>考虑因素</td><td>如果报价水平过低，以致注册会计师难以按照适用的职业准则执行业务，则可能因自身利益对专业胜任能力和勤勉尽责原则产生不利影响</td></tr>
<tr><td>防范措施</td><td>1. 会计师事务所应当确保在提供专业服务时，遵守执业准则和相关职业道德规范的要求，使工作质量不受损害，并使客户了解专业服务的范围和收费基础
2. 调整收费水平或业务范围
3. 由适当复核人员复核已执行的工作</td></tr>
<tr><td rowspan="3">或有收费</td><td colspan="2">除法律法规允许外，注册会计师不得以或有收费方式提供鉴证服务，收费与否或收费多少不得以鉴证工作结果或实现特定目的为条件。（如：高新审核、某公司破产清算，法院决定先由会计师事务所清算，再按清算资产的10%支付审计费）</td></tr>
<tr><td>考虑因素</td><td>1. 业务的性质（法律法规允许的业务除外）
2. 可能的收费金额区间
3. 确定收费的基础
4. 向报告的预期使用者披露注册会计师所执行的工作以及收费的基础
5. 会计师事务所的质量管理政策和程序
6. 是否由独立第三方复核交易和提供服务的结果
7. 收费水平是否已由独立第三方（如监管部门）作出规定</td></tr>
<tr><td>防范措施</td><td>1. 由未参与提供非鉴证服务的适当复核人员复核注册会计师已执行的工作
2. 预先就收费的基础与客户达成书面协议</td></tr>
<tr><td>收取或支付介绍费和佣金</td><td colspan="2">将因自身利益对客观公正、专业胜任能力和勤勉尽责原则产生非常严重的不利影响，导致没有防范措施能够消除不利影响或将其降低至可接受的水平（不能收+也不能给）</td></tr>
</table>

例题精讲

【例题2·根据历年试题改编简答题】 ABC会计师事务所通过招投标程序接受委托，负责审计拟上市的甲公司2016年度财务报表，并委派A注册会计师为项目合伙人。在招投标阶段和审计过程中，ABC会计师事务所遇到下列与职业道德有关的事项：

（1）签订审计业务约定书时，ABC会计师事务所根据有关部门的要求，与甲公司商定按六折收取审计费用，据此，审计项目组计划相应缩小审计范围，并就此事与甲公司治理层达成一致意见。

（2）审计业务约定书约定，甲公司如上市成功，将另行奖励ABC会计师事务所，奖励金额按发行股票融资额的0.1%计算。

（3）甲公司与 ABC 会计师事务所签订协议，由甲公司向其客户推荐 ABC 会计师事务所的服务。每次推荐成功后，由 ABC 会计师事务所向甲公司支付少量的业务介绍费。

（4）ABC 会计师事务所推荐甲公司与某开发区管委会签订了投资协议，因此获得开发区管委会的奖励 10 万元。

要求：

针对上述事项，指出 ABC 会计师事务所是否违反中国注册会计师职业道德守则，并简要说明理由。

【答案】

事项序号	是否违反（违反/不违反）	理由
（1）	违反	ABC 会计师事务所因减少审计收费而不恰当地缩小审计范围，可能影响审计质量
（2）	违反	ABC 会计师事务所提供审计服务不得采用或有收费，否则因自身利益对客观公正原则产生不利影响
（3）	违反	会计师事务所不得向审计客户支付业务介绍费，否则将因自身利益对客观公正、专业胜任能力和勤勉尽责原则产生非常严重的不利影响
（4）	违反	ABC 会计师事务所收取与甲公司有关的介绍费/收到的政府奖励实质构成介绍费将因自身利益对客观公正、专业胜任能力和勤勉尽责原则产生非常严重的不利影响

05 利益诱惑（包括礼品和款待）（自身利益、密切关系、外在压力）

（一）一般规定

注册会计师提供或接受利益诱惑，可能因自身利益、密切关系或外在压力对职业道德基本原则产生不利影响，尤其可能对诚信、客观公正、良好职业行为原则产生不利影响。

（二）意图不当影响行为的利益诱惑

具体情形	防范措施
如果注册会计师知悉被提供的利益诱惑存在或被认为存在不当影响行为的意图，即使注册会计师拒绝接受利益诱惑，仍可能对职业道德基本原则产生不利影响	1. 就该利益诱惑的情况告知会计师事务所的高级管理层或客户治理层 2. 调整或终止与客户之间的业务关系

（三）无不当影响行为意图的利益诱惑

具体情形	防范措施
即使注册会计师认为某项利益诱惑无不当影响行为的意图，提供或接受此类利益诱惑仍可能对职业道德基本原则产生不利影响	可能能够消除产生的不利影响的防范措施： 1. 拒绝接受或不提供利益诱惑 2. 将向客户提供专业服务的责任移交给其他人员
	可能能够将不利影响降低至可接受的水平的防范措施： 1. 就提供或接受利益诱惑的事情，与会计师事务所或客户的高级管理层保持信息对称 2. 在由会计师事务所高级管理层或其他负责会计师事务所职业道德合规性的人员监控的，或者由客户维护的记录中登记该利益诱惑 3. 针对提供利益诱惑的客户，由未参与提供专业服务的适当复核人员复核注册会计师已执行的工作或作出的决策 4. 在接受利益诱惑之后将其捐赠给慈善机构，并向会计师事务所高级管理层或提供利益诱惑的人员适当披露该项捐赠 5. 支付与所接受利益诱惑（如款待）同等价值的价款 6. 在收到利益诱惑（如礼品）后尽快将其返还给提供者

例题精讲

【例题 3 · 2012 年简答题】 ABC 会计师事务所负责审计甲公司 2011 年度财务报表，委派 A 注册会计师为项目合伙人，遇到下列事项：

（3）被审计单位甲公司是 F1 赛事中国站的赞助商，送给项目合伙人 A 注册会计师 5 张中国站的贵宾票。A 注册会计师将票分给了审计项目组成员。

要求：

指出 ABC 会计师事务所是否违反中国注册会计师职业道德守则，并简要说明理由。

【答案】

事项序号	是否违反 （违反/不违反）	理由
（3）	违反	注册会计师不得接受审计客户礼品，否则会因自身利益、密切关系或外在压力对独立性产生不利影响

06 保管客户资产

（1）除非法律法规允许或要求，并且满足相关条件，注册会计师不得提供保管客户资金或其他资产的服务。

（2）注册会计师如果保管客户资金或其他资产，应当符合下列要求：（共 4 条，简单了解）

①遵守所有与保管资产和履行报告义务相关的法律法规；

②将客户资金或其他资产与其个人或会计师事务所的资产分开；

③仅按照预定用途使用客户资金或其他资产；

④随时准备向相关人员报告资产状况及产生的收入、红利或利得。

（3）在承接某项业务时，对于可能涉及保管客户资金或其他资产，注册会计师应当询问资产的来源，并考虑应履行的相关法定义务。

（4）如果客户资金或其他资产来源于非法活动（如洗钱），注册会计师不得提供保管资产服务。

07　应对违反法律法规行为

注册会计师在向客户提供专业服务的过程中，可能遇到、知悉或怀疑客户存在违反法律法规或涉嫌违反法律法规的行为。当注册会计师知悉或怀疑存在这种违反或涉嫌违反法律法规的行为时，可能因自身利益或外在压力对诚信和良好职业行为原则产生不利影响。

第四节　非执业会员对职业道德概念框架的运用（了解）

查看本节视频，快速 GET 知识点

使用“会计云课堂”App或“微信”扫码

1. 基本要求
2. 识别对职业道德基本原则的不利影响
3. 评价和应对不利影响
4. 利益冲突
5. 信息的编制和列报
6. 专业知识和技能
7. 与财务报告和决策相关的经济利益、薪酬和激励
8. 利益诱惑（包括礼品与款待）
9. 应对违反法律法规行为
10. 违反职业道德基本原则的压力

前情回顾小剧场

（1）职业道德基本原则（6个：诚信、独立性、客观公正、专业胜任能力和勤勉尽责、保密、良好职业行为）；

（2）产生不利影响的因素（自身利益、自我评价、过度推介、密切关系、外在压力）；

（3）利益冲突、专业服务委托、第二意见、收费、利益诱惑（包括礼品和款待）、保管客户资产、应对违反法律法规行为。

第二十三章　审计业务对独立性的要求

CHAPTER-23

五项须知小剧场

- **近5年考情分析**
  - 平均分值6分/年
  - 2021年考核了简答题
- **教材主要变化** —— 除对部分文字进行了修订，本章内容无实质性变化
- **建议学习时长** —— 7小时
- **学习方法提示** —— 本章内容主要介绍了职业道德守则中审计业务对独立性的要求，考试时主要以简答题形式进行考核
- **本章基本框架（一）**
  - 第一节　基本概念和要求
    - 独立性的概念　考点1
    - 网络与网络事务所　考点2
    - 公众利益实体　考点3
    - 关联实体　考点4
    - 与治理层的沟通　考点5
    - 工作记录　考点6
    - 保持独立性的期间　考点7
    - 合并与收购　考点8
    - 违反职业道德守则独立性的规定　考点9
  - 第二节　经济利益
    - 一般规定　考点1
    - 对独立性产生不利影响的情形和防范措施　考点2
  - 第三节　贷款和担保以及商业关系、家庭和私人关系
    - 贷款和担保　考点1
    - 商业关系　考点2
    - 家庭和私人关系　考点3

本章基本框架（二）

- 第四节　与审计客户发生人员交流
  - 一般规定　考点1
  - 属于公众利益实体的审计客户　考点2
  - 临时借出员工　考点3
  - 审计项目团队成员最近曾担任审计客户的董事、高级管理人员或特定员工　考点4
  - 兼任审计客户的董事或高级管理人员　考点5
- 第五节　与审计客户长期存在业务关系
  - 一般规定　考点1
  - 属于公众利益实体的审计客户　考点2
- 第六节　为审计客户提供非鉴证服务
  - 一般规定　考点1
  - 承担管理层职责　考点2
  - 会计和记账服务　考点3
  - 行政事务性服务　考点4
  - 评估服务　考点5
  - 税务服务　考点6
  - 内部审计服务　考点7
  - 信息技术系统服务　考点8
  - 诉讼支持服务　考点9
  - 法律服务　考点10
  - 招聘服务　考点11
  - 公司财务服务　考点12
- 第七节　收费
  - 收费结构　考点1
  - 逾期收费　考点2
  - 或有收费　考点3
- 第八节　影响独立性的其他事项
  - 薪酬和业绩评价政策　考点1
  - 礼品和款待　考点2
  - 诉讼或诉讼威胁　考点3

核心考点精讲专场

第一节 基本概念和要求

查看本节视频，快速 GET 知识点
使用“会计云课堂”App或“微信”扫码

01 独立性的概念

含义	实质上的独立性	是一种内心状态，使得注册会计师在提出结论时不受损害职业判断的因素影响，诚信行事，遵循客观公正原则，保持职业怀疑
	形式上的独立性	是一种外在表现，使得一个理性且掌握充分信息的第三方，在权衡所有相关事实和情况后，认为会计师事务所或审计项目团队成员没有损害诚信原则、客观公正原则或职业怀疑
说明	注册会计师在执行审计业务时应当保持独立性	

02 网络与网络事务所（★★★会计师事务所=网络事务所）

（一）网络与网络事务所的定义

网络	网络：是指由多个实体组成，旨在通过合作实现下列一个或多个目的的联合体：（6 方面） 1. 共享收益、分担成本 2. 共享所有权、控制权或管理权 3. 执行统一的质量管理政策和程序 4. 执行同一经营战略 5. 使用同一品牌 6. 共享重要的专业资源	
网络事务所	含义	网络事务所：属于某一网络的会计师事务所或实体。除非本章另有说明，如果某一会计师事务所被视为网络事务所，应当与网络中其他会计师事务所的审计客户保持独立
	说明	有关对网络事务所独立性的要求，适用于所有符合网络事务所定义的实体，而无论该实体本身是否为会计师事务所

（二）网络的确定（★★★考试时无须判断，直接给出）

1. 基本内容

总体原则	联合体是否形成网络取决于具体情况，而不取决于会计师事务所或实体是否在法律上各自独立
判断标准	注册会计师应当： 1. 考虑运用职业判断来确定该联合体是否形成网络 2. 考虑理性且掌握充分信息的第三方，在权衡所有相关事实和情况后，是否很可能认为该联合体形成网络，并且这种判断应当在整个联合体内部得到一致运用（别人有可能认为）
构成条件（共2点）	1. 以合作为目的（合作：长期性和战略性的，短期的不属于网络） 2. 明确旨在共享收益、共担成本，或共享所有权、控制权或管理权，或执行统一的质量管理政策和程序，或执行同一经营战略，或使用同一品牌，或共享重要的专业资源（至少一个“共”）

2. 具体判断标准（参见教材图23-1）

具体情况	视为网络	不视为网络
1. 共享收益或分担成本	如果一个联合体旨在通过合作，在各实体之间共享收益或分担成本，应被视为网络	（1）如果联合体之间分担的成本不重要，或分担的成本仅限于与开发审计方法、编制审计手册或提供培训课程有关的成本，则不应当被视为网络 （2）如果会计师事务所与某一实体以联合方式提供服务或研发产品，虽然构成联合体，但不形成网络
2. 共享所有权、控制权或管理权	如果一个联合体旨在通过合作，在各实体之间共享所有权、控制权或管理权，应被视为网络	—
3. 共享统一的质量管理政策和程序	如果一个联合体旨在通过合作，在各实体之间共享统一的质量管理政策和程序，应被视为网络	—
4. 共享同一经营战略	如果一个联合体旨在通过合作，在各实体之间共享同一经营战略，应被视为网络	如果一个实体与其他实体仅以联合方式应邀提供专业服务，虽然构成联合体，但不形成网络
5. 使用同一品牌	如果一个联合体旨在通过合作，在各实体之间使用同一品牌（包括共同的名称和标志等），应被视为网络	如果在文具或宣传材料上提及本所是某一会计师事务所联合体的成员，可能使人产生其属于某一网络的印象。为避免产生这种误解，会计师事务所应当慎重考虑如何描述这种成员关系

<table>
<tr><th>具体情况</th><th>视为网络</th><th>不视为网络</th></tr>
<tr><td rowspan="2">6. 共享重要的专业资源</td><td>如果一个联合体旨在通过合作，在各实体之间共享重要的专业资源，应被视为网络
重要的专业资源主要看是否能同时满足以下条件：
（1）共享的资源不仅限于共同的审计手册或审计方法
（2）共享培训资源，包括交流人员、客户信息或市场信息
（3）拥有最少一个共有的技术部门</td><td>在下列情况下，共享的资源被视为不重要的专业资源：
（1）共享的资源仅限于共同的审计手册或审计方法
（2）共享培训资源，而不交流人员、客户信息或市场信息
（3）没有一个共有的技术部门</td></tr>
<tr><td colspan="2">例如，名义上，一个联合体中的一家会计师事务所和其他几家税务师事务所、评估机构或咨询公司没有使用同一品牌，但实质上他们在人员、客户资源方面存在共享的情况，则上述实体属于同一网络</td></tr>
</table>

03 公众利益实体——独立性的要求更高（电信、保险、银行）

基本范围	公众利益实体包括上市公司和下列实体： 1. 法律法规界定的公众利益实体 2. 法律法规规定按照上市公司审计独立性的要求接受审计的实体
具体说明	1. 公众利益实体不仅包括上市公司，也包括一些非上市但按照上市公司审计独立性的要求接受审计的实体，如某些大型非上市金融企业 2. 对于其债券在法律法规认可的证券交易所报价或挂牌，或是在法律法规认可的证券交易所或其他类似机构的监管下进行交易的实体，也应当作为公众利益实体对待 3. 如果其他实体拥有数量众多且分布广泛的利益相关者，注册会计师应当考虑将其作为公众利益实体对待
考虑因素	需要考虑的因素包括： 1. 该实体业务的性质（如：金融业务、保险业务） 2. 实体的规模 3. 员工的数量等

04 关联实体（类比会计：关联方）（★★★熟练掌握：被审计单位≈关联实体）

含义	（★★★被审计单位的亲戚） 关联实体是指与客户存在下列任一关系的实体： 1. 能够对客户施加直接或间接控制的实体，并且客户对该实体重要（★★★如：母公司） 2. 在客户内拥有直接经济利益的实体，并且该实体对客户具有重大影响，在客户内的利益对该实体重要 3. 受到客户直接或间接控制的实体（★★★不强调重要） 4. 客户（或受到客户直接或间接控制的实体）拥有其直接经济利益的实体，并且客户能够对该实体施加重大影响，在实体内的经济利益对客户（或受到客户直接或间接控制的实体）重要 5. 与客户处于同一控制下的实体（即“姐妹实体”），并且该姐妹实体和客户对其控制方均重要
要求	1. 在审计客户是上市公司的情况下，本章所称审计客户包括该客户的所有关联实体 2. 在审计客户不是上市公司的情况下，本章所称审计客户仅包括该客户直接或间接控制的关联实体 3. 如果认为客户存在的关系或情形涉及其他关联实体，且与评价会计师事务所独立性相关，审计项目团队在识别、评价对独立性的不利影响以及采取防范措施时，应当将其他关联实体包括在内

05 与治理层的沟通

含义	治理层：是指对实体的战略方向以及管理层履行经营管理责任负有监督责任的个人或机构（例如，公司受托人）
责任	治理层的责任包括对财务报告过程的监督
说明	对于因外在压力和密切关系产生的不利影响，与治理层沟通尤其有效

06 工作记录——不影响独立性（记录不利影响、分析过程、防范措施）

注册会计师应当记录遵守独立性要求的情况，包括记录形成的结论，以及为形成结论而讨论的主要内容。

07 保持独立性的期间（★★★重点掌握）

（1）注册会计师应当在业务期间和财务报表涵盖的期间独立于审计客户。

（2）业务期间：自审计项目组开始执行审计业务之日起，至出具审计报告之日止。

【特殊情况】如果审计业务具有连续性，业务期间结束日应以其中一方通知解除业务关系或出具最终审计报告两者时间孰晚为准。

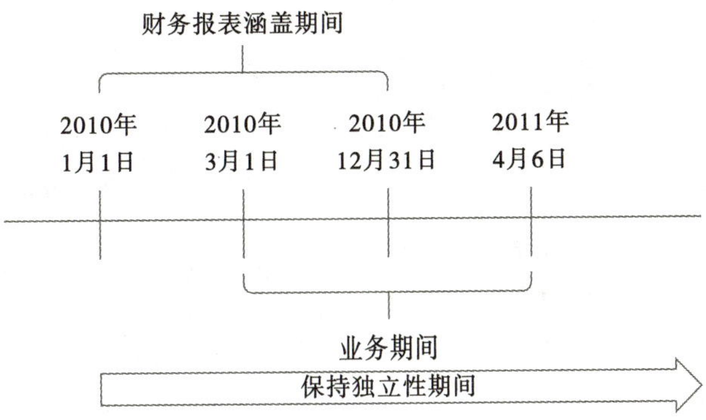

教材图 23-2　业务期间和财务报表涵盖期间示例

例题精讲

【例题 1 · 单选题】 假设 ABC 会计师事务所于 2019 年 12 月 1 日开始接受委托，对 X 公司 2019 年度财务报表进行审计，假设 ABC 会计师事务所于 2020 年 3 月 5 日提交了审计报告，则审计业务期间的起点和终点表述正确的是（　　）。

A. 2019 年 12 月 1 日至 2020 年 3 月 5 日

B. 2019 年 12 月 31 日至 2020 年 3 月 5 日

C. 2020 年 1 月 1 日至 2020 年 3 月 5 日

D. 2019 年 1 月 1 日至 2020 年 3 月 5 日

【解析】 业务期间指自审计项目组开始执行审计业务之日起，至出具审计报告之日止。

【答案】 A

【例题 2 · 单选题】 ABC 会计师事务所于 2017 年 12 月 10 日开始接受委托，已经连续 4 年（2017 年至 2020 年）对甲公司财务报表进行了审计，双方约定 2022 年 3 月 8 日对 2021 年度的财务报表出具审计报告，并且决定在 2022 年 9 月 15 日终止双方一切业务。ABC 会计师事务所在审计甲公司时应保持独立性的期间是（　　）。

A. 2017 年 12 月 10 日至 2022 年 3 月 8 日

B. 2017 年 1 月 1 日至 2022 年 3 月 8 日

C. 2017 年 1 月 1 日至 2022 年 9 月 15 日

D. 2017 年 12 月 10 日至 2022 年 9 月 15 日

【解析】 选项 C 恰当。ABC 会计师事务所自 2017 年以来承接业务，审计业务期间起点是 2017 年 12 月 10 日，但由于是财务报表审计业务，财务报表涵盖的期间起点是 2017 年 1 月 1 日，审计业务期间终点是“解除业务关系与出具审计报告二者之中时间孰晚”的时间，即 2022 年 9 月 15 日为止。

【答案】 C

（3）如果一个实体委托会计师事务所对其财务报表发表意见，并且在该财务报表涵盖的期间或之后成为审计客户，会计师事务所应当确定下列因素是否对独立性产生不利影响：

①在财务报表涵盖的期间或之后、接受审计业务委托之前，与审计客户之间存在的经济利

益或商业关系。

②以往向审计客户提供的服务。

（4）向审计客户提供了非鉴证服务的特殊规定。

情形	防范措施
如果在财务报表涵盖的期间或之后，在审计项目组开始执行审计业务之前，会计师事务所向审计客户提供了非鉴证服务，并且该非鉴证服务在业务期间不允许提供，会计师事务所应当评价提供的非鉴证服务对独立性产生的不利影响（属于自我评价）	1. 不允许提供非鉴证服务的人员担任审计项目团队成员 2. 必要时由适当复核人员复核审计和非鉴证工作 3. 由其他会计师事务所评价非鉴证服务的结果，或重新执行非鉴证服务，使得其他会计师事务所能够对该非鉴证服务承担责任

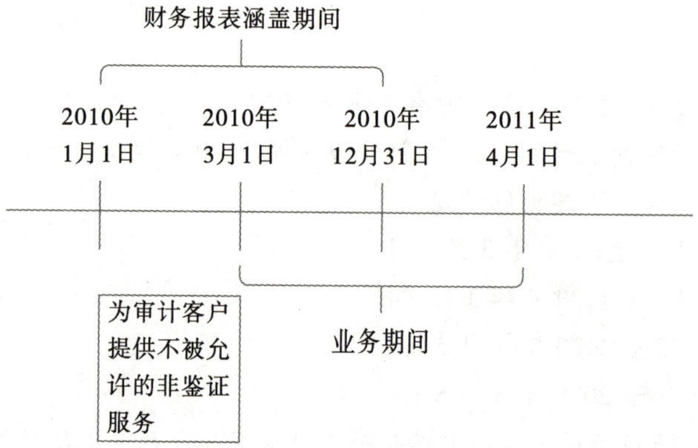

教材图 23-3　不能向审计客户提供非鉴证服务的期间示例

08 合并与收购（掌握）

（1）如果由于合并或收购，某一实体成为审计客户的关联实体，会计师事务所应当识别和评价其与该关联实体以往和目前存在的利益或关系，并在考虑可能的防范措施后确定是否影响独立性，以及在合并或收购生效日后能否继续执行审计业务。（我审 A，给 B 代理记账，而后 A 控股 B，A 编制合并报表）

（2）会计师事务所应当在合并或收购生效日前采取必要措施终止目前存在的职业道德守则禁止的利益或关系。

如果在合并或收购生效日前不能终止目前存在的职业道德守则禁止的利益或关系，会计师事务所应当评价因该利益或关系产生的不利影响的严重程度。

（3）治理层要求会计师事务所继续执行审计业务的处理。

会计师事务所只有在同时满足下列条件时，才能同意这一要求： 1. 在合并或收购生效日起的 6 个月内，尽快终止该利益或关系 2. 存在该利益或关系的人员不得作为审计项目组成员，也不得负责项目质量复核 3. 拟采取适当的过渡性措施，并就此与治理层讨论（详见右侧）	拟采取的适当过渡性措施可能包括： 1. 必要时由审计项目组以外的注册会计师复核审计或非鉴证工作 2. 由其他会计师事务所再次执行项目质量复核 3. 由其他会计师事务所评价非鉴证服务的结果，或重新执行非鉴证业务，使得其他会计师事务所能够对该非鉴证服务承担责任

例题精讲

【例题 3 · 2011 年简答题】 上市公司甲公司系 ABC 会计师事务所的常年审计客户。2010 年 4 月 1 日，ABC 会计师事务所与甲公司续签了2010 年度财务报表审计业务约定书。ABC 会计师事务所遇到下列与职业道德有关的事项：

（2）ABC 会计师事务所委派 A 注册会计师担任甲公司2010 年度财务报表审计项目合伙人。2010 年 9 月 15 日，甲公司收购了乙公司 80%的股权，乙公司成为其控股子公司。A 注册会计师自2009 年 1 月 1 日起担任乙公司的独立董事，任期 5 年。

要求：

针对上述第（2）项，指出 ABC 会计师事务所及其人员是否违反中国注册会计师职业道德守则，并简要说明理由。

【答案】

事项序号	是否违反（违反/不违反）	理由
（2）	违反	项目合伙人 A 注册会计师在财务报表涵盖期间内担任审计客户关联实体的独立董事

09 违反职业道德守则独立性的规定（简单了解）

查看本节视频，快速 GET 知识点
使用“会计云课堂”App 或“微信”扫码

第二节　经济利益

01 一般规定

含义	经济利益：是指因持有某一实体发行的股权、债券、基金、与其股价或债券价格挂钩的衍生金融产品和其他证券以及其他债务性的工具而拥有的利益，包括为取得这种利益享有的权利和承担的义务

分类	直接经济利益	定义	直接经济利益是指下列经济利益： 1. 个人或实体直接拥有并控制的经济利益（★★★★包括授权他人管理的经济利益）（控制：可以随意持有、处置等） 2. 个人或实体通过集合投资工具、信托、实体或合伙组织、或第三方而实质拥有的经济利益，并且有能力控制这些投资工具，或影响其投资决策
		内容	一些常见的直接经济利益包括证券或其他参与权，诸如包括股票、债券、认沽权、认购权、期权、权证和卖空权等
	间接经济利益	定义	间接经济利益：是指个人或实体通过集合投资工具、信托、实体或合伙组织、或第三方而实质拥有的经济利益，但没有能力控制这些投资工具，或影响其投资决策
判断原则	受益人可能通过集合投资工具、信托等投资工具拥有经济利益。确定经济利益是直接的还是间接的，取决于受益人能否控制投资工具或具有影响投资决策的能力 结论： 能控制或影响的为直接经济利益，否则为间接经济利益 举例：投资经理投资了共同基金，而这些共同基金投资了一揽子基础金融产品。那么，在这种情况下，该共同基金属于直接经济利益，而这些基础金融产品将被视为间接经济利益		
影响因素	在审计客户中拥有经济利益，可能因自身利益导致不利影响。不利影响存在与否及其严重程度主要取决于下列因素： 1. 拥有经济利益人员的角色 2. 经济利益是直接还是间接的 3. 经济利益的重要程度(理解为“大小”)		

02 对独立性产生不利影响的情形和防范措施（多看、理解）

（一）审计项目团队成员（审计项目组成员+特殊的其他成员）

人员	1. 执行某项审计业务的所有合伙人和员工 2. 为该项业务实施审计程序的所有其他人员 3. 会计师事务所及网络事务所中能够直接影响审计业务结果的其他人员
举例	1. 能对审计项目合伙人提出薪酬建议，以及进行直接指导、管理或监督的人员 2. 为执行审计业务提供技术或行业具体问题、交易或事项的咨询的人员（如针对与审计相关的准备计提或价值评估工作进行复核的财务交易咨询部的专业人员） 3. 对审计业务实施项目管理的人员，包括项目质量复核人员

（二）由于经济利益对独立性产生不利影响且没有防范措施的情形

涉及人员	具体情形
1. 会计师事务所（★★★含网络事务所，下同）、审计项目团队成员及其主要近亲属	（1）在审计客户中拥有直接经济利益或重大间接经济利益
	（2）在对审计客户拥有控制性的权益的实体中拥有直接经济利益或重大间接经济利益 前提：审计客户对该实体是重要的
	（3）与审计客户同时在某一实体拥有经济利益 除非满足下列条件之一： ①如果该经济利益对各方均不重要 ②审计客户无法对该实体施加重大影响 【富富有提示】拥有此类经济利益的人员，在成为审计项目团队成员之前，该人员或其主要近亲属应当处置全部经济利益，或处置足够数量的经济利益，使剩余经济利益不再重大
2. 与执行审计业务的项目合伙人同处一个分部的其他合伙人及其主要近亲属（本人+主要近亲属）	在审计客户中拥有直接经济利益或重大间接经济利益 举例：北京分部、香港分部
3. 为审计客户提供非审计服务的其他合伙人、管理人员及其主要近亲属（本人+主要近亲属）	在审计客户中拥有直接经济利益或重大间接经济利益
4. 会计师事务所、审计项目团队成员及其主要近亲属作为受托管理人（本人+主要近亲属）	在审计客户中拥有直接经济利益或重大间接经济利益 只有在同时满足下列条件时，才允许拥有上述经济利益： （1）受托管理人、审计项目团队成员、两者的主要近亲属，会计师事务所均不是受托财产的受益人 （2）通过信托而在审计客户中拥有的经济利益对于该项信托而言并不重大 （3）该项信托不能对审计客户施加重大影响 （4）受托管理人、审计项目团队成员、两者的主要近亲属，会计师事务所对涉及审计客户经济利益的投资决策没有重大影响

【例外情况】

两类人员	仅指主要近亲属： 1. 与执行审计业务的项目合伙人同处一个分部的其他合伙人的主要近亲属 2. 为审计客户提供非审计服务的其他合伙人或管理人员的主要近亲属

特殊规定	如果同时满足下列条件，则该主要近亲属可以在审计客户中拥有直接经济利益或重大间接经济利益： 1. 该主要近亲属作为审计客户的员工有权（例如通过退休金或股票期权计划）取得该经济利益，并且会计师事务所在必要时能够应对因该经济利益产生的不利影响 2. 当该主要近亲属拥有或取得处置该经济利益的权利，或者在股票期权中，有权行使期权时，能够尽快处置或放弃该经济利益

（三）其他情况及防范措施

情形	防范措施
1. 审计项目团队某一成员的其他近亲属在审计客户中拥有直接经济利益或重大间接经济利益，将因自身利益产生非常严重的不利影响 不利影响的严重程度主要取决于： （1）审计项目团队成员与其他近亲属之间的关系 （2）经济利益是直接的还是间接的 （3）经济利益对其他近亲属的重要程度	下列防范措施可能能够消除不利影响： （1）其他近亲属尽快处置全部经济利益，或处置全部直接经济利益并处置足够数量的间接经济利益，以使剩余经济利益不再重大 （2）将该成员调离审计项目团队 （3）由审计项目团队以外的适当复核人员复核该审计项目团队成员已执行的工作，可能能够将不利影响降低至可接受的水平
2. 如果会计师事务所通过退休金计划，在审计客户中拥有直接经济利益或重大间接经济利益，将因自身利益产生不利影响	在必要时采取防范措施消除不利影响或将其降低至可接受的水平
3. 会计师事务所、审计项目团队成员或其主要近亲属在某一实体拥有经济利益，并且知悉审计客户的董事、高级管理人员或具有控制权的所有者也在该实体拥有经济利益，将因自身利益、密切关系或外在压力产生不利影响	（1）将拥有该经济利益的审计项目团队成员调离审计项目团队 （2）由审计项目团队之外的注册会计师复核该成员已执行的工作
4. 其他人员在审计客户中拥有经济利益 其他人员指： （1）会计师事务所合伙人、专业人员，两者的主要近亲属（除审计项目团队成员、与项目合伙人在同一分部的其他合伙人、提供非审计服务的其他合伙人、管理人员以外的） （2）与审计项目团队成员存在密切私人关系的人员（如：未婚妻）	（1）将存在密切私人关系的审计项目团队成员调离审计项目团队 （2）不允许该审计项目团队成员参与有关该审计业务的任何重大决策 （3）由审计项目团队之外的适当复核人员复核该审计项目团队成员已执行的工作

情形	防范措施
5. 会计师事务所、审计项目团队成员或其主要近亲属、员工或其主要近亲属通过继承、馈赠或因企业合并或类似情况，从审计客户获得直接经济利益或重大间接经济利益	(1) 如果会计师事务所、审计项目团队成员或其主要近亲属获得经济利益，应当立即处置全部经济利益，或处置全部直接经济利益并处置足够数量的间接经济利益，以使剩余经济利益不再重大 (2) 如果审计项目团队以外的人员或其主要近亲属获得经济利益，应当在合理期限内尽快处置全部经济利益，或处置全部直接经济利益并处置足够数量的间接经济利益，以使剩余经济利益不再重大

例题精讲

【例题 4 · 2021 年简答题】 上市公司甲公司是 ABC 会计师事务所的常年审计客户。XYZ 公司和 ABC 会计师事务所处于同一网络。审计项目组在甲公司 2020 年度财务报表审计中遇到下列事项：

(1) 2020 年 8 月，甲公司收购了乙公司 100% 的股权。2020 年 9 月，项目合伙人 A 注册会计师发现其母亲持有乙公司发行的债券，面值人民币 1 万元，要求其母亲立即处置了这些债券。该投资对 A 注册会计师的母亲而言不重要。

要求：

针对上述第 (1) 项，指出是否可能存在违反中国注册会计师职业道德守则有关独立性规定的情况，并简要说明理由。

【答案】

事项序号	是否违反 （违反/不违反）	理由
(1)	违反	项目组成员的主要近亲属持有甲公司关联实体的直接经济利益/在收购前未处置其持有的乙公司的直接经济利益，因自身利益对独立性产生严重不利影响

【例题 5 · 2020 年简答题】 上市公司甲公司是 ABC 会计师事务所的常年审计客户。XYZ 公司和 ABC 会计师事务所处于同一网络。审计项目组在甲公司 2019 年度财务报表审计中遇到下列事项：

(2) 甲公司是上市公司乙公司的重要联营企业。项目经理 B 注册会计师的父亲于 2020 年 1 月 6 日购买了乙公司股票 2000 股。乙公司不是 ABC 会计师事务所的审计客户。

要求：

针对上述第 (2) 项，指出是否可能存在违反中国注册会计师职业道德守则有关独立性规定的情况，并简要说明理由。

【答案】

事项序号	是否违反（违反/不违反）	理由
（2）	违反	B 注册会计师的父亲在审计业务期间拥有甲公司关联实体的直接经济利益，因自身利益对独立性产生严重不利影响

【例题 6·2020 年简答题】上市公司甲公司是 ABC 会计师事务所的常年审计客户。XYZ 公司和 ABC 会计师事务所处于同一网络，审计项目组在甲公司 2019 年度财务报表审计中遇到下列事项：

（2）B 注册会计师于 2019 年 7 月加入甲公司审计项目组，于 2019 年 10 月调离项目组。B 注册会计师的父亲于 2020 年 1 月初购买了甲公司股票 2000 股。

要求：

针对上述第（2）项，指出是否可能存在违反中国注册会计师职业道德守则有关独立性规定的情况，并简要说明理由。

【答案】

事项序号	是否违反（违反/不违反）	理由
（2）	违反	审计项目团队成员的父亲在甲公司拥有直接经济利益，将因自身利益对独立性产生严重不利影响

【例题 7·2019 年简答题】上市公司甲公司是 ABC 会计师事务所的常年审计客户。XYZ 公司和 ABC 会计师事务所处于同一网络。审计项目组在甲公司 2018 年度财务报表审计中遇到下列事项：

（2）审计项目组成员 B 注册会计师的父亲在丙公司持有重大经济利益。丙公司为甲公司不重要的联营企业，不是 ABC 会计师事务所的审计客户。

要求：

针对上述第（2）项，指出是否可能存在违反中国注册会计师职业道德守则有关独立性规定的情况，并简要说明理由。

【答案】

事项序号	是否违反（违反/不违反）	理由
（2）	违反	甲公司对丙公司有重大影响，且项目团队成员 B 的父亲在丙公司持有重大经济利益，因自身利益对独立性产生严重不利影响

【例题 8·2018 年简答题】上市公司甲公司是 ABC 会计师事务所的常年审计客户。XYZ 公司和 ABC 会计师事务所处于同一网络。审计项目组在甲公司 2017 年度财务报表审计中遇到下列事项：

（1）项目合伙人A注册会计师的妻子在甲公司担任人事部经理并持有该公司股票期权1万股，该期权自2018年1月1日起可以行权。A注册会计师的妻子于2018年1月2日行权后立即处置了该股票。

要求：

针对上述第（1）项，指出是否可能存在违反中国注册会计师职业道德守则有关独立性规定的情况，并简要说明理由。

【答案】

事项序号	是否违反（违反/不违反）	理由
（1）	违反	A注册会计师不应参与甲公司审计/A注册会计师的妻子不得以任何形式/通过员工股票期权计划拥有甲公司的直接经济利益，否则将因自身利益对独立性产生严重不利影响

【例题9·2017年简答题改编】ABC会计师事务所委派A注册会计师担任上市公司甲公司2016年度财务报表审计项目合伙人。ABC会计师事务所和XYZ公司处于同一网络。审计项目组在审计中遇到下列事项：

（1）A注册会计师因继承其祖父的遗产获得甲公司股票20000股，承诺将在有权处置这些股票之日起一个月内出售。

要求：

针对上述第（1）项，指出是否存在违反中国注册会计师职业道德守则有关职业道德和独立性规定的情况，并简要说明理由。

【答案】

事项序号	是否违反（违反/不违反）	理由
（1）	违反	A注册会计师应当立即处置甲公司股票，否则将因自身利益对独立性产生严重不利影响

【例题10·2016年简答题】ABC会计师事务所委派A注册会计师担任上市公司甲公司2015年度财务报表审计项目合伙人，ABC会计师事务所和XYZ公司处于同一网络，审计项目组在审计中遇到下列事项：

（2）2015年10月，审计项目组就某重大会计问题咨询了事务所技术部的B注册会计师，B注册会计师的妻子于2015年6月购买了甲公司的股票，于2015年12月卖出。

要求：

针对上述第（2）项，指出是否存在违反中国注册会计师职业道德守则有关独立性规定的情况，并简要说明理由。

【答案】

事项序号	是否违反（违反/不违反）	理由
（2）	违反	B注册会计师属于审计项目团队成员/B注册会计师的咨询意见直接影响审计结果，其妻子在审计期间拥有直接经济利益，将因自身利益对独立性产生严重不利影响

第三节　贷款和担保以及商业关系、家庭和私人关系

查看本节视频，快速GET知识点
使用“会计云课堂”App或“微信”扫码

01　贷款和担保

主体：会计师事务所、审计项目团队成员或其主要近亲属。

具体情形		处理和防范措施
1. 从银行或类似金融机构等审计客户取得贷款或获得贷款担保	（1）如果审计客户不按照正常的程序、条款和条件提供贷款或贷款担保	没有防范措施能够将不利影响降低至可接受的水平（★★★自身利益）
1. 从银行或类似金融机构等审计客户取得贷款或获得贷款担保	（2）会计师事务所（注意主体）按照正常的程序、条款和条件取得贷款（如果该贷款对会计师事务所或审计客户是重要的）	由网络中未参与执行审计业务且未从该贷款中获益的会计师事务所复核已执行的工作
1. 从银行或类似金融机构等审计客户取得贷款或获得贷款担保	（3）审计项目团队成员或其主要近亲属（注意主体）按照正常的程序、条款和条件取得贷款或担保	不会对独立性产生不利影响
2. 从不属于银行或类似金融机构等审计客户取得贷款或由其提供贷款担保		没有防范措施能够将不利影响降低至可接受的水平（★★★自身利益）
3. 向审计客户提供贷款或为其提供担保		没有防范措施能够将不利影响降低至可接受的水平（★★★自身利益）
4. 在银行或类似金融机构等审计客户开立存款或经纪账户（如：理财账户）		如果账户是按照正常的商业条件开立的，则不会对独立性产生不利影响（否则不得开立相应的账户）

例题精讲

【例题11·2013年简答题】甲银行是A股上市公司，系ABC会计师事务所的常年审计客户。在对甲银行2012年度财务报表执行审计的过程中存在下列事项：

（1）A注册会计师担任甲银行2012年度财务报表审计项目合伙人。其于2012年10月按

正常商业条件在甲银行开立账户，并购买 10000 元甲银行公开发行的三个月期非保本浮动收益型人民币理财产品。该理财产品主要投资于各类债券基金。

要求：

针对上述第（1）项，指出是否存在违反中国注册会计师职业道德守则的情况，并简要说明理由。

【答案】

事项序号	是否违反（违反/不违反）	理由
（1）	不违反	A 注册会计师按正常商业条件在甲银行开立账户并购买甲银行的产品，且交易金额不大。该理财产品投资的各类债券基金也属于不重大的间接经济利益。因此，上述事项不会对独立性产生不利影响

02 商业关系（★★★不考虑其他近亲属：★★★自身利益、外在压力）

会计师事务所、审计项目团队成员或其主要近亲属与审计客户或其高级管理人员之间，由于商务关系或共同的经济利益而存在密切的商业关系，可能因自身利益或外在压力对独立性产生不利影响。

具体情形	处理和防范措施
1. 商业关系主要包括（基本原则：与客户、控股股东、董事或高管存在共同经济利益）（共 3 种） （1）与客户或其控股股东、董事、高级管理人员或其他为该客户执行高级管理活动的人员共同开办企业 （2）按照协议，将会计师事务所的产品或服务与客户的产品或服务结合在一起，并以双方名义捆绑销售 （3）按照协议，会计师事务所销售或推广客户的产品或服务，或者客户销售或推广会计师事务所的产品或服务	（1）如果会计师事务所存在此类商业关系，应当予以终止 （2）如果此类商业关系涉及审计项目团队成员，会计师事务所应当将该成员调离审计项目团队 （3）如果审计项目团队成员的主要近亲属与审计客户或其高级管理人员存在此类商业关系，注册会计师应当评价不利影响的严重程度，并在必要时采取防范措施消除不利影响或将其降低至可接受的水平
2. 会计师事务所、审计项目团队成员或其主要近亲属与审计客户或其董事、高级管理人员或上述各方作为投资者的任何组合，在某股东人数有限的实体中拥有经济利益	在同时满足下列条件的情况下，不会对独立性产生不利影响： （1）这种商业关系对于会计师事务所、审计项目团队成员或其主要近亲属以及审计客户均不重要（不重要） （2）该经济利益对上述投资者或投资组合并不重大（不重大） （3）该经济利益不能使上述投资者或投资组合控制该实体（不控制）

具体情形	处理和防范措施
3. 会计师事务所、审计项目团队成员或其主要近亲属从审计客户购买商品或服务	(1) 如果按照正常的商业程序公平交易，通常不会对独立性产生不利影响 (2) 如果交易的性质特殊或金额较大，会计师事务所应当评价不利影响的严重程度，并在必要时采取防范措施以消除不利影响或将其降低至可接受水平 防范措施主要包括： (1) 取消交易或降低交易规模 (2) 将相关审计项目团队成员调离审计项目团队

例题精讲

【例题 12 · 2021 年简答题】上市公司甲公司是 ABC 会计师事务所的常年审计客户。XYZ 公司和 ABC 会计师事务所处于同一网络。审计项目组在甲公司 2020 年度财务报表审计中遇到下列事项：

(6) 2020 年 7 月，甲公司某独立董事的妻子与 XYZ 公司的合伙人 D 合资开办了一家餐厅。D 不是甲公司审计团队成员。

要求：

针对上述第 (6) 项，指出是否可能存在违反中国注册会计师职业道德守则有关独立性规定的情况，并简要说明理由。

【答案】

事项序号	是否违反 (违反/不违反)	理由
(6)	不违反	D 不是审计项目团队成员，其和独立董事妻子合作开办餐厅不属于禁止的商业关系

【例题 13 · 2020 年简答题】上市公司甲公司是 ABC 会计师事务所的常年审计客户。XYZ 公司和 ABC 会计师事务所处于同一网络。审计项目组在甲公司 2019 年度财务报表审计中遇到下列事项：

(5) 2019 年 11 月，甲公司的重要联营企业丁公司与 XYZ 公司签订协议，授权 XYZ 公司代理丁公司的软件使用许可。丁公司不是 ABC 会计师事务所的审计客户。

(6) ABC 会计师事务所在甲公司经营的直播平台上推出了线上会计培训课程，按照正常商业条款向甲公司支付使用费。

要求：

针对上述第 (5) 项和第 (6) 项，逐项指出是否可能存在违反中国注册会计师职业道德守则有关独立性规定的情况，并简要说明理由。

【答案】

事项序号	是否违反（违反/不违反）	理由
（5）	违反	XYZ公司代理审计客户关联实体的产品，因自身利益对独立性产生严重不利影响，属于禁止的/密切的商业关系
（6）	不违反	ABC会计师事务所按照正常的商业程序使用甲公司的平台，不会对独立性产生不利影响

【例题 14 · 2020 年简答题】 上市公司甲公司是ABC会计师事务所的常年审计客户。XYZ公司和ABC会计师事务所处于同一网络，审计项目组在甲公司2019年度财务报表审计中遇到下列事项：

（6）2019年，甲公司某董事与XYZ公司共同设立了丁公司。丁公司不是ABC会计师事务所的审计客户。XYZ公司和甲公司该董事在丁公司的投资对双方均不重要。

要求：

针对上述第（6）项，指出是否可能存在违反中国注册会计师职业道德守则有关独立性规定的情况，并简要说明理由。

【答案】

事项序号	是否违反（违反/不违反）	理由
（6）	违反	甲公司某董事与XYZ公司共同设立了丁公司，存在密切的商业关系，将因自身利益或外在压力对独立性产生严重的不利影响

【例题 15 · 2019 年简答题】 上市公司甲公司是ABC会计师事务所的常年审计客户。XYZ公司和ABC会计师事务所处于同一网络。审计项目组在甲公司2018年度财务报表审计中遇到下列事项：

（6）甲公司研发的新型电动汽车于2018年12月上市。甲公司在ABC会计师事务所年会上为其员工举办了专场试驾活动，并宣布事务所员工可以按照甲公司给其同类大客户的优惠价格购车。

要求：

针对上述第（6）项，指出是否可能存在违反中国注册会计师职业道德守则有关独立性规定的情况，并简要说明理由。

【答案】

事项序号	是否违反（违反/不违反）	理由
（6）	违反	该试驾活动被视为ABC会计师事务所向其员工推销甲公司产品/属于禁止的商业关系，将因自身利益对独立性产生严重不利影响

【例题16·2018年简答题】 上市公司甲公司是ABC会计师事务所的常年审计客户。XYZ公司和ABC会计师事务所处于同一网络。审计项目组在甲公司2017年度财务报表审计中遇到下列事项：

（6）乙公司是甲公司的子公司，从事小额贷款业务。2017年12月，乙公司和ABC会计师事务所联合对外发布行业研究报告，对该行业现状与前景进行分析，并介绍了乙公司的业务。

要求：

针对上述第（6）项，指出是否可能存在违反中国注册会计师职业道德守则有关独立性规定的情况，并简要说明理由。

【答案】

事项序号	是否违反 （违反/不违反）	理由
（6）	违反	ABC会计师事务所通过和乙公司共同发布的行业研究报告推广了乙公司的业务/属于禁止的商业关系

【例题17·2017年简答题】 ABC会计师事务所委派A注册会计师担任上市公司甲公司2016年度财务报表审计项目合伙人。ABC会计师事务所和XYZ公司处于同一网络。审计项目组在审计中遇到下列事项：

（4）D注册会计师和A注册会计师同处一个分部，不是甲公司审计项目组成员。D的母亲和甲公司某董事共同开办了一家早教机构。

要求：

针对上述第（4）项，指出是否存在违反中国注册会计师职业道德守则有关职业道德和独立性规定的情况，并简要说明理由。

【答案】

事项序号	是否违反 （违反/不违反）	理由
（4）	不违反	D不是甲公司审计项目团队成员，其母亲与甲公司董事的合作不属于被禁止的商业关系

03 家庭和私人关系（★★★重点掌握：5种情形）（自身利益、密切关系、外在压力）

具体情形	防范措施
1. 审计项目团队成员的主要近亲属是审计客户的董事、高级管理人员或担任能够对被审计财务报表或会计记录的编制施加重大影响的职位的员工（以下简称“特定员工”）（如：成本会计），或者在业务期间或财务报表涵盖的期间曾担任上述职务（与编制财务报表直接相关）	拥有此类关系的人员不得成为审计项目团队成员

具体情形	防范措施
2. 审计项目团队成员的主要近亲属在审计客户中所处职位能够对客户的财务状况、经营成果和现金流量施加重大影响（不是董、高、特）（如：销售经理、仓库主管）	（1）将该成员调离审计项目团队 （2）合理安排审计项目团队成员的职责，使该成员的工作不涉及其主要近亲属/其他近亲属/与之存在密切关系的员工的职责范围
3. 审计项目团队成员的其他近亲属是审计客户的董事、高级管理人员或特定员工	
4. 审计项目团队成员与审计客户的员工存在密切关系（非近亲属：战友、同学等），并且该员工是审计客户的董事、高级管理人员或特定员工（董、高、特）	
5. 会计师事务所中审计项目团队以外的合伙人或员工，与审计客户的董事、高级管理人员或特定员工之间存在家庭或私人关系，可能因自身利益、密切关系或外在压力产生不利影响	（1）合理安排该合伙人或员工的职责，以减少对审计项目团队可能产生的影响 （2）由审计项目团队以外的注册会计师复核已执行的相关审计工作

例题精讲

【例题 18 · 2020 年简答题】上市公司甲公司是 ABC 会计师事务所的常年审计客户。XYZ 公司和 ABC 会计师事务所处于同一网络，审计项目组在甲公司2019 年度财务报表审计中遇到下列事项：

（3）C 注册会计师是项目合伙人 A 注册会计师所在分部的主管合伙人，没有参与甲公司财务报表审计。C 注册会计师的妻子自 2020 年 1 月 1 日起担任甲公司财务总监。

要求：

针对上述第（3）项，指出是否可能存在违反中国注册会计师职业道德守则有关独立性规定的情况，并简要说明理由。

【答案】

事项序号	是否违反（违反/不违反）	理由
（3）	违反	审计项目团队以外的合伙人（C 注册会计师）的妻子担任甲公司财务总监，将因自身利益、密切关系或外在压力对独立性产生不利影响

【例题 19 · 2018 年简答题】上市公司甲公司是 ABC 会计师事务所的常年审计客户。XYZ 公司和 ABC 会计师事务所处于同一网络。审计项目组在甲公司2017 年度财务报表审计中遇到下列事项：

（3）XYZ 公司合伙人 C 的丈夫于 2017 年 7 月加入甲公司并担任培训部经理。合伙人 C 没有为甲公司提供任何服务。

要求：

针对上述第（3）项，指出是否可能存在违反中国注册会计师职业道德守则有关独立性规定的情况，并简要说明理由。

【答案】

事项序号	是否违反（违反/不违反）	理由
（3）	不违反	合伙人C不是审计项目团队成员，且其丈夫的职位对所审计的财务报表的编制不能施加重大影响，不会对独立性产生不利影响

【例题20·2017年简答题】ABC会计师事务所委派A注册会计师担任上市公司甲公司2016年度财务报表审计项目合伙人。ABC会计师事务所和XYZ公司处于同一网络。审计项目组在审计中遇到下列事项：

（3）2016年11月，丙公司被甲公司收购成为其重要子公司。2017年1月1日，甲公司审计项目组成员C的妻子加入丙公司并担任财务总监。

要求：

针对上述第（3）项，指出是否存在违反中国注册会计师职业道德守则有关职业道德和独立性规定的情况，并简要说明理由。

【答案】

事项序号	是否违反（违反/不违反）	理由
（3）	违反	C的妻子在甲公司审计业务期间/执行审计期间担任丙公司财务总监，将因自身利益、密切关系或外在压力对独立性产生严重不利影响

【例题21·2011年简答题】上市公司甲公司系ABC会计师事务所的常年审计客户。2010年4月1日，ABC会计师事务所与甲公司续签了2010年度财务报表审计业务约定书。ABC会计师事务所遇到下列与职业道德有关的事项：

（4）丙公司系甲公司的母公司，甲公司审计项目组成员C的妻子在丙公司担任财务总监。

要求：

针对上述第（4）项，指出ABC会计师事务所及其人员是否违反中国注册会计师职业道德守则，并简要说明理由。

【答案】

事项序号	是否违反（违反/不违反）	理由
（4）	违反	审计项目团队成员C的主要近亲属审计业务期间/执行审计期间在审计客户关联实体中担任高级管理人员，将因自身利益、密切关系或外在压力对独立性产生严重不利影响

第四节　与审计客户发生人员交流

查看本节视频，快速 GET 知识点
使用“会计云课堂”App或“微信”扫码

两种情形：审计客户与事务所的员工相互跳槽。

01 一般规定

具体情形	防范措施
1. 审计项目团队前任成员或会计师事务所前任合伙人担任审计客户的董事、高级管理人员或特定员工（董、高、特）且与事务所保持重要联系（跳槽到客户）【★★★密切关系（同事还在）、外在压力】	（1）会计师事务所应当确保上述人员与会计师事务所之间不再保持重要交往 （2）如果会计师事务所与该类人员仍保持重要交往，除非同时满足下列条件，否则将产生非常严重的不利影响，导致没有防范措施能够消除不利影响或将其降低至可接受的水平： ①该人员无权从会计师事务所获取报酬或福利，除非报酬或福利是按照预先确定的固定金额支付的 ②应付该人员的金额（如有）对会计师事务所不重要 ③该人员未继续参与，并且在外界看来未参与会计师事务所的经营活动或职业活动 【富富有提示】即使同时满足上述条件，仍可能因密切关系或外在压力对独立性产生不利影响
2. 会计师事务所前任合伙人加入某一实体并担任董事、高级管理人员或特定员工，而该实体随后成为会计师事务所的审计客户（密切关系或外在压力）	（1）修改审计计划 （2）向审计项目团队分派与该人员相比经验更加丰富的人员 （3）由适当复核人员复核前任审计项目团队成员已执行的工作
3. 审计项目团队成员拟加入审计客户（可能对将来的东家留情）【★★★自身利益；向会计师事务所报告】	（1）将该成员调离审计项目团队 （2）由审计项目团队以外的适当复核人员复核该成员在审计项目团队中作出的重大判断

02 属于公众利益实体的审计客户

（一）相关概念

（1）关键审计合伙人：是指项目合伙人、项目质量复核人员，以及审计项目组中负责对财务报表审计所涉及的重大事项作出关键决策或判断的其他审计合伙人。（如负责对长期资产是否有重大减值或重大税项的不确定性作出结论的其他合伙人）

（2）其他审计合伙人还可能包括负责审计重要（注意：字眼★★★）子公司或分支机构的合伙人。

（二）具体情形和防范措施

具体情形	允许的前提或防范措施
1. 关键审计合伙人加入属于公众利益实体的审计客户担任重要职位（董、高、特）【★★★密切关系、外在压力】	除非该合伙人不再担任该公众利益实体的关键审计合伙人后，该公众利益实体发布的已审计财务报表涵盖期间不少于12个月，并且该合伙人未参与该财务报表的审计，否则独立性将视为受到损害
2. 前任高级合伙人（或管理合伙人，或同等职位人员）加入属于公众利益实体的审计客户担任重要职务（董、高、特）	除非该高级合伙人不再担任该职位已超过12个月，否则独立性将被视为受到损害
3. 如果由于企业合并的原因，会计师事务所前任关键审计合伙人担任属于公众利益实体审计客户的重要职务（董、高、特）（加入时不是客户）	在同时满足下列条件时，不被视为独立性受到损害： （1）该人员接受该职务时，并未预料到会发生企业合并 （2）该人员在会计师事务所中应得的报酬或福利都已全额支付（除非报酬或福利是按照预先确定的固定金额支付的，并且应付金额对会计师事务所不重要） （3）该人员未继续参与，或在外界看来未参与会计师事务所的经营活动或职业活动 （4）已就该人员在审计客户中的职位与治理层讨论

例题精讲

【例题22·2018年简答题】上市公司甲公司是ABC会计师事务所的常年审计客户。XYZ公司和ABC会计师事务所处于同一网络。审计项目组在甲公司2017年度财务报表审计中遇到下列事项：

（2）B注册会计师曾担任甲公司2016年度财务报表审计的项目质量复核人，于2017年5月退休，之后未和ABC会计师事务所保持交往。2018年1月1日，B注册会计师受聘担任甲公司独立董事。

要求：

针对上述第（2）项，指出是否可能存在违反中国注册会计师职业道德守则有关独立性规定的情况，并简要说明理由。

【答案】

事项序号	是否违反（违反/不违反）	理由
（2）	违反	B注册会计师在2017年已审财务报表发布前就已担任甲公司独立董事，因密切关系和外在压力对独立性产生严重不利影响

03 临时借出员工

具体情形	防范措施
除非同时满足下列条件，否则会计师事务所不得向审计客户借出员工： 1. 仅在短期内向客户借出员工 2. 借出的员工不参与注册会计师职业道德守则禁止提供的非鉴证服务 3. 该员工不承担审计客户的管理层职责，且审计客户负责指导和监督该员工的活动 （只承担事务性工作，比如打字、复印） 【★★★自我评价、过度推介、密切关系】	（1）对借出员工的工作进行额外复核 （2）合理安排审计项目团队成员的职责，使借出员工不对其在借调期间执行的工作进行审计 （3）不安排借出员工作为审计项目团队成员

04 审计项目团队成员最近曾担任审计客户的董事、高级管理人员或特定员工（跳槽到事务所）

<table>
<tr><th colspan="2">具体情形</th><th>防范措施</th></tr>
<tr><td colspan="2">1. 在财务报表涵盖的期间内曾担任上述职务</td><td>没有防范措施能够将对独立性产生的非常严重的不利影响降低至可接受的水平</td></tr>
<tr><td>2. 在财务报表涵盖的期间之前曾担任上述职务
【★★★自身利益、自我评价或密切关系】</td><td>不利影响存在与否及其严重程度主要取决于下列因素：
该成员在客户中曾担任的职务
该成员离开客户的时间长短
该成员在审计项目团队中的角色</td><td>由适当复核人员复核该成员已执行的工作等</td></tr>
</table>

例题精讲

【例题 23·2019 年简答题】 上市公司甲公司是 ABC 会计师事务所的常年审计客户。XYZ 公司和 ABC 会计师事务所处于同一网络。审计项目组在甲公司 2018 年度财务报表审计中遇到下列事项：

（3）审计项目组成员 C 曾担任甲公司成本会计，2018 年 5 月离职加入 ABC 会计师事务所，同年 10 月加入甲公司审计项目组，负责审计固定资产。

要求：

针对上述第（3）项，指出是否可能存在违反中国注册会计师职业道德守则有关独立性规定的情况，并简要说明理由。

【答案】

事项序号	是否违反（违反/不违反）	理由
（3）	违反	C 在财务报表涵盖的期间曾担任甲公司的特定员工/财务人员，因自身利益、自我评价或密切关系对独立性产生严重不利影响

05 兼任审计客户的董事或高级管理人员

具体情形	防范措施
会计师事务所的合伙人或员工兼任审计客户的董事或高级管理人员（包括：独立董事）【★★★自身利益、自我评价】	没有防范措施能够将不利影响降低至可接受的水平

例题精讲

【例题24·2021年简答题】上市公司甲公司是ABC会计师事务所的常年审计客户。XYZ公司和ABC会计师事务所处于同一网络。审计项目组在甲公司2020年度财务报表审计中遇到下列事项：

（3）XYZ公司2020年11月新入职的高级经理C没有参与甲公司审计项目。C自2019年1月1日起担任甲公司独立董事，任期两年，到期后未再续任。

要求：

针对上述第（3）项，指出是否可能存在违反中国注册会计师职业道德守则有关独立性规定的情况，并简要说明理由。

【答案】

事项序号	是否违反（违反/不违反）	理由
（3）	违反	事务所及其网络所的员工不得兼任审计客户的董事，否则因自我评价和自身利益对独立性产生严重不利影响

第五节　与审计客户长期存在业务关系

查看本节视频，快速GET知识点
使用“会计云课堂”App或“微信”扫码

01 一般规定

具体情形	防范措施
会计师事务所长期委派同一名合伙人或高级员工执行某一客户的审计业务，将因密切关系和自身利益对独立性产生不利影响	1. 将与审计客户长期存在业务关系的人员轮换出审计项目团队 2. 变更与审计客户长期存在业务关系的人员在审计项目团队中担任的角色或其所实施任务的性质和范围 3. 由审计项目团队以外的适当复核人员复核与审计客户长期存在业务关系的人员所执行的工作 4. 定期对该业务实施独立的内部或外部质量复核

02 属于公众利益实体的审计客户（重点掌握）

（一）与公众利益实体审计客户关键审计合伙人轮换相关的任职期

基本原则	如果审计客户属于公众利益实体，会计师事务所任何人员担任下列一项或多项职务的累计时间不得超过五年： 1. 项目合伙人 2. 项目质量复核人员 3. 其他属于关键审计合伙人的职务 任期结束后，该人员应当遵守有关冷却期的规定
特殊情况	1. 在任期内，如果某人员继担任项目合伙人之后立即或短时间内担任项目质量复核人员，可能因自我评价对客观公正原则产生不利影响，该人员不得在二年内担任该审计业务的项目质量复核人员 2. 在极其特殊的情况下，会计师事务所可能因无法预见和控制的情形而不能按时轮换关键审计合伙人。如果关键审计合伙人的连任对审计质量特别重要，在获得审计客户治理层同意的前提下，并且通过采取防范措施能够消除对独立性的不利影响或将其降低至可接受的水平，则在法律法规允许的情况下，该人员担任关键审计合伙人的期限可以延长一年
计算方法	1. 注册会计师担任上述职务的时间应当累计计算，除非该人员不再担任这些职务的期间达到最短时间要求，否则累计期间不得清零并重新计算 2. 最短时间要求应当是一个连续的期间，至少等于该人员所适用的冷却期 3. 该人员担任的职务不同，冷却期的长度也不同，具体来说，某人员适用的冷却期应当根据该人员不再担任相应职务前所担任的职务来确定
相关举例	如果某人员担任某个审计客户的项目合伙人三年，之后被调离该审计项目组二年，则该人员最多只能继续担任该审计业务的关键审计合伙人二年（即五年减去累计的三年）。在此之后，该人员必须遵守有关冷却期的规定

（二）确定轮换时间（老客户，后来上市了）

如果审计客户成为公众利益实体，在确定关键审计合伙人的任职时间时，会计师事务所应当考虑，在该客户成为公众利益实体之前，该合伙人作为关键审计合伙人已为该客户提供服务的时间。

（1）如果在审计客户成为公众利益实体之前，该合伙人作为关键审计合伙人已为该客户服务的时间不超过三年，则该人员还可以为该客户继续提供服务的年限为五年减去已经服务的年限。

（2）如果在审计客户成为公众利益实体之前，该合伙人作为关键审计合伙人已为该客户服务了四年或更长的时间，在取得客户治理层同意的前提下，在该客户成为公众利益实体之后，该合伙人最多还可以继续服务二年。

（3）如果审计客户是首次公开发行证券的公司，关键审计合伙人在该公司上市后连续执行审计业务的期限，不得超过二个完整会计年度。

（三）与公众利益实体审计客户关键审计合伙人轮换相关的冷却期

<table>
<tr><td rowspan="3">冷却期</td><td>一般情况</td><td>任期结束后，该人员应当遵守下列冷却期的规定：
1. 如果某人员担任项目合伙人或其他签字注册会计师累计达到五年，冷却期应当为连续五年
2. 如果某人员担任项目质量复核人员累计达到五年，冷却期应当为连续三年
3. 如果某人员担任其他关键审计合伙人累计达到五年，冷却期应当为连续二年</td></tr>
<tr><td>特殊情况</td><td>如果某人员相继担任多项关键审计合伙人职责，冷却期应当按照以下规定：
1. 担任项目合伙人累计达到三年或以上，冷却期应当为连续五年
2. 担任项目质量复核人员累计达到三年或以上，冷却期应为连续三年
3. 担任项目合伙人和项目质量复核人员累计达到三年或以上，但累计担任项目合伙人未达到三年，冷却期应当为连续三年
4. 担任多项关键审计合伙人职责，并且不符合上述各项情况，冷却期应当为连续二年
在确定某人员担任关键审计合伙人的年限时，服务年限应当包括该人员在之前任职的会计师事务所工作时针对同一审计业务担任关键审计合伙人的年限（如适用）</td></tr>
<tr><td>相关规定</td><td>在冷却期内，关键审计合伙人不得有下列行为：
1. 成为审计项目组成员或为审计项目提供项目质量管理
2. 就有关技术或行业特定问题、交易或事项向审计项目组或审计客户提供咨询（如果与审计项目组沟通仅限于该人员任职期间的最后一个年度所执行的工作或得出的结论，并且该工作和结论与审计业务仍然相关，则不违反本项规定）
3. 负责领导或协调会计师事务所向审计客户提供的专业服务，或者监控会计师事务所与审计客户的关系
4. 执行上述各项未提及的、涉及审计客户且导致该人员出现下列情况的职责或活动：（包括提供非鉴证服务）
（1）与审计客户高级管理层或治理层进行重大或频繁的互动
（2）对审计业务的结果施加直接影响</td></tr>
</table>

教材表23-1　适用于一般情况下已为公众利益实体的审计客户

关键审计合伙人	任职期	冷却期	任职期特殊情况
项目合伙人	5年	5年	6年
项目质量复核人员	5年	3年	6年
其他关键审计合伙人	5年	2年	6年

教材表23-2　适用于客户成为公众利益实体后的轮换时间

<table>
<tr><th rowspan="2">在审计客户成为公众利益实体前的服务年限（X年）</th><th rowspan="2">成为公众利益实体后继续提供服务的年限</th><th colspan="3">冷却期</th></tr>
<tr><th>项目合伙人</th><th>项目质量复核人员</th><th>其他关键审计合伙人</th></tr>
<tr><td>X≤3年</td><td>（5-X）年</td><td>5年</td><td>3年</td><td>2年</td></tr>
</table>

续表

在审计客户成为公众利益实体前的服务年限（X年）	成为公众利益实体后继续提供服务的年限	冷却期		
		项目合伙人	项目质量复核人员	其他关键审计合伙人
X≥4年	2年	5年	3年	2年
如客户是首次公开发行证券	2年	5年	3年	2年

例题精讲

【例题25·2021年简答题】上市公司甲公司是ABC会计师事务所的常年审计客户。XYZ公司和ABC会计师事务所处于同一网络。审计项目组在甲公司2020年度财务报表审计中遇到下列事项：

（2）项目质量复核合伙人B注册会计师曾担任甲公司2015年度至2018年度财务报表审计项目合伙人，未参与2019年度财务报表审计。

要求：

针对上述第（2）项，指出是否可能存在违反中国注册会计师职业道德守则有关独立性规定的情况，并简要说明理由。

【答案】

事项序号	是否违反（违反/不违反）	理由
（2）	违反	前任项目合伙人在担任项目质量复核人员之前应冷却两年，否则因自我评价对独立性产生不利影响

【例题26·2020年简答题】上市公司甲公司是ABC会计师事务所的常年审计客户。XYZ公司和ABC会计师事务所处于同一网络。审计项目组在甲公司2019年度财务报表审计中遇到下列事项：

（1）A注册会计师自2013年度起担任甲公司审计项目合伙人，2017年12月因个人原因调离甲公司审计项目组，2019年12月起重新担任甲公司审计项目合伙人。

要求：

针对上述第（1）项，指出是否可能存在违反中国注册会计师职业道德守则有关独立性规定的情况，并简要说明理由。

【答案】

事项序号	是否违反（违反/不违反）	理由
（1）	违反	冷却期应从2018年度算起/2017年度算作连续服务的第五年/2019年还在冷却期内

【例题 27 · 2020 年简答题】上市公司甲公司是 ABC 会计师事务所的常年审计客户。XYZ 公司和 ABC 会计师事务所处于同一网络，审计项目组在甲公司2019 年度财务报表审计中遇到下列事项：

（1）项目合伙人 A 注册会计师曾作为项目经理签署了甲公司 2012 年度至 2015 年度审计报告，2017 年度担任审计项目合伙人，因个人原因未参与甲公司 2016 年度和 2018 年度审计。

要求：

针对上述第（1）项，指出是否可能存在违反中国注册会计师职业道德守则有关独立性规定的情况，并简要说明理由。

【答案】

事项序号	是否违反（违反/不违反）	理由
（1）	违反	2019 年 A 注册会计师处于冷却期，不得担任项目合伙人

【例题 28 · 2019 年简答题】上市公司甲公司是 ABC 会计师事务所的常年审计客户。XYZ 公司和 ABC 会计师事务所处于同一网络。审计项目组在甲公司2018 年度财务报表审计中遇到下列事项：

（1）项目合伙人 A 注册会计师曾负责审计甲公司 2013 年度至 2015 年度财务报表，之后调离甲公司审计项目组，担任乙公司 2016 年度至 2017 年度财务报表审计项目合伙人，乙公司是甲公司不重要的子公司。

要求：

针对上述第（1）项，指出是否可能存在违反中国注册会计师职业道德守则有关独立性规定的情况，并简要说明理由。

【答案】

事项序号	是否违反（违反/不违反）	理由
（1）	不违反	A 注册会计师不是甲公司 2016 年度及 2017 年度关键审计合伙人/2016 年度及 2017 年度不计入甲公司关键审计合伙人五年连续任期

【例题 29 · 2017 年简答题】ABC 会计师事务所委派 A 注册会计师担任上市公司甲公司2016 年度财务报表审计项目合伙人。ABC 会计师事务所和 XYZ 公司处于同一网络。审计项目组在审计中遇到下列事项：

（2）B 注册会计师曾担任甲公司 2011 年度至 2015 年度财务报表审计项目合伙人，之后调离甲公司审计项目组，担任乙公司 2016 年度财务报表审计项目合伙人。乙公司是甲公司重要的子公司。

要求：

针对上述第（2）项，指出是否存在违反中国注册会计师职业道德守则有关职业道德和独立性规定的情况，并简要说明理由。

【答案】

事项序号	是否违反（违反/不违反）	理由
(2)	违反	B注册会计师在冷却期不应参与甲公司的审计业务，否则将因密切关系或自身利益对独立性产生严重不利影响

【例题30·2016年简答题】ABC会计师事务所委派A注册会计师担任上市公司甲公司2015年度财务报表审计项目合伙人，ABC会计师事务所和XYZ公司处于同一网络，审计项目组在审计中遇到下列事项：

(1) 甲公司于2014年8月首次公开发行股票并上市，A注册会计师自2010年度起担任甲公司财务报表审计项目合伙人。

要求：

针对上述第(1)项，指出是否存在违反中国注册会计师职业道德守则有关独立性规定的情况，并简要说明理由。

【答案】

事项序号	是否违反（违反/不违反）	理由
(1)	不违反	A注册会计师在甲公司首次公开发行股票后/上市后担任关键审计合伙人的时间没有超过2年，不违反有关独立性规定

第六节　为审计客户提供非鉴证服务

查看本节视频，快速GET知识点

使用“会计云课堂”App或“微信”扫码

01　一般规定

当审计客户成为公众利益实体，除非同时满足下列条件时，否则会计师事务所向该客户提供非鉴证服务（无论是当前还是以往提供的）将会损害会计师事务所的独立性：（共3点）

(1) 以往向该客户提供的非鉴证服务符合有关向非公众利益实体提供非鉴证服务的规定；（以前做的业务合规）

(2) 对于当前正在向该客户提供的非鉴证服务，如果属于不允许向公众利益实体审计客户提供的非鉴证服务，应当在客户成为公众利益实体之前终止，或之后尽快终止；（不让做尽快终止）

(3) 会计师事务所采取防范措施应对超出可接受水平的不利影响。（已采取措施）

02 承担管理层职责

（一）基本原则

（1）会计师事务所承担审计客户的管理层职责，将因自身利益、自我评价、密切关系、过度推介对独立性产生非常严重的不利影响，导致没有防范措施能够将其降低至可接受的水平。

（2）会计师事务所不得承担审计客户的管理层职责。

（二）管理层职责的界定（简单了解、共9条）

下列活动通常被视为管理层职责：

（1）制定政策和战略方针；

（2）招聘或解雇员工；

（3）指导员工与工作有关的行动并对其行动负责；

（4）对交易进行授权；

（5）控制或管理银行账户或投资；

（6）确定采纳会计师事务所或其他第三方提出的建议；

（7）代表管理层向治理层报告；

（8）负责按照适用的财务报告编制基础编制财务报表；

（9）负责设计、执行、监督和维护内部控制。

（三）避免行使管理层职责的措施（★★自我评价、自身利益、密切关系）

（1）如果会计师事务所仅向审计客户提供意见和建议以协助其管理层履行职责，通常不视为承担管理层职责。

（2）为避免在向审计客户提供非鉴证服务时承担管理层职责，会计师事务所应当确保属于管理层职责的所有判断和决策都由客户管理层作出。

（四）特殊情况

关联实体	对于会计师事务所将对其财务报表发表审计意见的审计客户的下列关联实体，在满足一定条件的情况下，会计师事务所可以承担管理层职责或向其提供某些职业道德守则禁止提供的非鉴证服务： 1. 直接或间接控制该审计客户的实体 2. 在该审计客户中拥有直接经济利益的实体，该实体能够对审计客户施加重大影响，并且在客户中拥有的经济利益对该实体重大 3. 与该审计客户处于同一控制下的实体
相关条件	上述规定需要同时满足下列条件： 1. 会计师事务所不对该关联实体的财务报表发表意见 2. 会计师事务所不对接受审计的实体直接或间接承担管理层职责 3. 由于非鉴证服务的结果不构成实施审计程序的对象，因而该非鉴证服务不会因自我评价对独立性产生不利影响 4. 会计师事务所采取防范措施应对因提供此类服务而产生的超出可接受水平的其他不利影响

03 会计和记账服务（★★自我评价：四个方面）

（一）沟通审计相关的事项（属于本职工作）（四方面之一）

在审计过程中，会计师事务所与审计客户管理层可能就下列事项进行沟通：（3个方面）

（1）对会计准则或会计政策，以及财务报表披露要求的运用；

（2）财务报告内部控制的有效性，以及资产、负债计量方法的适当性；

（3）审计调整建议。

这些活动通常被视为审计过程的正常组成部分，只要审计客户负责就会计记录及财务报表的编制作出决策，通常不对独立性产生不利影响。

（二）提供会计咨询服务（四方面之二）

审计客户可能要求会计师事务所在下列方面提供技术支持或建议等会计咨询服务：（4个方面）

（1）解决账户调节问题；

（2）分析和收集监管机构要求提供的信息；

（3）为会计准则转换（如为了遵守集团会计政策从企业会计准则转换为国际财务报告准则）提供咨询服务；

（4）协助了解相关会计准则、原则和解释，分享领先的行业最佳实践。

如果会计师事务所不承担审计客户的管理层职责，通常不会对独立性产生不利影响。

（三）向不属于公众利益实体的审计客户提供会计和记账服务（不代行管理层职责）（四方面之三）

具体情形	防范措施
除非同时满足下列条件，否则会计师事务所不得向不属于公众利益实体的审计客户提供会计和记账服务，包括编制被审计财务报表（包括财务报表附注）或构成财务报表基础的财务信息： （1）该服务是日常性或机械性的 （2）会计师事务所能够采取防范措施应对因提供此类服务产生的超出可接受水平的不利影响 其中： 日常性或机械性的会计和记账服务通常不需要很多职业判断。这类服务的例子包括：（6个方面） ①根据来源于客户的数据编制工资计算表或工资报告，供客户批准并支付 ②在客户已确定或批准账户分类的前提下，以原始凭证（如水电费单据）或原始数据为基础，记录易于确定其金额并且重复发生的交易 ③根据客户确定的折旧政策、预计使用寿命和净残值计算固定资产折旧 ④将客户已记录的交易过入总分类账 ⑤将客户批准的分录过入试算平衡表 ⑥根据客户批准的试算平衡表中的信息编制财务报表，根据客户批准的记录编制相关财务报表附注	（1）由审计项目团队以外的专业人员提供此类服务 （2）由未参与提供此类服务的适当复核人员复核已执行的审计工作或所提供的此类服务

（四）向公众利益实体的审计客户提供会计和记账服务（四方面之四）

基本原则	除下述情形外，会计师事务所不得向属于公众利益实体的审计客户提供会计和记账服务，包括编制被审计财务报表（包括财务报表附注）或构成财务报表基础的财务信息
特殊情况	在同时满足下列条件的情况下，会计师事务所可以向属于公众利益实体的审计客户的分支机构或关联实体提供会计和记账服务： （1）该服务是日常性或机械性的 （2）提供服务的人员不是审计项目团队成员 （3）接受该服务的分支机构或关联实体从整体上对被审计财务报表不具有重要性，或者该服务所涉及的事项从整体上对该分支机构或关联实体的财务报表不具有重要性

例题精讲

【例题31·2020年简答题】上市公司甲公司是ABC会计师事务所的常年审计客户。XYZ公司和ABC会计师事务所处于同一网络，审计项目组在甲公司2019年度财务报表审计中遇到下列事项：

（5）非公众利益实体丙公司是甲公司不重大的海外子公司。与ABC会计师事务所处于同一网络的当地会计师事务所接受委托，基于丙公司提供的试算平衡表及相关信息为其编制财务报表和附注。丙公司不是该当地会计师事务所的审计客户。

要求：

针对上述第（5）项，指出是否可能存在违反中国注册会计师职业道德守则有关独立性规定的情况，并简要说明理由。

【答案】

事项序号	是否违反 （违反/不违反）	理由
（5）	违反	当地会计师事务所向不属于公众利益实体的审计客户提供编制会计记录和财务报表相关的服务，未采取防范措施，将因自我评价对独立性产生不利影响

04 行政事务性服务

具体情形	相关结论
行政事务性服务包括协助客户执行正常经营过程中的日常性或机械性任务。此类服务通常不需要很多职业判断，且属于文书性质的工作。行政事务性服务的例子包括： 1. 文字处理服务 2. 编制行政或法定表格供客户审批 3. 按照客户的指示将该表格提交给各级监管机构 4. 跟踪法定报备日期，并告知审计客户该日期	通常不会对独立性产生不利影响

05 评估服务（★★自我评价、过度推介）

评估包括对未来发展趋势提出相关假设，运用适当的方法和技术，以确定资产、负债或企业整体的价值或价值区间。

（一）不影响独立性的情形（不对报表产生直接影响）

如果审计客户要求会计师事务所提供评估服务，以帮助其履行纳税申报义务或满足税务筹划目的，并且评估的结果不对财务报表产生直接影响，且间接影响并不重大，或者评估服务经税务机关或类似监管机构外部复核，则通常不对独立性产生不利影响。

（二）对独立性产生不利影响的评估服务（对报表产生直接影响）

基本原则	区分审计客户是否属于公众利益实体
通常情况	如果评估结果涉及高度的主观性，且评估服务对被审计财务报表具有重大影响，会计师事务所不得向审计客户提供这种评估服务
特殊情况	在审计客户属于公众利益实体的情况下，如果评估结果单独或累积起来对被审计财务报表具有重大影响，则会计师事务所不得向该审计客户提供这种评估服务
注：在执行集团审计时，上述财务报表指该集团的合并财务报表。在执行单一实体审计时，上述财务报表指该单一实体的财务报表（★★）	

（三）防范措施

（1）由审计项目团队以外的专业人员提供评估服务；

（2）由未参与评估服务的适当复核人员复核所执行的审计工作或提供的服务。

例题精讲

【例题 32·2019 年简答题】上市公司甲公司是 ABC 会计师事务所的常年审计客户。XYZ 公司和 ABC 会计师事务所处于同一网络。审计项目组在甲公司2018 年度财务报表审计中遇到下列事项：

（5）甲公司是丁公司的重要联营企业。2018 年 8 月，XYZ 公司接受丁公司委托对其拟投资的标的公司进行评估，作为定价参考。丁公司不是ABC 会计师事务所的审计客户。

要求：

针对上述第（5）项，指出是否可能存在违反中国注册会计师职业道德守则有关独立性规定的情况，并简要说明理由。

【答案】

事项序号	是否违反（违反/不违反）	理由
（5）	不违反	对丁公司投资标的的评估结果不会对甲公司财务报表产生影响/不构成实施审计程序的对象，不会对独立性产生不利影响

【例题33·2015年简答题】上市公司甲公司是ABC会计师事务所的常年审计客户，乙公司是非公众利益实体，于2014年6月被甲公司收购，成为甲公司重要的全资子公司，XYZ公司和ABC会计师事务所处于同一网络。审计项目组在甲公司2014年度财务报表审计中遇到下列事项：

（3）在收购过程中，甲公司聘请XYZ公司对乙公司的各项资产和负债进行了评估，并根据评估结果确定了购买日乙公司可辨认净资产的公允价值。

要求：

针对上述第（3）项，指出是否可能存在违反中国注册会计师职业道德守则有关独立性规定的情况，并简要说明理由。

【答案】

事项序号	是否违反（违反/不违反）	理由
（3）	违反	该评估结果对甲公司合并财务报表影响重大，因自我评价对独立性产生严重不利影响

06 税务服务

（一）税务服务种类

税务服务通常包括下列种类：

（1）编制纳税申报表；

（2）为进行会计处理计算税额；

（3）税务筹划和其他税务咨询服务；

（4）与评估有关的税务服务；

（5）协助解决税务纠纷。

（二）编制纳税申报表的服务

纳税申报表须经税务机关审查或批准。如果管理层对纳税申报表承担责任，会计师事务所提供此类服务通常不对独立性产生不利影响。

（三）计算当期所得税或递延所得税负债（或资产）

1. 一般情况

具体情形	防范措施
基于进行会计处理的目的，为审计客户计算当期所得税或递延所得税负债（或资产），将因自我评价产生不利影响	（1）由审计项目团队以外的专业人员提供此类服务 （2）由不参与提供此类服务的适当复核人员复核所执行的审计工作或提供的此类服务

2. 特殊情况

在审计客户属于公众利益实体的情况下，会计师事务所不得计算当期所得税或递延所得税税，以用于编制对被审计财务报表具有重大影响的会计分录。

（四）税务筹划和其他税务咨询服务

1. 对独立性产生不利影响的情形和防范措施

具体情形	防范措施
提供税务筹划或其他税务咨询服务可能因自我评价或过度推介对独立性产生不利影响	（1）由审计项目团队以外的专业人员提供此类服务 （2）由未参与提供此类服务的适当复核人员复核所执行的审计工作或提供的此类服务 （3）获得税务机关的预先批准或建议
如果税务建议的有效性取决于某项特定会计处理或财务报表列报，并且同时存在下列情况，将因自我评价产生非常严重的不利影响，导致没有防范措施能够消除不利影响或将其降低至可接受的水平，会计师事务所不得为审计客户提供税务筹划及其他税务咨询服务： （1）审计项目团队对于相关会计处理或财务报表列报的适当性存有疑问 （2）税务建议的结果或执行后果将对被审计财务报表产生重大影响	

例题精讲

【例题 34·2015 年简答题】 上市公司甲公司是 ABC 会计师事务所的常年审计客户，XYZ 公司和 ABC 会计师事务所处于同一网络，审计项目团队在甲公司2014 年度财务报表审计中遇到下列事项。

（5）XYZ 公司为甲公司提供了一项对甲公司财务报表有重大影响的税务建议，该建议的有效性取决于甲公司的相关会计处理是否恰当，审计项目团队对该项会计处理存有疑虑，正在进行协调。

要求：

针对上述第（5）项，指出是否可能存在违反中国注册会计师职业道德守则有关独立性规定的情况，并简要说明理由。

【答案】

事项序号	是否违反（违反/不违反）	理由
（5）	违反	XYZ 公司和 ABC 会计师事务所属于同一网络，XYZ 公司为甲公司提供了对甲公司财务报表有重大影响的税务建议，该建议的有效性取决于甲公司相关会计处理，审计项目团队对该项会计处理存有疑虑，将因自我评价对独立性产生非常严重的不利影响

（五）基于纳税申报或税务筹划目的的评估业务

1. 不影响独立性的情形

如果评估服务仅为满足税务目的，其结果对财务报表没有直接影响（即财务报表仅受有关涉税会计分录的影响），且间接影响并不重大，或者评估服务经税务机关或类似监管机构外部复核，则通常不对独立性产生不利影响。

2. 对独立性产生不利影响的情形和防范措施

具体情形	防范措施
如果评估服务未经外部复核，并且其对财务报表的影响重大，会计师事务所应当评价所产生不利影响的严重程度	（1）由审计项目团队以外的专业人员提供该服务 （2）由未参与提供该服务的适当复核人员复核所执行的审计工作或提供的服务 （3）得到税务机关的预先批准或建议

（六）协助解决税务纠纷

具体情形	防范措施
1. 如果会计师事务所协助审计客户解决税务纠纷，一旦税务机关通知审计客户已经拒绝接受其对某项具体问题的主张，且税务机关或审计客户已将该问题纳入正式的法律程序，则可能因过度推介或自我评价（★★★）产生不利影响	1. 由审计项目团队以外的专业人员提供该税务服务 2. 由未参与提供该税务服务的适当复核人员复核所执行的审计工作或提供的服务
2. 在提供税务服务时，如果该服务涉及在公开审理或仲裁的税务纠纷中担任审计客户的辩护人，并且所涉金额对被审计财务报表具有重大影响 注意：在公开审理或仲裁期间，会计师事务所可以继续为审计客户提供有关法庭裁决事项的咨询。例如，协助客户对具体问题作出回复，提供背景材料或证词，或分析税收问题	会计师事务所不得向审计客户提供涉及协助解决税务纠纷的税务服务

例题精讲

【例题35·2014年简答题】上市公司甲公司系ABC会计师事务所的常年审计客户，从事房地产开发业务。在对甲公司2013年度财务报表执行审计的过程中存在下列事项：

（3）甲公司聘请ABC会计师事务所为其提供税务服务，服务内容为协助整理税务相关资料。ABC会计师事务所委派审计项目组以外的人员提供该服务，不承担管理层职责。

要求：

针对上述第（3）项，指出是否可能存在违反中国注册会计师职业道德守则有关独立性规定的情况，并简要说明理由。

【答案】

事项序号	是否违反（违反/不违反）	理由
（3）	不违反	由审计项目团队以外的人员提供该税务服务，且未承担管理层职责，一般不会对独立性产生不利影响

07 内部审计服务

（一）不影响独立性的情形

在同时满足下列条件时，会计师事务所才能为审计客户提供内部审计服务：

（1）审计客户委派合适的、具有胜任能力的员工（最好是高级管理人员），始终负责内部审计活动，并承担设计、执行、监督和维护内部控制的责任；

（2）客户治理层或管理层复核、评估并批准内部审计服务的工作范围、风险和频率；

（3）客户管理层评价内部审计服务的适当性，以及执行内部审计发现的事项；

（4）客户管理层评价并确定应当实施内部审计服务提出的建议，并对实施过程进行管理；

（5）客户管理层向治理层报告注册会计师在内部审计服务中发现的重大问题和提出的建议。

（二）对独立性产生不利影响的情形

1. 涉及承担管理层职责的内部审计服务（绝对禁止，共 8 条）

（1）制定内部审计政策或内部审计活动的战略方针；

（2）指导该客户内部审计员工的工作并对其负责；

（3）决定应执行来源于内部审计活动的建议；

（4）代表管理层向治理层报告内部审计活动的结果；

（5）执行构成内部控制组成部分的程序；

（6）负责设计、执行、监督和维护内部控制；

（7）实施企业内部控制评价工作，包括对内部控制的设计与运行情况的全面评估；

（8）提供内部审计外包服务，包括全部内部审计外包服务和重要内部审计外包服务，并且负责确定内部审计工作的范围。

2. 内部审计服务对独立性的不利影响（提供并使用）

具体情形	防范措施
如果会计师事务所向审计客户提供内部审计服务，并且在审计中利用该服务的结果，可能导致审计项目团队不能恰当评价内部审计工作，或不会运用与会计师事务所以外的人员执行内部审计工作时相同水平的职业怀疑，这可能因自我评价对独立性产生不利影响	由审计项目团队以外的专业人员提供该内审服务

3. 不得向属于公众利益实体的审计客户提供内部审计服务

在审计客户属于公众利益实体的情况下，会计师事务所不得提供与下列方面有关的内部审计服务：

（1）财务报告内部控制的组成部分；

（2）财务会计系统；

（3）单独或累积起来对被审计财务报表具有重大影响的金额或披露。

例题精讲

【例题36·2020年简答题】上市公司甲公司是ABC会计师事务所的常年审计客户。XYZ公司和ABC会计师事务所处于同一网络。审计项目组在甲公司2019年度财务报表审计中遇到下列事项：

（3）丙公司是甲公司的不重要子公司，其内审部聘请XYZ公司提供投资业务流程专项审计服务。提供该服务的项目组成员不是甲公司审计项目组成员。

要求：

针对上述第（3）项，指出是否可能存在违反中国注册会计师职业道德守则有关独立性规定的情况，并简要说明理由。

【答案】

事项序号	是否违反（违反/不违反）	理由
（3）	违反	所提供的内部审计服务涉及财务报告内部控制的组成部分，因自我评价对独立性产生严重不利影响

【例题37·2018年简答题】上市公司甲公司是ABC会计师事务所的常年审计客户。XYZ公司和ABC会计师事务所处于同一网络。审计项目组在甲公司2017年度财务报表审计中遇到下列事项：

（5）甲公司内审部计划对新并购的子公司执行内部控制审计。因缺乏人手，甲公司聘请XYZ公司协助执行该项工作，但XYZ公司不参与制定内审计划或管理层决策。

要求：

针对上述第（5）项，指出是否可能存在违反中国注册会计师职业道德守则有关独立性规定的情况，并简要说明理由。

【答案】

事项序号	是否违反（违反/不违反）	理由
（5）	违反	该内部审计服务涉及甲公司财务报告内部控制的组成部分，将因自我评价对独立性产生严重不利影响

08 信息技术系统服务

（一）不影响独立性的情形

如果会计师事务所人员不承担管理层职责，则提供下列信息技术系统服务不被视为对独立性产生不利影响：

（1）设计或操作与财务报告内部控制无关的信息技术系统；

（2）设计或操作信息技术系统，其生成的信息不构成会计记录或财务报表的重要组成部分；

（3）实施由第三方开发的会计或财务信息报告软件；

（4）对由其他服务提供商或审计客户自行设计并实施的系统进行评价和提出建议。

（二）对独立性产生不利影响的情形

具体情形	防范措施
1. 会计师事务所向审计客户提供信息技术系统服务，可能因自我评价产生不利影响 2. 如果向审计客户提供信息技术系统服务，会计师事务所应当确保同时满足下列条件： （1）审计客户认可其对建立和监督内部控制的责任 （2）审计客户委派具有胜任能力的员工（最好是高级管理人员）负责作出有关系统设计和操作的所有管理决策 （3）审计客户作出与系统设计和实施过程有关的所有管理决策 （4）审计客户评价系统设计和实施的适当性及结果 （5）审计客户对系统运行以及系统使用或生成的数据负责	由审计项目团队以外的专业人员提供该服务
3. 如果存在下列情形之一时，会计师事务所不得向属于公众利益实体的审计客户提供或设计与实施信息技术系统相关的服务： （1）信息技术系统构成财务报告内部控制的重要组成部分 （2）信息技术系统生成的信息对会计记录或财务报表影响重大	

例题精讲

【例题38·2021年简答题】上市公司甲公司是ABC会计师事务所的常年审计客户。XYZ公司和ABC会计师事务所处于同一网络。审计项目组在甲公司2020年度财务报表审计中遇到下列事项：

（4）甲公司是丙公司的重要联营企业。2020年10月，XYZ公司接受委托为丙公司及其子公司的财务共享服务中心提供系统设计服务。丙公司不是ABC会计师事务所的审计客户。

（5）甲公司的重要子公司丁公司从事游戏运营业务。2020年8月，丁公司聘请XYZ公司提供信息安全管理咨询服务，包括信息技术一般控制中的程序变更、程序和数据访问等安全政策的重新设计和优化。

要求：

针对上述第（4）项和第（5）项，逐项指出是否可能存在违反中国注册会计师职业道德守则有关独立性规定的情况，并简要说明理由。

【答案】

事项序号	是否违反（违反/不违反）	理由
（4）	不违反	该服务的结果不是审计对象/不影响甲公司财务报表，不会因自我评价对独立性产生不利影响
（5）	违反	该服务涉及财务报告内部控制的重要组成部分，因自我评价对独立性产生严重不利影响

【例题 39 · 2020 年简答题】上市公司甲公司是 ABC 会计师事务所的常年审计客户。XYZ 公司和 ABC 会计师事务所处于同一网络，审计项目组在甲公司 2019 年度财务报表审计中遇到下列事项：

（4）甲公司聘请乙公司提供成本核算系统的设计和实施服务，乙公司将部分设计工作分包给 XYZ 公司。乙公司不是 ABC 会计师事务所的审计客户，也未与 ABC 会计师事务所处于同一网络。

要求：

针对上述第（4）项，指出是否可能存在违反中国注册会计师职业道德守则有关独立性规定的情况，并简要说明理由。

【答案】

事项序号	是否违反（违反/不违反）	理由
（4）	违反	XYZ 公司承接的成本核算系统的设计和实施服务，涉及甲公司与财务报告相关的内部控制，将因自我评价对独立性产生严重不利影响

【例题 40 · 2019 年简答题】上市公司甲公司是 ABC 会计师事务所的常年审计客户。XYZ 公司和 ABC 会计师事务所处于同一网络。审计项目组在甲公司 2018 年度财务报表审计中遇到下列事项：

（4）甲公司聘请 XYZ 公司提供人力资源系统的设计和实施服务，该系统包括考勤管理和薪酬计算等功能。

要求：

针对上述第（4）项，指出是否可能存在违反中国注册会计师职业道德守则有关独立性规定的情况，并简要说明理由。

【答案】

事项序号	是否违反（违反/不违反）	理由
（4）	违反	人力资源系统包括薪酬计算功能，生成的信息对甲公司会计记录或财务报表影响重大/构成财务报告内部控制的重要组成部分，将因自我评价对独立性产生严重不利影响

【例题 41 · 2018 年简答题】上市公司甲公司是 ABC 会计师事务所的常年审计客户。XYZ 公司和 ABC 会计师事务所处于同一网络。审计项目组在甲公司 2017 年度财务报表审计中遇到下列事项：

（4）甲公司聘请系统实施服务商提供财务系统的优化设计和实施服务，聘请 XYZ 公司负责执行系统用户权限测试。系统实施服务商与 ABC 会计师事务所不属于同一网络。

要求：

针对上述第（4）项，指出是否可能存在违反中国注册会计师职业道德守则有关独立性规定的情况，并简要说明理由。

【答案】

事项序号	是否违反（违反/不违反）	理由
（4）	违反	为甲公司进行财务系统的用户权限测试属于财务系统实施服务/且涉及承担管理层职责，将因自我评价对独立性产生严重不利影响

【例题42·2017年简答题】 ABC会计师事务所委派A注册会计师担任上市公司甲公司2016年度财务报表审计项目合伙人。ABC会计师事务所和XYZ公司处于同一网络。审计项目组在审计中遇到下列事项：

（5）丁公司是甲公司的母公司，聘请XYZ公司为其共享服务中心提供信息系统的设计和实施服务。该共享服务中心承担丁公司下属各公司的财务及人力资源等职能。丁公司不是ABC会计师事务所的审计客户。

要求：

针对上述第（5）项，指出是否存在违反中国注册会计师职业道德守则有关职业道德和独立性规定的情况，并简要说明理由。

【答案】

事项序号	是否违反（违反/不违反）	理由
（5）	违反	丁公司共享服务中心承担甲公司的财务职能/所涉及的财务系统构成甲公司财务报告内部控制的重要组成部分/生成的信息对甲公司财务报表影响重大，为共享服务中心提供设计和实施服务将因自我评价对独立性产生严重不利影响

【例题43·2016年简答题】 ABC会计师事务所委派A注册会计师担任上市公司甲公司2015年度财务报表审计项目合伙人，ABC会计师事务所和XYZ公司处于同一网络，审计项目组在审计中遇到下列事项：

（6）甲公司购买的成本核算软件由XYZ公司和一家软件公司共同开发和推广，该软件公司不是ABC会计师事务所的审计客户或其关联实体。

要求：

针对上述第（6）项，指出是否存在违反中国注册会计师职业道德守则有关独立性规定的情况，并简要说明理由。

【答案】

事项序号	是否违反（违反/不违反）	理由
（6）	违反	ABC会计师事务所的网络所参与了甲公司重要财务系统的设计/参与设计的成本核算软件构成甲公司财务报表内部控制的重要组成部分/生成的信息对会计记录或被审计财务报表影响重大，将因自我评价对独立性产生严重不利影响

09 诉讼支持服务

具体情形	防范措施
会计师事务所向审计客户提供诉讼支持服务（担任证人等），可能因自我评价或过度推介产生不利影响	由审计项目团队以外的专业人员提供此类服务
如果会计师事务所向审计客户提供诉讼支持服务涉及对损失或其他金额的估计，并且这些损失或其他金额影响被审计财务报表	会计师事务所应当遵守关于评估服务的规定

10 法律服务

<table>
<tr><th colspan="2">具体情形</th><th>防范措施</th></tr>
<tr><td colspan="2">1. 会计师事务所向审计客户提供法律咨询服务，可能因自我评价或过度推介对独立性产生不利影响</td><td>（1）由审计项目团队以外的专业人员提供该服务
（2）由未参与提供法律服务的适当复核人员复核所执行的审计工作或提供的服务</td></tr>
<tr><td colspan="2">2. 会计师事务所的合伙人或员工担任审计客户首席法律顾问（自我评价或过度推介）</td><td>没有防范措施能够将对独立性产生的非常严重的不利影响降低至可接受的水平</td></tr>
<tr><td rowspan="2">3. 如果会计师事务所人员担任辩护人（★★★自我评价或过度推介）</td><td>（1）纠纷或法律诉讼所涉金额对被审计财务报表有重大影响</td><td>没有防范措施能将对独立性产生的非常严重的不利影响降低至可接受的水平</td></tr>
<tr><td>（2）纠纷或法律诉讼所涉金额对被审计财务报表无重大影响</td><td>（1）由审计项目团队以外的专业人员提供该服务
（2）由未参与提供法律服务的适当复核人员复核所执行的审计工作或提供的服务</td></tr>
</table>

例题精讲

【例题44·2016年简答题】 ABC会计师事务所委派A注册会计师担任上市公司甲公司2015年度财务报表审计项目合伙人，ABC会计师事务所和XYZ公司处于同一网络，审计项目组在审计中遇到下列事项：

（5）甲公司聘请XYZ公司担任某合同纠纷的诉讼代理人，诉讼结果将对甲公司财务报表产生重大影响。

要求：

针对上述第（5）项，指出是否存在违反中国注册会计师职业道德守则有关独立性规定的情况，并简要说明理由。

【答案】

事项序号	是否违反（违反/不违反）	理由
（5）	违反	为审计客户担任诉讼代理人，且该纠纷所涉金额对被审计财务报表有重大影响，将因自我评价/过度推介对独立性产生严重不利影响

11 招聘服务（★★★自身利益、密切关系、外在压力）

（一）不影响独立性的情形

具体情形	相关说明
当向审计客户提供下列招聘服务时，只要会计师事务所人员不承担管理层职责，通常不会对独立性产生不利影响： 1. 对多名候选人的专业资格进行审核，并就其是否适合该职位提供咨询意见 2. 对候选人进行面试，并对候选人在财务会计、行政管理或内部控制等职位上的胜任能力提供咨询意见	当向审计客户提供招聘服务时，为避免承担管理层职责，会计师事务所应当确保同时满足下列条件： 1. 客户委派具有胜任能力的员工（最好是高级管理人员），负责作出有关聘用该职位候选人的所有管理决策 2. 客户就聘用程序作出所有管理决策，包括： （1）确定准候选人是否合适并选择适合该职位的候选人 （2）确定雇佣条款并协商如工资、工时及其他报酬等具体条件

（二）对独立性产生不利影响的情形

（1）在向审计客户提供招聘服务时，会计师事务所不得代表客户与应聘者进行谈判。

（2）如果属于审计客户拟招聘董事、高级管理人员，或所处职位能够对客户会计记录或被审计财务报表的编制施加重大影响的员工，会计师事务所不得提供下列招聘服务：

①寻找或筛选候选人；

②对候选人实施背景调查。

例题精讲

【例题45·2020年简答题】上市公司甲公司是ABC会计师事务所的常年审计客户。XYZ公司和ABC会计师事务所处于同一网络。审计项目组在甲公司2019年度财务报表审计中遇到下列事项：

（4）2019年10月，甲公司聘请XYZ公司提供招聘董事会秘书的服务，包括物色候选人、组织面试并向甲公司汇报面试结果。由甲公司董事会确定最终聘用人选。

要求：

针对上述第（4）项，指出是否可能存在违反中国注册会计师职业道德守则有关独立性规定的情况，并简要说明理由。

【答案】

事项序号	是否违反（违反/不违反）	理由
（4）	违反	为属于公众利益实体的审计客户提供高级管理人员的招聘服务，包括物色候选人，因自身利益、密切关系或外在压力对独立性产生严重不利影响

12 公司财务服务

具体情形	防范措施
1. 会计师事务所提供财务服务，可能因自我评价或过度推介对独立性产生不利影响	（1）由审计项目团队以外的专业人员提供该服务 （2）由未参与提供财务服务的适当复核人员复核已执行的审计工作或提供的服务
2. 如果财务建议的有效性取决于某一特定会计处理或财务报表列报，并且同时存在下列情形： （1）根据相关财务报告编制基础，审计项目团队对相关会计处理或列报的适当性存有疑问 （2）公司财务建议的结果将对被审计财务报表产生重大影响	会计师事务所不得提供此类财务建议

例题精讲

【例题 46·2014 年简答题】上市公司甲公司系 ABC 会计师事务所的常年审计客户，从事房地产开发业务。XYZ 公司是 ABC 会计师事务所的网络事务所。在对甲公司2013 年度财务报表执行审计的过程中存在下列事项：

（4）甲公司拟进军新的产业，聘请 XYZ 公司作为财务顾问，为其寻找、识别收购对象。双方约定服务费为 10 万元，该项收费对 ABC 会计师事务所不重大。

要求：

针对上述第（4）项，指出是否可能存在违反中国注册会计师职业道德守则有关独立性规定的情况，并简要说明理由。

【答案】

事项序号	是否违反（违反/不违反）	理由
（4）	违反	XYZ 公司为甲公司寻找、识别收购对象，可能承担管理层职责，将因自我评价/过度推介对独立性产生不利影响

第七节　收费

查看本节视频，快速 GET 知识点
使用“会计云课堂”App或“微信”扫码

01 收费结构（★★自身利益、外在压力）

具体情形	防范措施
1. 如果会计师事务所从某一审计客户收取的全部费用（★★不仅仅是审计费）占会计师事务所收费总额的比重很大（总体比重）	（1）扩大会计师事务所的客户群，从而降低对该客户的依赖程度 （2）实施外部质量复核 （3）就关键的审计判断向第三方咨询，例如，向行业监管机构或其他会计师事务所咨询
2. 如果从某一审计客户收取的全部费用占某一合伙人从所有客户收取的费用总额比重很大，或占会计师事务所某一分部收取的费用总额比重很大（局部比重）	（1）扩大该合伙人或分部的客户群，从而降低对来源于该客户的收费的依赖程度 （2）由审计项目团队以外的适当复核人员复核已执行的工作
3. 如果会计师事务所连续两年从某一属于公众利益实体的审计客户及其关联实体收取的全部费用占其所有客户收取的全部费用比重较大（超过 15%）	应向审计客户治理层披露该事实，并讨论选择下列何种防范措施： （1）在对第二年度财务报表发表审计意见之前，由其他会计师事务所（★★注意主体）对该业务再次实施项目质量复核（发表审计意见前复核） （2）在对第二年度财务报表发表审计意见之后、对第三年度财务报表发表审计意见之前，由其他会计师事务所（★★注意主体）对第二年度的审计工作再次实施项目质量复核（发表审计意见后复核）

【富富有提示】

①在上述收费比例明显超过 15% 的情况下，如果采用发表审计意见后复核无法将不利影响降低至可接受的水平，会计师事务所应当采用发表审计意见前复核

②如果两年后每年收费比例继续超过 15%，则会计师事务所应当每年向治理层披露这一事实，并讨论选择采取上述哪种防范措施

02 逾期收费

具体情形	防范措施
逾期收费（尤其是相当部分费用在下一年度出具审计报告之前仍未支付）（自身利益） 注意：如果相当部分的费用长期逾期，会计师事务所应当确定逾期收费是否可能被视同向客户提供贷款，会计师事务所是否继续接受委托或是否继续执行审计业务	1. 收取逾期的部分款项 2. 由未参与执行审计业务的适当复核人员复核已执行的工作

03 或有收费

（一）基本原则

会计师事务所提供的服务类型	直接或间接形式取得或有收费时的影响
提供审计服务	因自身利益产生非常严重的不利影响，导致没有防范措施能够将对独立性产生的非常严重的不利影响降低至可接受的水平
提供非鉴证服务	也可能因自身利益产生不利影响

富富有提示

如果一项收费是由法院或政府有关部门规定的，则该项收费不被视为或有收费。（如法院委托会计师事务所清算被审计单位的债权，然后按清算债权的2%支付审计费用）

（二）如果出现下列情况之一，将因自身利益产生非常严重的不利影响，导致没有防范措施能够将其降低至可接受的水平，会计师事务所不得采用这种收费安排

（1）非鉴证服务的或有收费由对财务报表发表审计意见的会计师事务所取得，并且对其影响重大或预期影响重大；

（2）网络事务所参与大部分审计工作，非鉴证服务的或有收费由该网络事务所取得，并且对其影响重大或预期影响重大；

（3）非鉴证服务的结果以及由此收取的费用金额，取决于与财务报表重大金额审计相关的未来或当期判断。

（三）防范措施

（1）由审计项目团队以外的适当复核人员复核该会计师事务所已执行的工作；

（2）预先就收费的基础与客户达成书面协议。

查看本节视频，快速 GET 知识点

使用“会计云课堂”App或“微信”扫码

第八节 影响独立性的其他事项

01 薪酬和业绩评价政策

具体情形	防范措施
如果某一审计项目团队成员的薪酬或业绩评价与其向审计客户推销的非鉴证服务挂钩，将因自身利益产生不利影响	1. 修改该成员的薪酬计划或业绩评价程序 2. 将该成员调离审计项目团队 3. 由审计项目团队以外的适当复核人员复核该审计项目团队成员已执行的工作

富富有提示

①关键审计合伙人的薪酬或业绩评价不得与其向审计客户推销的非鉴证服务直接挂钩。

②职业道德守则并不禁止会计师事务所合伙人之间正常的利润分享安排。

02 礼品和款待（自身利益、密切关系或外在压力）

（1）如果会计师事务所或审计项目团队成员接受审计客户的礼品，将产生非常严重的不利影响，导致没有防范措施能够将其降低至可接受的水平。

（2）如果款待超出业务活动中的正常往来，会计师事务所或审计项目团队成员应当拒绝接受。

例题精讲

【例题 47 · 2016 年简答题】 ABC 会计师事务所委派 A 注册会计师担任上市公司甲公司 2015 年度财务报表审计项目合伙人，ABC 会计师事务所和 XYZ 公司处于同一网络，审计项目组在审计中遇到下列事项：

（4）A 注册会计师受邀参加了甲公司年度股东大会，全体参会人员均获得甲公司生产的移动硬盘作为礼品。

要求：

针对上述第（4）项，指出是否存在违反中国注册会计师职业道德守则有关独立性规定的情况，并简要说明理由。

【答案】

事项序号	是否违反 （违反/不违反）	理由
（4）	违反	A 注册会计师不得收受甲公司的任何礼品/收受甲公司礼品属于不当行为

03 诉讼或诉讼威胁

具体情形	防范措施
会计师事务所和客户管理层由于诉讼或诉讼威胁而处于对立地位，将影响管理层提供信息的意愿，从而因自身利益和外在压力产生不利影响	1. 如果诉讼涉及某一审计项目团队成员，将该成员调离审计项目团队 2. 由适当复核人员复核已执行的工作

前情回顾小剧场

（1）网络事务所、公众利益实体、关联实体、保持独立性的期间、合并与收购的概念；

（2）经济利益、贷款和担保以及商业关系、家庭和私人关系；

（3）与审计客户发生人员交流（①关键审计合伙人、②前任高级合伙人、③临时借调员工、④最近曾担任审计客户的董、高、特、⑤兼任审计客户的董、高）；

（4）与审计客户长期存在业务关系（轮换时间：项目合伙人、项目质量复核人员、其他关键审计合伙人）；

（5）为审计客户提供非鉴证服务（承担管理层职责）；

（6）收费（收费结构、逾期收费、或有收费）；

（7）影响独立性的其他事项（礼品和款待）。